System der Geometrie.

System
der
Geometrie.

Lehrbuch

für

akademische Vorträge und höhere Unterrichts-Anstalten

von

Dr. A. Arneth.

Von den geraden Linien in der Ebene.

Erste und zweite Abtheilung.

Stuttgart.
E. Schweizerbart's Verlagshandlung.
1840.

Vorrede.

Verfolgt man mit Aufmerksamkeit die Entwickelung der Geometrie in der neueren Zeit, so wird man leicht gewahr, daß eine Vereinigung der neuen Entdeckungen mit dem bisher Bestandenen und besonders eine allgemeinere Verbreitung derselben nur durch ein Aufgeben der bis jetzt befolgten Darstellungs- und Unterrichts-Methoden der ersten Anfänge dieser Wissenschaft möglich wird.

Mit den ersten Elementen muß der Grund aller späteren Entwickelungen gelegt werden, oder vielmehr, da diese sich besonders auf die verschiedenen Methoden der Lagenbestimmungen stützen: die ersten Elemente müssen hauptsächlich aus Betrachtungen über Lagenbestimmungen bestehen, die allmälig und steigend entwickelt nicht schwer aufzufassen sind und dann den Eintritt in die höchsten Theile der Geometrie ohne besondere Schwierigkeiten gestatten.

Die reinsten Ansichten über die allgemeine Größenlehre findet man, nach meiner Meinung, bei Schweins *). Sie müssen sich auf die spezielle Größenlehre, die Geometrie, übertragen lassen und

---

*) Größenlehre, Heidelberg 1832.

sich hier eben so fruchtbar erweisen. Die Anwendung auf die Geometrie gibt sich aber in den Elementen nicht mit derselben Einfachheit, da dieselbe spezielle Betrachtungen erfordert, welche die Größenlehre entbehrt. Diese Betrachtungen nun über das Nebeneinanderseyn der Raumgrößen, der Geometrie eigenthümlich, bilden unsere Elemente, die Grundlage, auf welche das Ganze sich stützt.

Die bisherige Eintheilung der Geometrie, die Methode der Darstellung der einzelnen Theile bedingend, ist unwissenschaftlich und ihre Entstehung hat man nur in ihrer, anfänglich von der allgemeinen Größenlehre unabhängigen Entwickelung zu suchen. Alles Neue, was durch die Einwirkung der allgemeinen Größenlehre in der Geometrie hervorgerufen wurde, diente selten dazu, das Bestehende zu verändern, es wurde neben das Alte gesetzt und als besonderer Zweig fortgebildet.

So haben wir denn eine Geometrie im engeren Sinne, eine Trigonometrie, eine analytische Geometrie und die Entdeckungen und Theorien der neuesten Zeit als verschiedene und nur wenig zusammenhängende Zweige der Geometrie.

Die Methode der Darstellung der einzelnen Zweige wurde vielfach verändert und verbessert, hierdurch aber für eine Vereinigung zu einem Ganzen nur wenig gewonnen.

Die Anordnung, welche Schweins, in seinem Systeme der Geometrie, für die Geometrie im engern Sinne gegeben hat, halte ich noch jetzt für die beste. Auch habe ich seine Eintheilung bei den Untersuchungen über die geschlossenen Figuren beibehalten, wie das die Abschnitte 3 und 4 zeigen. Unsere Darstellungen und Beweise mußten jedoch sehr verschieden ausfallen. Littrow ist, meines Wissens, der erste, welcher eine Vereinigung der verschiedenen Zweige vorgeschlagen und, zum Theil, auch ausgeführt hat. Es gebührt diesem Gelehrten das große Verdienst, gegen viele Vorurtheile ankämpfend, die Zweckmäßigkeit einer solchen Vereinigung zuerst erkannt und in mehreren seiner Schriften stets empfohlen und vertheidiget zu haben.

Die bisherige Zersplitterung der Geometrie ist aber nicht bloß unwissenschaftlich, sie ist auch unpraktisch und tritt einer allgemeineren Verbreitung derselben hindernd entgegen. Man pflegte bis jetzt die Lehre von den Eigenschaften der Figuren von der Berechnung derselben zu trennen, benutzte die Formeln nur zur Berechnung und ging besondere Wege, um die Eigenschaften aufzusuchen. Hierbei übersah man gänzlich, daß die Formel den allgemeinen Zusammenhang der Figur enthält und daß man aus ihr die Eigenschaften derselben eben so gut ableiten kann, ohne dazu einer besonderen Untersuchung zu bedürfen. Nach den bisherigen Methoden verlangt die Herleitung einer neuen Wahrheit oft neue Hülfsmittel; neue Wege müssen eingeschlagen werden: bei der Herleitung der Wahrheiten aus den Formeln haben wir nur zwei Gesetze als Grundlage; von ihnen allein können wir ausgehen; auf sie müssen wir immer zurückkommen. Durch eine solche Behandlung der Geometrie, wobei eigentlich die Geometrie im engern Sinne aufgehoben wird, verkürzt man die Untersuchungen um ein Bedeutendes und vereinfacht und erleichtert dieselben noch mehr durch die Einheit der Methode, durch die stets und auf gleiche Weise wiederkehrende Anwendung von wenigen Gesetzen, die sich für jede folgende Figur nicht verändern; sondern nur erweitern und sich zuletzt als allgemein, alle ebenen Figuren umfassend, erweisen. Der neue Gebrauch, den man hierbei von den trigonometrischen Formeln zu machen genöthigt ist, hat auch den Vortheil, daß man sie genau nach allen Seiten erforscht, sich vollkommen vertraut mit ihnen macht und eine Uebung in der Behandlung derselben erlangt, die uns den Gegenstand gänzlich unterwirft, was man wohl durch keine andere Methode so frühe erreicht.

Bei einer Vereinigung der verschiedenen Zweige der Geometrie zu einem organischen Ganzen ergibt sich Kürze und Einfachheit von selbst; weil nur eine Idee das Ganze beherrschen kann und unnütze Wiederholungen hinweg fallen müssen. Die Darstellung wird hierbei auch für praktische Zwecke geeigneter; man lernt gleich von vorne herein, was man mit der Geometrie ausrichten, wie man sie im Leben benutzen kann, und dieses ist, meines Erachtens, mehr werth und regt zum Studium mehr an, als die Entwickelung der interessantesten Eigenschaft einer Figur, die außerdem mehr Aufwand erfordert.

Nach meiner Ansicht zerfällt die Geometrie in folgende drei Abtheilungen:

I. Von den Geraden und deren Lagen.

Diese Abtheilung umfaßt die ersten Sätze der Geometrie im engern Sinne, die Entwickelung der goniometrischen Verhältnisse und die ersten Sätze der analytischen Geometrie. Die richtige Grenze für diese Abtheilung zu finden, was alles hier aufgenommen werden muß und in welcher Ausdehnung, ist sehr schwer. Dieser Gegenstand hat nämlich in der neuesten Zeit, besonders durch die Arbeiten Plückers, eine Erweiterung erhalten, deren hohe Bedeutung man am besten aus den Schriften dieses Geometers kennen lernt. Die Grundlage seiner Coordinaten-Bestimmung in ihren einfachsten Zügen hätte vielleicht in diese Abtheilung schon aufgenommen werden sollen. Ich war jedoch zu ängstlich, diesen Theil noch mehr auszudehnen, auch erhielt ich Plückers neueste Schrift, welche vieles hierher Gehörige enthalten muß, zu spät, um sie noch benützen zu können; so habe ich es vorgezogen in die dritte Abtheilung aufzunehmen, was für diese Elemente sich eignen möchte.

II. Von der Verbindung der Geraden zu ebenen Figuren.

Hierher fallen alle Untersuchungen über die Eigenschaften und Berechnungen der ebenen Figuren, so wie die Untersuchungen über die Flächenräume derselben. In den Kapiteln 21 und 22 sollten die Verwandlungen und Theilungen der Flächenräume nur im Allgemeinen berührt werden, ich glaubte diese Gegenstände nicht übergehen zu dürfen.

III. Von der Verbindung der Geraden in einer Ebene im Allgemeinen, ohne Zweck eine geschlossene Figur zu erzeugen.

Ich rechne hierher die in der neueren Zeit aufgekommenen Theorien über die geometrischen Verwandtschaften und die damit zusammenhängenden Untersuchungen, in so weit diese von der Theorie der krummen Linien getrennt werden und auf die geradlinigen Figuren und den Kreis Anwendung finden können.

Schon diese Trennung, die nach dem Plane meiner Schrift durchaus nothwendig wird, bietet Schwierigkeiten dar, wenn der Gegenstand sein ganzes Interesse behalten soll. Noch mehr aber erschwerte die Bearbeitung dieses Gegenstandes die so sehr verschiedenen Darstellungsweisen der Geometer.

Diese dritte Abtheilung liegt vollständig ausgearbeitet vor mir und ich hätte sie gerne mit den beiden ersten gleichzeitig erscheinen lassen, weil erst durch sie das ganze System richtig beurtheilt werden kann. Der Wunsch jedoch, auch das Neueste zu benützen und die Hoffnung, dadurch vielleicht meine Darstellung noch mehr vereinfachen zu können, ließen es mich vorziehen, deren Bekanntmachung noch kurze Zeit zu verzögern.

Seit mehreren Jahren lege ich dieses System bei meinen Vorlesungen zu Grunde und habe immer Ursache gehabt, mit dem Erfolge zufrieden zu seyn; selbst solchen Studirenden, die gar keine geometrischen Vorkenntnisse mitbrachten, habe ich es zugänglich gefunden.

Beim Unterrichte an höhern Lehranstalten hat der Lehrer dahin zu trachten, daß die drei ersten Kapitel langsam und vorsichtig aber vollständig eingeübt werden unter steten Erläuterungen durch Konstruktionen und Anwendungen. Vom vierten Kapitel an sind bei dem ersten wissenschaftlichen Unterrichte nur die Hauptmomente festzuhalten und ist alsdann der Uebergang zur zweiten Abtheilung zu bewirken. Bei Wiederholungen wird das Ueberschlagene in immer steigender Ausdehnung mitgenommen. Hierdurch gewinnen diese Wiederholungen neues Interesse und werden durch die unterdessen vorgeschrittene Ausbildung der Studirenden erleichtert.

Ich läugne nicht, daß bei dieser Methode der Lehrer vorsichtig und aufmerksam seyn muß, sich keine Mühe darf verdrießen lassen, und daß er es bei den bisherigen Darstellungsweisen leichter hat; aber lernen werden seine Schüler gewiß viel mehr und ihre Bildung wird nicht weniger gründlich, dabei viel umfassender seyn. Unsere Zeit macht höhere Ansprüche an Lehrer und Schüler; die Mathematik soll nicht mehr bloß Bildungsmittel seyn, es werden auch positive Kenntnisse verlangt.

Für den Schulgebrauch habe ich dem Buche noch eine Sammlung von Beispielen und Aufgaben beigegeben, welche übrigens keinesweges umfassend ist, der umsichtige Lehrer wird sie mit Vortheil zu benutzen und nach Umständen zu vermehren wissen.

Ich halte es für einen sehr wesentlichen Vortheil, dem Studirenden, sobald er einige Sätze erlernt hat, deren Anwendung sogleich zu zeigen; er muß bald wissen, was er damit anfangen kann, denn dieß wird ihn veranlassen, auch andere Sätze zu erlernen, weil er von ihnen ähnliche und erweiterte Anwendungen hoffen darf. Unter allen Anwendungen, die man von geometrischen Sätzen achen kann, sind aber gewiß die Größenbestimmungen von Linien, Winkeln und Flächen, die, deren Nützlichkeit am klarsten vorliegt. Wenn man nach der ältern Methode eingesehen hat, daß durch die drei Seiten auch die Winkel des Dreiecks bestimmt sind, so wird man sich auch gewiß sogleich die Frage vorlegen: Wie kann man über die Größen der Winkel finden? Der Lehrer kann diese an ihn gerichtete Frage nicht beantworten, er muß auf andere Untersuchungen vertrösten. Ueberall, wo es möglich war, habe ich Derartiges zu vermeiden gesucht. Wenn der Studirende bei meiner Methode erfährt, daß durch eine gewisse Anzahl Stücke eine Figur bestimmt ist, so lernt er zugleich die Wege kennen, wie die Größen der übrigen berechnet werden können.

Ein bedeutendes Hülfsmittel für das Verständniß der ersten Sätze ist die Konstruktion derselben; man sollte dasselbe, wo es angewandt werden kann und so lange es nöthig erscheint, nie vernachlässigen.

Es bedarf kaum einer Erwähnung, daß die allgemeine Größenlehre mit der Geometrie gleichzeitig ausgebildet werden muß und daß diese stets Gelegenheit zur Anwendung arithmetischer Untersuchungen darbietet, so z. B. das sechste Kapitel für die Rechnungen mit Wurzelgrößen, die Auflösung der Gleichungen und die Reihen. Dieses Kapitel wird übrigens der Lehrer nur dann vornehmen, wenn die Fortschritte seiner Schüler es gestatten.

Aber selbst bei mangelnden Vorkenntnissen aus dem Gebiete der allgemeinen Größenlehre lassen sich die meisten Sätze der ersten drei Kapitel auf eine mehr populäre Weise durch bloße Konstruktion einüben und zum Verständniß bringen, was jedenfalls eine gute Vorschule abgibt.

Mehrjährige Erfahrung hat mir gezeigt, daß, wenn der Studirende die Hauptsache der ersten zwölf Kapitel inne hat, alles Uebrige ihm alsdann keine Schwierigkeiten mehr darbietet und der Lehrer nunmehr auf eine selbstständige Thätigkeit hinarbeiten kann.

Mein Zweck, bei Abfassung dieser Schrift, war somit, die verschiedenen Zweige der Geometrie zu einem organischen Ganzen zu vereinigen, ihre Sätze und Wahrheiten in naturgemäßer Folge zu entwickeln, und bei den ersten Elementen schon auf eine einfache Weise alle Hülfsmittel darzulegen, deren sich die Geometrie bedient. Ich hoffte dadurch den Lehrgang zu vereinfachen, das Studium der Geometrie zu erleichtern und zu erweitern und so zu einer allgemeineren Verbreitung dieses so schönen und nützlichen Zweiges des menschlichen Wissens beizutragen.

Wenn mein Streben auch diesen Zweck nicht erreicht hat, so würde ich mich für meine Mühen doch schon hinreichend belohnt fühlen, sollten sie Veranlassung werden, daß von Anderen, im Geiste dieser Methode, Besseres geleistet würde. Das Wesen dieser Schrift stets im Auge haltend und der Sache mit Vorliebe hingegeben, dürfte mir auf das Aeußere Manches entgangen seyn und mein Buch Mängel zeigen, welche der Leser nachsichtig entschuldigen wolle.

Vorläufige Bestimmungen.

1) Was Gegenstand der äußern Warnehmung seyn soll, muß im Raume enthalten und begrenzt seyn. Ausdehnung und Endlichkeit sind die ersten Bedingnisse der Möglichkeit der Vorstellung äußerer Dinge. Was aber diese Eigenschaften besitzt, nennen wir groß und demnach ist Alles groß.

2) Die Gegenstände, welche uns umgeben, welche wir mit unsern Sinnen wahrnehmen, sind entweder dieselben, oder sie sind verschieden. Die Gleichheit der Gegenstände führt uns zur Idee der Zahl, die Verschiedenheit derselben zur Vorstellung der Form.

3) Die Form, die Gestalt, der mathematische Körper, der Raum, welchen der physische Körper einnimmt, ist das aus der äußeren Wahrnehmung durch Abstraktion Erhaltene, Gegebene, Mögliche, Denkbare und der Gegenstand geometrischer Untersuchung.

4) Eine bestimmte Form wird von dem übrigen Raume abgegrenzt durch Flächen, die Grenzen dieser sind Linien, die Grenzen der Linien Punkte.

5) Der Punkt hat als Grenze der Linie keine Größe mehr. Der Ort im Raume, wo ein Punkt sich befindet oder gedacht wird, heißt sein absoluter Ort. Wird der Ort eines Punktes auf andere gegebene Oerter bezogen, so erhält man den relativen Ort oder die Lage des Punktes. Die unmittelbare Beziehung eines Punktes zu einem andern wird Richtung genannt.

6) Die Linie als Grenze der Fläche hat nur Ausdehnung nach einer Richtung, nur eine Dimension, Länge. Man nennt eine Linie gerade oder eine Gerade, wenn alle Punkte, welche in ihr gedacht werden können, in derselben Richtung liegen, wenn sie die anfängliche Richtung immer beibehält, wie weit man in ihr auch fortgehen mag. Eine krumme Linie, eine Curve dagegen ist eine solche Linie, welche in jedem ihrer Punkte ihre Richtung ändert. Diese Aenderung der Richtung kann nach sehr verschiedenen Gesetzen erfolgen, so daß es eine unendliche Anzahl von Curven, aber nur eine Gerade gibt.

7) Die Fläche als Grenze des Körpers hat zwei Dimensionen, Länge und Breite. Eine Fläche wird eben oder eine Ebene genannt, wenn eine Gerade, wie man sie auch in die Fläche legen mag, immer mit dieser zusammenfällt. Einer krummen Fläche kommt diese Eigenschaft nicht zu, eine Gerade wird entweder gar nicht oder nur in gewissen Richtungen in der Fläche liegen können.

8) Der Körper endlich hat Ausdehnung nach drei Richtungen, Länge, Breite, Höhe. Ein Körper kann von Ebenen oder von krummen Flächen oder von beiden umschlossen seyn.

9) Die Form, der mathematische Körper wird individualisirt

rch die Anzahl, Beschaffenheit, Größe und gegenseitige Stellung r begrenzenden Flächen; die Fläche durch die Anzahl, Beschaffen-t, Größe und gegenseitige Lage der begrenzenden Linien; die nie durch die Ausdehnung und Beschaffenheit innerhalb ihrer be-enzenden Punkte.

10) Die Anzahl und Beschaffenheit dieser Größen kann bei umlichen Gebilden auf unendliche Weise verschieden seyn. In ezug auf die Größe derselben läßt sich:

a) eine jede größer oder kleiner denken als eine andere derselben Art, und man kann sich

b) eine jede in eine beliebige Anzahl gleicher oder ungleicher Theile getheilt denken.

In Bezug auf die Lage oder Richtung kann:

a) eine jede nur in einer besonderen Lage gedacht werden, diese kann aber eine jede seyn,

b) bei Verschiedenheit der Richtung läßt sich ein allmäliger Uebergang der einen in die andere denken und daher

c) der Richtungs-Unterschied läßt sich, wie die Größe, in beliebige gleiche oder ungleiche Theile getheilt denken.

11) Formen, welche durch die Verbindung von Linien oder urch die von Flächen, in der Art erzeugt werden, daß man sie us denselben Stücken, auf die gleiche Weise zusammensetzt, sind ganz ieselben, die eine nur eine Wiederholung der andern, identisch, ongruent.

12) Die vollständige Kenntniß des Körpers und dessen Eigen-haften setzt also die der begrenzenden Flächen voraus; die Kenntniß er Flächen beruht wieder auf der der einschließenden Linien.

Die Geometrie zerfällt mithin nothwendig in die drei Theile:

die Lehre von den Linien,
die Lehre von den Flächen,
die Lehre von den Körpern.

Ein jeder dieser Theile besteht in der Untersuchung über die Natur und Beschaffenheit des Bildungs-Gesetzes der entsprechenden Raumgrößen und über die Relationen, die aus Verbindungen derselben hervorgehen. Bei der Verbindung von Raumgebilden hat man nicht bloß auf ihre Größe, sondern auch auf ihre Lagen und Richtungen zu sehen.

Die nachfolgenden Untersuchungen enthalten nun:
die Lehre von den geraden Linien.

Hierzu ziehen wir jedoch noch die bekannteste der Curven, den Kreis, dessen Bildungsgesetz ist, daß er in seinem Fortgange immer gleichweit von einem Punkte, dem Mittelpunkte, bleiben muß.

Inhalt.

Untersuchungen über die Geraden.

Erste Abtheilung.

Von den Geraden und deren Lagen.

Erster Abschnitt.

Von den Geraden und deren gegenseitigen Lagen.

Erstes Kapitel.

Erste Methode zur Bestimmung der gegenseitigen Lage.

§. 1. **Größe und Lage oder Richtung einer Geraden.** Die Größe einer Geraden ist bestimmt durch die beiden Endpunkte derselben; die Gerade selbst heißt die Entfernung dieser beiden Punkte.

Ist (Fig. 1) **AB** eine gegebene Gerade, so sagt man von einem Punkte **C** derselben, welcher dießseits **B** liegt, er sey näher, und von einem andern Punkte **D**, welcher jenseits **B** sich befindet, er sey ferner von **A** als **B**.

Die Lage einer Geraden, ihre Richtung, wird bestimmt durch zwei Punkte, durch welche die Gerade gehen soll. Ist nur ein Punkt gegeben, so kann man durch denselben, nach den verschiedensten Richtungen hin, unendlich viele Gerade ziehen, ist aber ein zweiter Punkt bestimmt oder gegeben, so wird die Gerade, welche durch beide Punkte gehen soll, von allen übrigen ausgezeichnet, ihre Lage und Richtung ist bestimmt, und alle Geraden, welche durch dieselben Punkte gehen, fallen mit ihr zusammen, sind dieselben. Von Geraden, deren Richtungen durch dieselben Punkte bestimmt werden, kann man sagen, sie haben identische Richtungen, werden sie alsdann auch durch dieselben Endpunkte begrenzt, so ist auch ihre Lage identisch.

Wenn nicht das Gegentheil angegeben wird, so verstehen wir in der Folge unter einer geraden Linie eine Gerade ohne Ende, d. h. eine Gerade, die nicht erst verlängert zu werden braucht, um *ein bestimmtes Ziel zu erreichen.*

§. 2. **Vergleichung der Größen zweier Geraden.** Vergleicht man die Größen zweier Geraden, so kann man entweder auf den Unterschied derselben sehen, wie viel die eine größer oder kleiner ist als die andere, oder, wie oft die eine von der andern weggenommen, die eine durch die andere ausgemessen werden kann. Nimmt man hierbei die eine als Einheit des Maßes an, so erhält man ein Mittel, die Linien durch Zahlen darstellen zu können. Dieß ist die Art, wie man im gewöhnlichen Leben Linien darstellt. Als Einheiten des Maßes haben wir Linien, Zolle, Fuße, Ruthen u. s. w. Von einer Geraden sagt man, sie enthalte so und so viele Fuße, Zolle u. s. w.

Ist eine Richtung gegeben und in ihr ein Punkt und soll von diesem Punkte aus in der gegebenen Richtung eine Linie von a Längeneinheiten aufgetragen werden, so kann dieß von dem Punkte aus entweder nach der rechten Seite oder nach der linken hin geschehen.

Diese Unbestimmtheit hört auf, wenn man die Bildung der Linie nach der einen Seite, z. B. der rechten mit + a und alsdann die nach der andern Seite, als der entgegengesetzten mit — a bezeichnet.

§. 3. **Gegenseitige Lage zweier Geraden.** Betrachtet man die eine Gerade ihrer Lage und Richtung nach als gegeben, so kann man die Lage und Richtung der andern mit denen der ersten vergleichen. Bei dieser Vergleichung sind nur zwei Fälle möglich: die Geraden haben entweder verschiedene oder sie haben dieselbe Richtung.

Von solchen Linien sagt man im gewöhnlichen Sprachgebrauche, sie neigen sich zu einander oder sie sind gleichlaufend, parallel. Der Begriff der Neigung beruht auf dem der Annäherung, des endlichen Zusammentreffens, so daß Verschiedenheit der Richtung, Neigung, Zusammentreffen nur verschiedene Ausdrücke ein und derselben Bedingung sind, und Gleichheit der Richtung, Parallelität, Nichtzusammentreffen verschiedene Ausdrücke des Gegensatzes.

§. 4. **Von der geneigten Lage.** Haben AB und CD (Fig. 2) verschiedene Richtung, so findet ein Unterschied ihrer Richtungen statt, diesen Unterschied nennt man Winkel. Um den Begriff Winkel klarer aufzufassen, lasse man die Geraden in E begrenzt seyn, alsdann kann keine weitere Vergleichung als zwischen den Richtungen von EB und ED statt finden und der Winkel wird durch die Oeffnung BED, welche den Unterschied der Richtung bezeichnet, dargestellt werden können. Man kann die Richtung ED allmälig in die EB übergehen lassen, wo alsdann beide Geraden zusammenfallen (Einl. 10). In diesem Falle wird der Unterschied der Richtungen, also der Winkel immer kleiner, und zuletzt verschwindet derselbe.

Die Linien, welche den Winkel bilden, werden Schenkel genannt.

Die Richtung einer Geraden ist unabhängig von ihrer Größe, ihrer Länge, sie ist in den Elementen dieselbe, wie im Unendlichen, woraus sich folgender Satz ergibt:

1) Die Größe des Winkels ist unabhängig von der Größe der Linien, welche ihn bilden, und ändert sich nur mit den Richtungen beider Geraden.

Läßt man wieder die eine der beiden Geraden AB (Fig. 2) unbegrenzt seyn, so bildet ED mit derselben zwei Winkel, auf der einen Seite BED und auf der anderen AED. Man sieht sogleich ein, daß zwischen beiden Winkeln ein bestimmter Zusammenhang statt finden muß, da durch die Richtung von ED gegen AB beide Winkel gegeben sind.

Von diesen beiden Winkeln wird der kleinere BED ein spitzer, der größere AED ein stumpfer Winkel genannt. Bringt man nach und nach die Gerade ED in die Lagen EF, EG u. s. w. (Fig. 3), so wird der spitze Winkel immer größer, der stumpfe immer kleiner. Nun muß es eine Richtung der Geraden, z. B. EK, geben, wo beide Winkel gleich geworden sind. In dieser Lage sagt man EK seye senkrecht zu AB, nennt EK eine

Senkrechte und die gleichen Winkel **AEK** und **BEK**, welche sie mit der Geraden **AB** bildet, rechte Winkel.

Ueber einer Geraden liegen daher an einem Punkte zwei rechte Winkel, und da dieselben Betrachtungen auch unterhalb der Geraden angestellt werden können, so liegen um einen Punkt vier rechte Winkel.

Der spitze Winkel kann mehr oder weniger spitz, der stumpfe mehr oder weniger stumpf seyn, der rechte Winkel aber ist eine unveränderliche Größe. Aus diesem Grunde bedient man sich des rechten Winkels als Maß aller anderen, und theilt denselben in **90** gleiche Theile oder Grade, den Grad in **60** gleiche Theile oder Minuten, die Minute endlich in **60** gleiche Theile, Sekunden. Die Größe eines Winkels wird hiernach bekannt seyn, wenn angegeben wird, wie viele Theile des rechten Winkels, oder wie viele Grade (^{0}), Minuten ($'$) und Sekunden ($''$) er enthält.

Nachdem man auf diese Weise ein konstantes Maß für den Winkel gefunden hat, wird es nur noch nöthig seyn festzusetzen, von welcher Seite aus und nach welcher Richtung die Winkel gezählt werden sollen. Geht man von der rechten Seite aus und läßt man die Winkel nach oben hin wachsen, so ist der Winkel, wenn zuerst **ED** mit **EB** zusammenfällt, gleich 0^0, von hier an nimmt er zu, wenn **ED** in die Lagen **EF**, **EG**, **EK** u. s. w. gebracht wird, und man wird jede Richtung der Geraden **ED** in den vier rechten Winkeln gegen **AB** angeben können.

Ist sonach die Richtung von **ED** gegen **AB** gegeben, so ist auch der Winkel **BED** ein bestimmter, gegebener; denn durch die Richtung von **ED** ist der Unterschied der Richtungen beider Geraden, also der Winkel gegeben, und zu einer bestimmten Richtung von **ED** gibt es nur einen bestimmten Unterschied der Richtungen, nur einen bestimmten Winkel. Umgekehrt geht aus einem bestimmten Winkel **BED** nur eine bestimmte Richtung **ED** hervor. Es ist sonach:

2) Einer bestimmten Richtung **ED** entspricht nur ein bestimmter Winkel **BED**, und umgekehrt, zu einem bestimmten Winkel **BED** gibt es nur eine bestimmte Richtung **ED**.

Hierbei darf jedoch nicht übersehen werden, daß die Winkel on einer bestimmten Seite und nach einer bestimmten Richtung ezählt werden müssen.

Der Punkt **E**, in welchem **AB** von **ED** getroffen wird, t willkürlich und kann jeder Punkt der Geraden **AB** seyn. ieht man die Linie **ED** als **CF** (Fig. 4), unter Beibehaltung hrer Richtung durch irgend einen andern Punkt **C** von **AB**, so t die neue Figur eine bloße Wiederholung der vorigen, an **C** ird von **CF** mit **AB** derselbe Winkel wie an **E** gebildet, denn nter gleichen Bedingungen und unter gleichen Umständen kann ur Gleiches erzeugt werden. Umgekehrt wird, wenn man den Winkel **BED** an **E** anlegt, und dadurch die Gerade **ED** erzeugt, dieser Winkel an einem anderen Punkte **C** von **AB** angeegt, eine andere Gerade **CF** erzeugen, welche dieselbe Richtung, ie **ED** hat, und die neue Figur wird auch nur eine Wiederolung der früheren seyn.

Es ist mithin:

3) Alle Geraden, welche durch verschiedene Punkte von **AB** gezogen und dieselbe Richtung haben, verhalten sich auf gleiche Weise gegen **AB**, bilden mit dieser Geraden denselben Unterschied der Richtungen, denselben Winkel, und umgekehrt, derselbe Winkel an verschiedenen Punkten der Geraden **AB** angelegt, erzeugt Geraden, die alle gleiche Richtung haben.

Die vorstehenden Sätze gestatten noch leicht, die Herleitung olgender Wahrheit (Fig. 5):

4) Haben die Geraden **ED** und **ed** gleiche Richtung gegen die bekannten Geraden **EB** und **eb**, so sind auch die Winkel **BED** und **bed** gleich; umgekehrt, sind die Winkel **BED** und **bed** gleich, so haben auch die Geraden **ED** und **ed** gleiche Richtung gegen **EB** und **eb**.

Es ist schon oben auf den Zusammenhang der Winkel **BED** nd **AED**, welche durch **ED** über **AB** gebildet werden, hingeiesen worden. Eine nähere Bestimmung ergibt sich auf folgende Weise:

Man bilde durch die Senkrechte **KE** (Fig. 6) die rechten Winkel **AEK** und **BEK**, so ist zuerst der spitze Winkel, **BED** = **BEK** — **DEK** und der stumpfe Winkel **AED** = **AEK** + **KED**, beide Gleichungen vereint geben **AED** + **BED** = **AEK** + **KED** + **BEK** — **DEK** = **R** + **R** = 2 **R**, wenn man den rechten Winkel mit **R** bezeichnet. Die Winkel **AED** und **BED**, welche an einem Punkte über einer Geraden gebildet werden, nennt man Nebenwinkel, für welche man also findet:

5) Die Nebenwinkel sind zusammen immer zweien Rechten oder 180° gleich.

Man sieht leicht ein, daß derselbe Satz gilt, wenn man sich auch jeden Winkel wieder in mehrere Theile getheilt denkt, daher man allgemein hat:

6) Werden über einer Geraden **AB** (Fig. 7), durch die Linien **ED**, **EF** u. s. w., welche alle von demselben Punkte **E** ausgehen, die Winkel **BED**, **DEF** u. s. w. gebildet, so sind sie alle zusammengenommen zweien Rechten oder 180° gleich. Da dasselbe auch für alle Winkel gelten muß, welche unterhalb **AB** am Punkte **E** gebildet werden können, so sind alle Winkel um **E**, wie groß deren Anzahl auch seyn mag, zusammengenommen gleich vier Rechten oder 360 Grade.

Nach 5 werden also **AED** und **BED** = 180° seyn, wenn **AEB** eine Gerade ist. Sind umgekehrt **AED** + **BED** = 180°, so muß **AEB** eine Gerade seyn; denn nimmt man an (Fig. 8), **AEB** sey keine Gerade, so läßt sich eine andere Linie **MEB** denken, welche diese Eigenschaft hat und für welche nach 5 ist:

MED + **BED** = 180.

Nun soll aber auch **AED** + **BED** = 180° seyn, diese letzte Annahme kann jedoch mit der vorhergehenden Wahrheit nur dann bestehen, wenn **AED** = **MED** also die Richtung von **AE** in die von **ME** fällt, also **AEB** = **MEB** eine Gerade ist. Es ist mithin:

7) Sind zwei Winkel **AED** und **BED**, welche einen

gemeinschaftlichen Schenkel ED haben, zusammen zweien Rechten gleich, so bilden die beiden anderen Schenkel eine Gerade.

Denkt man sich die beiden Geraden wieder unbegrenzt, so werden bei ihrem Durchschneiden in E (Fig. 9) vier Winkel gebildet, von welchen die gegenüberliegenden Scheitelwinkel genannt werden.

Nun liegen über AB die Nebenwinkel AED und BED und über der Geraden CD die Nebenwinkel CEB und DEB. Es ist daher:

AED + BED = 2 R, und auch:

CEB + DEB = 2 R mithin AED + BED = CEB + DEB, folglich BEC = AED. Auf gleiche Weise findet man, daß AEC = BED, und somit die Wahrheit:

8) Die Scheitelwinkel sind gleich.

§. 5. **Von der parallelen Lage.** Haben CD und FG (Fig. 10) gleiche Richtungen unter sich, so bilden sie auch gleiche Winkel mit AB und es ist BED = EHG (3). Den Winkel BED nennt man den äußern und EHG den innern entgegengesetzten Winkel; so daß:

9) Sind zwei Linien zu einander parallel, so ist der äußere Winkel dem inneren entgegensetzten gleich.

Der Winkel DEB ist dem HEC als Scheitelwinkel gleich (8), daher auch GHE = HEC. Diese Winkel heißen Wechselwinkel, und es ist:

10) Sind zwei Gerade zu einander parallel, so sind die Wechselwinkel gleich.

Die Winkel DEB und HED sind als Nebenwinkel zusammen = 180° (5). Da nun DEB = GHE, so ist auch GHE + HED = 180°. Man nennt diese Winkel die inneren entgegengesetzten Winkel, und findet:

11) Bei Parallel-Linien sind die beiden inneren entgegengesetzten Winkel zusammengenommen zweien Rechten gleich.

Nimmt man umgekehrt an, der äußere Winkel DEB sey

dem inneren entgegengesetzten **GHE** gleich, so haben **CD** und **FG** gleiche Richtung (3) oder sie sind parallel. Sind die Wechselwinkel gleich, so ist auch, weil **HEC** = **DEB** der äußere dem innern entgegengesetzten gleich, und die Geraden sind parallel.

Sind endlich **GHE** + **HED** = 2 **R**, so ist auch wegen **HED** + **DEB** = 2 **R**, wenn beide Gleichungen verbunden werden **GHE** = **DEB**, also die Geraden parallel.

Die mit der Parallelität der beiden Geraden verbundene Eigenschaften der Winkel 9, 10, 11 nennt man die Kennzeichen der Parallelität der beiden Geraden. Es ist also gefunden:

12) Findet eine der in 9, 10, 11 angegebenen Eigenschaften der Winkel statt, so sind die beiden Geraden parallel.

Man erkennt also die Gleichheit der Richtungen an diesen drei Eigenschaften der Winkel, man erkennt sie aber auch an dem Nichtzusammentreffen der beiden Geraden, da hierin eben der Karakter der Gleichheit der Richtungen liegt, und die angegebenen Eigenschaften der Winkel darauf beruhen, daher eine nicht minder wichtige Wahrheit wie die vorhergehende, die folgende ist. (Fig. 11).

13) Sind zwei Linien **AB** und **CD** zu einander parallel, und zieht man die Linien **KL**, **MN**, **OP**, **QR** u. s. w. nach einer beliebigen aber unter einander gleichen Richtung, so müssen die Entfernungen der Punkte **L**, **N**, **P**, ... von **K**, **M**, **O**, ... oder die Geraden **KL**, **MN**, **OP**, ... sämmtlich einander gleich seyn oder die beiden Parallelen müssen in dieser Richtung immer die gleiche Entfernung behalten.

Es seyen **AB** und **CD** zwei Geraden, welche die Eigenschaft besitzen, in einer bestimmten Richtung überall die gleiche Entfernung zu haben. Wollte man nun annehmen, diese beiden Geraden seyen nicht parallel, so müßte es eine andere Linie, z. B. **GH** geben, welche durch **L** gezogen zu **AB** parallel ist und nicht durch die Punkte **N**, **P**, **R**.... geht. Bei dieser Annahme müßte nun der Punkt **E** verschieden von **N** seyn, also z. B. näher an **M** liegen als **N**, also näher als **L** an **K**. Beim Uebergange von **L** nach **E** müßte sich ein Punkt **E** in **GH**, in der Richtung

LK, der Linie AB mehr genähert haben. Da nun die Richtung einer Geraden immer dieselbe bleibt, so müßte diese Annäherung in F und J u. s. w. noch größer seyn und immer zunehmen, je weiter man in der Geraden GH fortgeht. Man würde auf diese Weise zu einem Punkte gelangen, in welchem GH mit AB zusammentrifft, was gegen die Voraussetzung der Parallelität beider Linien ist.

§. 6. **Erhaltene Resultate.** Die vorhergehenden Untersuchungen haben hinreichend gezeigt, wie die Richtung einer Geraden gegen eine andere, durch Angabe des Winkels bestimmt werden kann. Ist Fig. 2 auch noch der Punkt E gegeben, in welchem die beiden Geraden zusammenkommen oder sich durchschneiden, so ist die Lage von CD in Bezug auf AB völlig bestimmt und alle Geraden, welche durch E gehen und an derselben Seite, nach derselben Richtung den gleichen Winkel mit AB bilden, fallen mit CD zusammen, sind von dieser nicht verschieden.

Diese Methode der Lagenbestimmung hat besonderen Werth für die bildliche Darstellung. Eine Verbindung von geraden Linien in einer Ebene heißt eine ebene geradlinige Figur, eine solche ausmessen, heißt die Längen der Geraden und deren Richtungen oder Winkel finden. Beschrieben wird eine solche Figur, wenn man die Geraden in ihrer Folge, in der angenommenen Längeneinheit, angibt, z. B. in Fuße nnd Zolle u. s. w. und die Winkel, welche die Geraden unter sich bilden, in Grade, Minuten u. s. w. Bildlich dargestellt, auf einer ebenen Tafel aufgezeichnet, gewöhnlich in verjüngtem Maßstabe, wird nach einer solchen Beschreibung die Figur, wenn man einen bestimmten Theil der wirklichen Längeneinheit als neues Maß annimmt, in diesem die gemessenen Geraden aufträgt und jede folgende Linie der vorhergehenden unter ihrem Winkel anfügt.

Diese Geschäfte, dem praktischen Theile der Geometrie angehörend, erfordern die Hülfe zweier Instrumente, des verjüngten Maßstabes, des Linienmessers und des Transporteurs, Goniometers, Winkelmessers. Die Konstruktion beider beruht auf zwei späteren Sätzen der Geometrie und verlangt die Auflösung folgender Aufgaben:

1) Wie kann man eine Gerade von bestimmter Größe in eine beliebige Anzahl gleicher Theile theilen.

2) Wie kann man irgend einen Winkel in eine beliebige Anzahl gleicher Theile theilen.

Die Auflösung dieser Aufgaben wird am gehörigen Orte angegeben werden, bis dahin kann man die Einrichtung und den Gebrauch der angeführten Werkzeuge als bekannt voraussetzen.

Zweites Kapitel.

Andere Methode zur Bestimmung der Lage einer Geraden.

§. 7. **Von den Folgen des Bildungsgesetzes einer Geraden.** Es seyen EB und ED (Fig. 12) zwei Geraden von verschiedener Richtung, die im Punkte E zusammenkommen. Geht man von E nach D fort, so entfernt man sich in irgend einer Richtung von der Geraden EB immer mehr. Ist F ein bestimmter Punkt und FG eine bestimmmte Richtung, so hat man sich beim Uebergange von E nach F um FG, in der angegebenen Richtung, von EB entfernt. Bildet man nun aus zwei anderen Geraden eb und ed denselben Winkel, nimmt man den Punkt f in derselben Entfernung von e wie F von E, oder macht man ef = EF, und ist zuletzt die Richtung von fg dieselbe wie die von FG, so werden die beiden Figuren identisch seyn. Denn, denkt man sich die beiden Figuren so auf einandergelegt, daß e auf E, eb auf EB zu liegen kommt, so wird auch, wegen dem gleichen Winkel, ed auf ED und, wegen der gleichen Entfernung, f auf F zu liegen kommen. Ferner wird, wegen der gleichen Richtung, auch fg auf FG, also g auf G liegen und die Entfernung fg der Entfernung FG gleich seyn. Man findet mithin die Wahrheit:

14) Hat sich irgend ein Punkt F in der Geraden ED in irgend einer Richtung FG von einer Geraden EB um eine

bestimmte Größe entfernt, so wird sich, wenn man eine andere Gerade unter derselben Richtung zu EB zieht, in ihr derselbe Punkt um die gleiche Größe von ED in derselben Richtung entfernt haben.

Werden die Entfernungen immer in derselben Richtung gezählt, so stellt sich als eine weitere Folge dieses Gesetzes nachstehender Satz dar (Fig. 13):

15) Wählt man in ED die Punkte E, a, b, c .... so, daß sie gleiche Abstände haben, und zieht man aus diesen Punkten Linien parallel zu EB, so sind die Entfernungen a von EB, b von aa_1, c von bb_1 u. s. w. sämmtlich einander gleich, oder $a\alpha = bk = cl$ . . .

Nimmt man die Wahrheit 13 zu Hülfe, so findet man, daß die Entfernung a von EB ist $a\alpha = 1 . a\alpha$

» » b » » » $b\beta = bk + k\beta = a\alpha + a\alpha = 2a\alpha$

» » c » » » $c\gamma = cl + l\gamma = cl + b\beta$

$= a\alpha + 2a\alpha = 3a\alpha$

u. s. w. Hieraus folgt nun weiter:

16) Hat sich ein Punkt a in ED in einer bestimmten Richtung um eine bestimmte Größe von EB entfernt, so werden sich andere Punkte in ED, die in der doppelten, dreifachen rc. Entfernung liegen, auch um das Zweifache, Dreifache rc. in der angegebenen Richtung von EB entfernt haben.

Alle vorhergehenden Sätze sind eine einfache und natürliche Folge des Bildungsgesetzes einer Geraden, nach welcher sie sich immer in derselben Richtung halten muß, und daher, wenn sie sich von einer andern Geraden, beim Uebergange von Punkt zu Punkt, von einem Elemente zum andern in einem bestimmten Verhältnisse entfernt, dieses Verhältniß der Entfernung sich gleich bleibt wie die Richtung, welche es erzeugt.

Betrachtet man die Figur 13 von einer andern Seite, sieht man $d\delta$ als deren Grundlage an, so sind die Punkte c, b, a, E um cg, bf, an, $E\delta$, von $d\delta$ entfernt, und es ist wie oben $cg = bl = ak =$ u. s. w.; daher auch

$E\alpha = 1 . E\alpha$
$E\beta = E\alpha + \alpha\beta = E\alpha + ak = E\alpha + E\alpha = 2 . E\alpha$
$E\gamma = E\beta + \beta\gamma = E\beta + bl = 2 . E\alpha + 1 . E\alpha = 3 . E\alpha$
$E\delta = E\gamma + \gamma\delta = E\gamma + cg = 3E\alpha + 1 . E . \alpha = 4E\alpha$
u. s. w.

Hieraus erhält man nun noch allgemeiner die Wahrheit (Fig. 14):

17) Haben $a\alpha$ und CF dieselbe Richtung und ist EC das nfache von Ea, so ist auch CF das nfache von $a\alpha$ und EF das nfache von $E\alpha$.

Der Einfachheit wegen nimmt man gewöhnlich die Richtung von $a\alpha$ senkrecht zu EB an und rechnet die Entfernungen in dieser Richtung.

Es sey nun (Fig. 15) AD = m.Aa und AF = n.Aa, so ist auch DE = $m.a\alpha$, FG = $n.a\alpha$ und AE = $m.A\alpha$, AG = $n.A\alpha$; hieraus kann man ableiten:

$$\frac{AD}{AF} = \frac{m.Aa}{n.Aa} = \frac{m}{n}$$
$$\frac{DE}{FG} = \frac{m.a\alpha}{n.a\alpha} = \frac{m}{n}$$
$$\frac{AE}{AG} = \frac{m.A\alpha}{n.A\alpha} = \frac{m}{n}$$

und diese Gleichungen geben:

18) $\frac{AD}{AF} = \frac{DE}{FG} = \frac{AE}{AG}$

Dieses wichtige Gesetz kann man als den Ausdruck des Bildungsgesetzes der Geraden ansehen, es zerfällt, je nachdem man zwei Verhältnisse zusammenstellt, in folgende drei:

19) $\frac{AD}{AF} = \frac{DE}{FG}$

20) $\frac{AD}{AF} = \frac{AE}{AG}$

21) $\frac{DE}{FG} = \frac{AE}{AG}$

Oder nach bekannten Veränderungen:

22) $$\frac{AD}{DE} = \frac{AF}{FG}$$

23) $$\frac{AD}{AE} = \frac{AF}{AG}$$

24) $$\frac{DE}{AE} = \frac{FG}{AG}$$

Diese Sätze zeigen nun, daß das Verhältniß der Entfernung **AD** zur Senkrechten **DE** dasselbe bleibt, von welchem Punkte **D** oder **F** oder irgend einem andern Punkte man diese Entfernung auch annehmen mag; daß dieß auf gleiche Weise für das Verhältniß der Entfernung **AD** zum Abstande **AE** gilt und auch stattfindet zwischen der Senkrechten **DE** und dem Abstande **AE**.

Da alle diese Proportionen auch umgekehrt werden können, so ergeben sich sechs Verhältnisse, welche für eine bestimmte Richtung **AB** (Fig. 16) oder einen bestimmten Winkel **BAX** konstant sind, wie auch die Entfernung **AC** bestimmt werden mag.

Diese sechs Verhältnisse sind:

$$\frac{CD}{AC} \text{ und } \frac{AC}{CD}$$

$$\frac{AD}{AC} \text{ und } \frac{AC}{AD}$$

$$\frac{CD}{AD} \text{ und } \frac{AD}{CD}$$

Könnte nachgewiesen werden, daß sich diese Verhältnisse nur auf eine bestimmte Richtung oder einen bestimmten Winkel beziehen lassen, so würde man durch sie ein zweites Mittel haben, die Richtung einer Geraden zu bestimmen; denn ein bestimmter Zahlenwerth eines der sechs Brüche würde sich dann nur auf einen bestimmten Winkel, also nur auf eine bestimmte Richtung beziehen lassen.

§. 8. **Der Winkel und seine Verhältnisse bestimmen sich gegenseitig.** Der größeren Einfachheit wegen soll in der Folge nur von Winkeln die Rede seyn, welche 90° nicht übersteigen; der

Ausdehnung der Untersuchung auf größere Winkel wird ein besonderes Kapitel gewidmet werden.

Man lasse nach und nach die Linie AC (Fig. 17) alle Lagen einnehmen, welche sie im rechten Winkel XAY von AX bis AY haben kann, und nehme sie hierbei, der besseren Vergleichung mit der Senkrechten CD und dem Abstande AD wegen, immer von gleicher Länge an.

Fällt zuerst AC mit AE zusammen, so ist kein Winkel und keine Senkrechte vorhanden. Wird der Winkel größer, so wird auch die Senkrechte größer, ein Wachsen des Einen bedingt eine Zunahme des Andern, die Senkrechte wächst mit 0^0 von 0 an, bis sie bei 90^0 zu $AF = AC = AE$ geworden ist. Während der Winkel die Reihe von 0^0 bis 90^0 durchläuft, geht die Senkrechte von 0 bis AF fort, und es ist kein Grund vorhanden, anzunehmen, daß bei beständigem Wachsen der einen Größe das Wachsthum der anderen in der Art unterbrochen würde, daß verschiedenen Winkeln ein und dieselbe Senkrechte, oder verschiedene Senkrechten ein und demselben Winkel entsprächen.

Was nun für die Senkrechten gilt, gilt auch für die Verhältnisse, welche aus denselben gebildet werden, wenn man sie durch AC mißt. Die Grenzwerthe dieser Verhältnißzahlen sind bei 0^0 $\frac{0}{AC} = 0$ und bei 90^0 $\frac{AF}{AC} = \frac{AC}{AC} = 1$. Das Verhältniß der Senkrechte zu AC wächst also von 0 bis 1, während der Winkel von 0^0 zu 90^0 übergeht, und einem bestimmten Werthe aus der Reihe der Verhältnißzahlen entspricht nur ein bestimmter Winkel, so wie umgekehrt einem bestimmten Winkel nur ein bestimmtes Verhältniß angehören kann.

Dieselben Betrachtungen lassen sich mit den übrigen fünf Verhältnissen anstellen, und man findet:

25) Einem bestimmten Winkel gehören nur bestimmte Werthe der sechs Funktionen zu, und umgekehrt, einem bestimmten Werthe einer der sechs Funktionen entspricht nur ein einziger Winkel. Und auch gleichen Winkeln gehören gleiche Werthe der entsprechenden Verhältnisse zu, so wie gleichen

Werthen eines der sechs Verhältnisse nur gleiche Winkel angehören können.

Man denke sich nun, es seyen, auf irgend eine Weise, für jeden Winkel von 0° bis 90°, von Grad zu Grad, von Minute zu Minute, von Sekunde zu Sekunde, diese sechs Verhältnisse berechnet und in Tafeln in der Art zusammengestellt, daß eine Kolumne den Winkel und sechs folgende die ihm zugehörenden Verhältnisse enthalte, so würde man im Stande seyn, aus irgend einem Verhältnisse den Winkel und durch diesen die Richtung der Geraden angeben zu können. Umgekehrt würde man aus dem durch die Richtung gegebenen Winkel die demselben zugehörigen Verhältnisse aus den Tafeln aufzufinden im Stande seyn.

Diese Verhältnisse sind es, welche in den Rechnungen erscheinen, und kein Winkel wird durch Rechnung unmittelbar, sondern nur aus den Tafeln durch diese Verhältnisse gefunden.

Solche Tafeln sind aber wirklich vorhanden, und um die Verhältnisse besser unterscheiden zu können, hat man jedem einen Namen gegeben. Man nennt sie zusammen Funktionen des Winkels oder goniometrische Funktionen.

Bezeichnet man den Winkel **BAX** mit **A**, so sind die Benennungen der einzelnen Funktionen folgende (Fig. 16):

$$\frac{CD}{AC} = \textit{sinus } A$$

$$\frac{AD}{AC} = \textit{cosinus } A$$

$$\frac{CD}{AD} = \textit{tangente } A$$

$$\frac{AD}{CD} = \textit{cotangente } A$$

$$\frac{AC}{AD} = \textit{secante } A$$

$$\frac{AC}{CD} = \textit{cosecante } A$$

Der Kürze wegen soll in den folgenden Untersuchungen $AC = s$, $CD = y$, $AD = x$ gesetzt werden, **AC** kann man die Hypotenuse,

CD die Senkrechte und AD die Basis nennen. Diese Benennungen haben Bezug auf den Winkel A, für C ist x die Senkrechte und y die Basis, s verhält sich gegen beide Winkel auf gleiche Weise.

Die goniometrischen Funktionen sind für die gesammte Geometrie von der größten Wichtigkeit, daher die nächsten vier Kapitel den Untersuchungen über ihren Zusammenhang, ihre Veränderungen und ihrer Berechnung gewidmet sind.

Drittes Kapitel.

Von den goniometrischen Funktionen im Allgemeinen.

§. 9. **Vom Sinus und Cosinus.** Die vorhergehenden Untersuchungen haben gezeigt, daß, wie immer man auch s annehmen mag, das Verhältniß $\frac{y}{s}$ konstant bleibt, sich nur mit dem Winkel A ändert und folglich diesen vollkommen bestimmt. Man hat für dieses Verhältniß eine völlig gleichgültige Benennung gewählt und gesetzt (Fig. 16).

26) $\sin. A = \frac{y}{s}$

Man ziehe nun zu AX die Gerade AY senkrecht, so ist der Winkel YAX ein rechter, und die Linie AB theilt diesen Winkel in zwei Theile, welche also zusammen $= R = 90^0$ sind.

Nun ist aber der Parallelität von AY und DC wegen $\angle YAB = \angle ACD$ als Wechselwinkel; hieraus folgt nun, daß da $\angle YAB + \angle BAX = 90^0$, auch $\angle ACD + \angle BAX = 90^0$ oder

$$\angle A + \angle C = 90^0$$

Die Winkel A und C bestimmen sich mithin gegenseitig, durch den einen ist auch der andere gegeben.

Die Linien x und y sind zu einander senkrecht, eine jede ist also die Senkrechte der andern, die dem Winkel gegenüberstehende

Senkrechte ist y und die dem Winkel C entsprechende x. Die Linie s verhält sich gegen beide Winkel und beide Senkrechten auf gleiche Weise.

Die Gleichung 26 läßt sich jetzt auch so auffassen: **Der Sinus eines Winkels ist dessen Senkrechte durch die Hypotenuse s gemessen.** Wendet man dieses auf den Winkel C an, so erhält man

27) $sin.\ C = \frac{x}{s}$

Dieses Verhältniß bezieht sich nun zwar auf C, jedoch mittelbar auch auf A, da A durch C gegeben ist. Soll nun durch dieses zweite Verhältniß der Winkel A bestimmt werden, so sucht man den Zahlenwerth des Bruches $\frac{x}{s}$, als Sinus, in den Tafeln auf, ihm zur Seite findet man den Winkel C, zieht man diesen von 90° ab, so hat man A.

Man findet also den Winkel A con sinu des Ergänzungswinkels.

Sind Tafeln so eingerichtet, daß in einer neuen Kolumne sogleich der Winkel A steht, so daß man also nicht erst nöthig hat, von 90° abzuzählen, so kann man hierdurch das obige Verhältniß sogleich auf A beziehen. In dieser Beziehung setzt man

28) $cos.\ A = \frac{x}{s}$,

indem man durch diese Benennung die Art und Weise festhält, wie A aus $\frac{x}{s}$ aufgefunden werden kann.

Die Gleichungen 27 und 28 führen sogleich zu folgender:

29) $cos.\ A = sin.\ C = sin.\ (90^\circ - A)$

$sin.\ C = cos.\ A = cos.\ (90^\circ - C)$

Was aber für den einen Winkel gilt, gilt auch für den andern, so daß man C und A vertauschen kann, wodurch:

30) $sin.\ A = cos.\ C = cos.\ (90 - A)$

Die Gleichung 29 zeigt, daß, wenn man alle Sinusse von 0° bis 90° kennt, dadurch auch die Cosinusse gegeben sind. Setzt man z. B. A = 0, 10, 20 ... 90°, so wird

$$\begin{aligned}
cos.\ 0^0 &= sin.\ (90-0) = sin.\ 90^0\\
cos.\ 10^0 &= sin.\ (90-10) = sin.\ 80^0\\
cos.\ 20^0 &= sin.\ (90-20) = sin.\ 70^0\\
cos.\ 30^0 &= sin.\ (90-30) = sin.\ 60^0\\
&\ldots\\
cos.\ 90^0 &= sin.\ (90^0-90) = sin.\ 0^0
\end{aligned}$$

Hat man daher Sinustafeln, welche von 0 bis 90° gehen, so darf man nur die Winkel in umgekehrter Ordnung beifügen, um sie auch für Cosinusse einzurichten.

Hat man dagegen Tafeln, welche die Sinusse und Cosinusse von 0° bis 45° enthalten, so geben sie auch durch Anfügung der Winkel in umgekehrter Ordnung alle Sinusse und Cosinusse von 0° bis 90°.

$$\begin{aligned}
sin.\ 0^0 &= cos.\ 90^0 \text{ und } cos.\ 0^0 = sin.\ 90^0\\
sin.\ 5^0 &= cos.\ 85^0 \text{ „ } cos.\ 5^0 = sin.\ 85^0\\
sin.\ 10^0 &= cos.\ 80^0 \text{ „ } cos.\ 10^0 = sin.\ 80^0\\
&\ldots\\
sin.\ 40^0 &= cos.\ 50^0 \text{ „ } cos.\ 40^0 = sin.\ 50^0\\
sin.\ 45^0 &= cos.\ 45^0 \text{ „ } cos.\ 45^0 = sin.\ 45^0
\end{aligned}$$

§. 10. **Von der Tangente und Cotangente.** Zwischen Tangente und Cotangente finden dieselben Beziehungen wie zwischen Sinus und Cosinus statt. Es ist

31) $tang.\ A = \frac{y}{x}$

Die dem Winkel entsprechende Senkrechte, durch die Basis gemessen, ist die Tangente. Daher auch

32) $tang.\ C = \frac{x}{y}$

Bezieht man dieses Verhältniß auf den Winkel A, so ist

33) $cot.\ A = \frac{x}{y}$

mithin

34) $cot.\ A = tang.\ C = tang.\ (90 - A)$

und auch

35) $tang.\ A = cot.\ C = cot.\ (90 - A)$

Ueber die Einrichtung der Tafeln für Tangenten und Cotangenten findet dasselbe statt, was für Sinus und Cosinus angeführt worden ist.

§. 11. **Von der Secante und Cosecante.** Die Betrachtungen der vorhergehenden Paragraphen finden auch hier statt; ist

36) $sec.\ A = \frac{s}{x}$,

so ist

37) $sec.\ C = \frac{s}{y}$,

und auf A bezogen

38) $cosec.\ A = \frac{s}{y}$,

daher

39) $cosec.\ A = sec.\ C = sec.\ (90 - A)$

und

40) $sec.\ A = cosec.\ C = cosec.\ (90 - A)$.

§. 12. **Grundbeziehungen der sechs goniometrischen Funktionen.** Ein bestimmtes Verhältniß ist schon hinreichend zur Bestimmung des Winkels, und somit der Richtung der Geraden. Durch eine Funktion sind daher die übrigen bestimmt und müssen sich durch dieselben darstellen lassen; hierzu wird jedoch erfordert, daß man den Zusammenhang der sechs Funktionen kenne. Dieser Zusammenhang kann nur allein aus einer Verbindung der Gleichungen 26, 28, 31, 33, 36, 38 erkannt werden.

Man multiplicire 26 mit 33 und vergleiche das Produkt mit 28, so wird

41) $sin.\ A\ .\ cot.\ A = \frac{y}{s} . \frac{x}{y} = \frac{x}{s} = cos.\ A$

Auf gleiche Art wird aus 26 und 36, verglichen mit 31,

42) $sin.\ A\ .\ sec.\ A = \frac{y}{s} . \frac{s}{x} = \frac{y}{x} = tang.\ A$

Aus 26 und 38 wird ebenso

43) $sin.\ A\ .\ cosec.\ A = 1$

28 und 31 gibt in Verbindung mit 26

44) $cos.\ A\ .\ tang.\ A = \frac{x}{s} . \frac{y}{x} = \frac{y}{s} = sin.\ A$

Aus 28 und 36 wird

$$45)\ cos.\ A\ .\ sec.\ A = 1$$

28 und 38 führen durch 33 zu

$$46)\ cos.\ A\ .\ cosec.\ A = \frac{x}{s} \cdot \frac{s}{y} = \frac{x}{y} = cot.\ A$$

Aus 31 und 33 erhält man

$$47)\ tang.\ A\ .\ cot.\ A = 1$$

31 und 38, mit 36 verbunden, geben

$$48)\ tang.\ A\ .\ cosec.\ A = \frac{y}{x} \cdot \frac{s}{y} = \frac{s}{x} = sec.\ A$$

Zuletzt findet man aus 33 und 36 in Verbindung mit 38

$$49)\ cot.\ A\ .\ sec.\ A = \frac{x}{y} \cdot \frac{s}{x} = \frac{s}{y} = cosec.\ A.$$

§. 13. **Abgeleitete Gesetze.** Aus den vorhergehenden Gleichungen ergeben sich nun leicht folgende Ableitungen.

Aus 41

$$50)\ sin.\ A = \frac{cos.\ A}{cot.\ A}$$

und

$$51)\ cot.\ A = \frac{cos.\ A}{sin.\ A}$$

Aus 42

$$52)\ sin.\ A = \frac{tang.\ A}{sec.\ A}$$

und

$$53)\ sec.\ A = \frac{tang.\ A}{sin.\ A}$$

Aus 43

$$54)\ sin.\ A. = \frac{1}{cosec.\ A}$$

und

$$55)\ cosec.\ A = \frac{1}{sin.\ A}$$

Aus 44

$$56)\ cos.\ A = \frac{sin.\ A}{tang.\ A}$$

und

$$57)\ tang.\ A = \frac{sin.\ A}{cos.\ A}$$

us 45

58) $cos.\ A = \frac{1}{sec.\ A}$

ud

59) $sec.\ A = \frac{1}{cos.\ A}$

lus 46

60) $cos.\ A = \frac{cot.\ A}{cosec.\ A}$

nd

61) $cosec.\ A = \frac{cot.\ A}{cos.\ A}$

lus 47

62) $tang.\ A = \frac{1}{cot.\ A}$

nd

63) $cot.\ A = \frac{1}{tang.\ A}$

Aus 48

64) $tang.\ A = \frac{sec.\ A}{cosec.\ A}$

und

65) $cosec.\ A = \frac{sec.\ A}{tang.\ A}$

Aus 49

66) $cot.\ A = \frac{cosec.\ A}{sec.\ A}$

und

67) $sec.\ A = \frac{cosec.\ A}{cot.\ A}$

§. 14. **Neue Grundgleichungen und ihre Ableitungen.** Außer den bereits angeführten Relationen gibt es noch andere, welche sich aber nicht aus den vorigen ableiten lassen. Man ziehe (Fig. 18) DE senkrecht zu AB, so ist

$$sin.\ a = \frac{CD}{AC} \text{ und } sin.\ n = \frac{CE}{CD}$$

daher

$$sin.\ a\ .\ sin.\ n = \frac{CD}{AC} \cdot \frac{CE}{CD} = \frac{CE}{AC}$$

Eben so ist

$$\textit{sin. } c = \frac{AD}{AC} \text{ und } \textit{sin. } m = \frac{AE}{AD}$$

daher

$$\textit{sin. } c \,.\, \textit{sin. } m = \frac{AD}{AC} \,.\, \frac{AE}{AD} = \frac{AE}{AC}$$

Zählt man diese beiden Gleichungen zusammen, so entsteht:

$$\textit{sin. } a \,.\, \textit{sin. } n + \textit{sin. } c \,.\, \textit{sin. } m = \frac{CE}{AC} + \frac{AE}{AC}$$

$$= \frac{CE + AE}{AC} = \frac{AC}{AC} = 1$$

Nun ist früher §. 9 gefunden, daß, wenn zwei Linien zu einander senkrecht sind, die Winkel, welche sie mit einer dritten Geraden bilden, zusammen 90^0 sind; demnach ist $c + n = 90^0$ und $a + m = 90^0$. Zugleich ist aber auch $a + c = 90^0$, und somit $n = a$ und $m = c$, was sich aus einer Verbindung der letzten Gleichung mit jeder der beiden ersten ergibt.

Nach 25 haben nun gleiche Winkel auch gleiche Sinusse:

$$\textit{sin. } n = \textit{sin. } a \text{ und } \textit{sin. } m = \textit{sin. } c.$$

Die obige Gleichung geht dadurch über in:

$$\textit{sin. } a \,.\, \textit{sin. } a + \textit{sin. } c \,.\, \textit{sin. } c = 1$$

oder in:

$$(\textit{sin. } a)^2 + (\textit{sin. } c)^2 = 1.$$

Nach 29 ist $\textit{sin. } c = \textit{cos. } a$, daher, wenn wieder A an die Stelle von a gesetzt wird,

68) $(\textit{sin. } A)^2 + (\textit{cos. } A)^2 = 1.$

Aus dieser Wahrheit leitet man leicht zwei andere, nicht minder wichtige, ab.

Wird 68 zuerst durch $(\textit{sin. } A)^2$ und dann durch $(\textit{cos. } A)^2$ gemessen, so entsteht:

$$1 + \frac{(\textit{cos. } A)^2}{(\textit{sin. } A)^2} = \frac{1}{(\textit{sin. } A)^2}$$

und

$$\frac{(\textit{sin. } A)^2}{(\textit{cos. } A)^2} + 1 = \frac{1}{(\textit{cos. } A)^2}$$

Oder auch

$$1 + \left(\frac{cos.\ A}{sin.\ A}\right)^2 = \left(\frac{1}{sin.\ A}\right)^2$$

und

$$\left(\frac{sin.\ A}{cos.\ A}\right)^2 + 1 = \left(\frac{1}{cos.\ A}\right)^2$$

Der erste Ausdruck verwandelt sich mit Hülfe von 51 und 55 in

69) $1 + (cot.\ A)^2 = (cosec.\ A)^2$

Die zweite Gleichung aber mit Hülfe von 57 und 59 in

70) $(tang.\ A)^2 + 1 = (sec.\ A)^2$

Es ist früher gezeigt worden, daß, wenn man die Sinusse berechnet hat, dadurch auch die Cosinusse gegeben sind. Die Gleichung 68 zeigt nun weiter, daß man nur die Sinusse der ersten 45^0 zu kennen braucht, um aus diesen mit Leichtigkeit die ganze Reihe der Sinusse zu erhalten.

Setzt man in 68 nach 29 $cos.\ A = sin.\ (90 - A)$, so wird:

$$1 = sin.\ A^2 + sin.\ (90 - A)^2$$

daher

$$sin.\ A^2 = 1 - cos.\ (90 - A)^2$$

Ist nun $A = 45^0,\ 50^0,\ 55^0 \ldots .\ 90^0$, so ist

$$sin.\ 45^0 = \sqrt{(1 - sin.\ 45^{0\,2})}$$
$$sin.\ 50^0 = \sqrt{(1 - sin.\ 40^{0\,2})}$$
$$sin.\ 55^0 = \sqrt{(1 - sin.\ 35^{0\,2})}$$
$$\ldots\ldots\ldots\ldots$$
$$sin.\ 90^0 = \sqrt{(1 - sin.\ \ 0^{0\,2})}$$

Die erste dieser Gleichungen gibt

$$2\ (sin.\ 45^0)^2 = 1, \text{ also } sin.\ 45^{0\,2} = \tfrac{1}{2},$$

somit:

$$sin. 45^0 = \sqrt{\tfrac{1}{2}} = \tfrac{1}{2}\sqrt{2} = 0,\ 707\ 106\ 781\ 186 \ldots ..$$

Die folgende Tabelle enthält die Formeln, durch welche aus einer Funktion die übrigen fünfe dargestellt werden können.

Darstellung der fünf Funktionen durch den Sinus.

71) $cos.\ A = \sqrt{(1 - sin.\ A^2)}$ Aus 68

72) $tang.\ A = \dfrac{sin.\ A}{\sqrt{(1 - sin.\ A^2)}}$ 57 u. 71

73) $cot.\ A = \frac{\sqrt{(1 - sin.\ A^2)}}{sin.\ A}$ Aus 51 u. 71

74) $sec.\ A = \frac{1}{\sqrt{(1 - sin.\ A^2)}}$ 59 u. 71

75) $cosec.\ A = \frac{1}{sin.\ A}$ 55

Alle Funktionen durch den Cosinus dargestellt.

76) $sin.\ A = \sqrt{(1 - cos.\ A^2)}$ Aus 68

77) $tang.\ A = \frac{\sqrt{(1 - cos.\ A^2)}}{cos.\ A}$ 57 u. 76

78) $cot.\ A = \frac{cos.\ A}{\sqrt{(1 - cos.\ A^2)}}$ 51 u. 76

79) $sec.\ A = \frac{1}{cos.\ A}$ 59

80) $cosec.\ A = \frac{1}{\sqrt{(1 - cos.\ A^2)}}$ 55 u. 76

Die fünf Funktionen durch die Tangente ausgedrückt.

81) $sin.\ A = \frac{tang.\ A}{\sqrt{(1 + tang.\ A^2)}}$ Aus 52 u. 70

82) $cos.\ A = \frac{1}{\sqrt{(1 + tang.\ A^2)}}$ 58 u. 70

83) $cot.\ A = \frac{1}{tang.\ A}$ 63

84) $sec.\ A = \sqrt{(1 + tang.\ A^2)}$ 70

85) $cosec.\ A = \frac{\sqrt{(1 + tang.\ A^2)}}{tang.\ A}$ 65 u. 84

Relationen, welche zwischen der Cotangente und den fünf andern Funktionen bestehen.

86) $sin.\ A = \frac{1}{\sqrt{(1 + cot.\ A^2)}}$ Aus 54 u. 69

87) $cos.\ A = \frac{cot.\ A}{\sqrt{(1 + cot.\ A^2)}}$ 60 u. 69

88) $\tang. A = \frac{1}{\cot. A}$ Aus 62

89) $\sec. A = \frac{\sqrt{(1 + \cot. A^2)}}{\cot. A}$ 67 u. 69

90) $\cosec. A = \sqrt{(1 + \cot. A^2)}$ 69

Gleichungen, welche die übrigen Funktionen durch die Secante darstellen.

91) $\sin. A = \frac{\sqrt{(\sec. A^2 - 1)}}{\sec. A}$ Aus 52 u. 70

92) $\cos. A = \frac{1}{\sec. A}$ 58

93) $\tang. A = \sqrt{(\sec. A^2 - 1)}$ 70

94) $\cot. A = \frac{1}{\sqrt{(\sec. A^2 - 1)}}$ 63 u. 93

95) $\cosec. A = \frac{\sec. A}{\sqrt{(\sec. A^2 - 1)}}$ 65 u. 93

Formeln, um die fünf Funktionen durch die Cosecante darzustellen.

96) $\sin. A = \frac{1}{\cosec. A}$ Aus 54

97) $\cos. A = \frac{\sqrt{(\cosec. A^2 - 1)}}{\cosec. A}$ 60 u. 69

98) $\tang. A = \frac{1}{\sqrt{(\cosec. A^2 - 1)}}$ 62 u. 69

99) $\cot. A = \sqrt{(\cosec. A^2 - 1)}$ 69

100) $\sec. A = \frac{\cosec. A}{\sqrt{(\cosec. A^2 - 1)}}$ 67 u. 99

Viertes Kapitel.

on den goniometrischen Funktionen im Besondern.

§. 15. **Ausdehnung der vorhergehenden Untersuchungen auf inkel, die größer sind als 90°.** Die bisherigen Betrachtungen ziehen sich nur auf Winkel, die 90° nicht übersteigen. Soll die

Untersuchung auch auf größere Winkel ausgedehnt werden, will man die im §. 8 gemachte Beschränkung aufheben, so werden die nachstehenden Untersuchungen nothwendig.

Es seyen XX_1 und YY_1 zwei zu einander senkrechte Geraden (Fig. 19). Man denke sich nun die Gerade, nach und nach, alle Lagen annehmend, welche, von AX angefangen, durch alle vier Rechte möglich sind, oder man lasse den Winkel von 0^0 bis 360^0 wachsen. Hierbei untersuche man nun, wie sich x und y verändern, wenn man s immer von derselben Länge annimmt.

Ist der Winkel 0^0, so ist die Senkrechte $y = 0$, und x hat seinen größten Werth $AC = s$. Mit dem Winkel nimmt y zu und x nimmt ab, bis bei 90^0 y seinen größten Werth $AD = s$ erreicht hat und $x = 0$ geworden ist.

Wird der Winkel größer als 90^0, so wird die Senkrechte wieder kleiner, x nimmt wieder zu und bei 180^0 ist $y = 0$ und $x = AE = s$ geworden.

Uebersteigt der Winkel 180^0, so nimmt y wieder zu und x nimmt ab, bis bei 270^0 $y = AF = s$ und $x = 0$ geworden ist.

Im vierten Rechten wird y wieder kleiner, x nimmt zu und bei 360^0 gestaltet sich Alles wieder wie bei 0^0, y ist $= 0$ und $x = AC = s$ geworden.

Bei diesen Uebergängen erkennt man, daß die Werthe von y und x in den vier Rechten sich wiederholen. So wie y von 0 an wächst, bis es bei 90^0 sein Maximum s erreicht hat, so nimmt es ab von 90^0 bis 180^0 und durchläuft dieselbe Reihe in umgekehrter Ordnung. Von 180^0 bis 360^0 wiederholen sich alle Werthe in derselben Ordnung wie von 0^0 bis 180^0, nur daß in den beiden ersten Rechten y über XX_1, und in den beiden anderen unter dieser Linie liegt.

Bei 0^0 hat x seinen größten Werth s und ist bei 90^0 zu 0 geworden. Aus 0 erhebt es sich wieder und durchläuft von 90^0 bis 180^0 dieselbe Reihe, nur in umgekehrter Ordnung. Von 180^0 bis 360^0 wiederholen sich alle Werthe von x in derselben Ordnung, wie von 0^0 bis 180^0. Die Richtung von x ist im ersten und vierten Rechten dieselbe, im zweiten und dritten aber die entgegengesetzte, im ersten Falle rechts, im andern links von YY_1.

Wenn man eine Gerade AC nach einer bestimmten Richtung AX hin gebildet hat, diese Richtung als die ursprüngliche, erste ansieht, sie mit + bezeichnet, und diese Linie durch irgend eine Veränderung nun abnimmt, bis sie = 0 wird, die Abnahme auch über diesen Punkt hinaus noch andauert, so wird eine neue Linie AX_1 gebildet, nach einer Richtung, welche der ersten AX entgegengesetzt ist, welche daher als die zweite, negative, angesehen werden muß. (Vergl. §. 2.)

Enthält z. B. AC α Längeneinheiten, so wird $x = + \alpha$ die Linie AC bedeuten, welche nach der ersten Richtung AX hin gebildet ist. Der Buchstabe x bezieht sich hier auf XX_1 oder auf Richtungen, die dieser parallel sind, α bestimmt die Länge und das +-Zeichen die Bildung nach Rechts, von A nach X hin. Auf gleiche Weise wird $x = - \alpha$ die Linie AE darstellen, welche in XX_1 liegt oder zu dieser parallel ist, deren Größe α ist und deren Richtung AX_1 die entgegengesetzte von AX ist.

Dasselbe läßt sich auf Linien anwenden, die, wie die Senkrechte y, der Richtung YY_1 angehören. Nimmt man an, die Richtung nach oben hin, nach AY, sey die erste, positive, so wird die nach unten hin, nach AY_1, mit — bezeichnet werden müssen. Die Gleichungen $y = + \beta$ und $y = - \beta$ bezeichnen zwei Linien von gleicher Größe und entgegengesetzter Richtung, die eine liegt oberhalb, die andere unterhalb XX_1 und sind zu dieser senkrecht.

Diese Betrachtungen, vereint mit den obigen, geben nun für die Veränderungen von x und y bei dem Uebergange des Winkels von 0^0 zu 360^0 folgende Resultate:

a) y wächst mit dem Winkel von 0 an und erreicht bei 90^0 seinen größten Werth s, nimmt von da an ab und wird bei 180^0 wieder = 0. Nachdem y durch 0 gegangen ist, nimmt es nach der negativen Seite hin wieder zu — was eine fortgesetzte Abnahme ist — und erreicht seinen größten negativen Werth s, sein Minimum, bei 270^0. Im vierten

Rechten werden die negativen Werthe von y immer kleiner — y also wieder größer — bis bei 360° y = 0 wird.

b) x hat bei 0° seinen größten Werth s, nimmt von da an ab und wird bei 90° = 0. Durch den Nullpunkt gegangen, tritt es auf der andern Seite wieder hervor, wird negativ und erreicht bei 180° seinen größten negativen Werth s. Im dritten Rechten werden die negativen Werthe von x wieder kleiner — x nimmt wieder zu — und bei 270° ist x = 0 geworden. Im vierten Rechten ist x positiv, nimmt zu und erlangt bei 360° wieder sein Maximum s.

c) Die Linie s, welche bei allen diesen Veränderungen als konstant angesehen worden ist, kann dieser ihrer Unveränderlichkeit wegen in ihren verschiedenen Lagen keinem Zeichenwechsel unterworfen seyn. Die Eigenschaft der Unveränderlichkeit von s ist zwar keine nothwendige; da aber bei allen Untersuchungen diese Linie nie allein auftritt, sondern immer in Vergleich mit x und y, so ist doch, nach 19 bis 23, das Resultat dasselbe.

d) Die Werthe von x und y wiederholen sich in den vier Rechten, abgesehen von ihren Zeichen, auf gleiche Weise und in der Art, daß sie in jedem folgenden Rechten die umgekehrte Reihe wie im vorhergehenden bilden.

e) Man kann den ersten Rechten als fünften, den zweiten als sechsten u. s. w. annehmen und so Winkel erhalten, die größer als 360° sind. Für solche Winkel kehren aber die Veränderungen von x und y von vier zu vier Rechten wieder, und man hat im

1,5,9,...ten R;	2,6,10,...ten R;	3,7,11,...ten R;	4,8,12,...ten R
+ x, + y	— x, + y	— x, — y	+ x, — y

f) Sind (Fig. 20) die Winkel **BAC** und **EAF** gleich und = a, so sind auch, wenn **BG** und **ED** gerade Linien sind, **DAC** und **GAF** gleich und = a. Ist ferner **AB** = **AE** = **AG** = **AD** = s, so sind auch die x und y der vier Winkel, der Größe nach, einander gleich, weil sonst ihre Verhältnisse zu s nach 25 einander nicht gleich seyn könnten.

Es ist nun, wenn die Winkel nach oben hin und immer von AX aus gezählt werden:

∠ BAC $= a$	für diesen	$x = +$,	$y = +$
∠ EAC $= 2R - a$	„ „	$x = -$,	$y = +$
∠ GAC $= 2R + a$	„ „	$x = -$,	$y = -$
∠ DAC $= 4R - a$	„ „	$x = +$,	$y = -$
∠ BAC $= 4R + a$	„ „	$x = +$,	$y = +$
∠ EAC $= 6R - a$	„ „	$x = -$,	$y = +$

. . . .

Hieraus ergibt sich nun, daß den Winkeln

$$a,\ 2R - a,\ 4R + a,\ 6R - a \ldots$$

allen dasselbe positive y angehört. Daß ferner allen Winkeln

$$2R + a,\ 4R - a,\ 6R + a,\ 8R - a \ldots$$

dasselbe negative y entspricht. In Bezug auf x findet man, daß die Winkel

$$a,\ 4R - a,\ 4R + a,\ 8R - a \ldots$$

dasselbe positive x haben und den Winkeln

$$2R - a,\ 2R + a,\ 6R - a,\ 6R + a \ldots$$

gleiche negative x entsprechen.

g) Die Ausdehnung der Untersuchung auf stumpfe Winkel hat daher die Folge, daß ein bestimmtes Verhältniß, nicht mehr als einen einzigen Winkel bestimmend, angesehen werden kann, sondern einer ganzen Reihe von Winkeln angehört. So entspricht z. B. das Verhältniß $\frac{y}{s}$ der Winkelreihe

$$a,\ 2R - a,\ 4R + a \ldots$$

und so die übrigen, wie dieß die nächsten Paragraphen darstellen. Die Wahrheit 25 erleidet hierdurch eine Aenderung und geht in nachstehenden Satz über.

h) Einem bestimmten Winkel gehören nur bestimmte und einzige Werthe der sechs Funktionen zu; aber einem bestimmten Werthe einer der sechs Funktionen kann eine ganze Reihe von Winkeln entsprechen, wovon jedoch keine zwei in denselben Rechten fallen können (§. 8). Der Winkel wird aber vollkommen durch einen bestimmten Werth einer der sechs Funktionen bestimmt, wenn noch ferner angegeben wird, in welchen Rechten die Richtung von s fällt.

Hieraus folgt weiter:

i) Gleichen Winkeln gehören gleiche Werthe der entsprechenden Funktionen zu, gleichen Werthen irgend einer der sechs Funktionen werden aber nur dann gleiche Winkel entsprechen, wenn sie in denselben Rechten fallen oder eine gleiche Anzahl von Rechten umfassen.

k) Läßt man den Winkel, wie im Vorhergehenden immer angenommen wurde, nach oben hin wachsen, und nimmt man die Winkel nach dieser Richtung erzeugt als positiv, so werden die Winkel, die nach der entgegengesetzten Richtung, nach unten hin, gebildet werden, als negative Winkel angesehen werden müssen. In dieser Beziehung mögen nun die gleichen Winkel **BAC** und **DAC** (Fig. 21) stehen, der erste soll seine Bildung nach oben hin, der andere nach unten hin erhalten haben. Nimmt man nun bei diesen Winkeln das s gleich an, also $AB = AD$, so werden in beiden, von ihrer Lage abgesehen, x und y dieselbe Größe haben, weil sonst die Verhältnisse, aus diesen Größen und s gebildet, für beide gleiche Winkel nach 25 nicht gleich seyn könnten. Mit Rücksicht auf die Lage hat man nun

für $+ a$ und für $- a$

$+ x, + y$ $\quad + x, - y$

wodurch auch die Veränderungen von x und y für negative Winkel bestimmt sind.

Nachdem man nun die Veränderungen kennen gelernt hat, welchen x und y unterworfen sind, wird es leicht seyn, die Veränderungen der, von diesen Größen abhängigen, Funktionen zu verfolgen.

§. 16. **Von dem Sinusse.** Nach dem vorhergehenden Paragraphe ist es nun leicht, für den Sinus folgende besondere Resultate zu erhalten (Fig. 20).

101) $\sin. 0^0 = \frac{0}{s} = 0$

$\sin. a = \frac{BC}{AB} = \frac{y}{s}$

102) $\sin. 1R = \frac{AK}{AK} = \frac{+s}{s} = 1$

103) $\sin. (2R - a) = \frac{EF}{AE} = \frac{y}{s} = \sin. a$

104) $\sin. 2R = \frac{0}{AM} = \frac{0}{s} = 0$

105) $\sin. (2R + a) = \frac{GF}{AG} = \frac{-y}{s} = -\frac{y}{s} = -\sin. a$

106) $\sin. 3R = \frac{AN}{AN} = \frac{-s}{s} = -1$

107) $\sin. (4R - a) = \frac{CD}{AD} = \frac{-y}{s} = -\frac{y}{s} = -\sin. a$

108) $\sin. 4R = \frac{0}{AH} = 0$

109) $\sin. (4R + a) = \frac{BC}{AB} = \frac{y}{s} = \sin. a$

110) $\sin. 5R = \frac{AK}{AK} = \frac{+s}{s} = +1$

111) $\sin. (6R - a) = \frac{EF}{AE} = \frac{+y}{s} = \sin. a$

112) $\sin. 6R = \frac{0}{AM} = 0$

113) $\sin. (6R + a) = \frac{FG}{AG} = \frac{-y}{s} = -\sin. a$

u. s. w.

Bedeutet n eine ganze positive Zahl, oder ist n = 0, 1, 2, 3 . . ., so lassen sich die vorhergehenden Gesetze allgemein darstellen durch:

114) $\sin. 2nR = 0$

$\sin. (4n + 1) R = +1$

$\sin. (4n + 3) R = -1$

$$\left.\begin{array}{l} sin.\ ((4n + 2)\ R - a) \\ sin.\ (4nR + a) \end{array}\right\} = +\ sin.\ a$$

$$\left.\begin{array}{l} sin.\ ((4n + 2)\ R + a) \\ sin.\ (4nR - a) \end{array}\right\} = -\ sin.\ a$$

Einem positiven Sinusse entsprechen also die Winkel
a, 2 R — a, 4 R + a, 6 R — a, 8 R + a, 10 R — a . . .
und einem negativen die Winkel
2 R + a, 4 R — a, 6 R + a, 8 R — a, 10 R + a . . .
Für negative Winkel hat man

115) $sin. - a = \frac{CD}{AD} = \frac{-y}{s} = - sin.\ a$

Setzt man in 30 $A = - a$, so erhält man:

$$sin. - a = cos.\ (90 + a)$$

daher mit Hülfe von 115

116) $cos.\ (90 + a) = - sin.\ a$

§. 17. **Vom Cosinus.** Wächst der Winkel von 0° an, so ergeben sich folgende Veränderungen für den Cosinus:

117) $cos.\ 0^0 = \frac{AH}{AH} = \frac{+s}{s} = + 1$

$$cos.\ a = \frac{AC}{AB} = \frac{x}{s}$$

118) $cos.\ 1\ R = \frac{0}{AK} = 0$

119) $cos.\ (2\,R - a) = \frac{AF}{AE} = \frac{-x}{s} = - \frac{x}{s} = - cos.\ a$

120) $cos.\ 2\ R = \frac{AM}{AM} = \frac{-s}{s} = - 1$

121) $cos.\ (2\ R + a) = \frac{AF}{AG} = \frac{-x}{s} = - cos.\ a$

122) $cos.\ 3\ R = \frac{0}{AN} = 0$

123) $cos.\ (4\ R - a) = \frac{AC}{AD} = \frac{x}{s} = cos.\ a$

124) $cos.\ 4\ R = \frac{AH}{AH} = \frac{+s}{s} = + 1$

125) $cos. (4R + a) = \frac{AC}{AB} = \frac{x}{s} = cos. a$

126) $cos. 5R = \frac{0}{AK} = 0$

127) $cos. (6R - a) = \frac{AF}{AE} = \frac{-x}{s} = - cos. a$

128) $cos. 6R = \frac{AM}{AM} = \frac{-s}{s} = - 1$

129) $cos. (6R + a) = \frac{AF}{AG} = \frac{-x}{s} = - cos. a$

u. s. w.

Ist $n = 0, 1, 2, 3 \ldots$, so kann man diese Gleichungen in folgenden allgemeinen Ausdrücken zusammenfassen:

130) $cos. (2n + 1) R = 0$

$cos. 4nR = + 1$

$cos. (4n + 2) R = - 1$

$cos. (4nR \pm a) = + cos. a$

$cos. ((4n + 2) R \pm a) = - cos. a$

Hiernach entsprechen also einem positiven Cosinusse die Winkel:

$a, 4R - a, 4R + a, 8R - a, 8R + a, \ldots$

und einem negativen die Winkel:

$2R - a, 2R + a, 6R - a, 6R + a, \ldots$

Für negative Winkel erhält man:

131) $cos. - a = \frac{AC}{AD} = \frac{x}{s} = cos. + a$

Wird nun in 29 $A = - a$ gesetzt, so wird:

$$cos. - a = sin. (90 + a);$$

daher auch:

132) $sin. (90 + a) = cos. a$

§. 18. **Von der Tangente.** Die Gesetze der Veränderungen der Tangente lassen sich aus denen der Sinusse und Cosinusse nach §. 13 Nr. 57 ableiten, aber eben so leicht auch aus der Figur selbst.

133) $tang.\ 0^{\circ} = \frac{0}{s} = 0$

$tang.\ a = \frac{y}{x}$

134) $tang.\ 1\,R = \frac{s}{0} = \infty$

135) $tang.\ (2R - a) = \frac{y}{-x} = -\frac{y}{x} = -\ tang.\ a$

136) $tang.\ 2\,R = \frac{0}{-s} = -\,0$

137) $tang.\ (2R + a) = \frac{-y}{-x} = \frac{y}{x} = tang.\ a$

138) $tang.\ 3\,R = \frac{-s}{0} = -\,\infty$

139) $tang.\ (4R - a) = \frac{-y}{x} = -\ tang.\ a$

140) $tang.\ 4\,R = \frac{0}{s} = 0$

141) $tang.\ (4R + a) = \frac{y}{x} = tang.\ a$

142) $tang.\ 5\,R = \frac{s}{0} = \infty$

143) $tang.\ (6R - a) = \frac{y}{-x} = -\ tang.\ a$

144) $tang.\ 6\,R = \frac{0}{-s} = -\,0$

145) $tang.\ (6R + a) = \frac{-y}{-x} = tang.\ a$

u. s. w.

Die allgemeine Form dieser Ausdrücke ist:

146) $tang.\ 2nR = 0$

$tang.\ (2n + 1)\ R = \infty$

$tang.\ (2nR + a) = +\ tang.\ a$

$tang.\ (2nR - a) = -\ tang.\ a$

Einer positiven Tangente entsprechen daher die Winkel:

a, 2R + a, 4R + a, 6R + a, 8R + a, . . .

und einer negativen die Winkel:

$$2R - a,\ 4R - a,\ 6R - a,\ 8R - a, \ldots$$

Für die Tangente des negativen Winkels ist:

147) $tang. - a = \frac{-y}{x} = -\frac{y}{x} = -tang.\ a$

Setzt man nunmehr in 35 $A = -a$, so wird:

$$tang. - a = cot.\ (90 + a)$$

mithin:

148) $cot.\ (90 + a) = -tang.\ a$

§. 19. **Von der Cotangente.** Die Gesetze für die Cotangente sind:

149) $cot.\ 0^0 = \frac{s}{0} = \infty$

$cot.\ a = \frac{x}{y}$

150) $cot.\ 1\,R = \frac{0}{s} = 0$

151) $cot.\ (2R - a) = \frac{-x}{y} = -\frac{x}{y} = -cot.\ a$

152) $cot.\ 2\,R = \frac{-s}{0} = -\infty$

153) $cot.\ (2R + a) = \frac{-x}{-y} = \frac{x}{y} = cot.\ a$

154) $cot.\ 3\,R = \frac{0}{-s} = -0$

155) $cot.\ (4R - a) = \frac{x}{-y} = -\frac{x}{y} = -cot.\ a$

156) $cot.\ 4\,R = \frac{s}{0} = \infty$

157) $cot.\ (4R + a) = \frac{x}{y} = cot.\ a$

158) $cot.\ 5\,R = \frac{0}{s} = 0$

159) $cot.\ (6R - a) = \frac{-x}{y} = -\frac{x}{y} = -cot.\ a$

160) $cot.\ 6\ R = \frac{-s}{0} = -\infty$

161) $cot.\ (6R + a) = \frac{-x}{-y} = \frac{x}{y} = cot.\ a$

u. s. w.

Ist $n = 0, 1, 2, 3 \ldots,$ so lassen sich allgemeiner diese Gesetze zusammenfassen in:

162) $cot.\ 2nR = \infty$

$cot.\ (2n + 1)\ R = 0$

$cot.\ (2nR + a) = +\ cot.\ a$

$cot.\ (2nR - a) = -\ cot.\ a$

Einer positiven Cotangente gehören also die Winkel an:

$a,\ 2R + a,\ 4R + a,\ 6R + a,\ 8R + a, \ldots$

und einer negativen die Winkel:

$2R - a,\ 4R - a,\ 6R - a,\ 8R - a, \ldots$

Für die Cotangente des negativen Winkels ist:

163) $cot. - a = \frac{+x}{-y} = -\frac{x}{y} = -\ cot.\ a$

Wird in 24 — a statt A gesetzt, so entsteht:

$cot. - a = tang.\ (90 + a);$

daher mit Zuziehung des Vorstehenden:

164) $tang.\ (90 + a) = -\ cot.\ a$

§. 20. **Von der Secante.** Bei dem Uebergange des Winkels von 0^0 zu 90^0, 180^0, 270^0 u. s. w. verändert sich die Secante auf nachstehende Weise:

165) $sec.\ 0^0 = \frac{s}{s} = 1$

$sec.\ a = \frac{s}{x}$

166) $sec.\ 1\ R = \frac{s}{0} = \infty$

167) $sec.\ (2R - a) = \frac{s}{-x} = -\frac{s}{x} = -\ sec.\ a$

168) $sec.\ 2\ R = \frac{s}{-s} = -1$

169) $sec.\ (2R + a) = \frac{s}{-x} = -\frac{s}{x} = -\ sec.\ a$

170) $sec.\ 3R = \frac{s}{0} = \infty$

171) $sec.\ (4R - a) = \frac{s}{x} = sec.\ a$

172) $sec.\ 4R = \frac{s}{s} = 1$

173) $sec.\ (4R + a) = \frac{s}{x} = sec.\ a$

174) $sec.\ 5R = \frac{s}{0} = \infty$

175) $sec.\ (6R - a) = \frac{s}{-x} = -\ sec.\ a$

176) $sec.\ 6R = \frac{s}{-s} = -1$

177) $sec.\ (6R + a) = \frac{s}{-x} = -\ sec.\ a$

u. s. w.

Hiernach ergeben sich folgende allgemeine Ausdrücke für n = 0, 1, 2, 3 . . .:

178) $sec.\ 4nR = +1$

$sec.\ (4n + 2)R = -1$

$sec.\ (2n + 1)R = \infty$

$sec.\ (4nR \pm a) = +\ sec.\ a$

$sec.\ ((4n + 2)R \pm a) = -\ sec.\ a$

Ein und derselben positiven Secante kann somit die Winkelreihe angehören:

a, 4R — a, 4R + a, 8R — a, 8R + a, . . .

und einer negativen die Reihe:

2R — a, 2R + a, 6R — a, 6R + a, . . .

Für die Secante des negativen Winkels erhält man:

179) $sec.\ -a = \frac{AD}{AC} = \frac{s}{x} = +\ sec.\ a$

Setzt man nun in 40 A = — a, so entsteht:

$sec.\ -a = cosec.\ (90 + a);$

daher auch:

180) $cosec.\ (90 + a) = sec.\ a.$

§. 21. **Von der Cosecante.** Die Veränderungen, welche die Cosecante durch das Wachsthum des Winkels erleidet, sind:

181) $cosec.\ 0^0 = \frac{s}{0} = \infty$

$cosec.\ a = \frac{s}{y}$

182) $cosec.\ 1\,R = \frac{s}{s} = 1$

183) $cosec.\ (2R - a) = \frac{s}{y} = cosec.\ a$

184) $cosec.\ 2\,R = \frac{s}{0} = \infty$

185) $cosec.\ (2R + a) = \frac{s}{-y} = -\frac{s}{y} = -\ cosec.\ a$

186) $cosec.\ 3\,R = \frac{s}{-s} = -1$

187) $cosec.\ (4R - a) = \frac{s}{-y} = -\frac{s}{y} = -\ cosec.\ a$

188) $cosec.\ 4\,R = \frac{s}{0} = \infty$

189) $cosec.\ (4R + a) = \frac{s}{y} = cosec.\ a$

190) $cosec.\ 5\,R = \frac{s}{s} = 1$

191) $cosec.\ (6R - a) = \frac{s}{y} = cosec.\ a$

192) $cosec.\ 6\,R = \frac{s}{0} = \infty$

193) $cosec.\ (6R + a) = \frac{s}{-y} = -\frac{s}{y} = -\ cosec.\ a$

u. s. w.

Ist $n = 0, 1, 2, 2 \ldots$, so ergibt sich aus dem Vorstehenden folgendes Gesetz:

194) $cosec.\ (4n + 1)\,R = +\,1$

$cosec.\ (4n + 3)\,R = -\,1$

$cosec.\ 2nR = \infty$

$$\left.\begin{array}{l} cosec.\ (4nR + a) \\ cosec.\ ((4n + 2)\,R - a) \end{array}\right\} = +\,cosec.\ a$$

$$\left.\begin{array}{l} cosec.\ ((4n + 2)\,R + a) \\ cosec.\ (4nR - a) \end{array}\right\} = -\,cosec.\ a$$

Einer positiven Cosecante entspricht daher die Winkelreihe:

$a,\ 2R - a,\ 4R + a,\ 6R - a,\ 8R + a, \ldots$

und einer negativen die Winkel:

$2R + a,\ 4R - a,\ 6R + a,\ 8R - a, \ldots$

Die Cosecante des negativen Winkels gibt die Gleichung:

195) $cosec. - a = \frac{s}{-y} = -\frac{s}{y} = -\,cosec.\ a$

Wird nun in der Gleichung 39 $A = -a$ gesetzt, so wird:

$$cosec. - a = sec.\ (90 + a),$$

mithin:

196) $sec.\ (90 + a) = -\,cosec.\ a$

Die Untersuchungen dieses Kapitels haben zu dem Resultate geführt, daß die goniometrischen Funktionen stumpfer Winkel keine neuen Werthe erhalten, daß sie alle auf die Funktionen der Winkel der ersten 90° zurückgeführt werden können. Was die Sätze über die Bestimmung des Winkels durch die Funktionen und umgekehrt betrifft, so sind diese schon im §. 15 angeführt worden.

Fünftes Kapitel.

Von den Funktionen zusammengesetzter Winkel.

§. 22. **Vom Sinus und Cosinus.** Besteht der Winkel BAX (Fig. 22 und 23) aus zwei Theilen a und b, so kann die Frage aufgestellt werden: Wie lassen sich die Funktionen des zusammengesetzten Winkels aus denen der einzelnen Winkel a und b auffinden?

Sind die beiden Winkel a und b kleiner als 180°, so ziehe man aus irgend einem Punkte C von AB mit AD die Parallele CG, auf diese die Senkrechte AF und von C auf AX die Senkrechte CE, so ist:

$$sin.\ (a + b) = \frac{CE}{AC}$$

Vervielfacht man diesen Bruch mit:

$$1 = \frac{CG}{CG} = \frac{CF + FG}{CG}$$

so wird:

$$sin.\ (a + b) = \frac{CE\ (CF + FG)}{AC\ .\ CG}$$
$$= \frac{CE\ .\ CF}{AC\ .\ CG} + \frac{CE\ .\ FG}{AC\ .\ CG}$$

Im zweiten Theile dieses Ausdruckes ist $\frac{CE}{CG}$ der Sinus von m; dieser kann aber auch ersetzt werden durch $\frac{AF}{AG}$, hierdurch wird:

$$sin.\ (a + b) = \frac{CE\ .\ CF}{AC\ .\ CG} + \frac{AF\ .\ FG}{AC\ .\ AG}$$
$$= \frac{CE}{CG} \cdot \frac{CF}{AC} + \frac{FG}{AG} \cdot \frac{AF}{AC}$$

Da nun

$$\frac{CE}{CG} = sin.\ m \quad \text{und} \quad \frac{CF}{AC} = cos.\ n$$
$$\frac{FG}{AG} = cos.\ m \quad \text{„} \quad \frac{AF}{AC} = sin.\ n$$

so ist:

$$sin.\ (a + b) = sin.\ m\ .\ cos.\ n + cos\ m\ .\ sin.\ n$$

Der Parallelität von AD und CG wegen ist aber m = a und n = b, folglich nach 25:

$$sin.\ m = sin.\ a \qquad sin.\ n = sin.\ b$$
$$cos.\ m = cos.\ a \qquad cos.\ n = cos.\ b$$

und somit:

197) $sin.\ (a + b) = sin.\ a\ .\ cos.\ b + cos.\ a\ .\ sin.\ b$

Ist die Summe der beiden Winkel a + b größer als 180°, so ist bei denselben Voraussetzungen in den Figuren 24 und 25:

$$\begin{aligned}
sin.\,(a+b) &= \frac{-EC}{AC} \\
&= -\frac{EC}{AC}\cdot\frac{GC}{GC} \\
&= -\frac{EC\,(GF+FC)}{AC\,.\,GC} \\
&= -\left(\frac{EC\,.\,CF}{AC\,.\,GC}+\frac{EC\,.\,GF}{AC\,.\,GC}\right) \\
&= -\left(\frac{EC\,.\,CF}{AC\,.\,GC}+\frac{AF\,.\,GF}{AC\,.\,AG}\right) \\
&= -\frac{EC}{GC}\cdot\frac{CF}{AC}-\frac{GF}{AG}\cdot\frac{AF}{AC} \\
&= -\,sin.\,m\,.\,cos.\,n - cos.\,m\,.\,sin.\,n
\end{aligned}$$

Ist nun der Winkel kleiner als 270°, so ist (Fig. 24):

$$a + m = 180^0 \text{ und } b + n = 180^0,$$

daher: $m = 180^0 - a$ und $n = 180^0 - b$, mithin:

$$\begin{aligned}
sin.\,(a+b) = &- sin.\,(180-a)\,.\,cos.\,(180-b) \\
&- cos.\,(180-a)\,.\,sin.\,(180-b)
\end{aligned}$$

und somit, wenn 103 und 119 zu Hülfe genommen werden:

$$sin.\,(a+b) = sin.\,a\,.\,cos.\,b + cos.\,a\,.\,sin.\,b$$

Ist aber a + b auch größer als 270°, so ist (Fig. 25) $a = 180 + m$ und $b = n$, mithin:

$$\begin{aligned}
sin.\,(a+b) &= -\,sin.\,(a-180)\,.\,cos.\,b - cos.\,(a-180)\,.\,sin.\,b \\
&= -\,sin.\,-(180-a)\,.\,cos.\,b \\
&\quad - cos.\,-(180-a)\,.\,sin.\,b
\end{aligned}$$

Diese Gleichung geht mit Zuziehung von 115 und 131 über in:

$$sin.\,(a+b) = sin.\,(180-a)\,.\,cos.\,b - cos.\,(180-a)\,.\,sin.\,b,$$

daher wieder, wie oben, mit Hülfe von 103 und 119:

$$sin.\,(a+b) = sin.\,a\,.\,cos.\,b + cos.\,a\,.\,sin.\,b$$

Hieraus ersieht man nun, daß das Gesetz 197 immer stattfindet, wie auch die Richtungen AB und AD oder die Winkel a und b beschaffen seyn mögen. Da es also gleichgültig ist, welche

Werthe man für a und b schreibt, so kann man auch 90 + a an die Stelle von a setzen, hierdurch wird:

$sin.\,(90+a+b) = sin.\,(90+a)\,.\,cos.\,b + cos.\,(90+a)\,.\,sin.\,b$

Verbindet man hiermit 116 und 132, so wird:

198) $cos.\,(a + b) = cos.\,a\,.\,cos.\,b - sin.\,a\,.\,sin.\,b$

Ist der Winkel BAX der Unterschied zweier Winkel a und b (Fig. 26), so läßt sich der Sinus dieses Unterschiedes auf die Sinusse und Cosinusse der einzelnen Winkel zurückführen. Es ist:

$$sin.\,(a - b) = \frac{CE}{AC} = \frac{CE\,(FG + CF)}{AC\,.\,CG}$$

$$= \frac{CE\,.\,FG}{AC\,.\,CG} + \frac{CE\,.\,CF}{AC\,.\,CG}$$

Im ersten Theile ist $\frac{CE}{CG} = sin.\,n = \frac{AF}{AG}$, daher:

$$sin.\,(a - b) = \frac{AF\,.\,FG}{AC\,.\,AG} + \frac{CE\,.\,CF}{AC\,.\,CG}$$

$$= \frac{AF}{AC}\,.\,\frac{FG}{AG} + \frac{CF}{AC}\,.\,\frac{CE}{CG}$$

$$= sin.\,m\,.\,cos.\,n + cos.\,m\,.\,sin.\,n$$

Nun ist $m + a = 180^0$, also $m = 180 - a$ und $n = b$, daher:

$sin.\,(a-b) = sin.\,(180-a)\,.\,cos.\,b + cos.\,(180-a)\,.\,sin.\,b$

Mit Hülfe von 103 und 119 wird hieraus:

199) $sin.\,(a - b) = sin.\,a\,.\,cos.\,b - cos.\,a\,.\,sin.\,b$

Setzt man hierin wieder 90 + a an die Stelle von a, so wird in Verbindung mit 116 und 132:

200) $cos.\,(a - b) = cos.\,a\,.\,cos.\,b + sin.\,a\,.\,sin.\,b$

Die beiden letzten Gleichungen hätten auch gewonnen werden können, wenn man in 197 und 198, — b an die Stelle von + b gesetzt und dabei die Gesetze 115 und 131 angewendet hätte.

§. 23. **Von den Sinussen und Cosinussen der vielfachen Winkel.**

Setzt man in 197 und 198 b = a, so wird:

201) $sin.\,2a = 2\,.\,sin.\,a\,.\,cos.\,a$

und

202) $cos.\,2a = cos.\,a^2 - sin.\,a^2$

Mit Hülfe dieser Gleichung und der angeführten kann man nun ie Sinusse und Cosinusse von 3 a, 4 a, u. s. w. leicht auffinden. Es ist:

$$\begin{aligned} sin.\ 3a &= sin.\ (2a+a) = sin.\ 2a\ .\ cos.\ a + cos.\ 2a\ .\ sin.\ a \\ &= 2\ .\ sin.\ a\ .\ cos.\ a\ .\ cos.\ a + (cos.\ a^2 - sin.\ a^2)\ .\ sin.\ a \\ &= 2\ .\ sin.\ a\ .\ cos.\ a^2 + sin.\ a\ .\ cos.\ a^2 - sin.\ a^3 \\ &= 3\ .\ sin.\ a\ .\ cos.\ a^2 - sin.\ a^3 \end{aligned}$$

nd

$$\begin{aligned} cos.\ 3a &= cos.\ (2a+a) = cos.\ 2a\ .\ cos.\ a - sin.\ 2a\ .\ sin.\ a \\ &= (cos.\ a^2 - sin.\ a^2)\ cos.\ a - 2\ .\ sin.\ a\ .\ cos.\ a\ .\ sin.\ a \\ &= cos.\ a^3 - sin.\ a^2\ .\ cos.\ a - 2\ .\ sin.\ a^2\ .\ cos.\ a \\ &= cos.\ a^3 - 3\ .\ sin.\ a^2\ .\ cos.\ a \end{aligned}$$

luf gleiche Weise erhält man:

$$\begin{aligned} sin.\ 4a &= 4\ .\ sin.\ a\ .\ cos.\ a^3 - 4\ .\ sin.\ a^3\ .\ cos.\ a \\ cos.\ 4a &= cos.\ a^4 - 6\ .\ sin.\ a^2\ .\ cos.\ a^2 + sin.\ a^4 \end{aligned}$$

nd

$$\begin{aligned} sin.\ 5a &= 5\ .\ cos.\ a^4\ .\ sin.\ a - 10\ .\ cos.\ a^2\ .\ sin.\ a^3 + sin.\ a^5 \\ cos.\ 5a &= cos.\ a^5 - 10\ .\ cos.\ a^3\ .\ sin.\ a^2 + 5\, cos.\ a^1\ .\ sin.\ a^4 \end{aligned}$$

. s. w.

Das Gesetz dieser Entwickelungen läßt sich leicht erkennen. Stellt man z. B. die Werthe von *sin.* 5 a und *cos.* 5 a zusammen, so erkennt man sogleich, bis auf das Gesetz der Zeichen, die Entwickelung des Binomiums. Da dieß auch für die früheren Gleichungen gilt, so darf es auch auf die späteren ausgedehnt werden, und es ist allgemein.

$$\begin{aligned} 203)\ sin.\ na = {} & \frac{n}{1}\ .\ cos.\ a^{n-1}\ .\ sin.\ a^1 \\ & - \frac{n(n-1)(n-2)}{1\ .\ 2\ .\ 3}\ .\ cos.\ a^{n-3}\ .\ sin.\ a^3 \\ & + \frac{n(n-1)(n-2)(n-3)(n-4)}{1\ .\ 2\ .\ 3\ .\ 4\ .\ 5}\ .\ cos.\ a^{n-5}\ .\ sin.\ a^5 \\ & - \ldots\ldots\ldots \end{aligned}$$

nd

$$204)\ \cos.\ na = \cos.\ a^n - \frac{n(n-1)}{1\,.\,2}\,.\,\cos.\ a^{n-2}\,.\,\sin.\ a^2 + \frac{n(n-1)(n-2)(n-3)}{1\,.\,2\,.\,3\,.\,4}\,.\,\cos.\ a^{n-4}\,.\,\sin.\ a^4 - \ldots\ldots$$

Für $n = 1, 2, 3, \ldots$ erhält man hieraus die obigen Gleichungen.

In allen diesen Gleichungen ist Sinus und Cosinus des einfachen Winkels zugleich enthalten; wo nun gerade Potenzen dieser Funktionen vorkommen, kann die eine durch die andere ersetzt werden; denn nach 68 ist einmal $\sin.\ a^2 = 1 - \cos.\ a^2$, und dann $\cos.\ a^2 = 1 - \sin.\ a^2$. Hierdurch wird aus 202:

$$205)\ \sin.\ 2a = 1 - 2\,.\,\sin.\ a^2$$

und

$$206)\ \cos.\ 2a = 2\,.\,\cos.\ a^2 - 1$$

Ferner ist:

$$207)\ \sin.\ 3a = 3\,.\,\sin.\ a\,(1 - \sin.\ a^2) - \sin.\ a^3 = 3\,.\,\sin.\ a - 4\,.\,\sin.\ a^3$$

$$208)\ \cos.\ 3a = \cos.\ a^3 - 3\,(1 - \cos.\ a^2)\,.\,\cos.\ a = 4\,.\,\cos.\ a^3 - 3\,.\,\cos.\ a$$

Eben so findet man:

$$\cos.\ 4a = 1 - 8\,.\,\sin.\ a^2 + 8\,.\,\sin.\ a^4$$

und

$$= 1 - 8\,.\,\cos.\ a^2 + 8\,.\,\cos.\ a^4$$

$$\sin.\ 5a = 5\,.\,\sin.\ a - 20\,.\,\sin.\ a^3 + 16\,.\,\sin.\ a^5$$

$$\cos.\ 5a = 16\,.\,\cos.\ a^5 - 20\,.\,\cos.\ a^3 + 5\,.\,\cos.\ a$$

u. s. w.

§. 24. **Darstellung von Sinus und Cosinus des einfachen Winkels durch die des vielfachen.** Aus 205 erhält man:

$$209)\ 2\,.\,\sin.\ a^2 = 1 - \cos.\ 2a$$

oder:

$$210)\ \sin.\ a = \sqrt{\frac{1 - \cos.\ 2a}{2}}$$

Auf gleiche Weise aus 206:

$$211)\ 2\,.\,\cos.\ a^2 = 1 + \cos.\ 2a$$

oder:

$$212)\ \cos.\ a = \sqrt{\frac{1 + \cos.\ 2a}{2}}$$

Es ist ferner:

$$(cos.\ a + sin.\ a)^2 = cos.\ a^2 + sin.\ a^2 + 2\ .\ cos.\ a\ .\ sin.\ a$$

$$(cos.\ a - sin.\ a)^2 = cos.\ a^2 + sin.\ a^2 - 2\ .\ cos.\ a\ .\ sin.\ a$$

Die Ausdrücke zur Rechten lassen sich mit Hülfe von 68 und 201 vereinfachen, so daß

$$(cos.\ a + sin.\ a)^2 = 1 + sin.\ 2a$$

$$(cos.\ a - sin.\ a)^2 = 1 - sin.\ 2a$$

daher:

$$cos.\ a + sin.\ a = \sqrt{(1 + sin.\ 2a)}$$

$$cos.\ a - sin.\ a = \sqrt{(1 - sin.\ 2a)}$$

Werden beide Gleichungen verbunden, so erhält man:

213) $2\ .\ cos.\ a = \sqrt{(1 + sin.\ 2a)} + \sqrt{(1 - sin.\ 2a)}$

und

214) $2\ .\ sin.\ a = \sqrt{(1 + sin.\ 2a)} - \sqrt{(1 - sin.\ 2a)}$

Nicht so leicht wie 205 und 206 lassen sich die Gleichungen 207 und 208 behandeln. Die Sinusse und Cosinusse des einfachen Winkels durch die der vielfachen darzustellen, erfordert die Auflösung von Gleichungen höherer Grade. Wie für besondere Fälle diese Auflösung gefunden werden kann, wird im Folgenden gezeigt werden.

§. 25. **Verbindungen und Verwandlungen der vorhergehenden Gleichungen.** Sind m und n irgend zwei Winkel, so ist nach 197 und 199

$$sin.\ (m + n) = sin.\ m\ .\ cos.\ n + cos.\ m\ .\ sin.\ n$$

$$sin.\ (m - n) = sin.\ m\ .\ cos.\ n - cos.\ m\ .\ sin.\ n$$

Durch Zuzählen erhält man hieraus:

215) $sin.\ (m + n) + sin.\ (m - n) = 2\ .\ sin.\ m\ .\ cos.\ n$

und durch Abzählen:

216) $sin.\ (m + n) - sin.\ (m - n) = 2\ .\ cos.\ m\ .\ sin.\ n$

Nach 198 und 200 ist:

$$cos.\ (m + n) = cos.\ m\ .\ cos.\ n - sin.\ m\ .\ sin.\ n$$

$$cos.\ (m - n) = cos.\ m\ .\ cos.\ n + sin.\ m\ .\ sin.\ n$$

Die gleichen Verbindungen dieser beiden Gleichungen geben:

217) $cos.\ (m + n) + cos.\ (m - n) = 2\ .\ cos.\ m\ .\ cos.\ n$

und

218) $cos.\ (m - n) - cos.\ (m + n) = 2\ .\ sin.\ m\ .\ sin.\ n$

Setzt man nun in diesen vier Gleichungen $m + n = a$, $m - n = b$, also $m = \frac{1}{2}(a + b)$ und $n = \frac{1}{2}(a - b)$, so gehen sie über in:

219) $\sin. a + \sin. b = 2 . \sin. \frac{1}{2}(a + b) . \cos. \frac{1}{2}(a - b)$

220) $\sin. a - \sin. b = 2 . \cos. \frac{1}{2}(a + b) . \sin. \frac{1}{2}(a - b)$

221) $\cos. a + \cos. b = 2 . \cos. \frac{1}{2}(a + b) . \cos. \frac{1}{2}(a - b)$

222) $\cos. b - \cos. a = 2 . \sin. \frac{1}{2}(a + b) . \sin. \frac{1}{2}(a - b)$

Verbindet man diese Gleichungen wieder, so gibt 219 durch 220 gemessen:

223) $$\frac{\sin. a + \sin. b}{\sin. a - \sin. b} = \text{tang.} \tfrac{1}{2}(a + b) . \cot. \tfrac{1}{2}(a - b) = \frac{\text{tang.} \frac{1}{2}(a + b)}{\text{tang.} \frac{1}{2}(a - b)} = \frac{\cot. \frac{1}{2}(a - b)}{\cot. \frac{1}{2}(a + b)}$$

Wird 221 durch 222 gemessen, so entsteht:

224) $$\frac{\cos. a + \cos. b}{\cos. b - \cos. a} = \cot. \tfrac{1}{2}(a + b) . \cot. \tfrac{1}{2}(a - b) = \frac{\cot. \frac{1}{2}(a + b)}{\text{tang.} \frac{1}{2}(a - b)} = \frac{\cot. \frac{1}{2}(a - b)}{\text{tang.} \frac{1}{2}(a + b)}$$

Setzt man in 223 $a = 90^0$ und $b = a$, so wird, da $\sin. 90^0 = 1$

$$\frac{1 + \sin. a}{1 - \sin. a} = \text{tang.} \tfrac{1}{2}(90 + a) . \cot. \tfrac{1}{2}(90 - a) = \text{tang.} (45 + \tfrac{1}{2} a) . \cot. (45 - \tfrac{1}{2} a)$$

Nun ist aber, da $45 + \frac{1}{2} a$ und $45 - \frac{1}{2} a$ zusammen 90^0 ausmachen, nach 34 oder 35, $\text{tang.} (45 + \frac{1}{2} a) = \cot. (45 - \frac{1}{2} a)$, daher:

225) $$\frac{1 + \sin. a}{1 - \sin. a} = \text{tang.} (45 + \tfrac{1}{2} a)^2 = \cot. (45 - \tfrac{1}{2} a)^2$$

Setzt man in 224 $b = 0$, so wird, da $\cos. 0^0 = 1$

226) $$\frac{1 + \cos. a}{1 - \cos. a} = \cot. \tfrac{1}{2} a^2$$

Es ist $\cos. a = \sin. (90 - a)$, daher:

$$\sin. a + \cos. a = \sin. a + \sin. (90 - a),$$

also nach 219:

$$\sin. a + \sin. (90 - a) = 2 . \sin. \tfrac{1}{2}(a + 90 - a) . \cos. \tfrac{1}{2}(a - (90 - a)) = 2 . \sin. 45^0 . \cos. (a - 45^0)$$

und da $sin.\ 45^0 = \frac{1}{2}\sqrt{2}$, also $2 \,.\, sin.\ 45^0 = \sqrt{2}$

227) $sin.\ a + cos.\ a = cos.\ (a - 45^0) \,.\, \sqrt{2}$

Auf gleiche Weise findet man, daß

228) $sin.\ a - cos.\ a = sin.\ (a - 45^0) \,.\, \sqrt{2}$

§. 26. **Von der Tangente und Cotangente zusammengesetzter Winkel.** Es ist nach 57 $tang.\ a = \frac{sin.\ a}{cos.\ a}$, daher auch:

$$tang.(a+b) = \frac{sin.(a+b)}{cos.(a+b)} = \frac{sin.\,a \,.\, cos.\,b + cos.\,a \,.\, sin.\,b}{cos.\,a \,.\, cos.\,b - sin.\,a \,.\, sin.\,b}$$

Wird Zähler und Nenner dieses Bruches zuerst durch $sin.\ a \,.\, cos.\ b$, dann der Folge nach durch $cos.\ a \,.\, sin.\ b$, $cos.\ a \,.\, cos.\ b$, $sin.\ a \,.\, sin.\ b$ gemessen, so erhält man mit Zuziehung von 51 und 57 folgende Gleichungen:

229) $tang.\ (a + b) = \frac{1 + cot.\ a \,.\, tang.\ b}{cot.\ a - tang.\ b}$

230) $= \frac{tang.\ a \,.\, cot.\ b + 1}{cot.\ b - tang.\ a}$

231) $= \frac{tang.\ a + tang.\ b}{1 - tang.\ a \,.\, tang.\ b}$

232) $= \frac{cot.\ b + cot.\ a}{cot.\ b \,.\, cot.\ a - 1}$

Für $tang.\ (a - b)$ erhält man auf gleiche Weise:

233) $tang.\ (a - b) = \frac{1 - cot.\ a \,.\, tang.\ b}{cot.\ a - tang.\ b}$

234) $= \frac{tang.\ a \,.\, cot.\ b - 1}{cot.\ a + tang.\ b}$

235) $= \frac{tang.\ a - tang.\ b}{1 + tang.\ a \,.\, tang.\ b}$

236) $= \frac{cot.\ b - cot.\ a}{cot.\ b \,.\, cot.\ a + 1}$

Kehrt man diese Brüche um, so erhält man nach 63 die entsprechenden Gleichungen der Cotangente, von diesen sind die wichtigsten:

237) $cot.\ (a + b) = \frac{1 - tang.\ a \,.\, tang.\ b}{tang.\ a + tang.\ b}$

238) $= \frac{cot.\ b \,.\, cot.\ a - 1}{cot.\ b + cot.\ a}$

§. 27. **Tangente und Cotangente vielfacher Winkel.** Ist b = a, so erhält man aus 231:

$$239)\ \textit{tang.}\ 2\,a = \frac{2\ \textit{tang.}\ a}{1 - \textit{tang.}\ a^2}$$

Aus 232:

$$240)\ \textit{tang.}\ 2\,a = \frac{2\ \textit{cot.}\ a}{\textit{cot.}\ a^2 - 1}$$

Aus 237:

$$241)\ \textit{cot.}\ 2\,a = \frac{1 - \textit{tang.}\ a^2}{2\ .\ \textit{tang.}\ a}$$

Aus 238:

$$242)\ \textit{cot.}\ 2\,a = \frac{\textit{cot.}\ a^2 - 1}{2\ .\ \textit{cot.}\ a}$$

Nach diesen Vorschriften lassen sich nun auch die Tangenten und Cotangenten von 3 a, 4 a, . . . bilden.

§. 28. **Einige Verbindungen und Verwandlungen der vorhergehenden Gleichungen.** Es ist nach 57:

$$\textit{tang.}\,a + \textit{tang.}\,b = \frac{\textit{sin.}\ a}{\textit{cos.}\ a} + \frac{\textit{sin.}\ b}{\textit{cos.}\ b} = \frac{\textit{sin.}\,a\,.\,\textit{cos.}\,b + \textit{cos.}\,a\,.\,\textit{sin.}\,b}{\textit{cos.}\ a\ .\ \textit{cos.}\ b}$$

Daher nach 197:

$$243)\ \textit{tang.}\ a + \textit{tang.}\ b = \frac{\textit{sin.}\ (a+b)}{\textit{cos.}\,a\,.\,\textit{cos.}\,b}$$

Auf gleiche Weise erhält man:

$$244)\ \textit{tang.}\ a - \textit{tang.}\ b = \frac{\textit{sin.}\ (a-b)}{\textit{cos.}\,a\,.\,\textit{cos.}\,b}$$

Ferner ist nach 51:

$$\textit{cot.}\,a + \textit{cot.}\,b = \frac{\textit{cos.}\ a}{\textit{sin.}\ a} + \frac{\textit{cos.}\ b}{\textit{sin.}\ b} = \frac{\textit{sin.}\,b\,.\,\textit{cos.}\,a + \textit{cos.}\,b\,.\,\textit{sin.}\,a}{\textit{sin.}\ a\ .\ \textit{sin.}\ b}$$

Daher mit Hülfe von 197:

$$245)\ \textit{cot.}\ a + \textit{cot.}\ b = \frac{\textit{sin.}\ (b+a)}{\textit{sin.}\,a\,.\,\textit{sin.}\,b}$$

Eben so ist:

$$246)\ \textit{cot.}\ a - \textit{cot.}\ b = \frac{\textit{sin.}\ (b-a)}{\textit{sin.}\,a\,.\,\textit{sin.}\,b}$$

Wird 243 durch 244 gemessen, so entsteht:

$$247)\ \frac{\textit{tang.}\ a + \textit{tang.}\ b}{\textit{tang.}\ a - \textit{tang.}\ b} = \frac{\textit{sin.}\ (a+b)}{\textit{sin.}\ (a-b)}$$

Ist hierin a = 45° und b = a, so ist, da $\frac{sin.\ 45^0}{cos.\ 45^0} =$ $= tang.\ 45^0 = 1$

$$\frac{1 + tang.\ a}{1 - tang.\ a} = \frac{sin.\ (45 + a)}{sin.\ (45 - a)} = \frac{sin.\ (45 + a)}{cos.\ (45 + a)}$$

$$= \frac{cos.\ (45 - a)}{sin.\ (45 - a)}$$

Daher:

248) $\frac{1 + tang.\ a}{1 - tang.\ a} = tang.\ (45 + a) = cot.\ (45 - a)$

Mit Hülfe von 57 und 59 erhält man:

$$sec.\ a + tang.\ a = \frac{1}{cos.\ a} + \frac{sin.\ a}{cos.\ a} = \frac{1 + sin.\ a}{cos.\ a}$$

$$= \frac{1 + sin.\ a}{\sqrt{(1 - sin.\ a^2)}} = \frac{\sqrt{(1 + sin.\ a)(1 + sin.\ a)}}{\sqrt{(1 + sin.\ a)(1 - sin.\ a)}}$$

$$= \sqrt{\frac{1 + sin.\ a}{1 - sin.\ a}}$$

und hieraus durch 225:

249) $sec.\ a + tang.\ a = tang.\ (45 + \frac{1}{2}a) = cot.\ (45 - \frac{1}{2}a)$

Eben so erhält man:

250) $sec.\ a - tang.\ a = tang.\ (45 - \frac{1}{2}a) = cot.\ (45 + \frac{1}{2}a)$

Sechstes Kapitel.

Von der Berechnung der goniometrischen Funktionen.

§. 29. **Berechnung von** $sin.\ \frac{1}{2}R$ **und** $cos.\ \frac{1}{2}R$. Die früheren Untersuchungen in §. 16 und 17 haben die Grenzwerthe vom Sinus und Cosinus kennen gelehrt.

Es ist nach 114 und 130:

$sin.\ 2nR = 0$ und $cos.\ (2n + 1)R = 0$

$sin.\ (4n + 1)R = +1$ „ $cos.\ 4nR = +1$

$sin.\ (4n + 3)R = -1$ „ $cos.\ (4n + 2)R = -1$

Mit Hülfe dieser Werthe und der bisher gefundenen Gesetze ist man nun im Stande, alle Sinusse zu berechnen und daher die Sinustafeln zu entwerfen. Bestimmt man in den Gleichungen

210 $sin.\ a = \sqrt{\frac{1 - cos.\ 2a}{2}}$ und 212 $cos.\ a = \sqrt{\frac{1 + cos.\ 2a}{2}}$

den Werth von $cos.\ 2a$ so, daß $cos.\ 2a = 0$ ist, so muß nach dem Obigen $cos.\ 2a = cos.\ (2n + 1)\ R$, also $2a = (2n + 1)\ R$ und $a = \frac{2n + 1}{2} R$ seyn.

Es ist folglich:

$$sin.\ \frac{2n + 1}{2} R = cos.\ \frac{2n + 1}{2} R = \pm \sqrt{\tfrac{1}{2}} = \pm \tfrac{1}{2} \sqrt{2}$$

Nach dem Früheren hat man aber nur nöthig, die Winkel zu berechnen, welche kleiner als 90° sind; setzt man daher $n = 0$, so erhält man:

251) $sin.\ \frac{1}{2} R = cos.\ \frac{1}{2} R = \frac{1}{2} \sqrt{2}$,

wie dieß schon in §. 14 gefunden worden ist.

Für Winkel, die kleiner sind als 90°, mußte hier das positive Zeichen der Wurzel genommen werden, weil im ersten Rechten alle Funktionen positiv sind. Dem Werthe $+ \frac{1}{2} \sqrt{2}$ gehören nun die Sinusse:

$\frac{1}{2} R,\ \frac{3}{2} R,\ \frac{9}{2} R,\ \frac{11}{2} R, \ldots$

und die Cosinusse von:

$\frac{1}{2} R,\ \frac{7}{2} R,\ \frac{9}{2} R,\ \frac{15}{2} R, \ldots$

an. Dem Werthe $- \frac{1}{2} \sqrt{2}$ entsprechen aber die Sinusse von:

$\frac{5}{2} R,\ \frac{7}{2} R,\ \frac{13}{2} R,\ \frac{15}{2} R \ldots$

und die Cosinusse von:

$\frac{3}{2} R,\ \frac{5}{2} R,\ \frac{11}{2} R,\ \frac{13}{2} R \ldots$

Alles gemäß den Paragraphen 16 und 17.

§. 30. **Berechnung der Sinusse und Cosinusse von jedem Drittel des rechten Winkels.** Wenn der Sinus oder der Cosinus eines Winkels gegeben ist, so kann man diese Funktionen auch für den dritten Theil des Winkels nach 207 und 208 finden; die Auflösung hängt aber von einer Gleichung des dritten Grades ab. Nach 207 ist nämlich:

$$4\,(\sin.\ a)^3 - 3\ .\ (\sin.\ a) = -\sin.\ 3a$$

Bestimmt man aber hierin $3a$ so, daß $\sin.\ 3a = \sin.\ 2nR = 0$, oder setzt man $3a = 2nR$, also $a = \frac{2n}{3}R$, so wird die Auflösung leicht, man erhält für diesen Werth:

$$4\ .\left(\sin.\ \frac{2n}{3}R\right)^3 - 3\ .\left(\sin.\ \frac{2n}{3}R\right) = 0$$

oder:

$$4\ .\left(\sin.\ \frac{2n}{3}R\right)\left((\sin.\ \frac{2n}{3}R)^2 - \tfrac{3}{4}\right) = 0$$

Dieser Gleichung genügt man durch:

$$\sin.\ \frac{2n}{3}R = 0 \text{ und durch } (\sin.\ \frac{2n}{3}R)^2 - \tfrac{3}{4} = 0$$

Der letzte Ausdruck gibt:

$$(\sin.\ \frac{2n}{3}R)^2 = \tfrac{3}{4} \text{ oder } \sin.\ \frac{2n}{3}R = \pm\sqrt{\tfrac{3}{4}} = \pm\tfrac{1}{2}\sqrt{3}$$

Man erhält mithin für $\sin.\ \frac{2n}{3}R$ die Werthe:

$$\sin.\ \frac{2n}{3}R = 0$$

$$\sin.\ \frac{2n}{3}R = +\tfrac{1}{2}\sqrt{3}$$

$$\sin.\ \frac{2n}{3}R = -\tfrac{1}{2}\sqrt{3}$$

Dem ersten Werthe entspricht nach §. 16 die Winkelreihe:

$$0R,\ 2R,\ 4R,\ 6R,\ \ldots$$

dem zweiten Werthe die Reihe:

$$\tfrac{2}{3}R,\ \tfrac{4}{3}R,\ \tfrac{14}{3}R,\ \tfrac{16}{3}R,\ \ldots$$

und endlich dem dritten Werthe die Winkelreihe:

$$\tfrac{8}{3}R,\ \tfrac{10}{3}R,\ \tfrac{20}{3}R,\ \tfrac{22}{3}R,\ \ldots$$

In diesen Reihen findet man nur einen Winkel zwischen 0 und 90 enthalten, für welchen ist:

252) $\sin.\ \frac{2}{3}R = \frac{1}{2}\sqrt{3} = \cos.\ \frac{1}{3}R$

Die oben angeführte Gleichung läßt noch eine andere Anwendung zu. Nimmt man nämlich an, es sey *sin.* $3a = $ *sin.* $(4n + 1)R$ $= + 1$, so wird $a = \frac{4n + 1}{3} R$, und somit:

$$4 \cdot \left(sin. \frac{4n + 1}{3} R\right)^3 - 3 \cdot \left(sin. \frac{4n + 1}{3} R\right) = -1$$

Setzt man der Kürze wegen *sin.* $\frac{4n + 1}{3} R = m$, so ist diese Gleichung des dritten Grades:

$$4m^3 - 3m = -1$$

Es gehört nur wenig Uebung dazu, um sogleich zu erkennen, daß $m = -1$ eine Wurzel dieser Gleichung, also $m + 1$ ein Divisor derselben ist. Das Messen mit dieser Größe erzeugt den Quotienten:

$$4 \cdot m^2 - 4m + 1 = 0$$

und dieser ist das Quadrat von $2m - 1$. Man kann folglich die obige Gleichung auflösen in:

$$(m + 1)(2m - 1)^2 = 0$$

und diese gibt jetzt für m die Wurzeln $m = -1$ und $m = \frac{1}{2}$, so daß man hat:

$$sin. \frac{4n + 1}{3} R = -1$$

$$sin. \frac{4n + 1}{3} R = + \frac{1}{2}$$

Dem letzten Werthe nun gehört nach §. 16 die Winkelreihe

$$\tfrac{1}{3} R, \tfrac{4}{3} R, \tfrac{13}{3} R, \ldots$$

und dem ersten die Reihe der Winkel:

$$3 R, 7 R, 11 R, \ldots$$

an. Für den Winkel zwischen 0 und 90 ist daher:

253) *sin.* $\frac{1}{3} R = \frac{1}{2} = $ *cos.* $\frac{2}{3} R$.

§. 31. **Bestimmung der Sinusse und Cosinusse für jedes Fünftel des rechten Winkels.** Nach §. 23 ist für den Zusammenhang von *sin.* a und *sin.* 5a gefunden:

$$16 \cdot (sin.\ a)^5 - 20 \cdot (sin.\ a)^3 + 5 \cdot (sin.\ a) = sin.\ 5a$$

Für besondere Werthe von *sin.* 5a kann diese Gleichung des fünften Grades bedeutend reduzirt werden. Setzt man *sin.* 5a

$= \mathit{sin.}\ 2nR = 0$, so muß $5a = 2nR$, also $a = \frac{2}{5}nR$ seyn, und für diesen Winkel ist also:

$$16 \cdot (\mathit{sin.}\ \tfrac{2}{5}nR)^5 - 20 \cdot (\mathit{sin.}\ \tfrac{2}{5}nR)^3 + 5 \cdot (\mathit{sin.}\ \tfrac{2}{5}nR) = 0$$

Setzt man wieder der Kürze wegen $\mathit{sin.}\ \frac{2n}{5} R = m$, so ist diese Gleichung:

$$16m^5 - 20m^3 + 5m = 0$$

oder:

$$16m(m^4 - \tfrac{20}{16}m^2 + \tfrac{5}{16}) = 0$$

Man genügt dieser Gleichung, wenn man setzt:

$$m = 0 \text{ und } m^4 - \tfrac{20}{16}m^2 + \tfrac{5}{16} = 0$$

Die letzte Gleichung ist vom vierten Grade, läßt sich aber wie eine Gleichung des zweiten Grades auflösen. Zuerst ist:

$$m^4 - \tfrac{20}{16}m^2 = -\tfrac{5}{16}$$

oder durch Ergänzung des Quadrates:

$$m^4 - \tfrac{20}{16}m^2 + (\tfrac{5}{8})^2 = \tfrac{25}{64} - \tfrac{20}{64} = \tfrac{5}{64}$$

daher:

$$(m^2 - \tfrac{5}{8})^2 = \tfrac{5}{64}$$

und durch Ausziehung der Wurzel:

$$m^2 = \tfrac{5}{8} \pm \frac{\sqrt{5}}{8} = \frac{5 \pm \sqrt{5}}{8}$$

Es ist mithin:

$$m = \pm \tfrac{1}{4}\sqrt{(10 \pm 2\sqrt{5})}$$

Die fünf Wurzeln der obigen Gleichung sind folglich:

$$\begin{aligned} \mathit{sin.}\ \tfrac{2}{5}nR &= 0 \\ &= +\tfrac{1}{4}\sqrt{(10 - 2\sqrt{5})} \\ &= +\tfrac{1}{4}\sqrt{(10 + 2\sqrt{5})} \\ &= -\tfrac{1}{4}\sqrt{(10 - 2\sqrt{5})} \\ &= -\tfrac{1}{4}\sqrt{(10 + 2\sqrt{5})} \end{aligned}$$

Beachtet man nun, daß im ersten Rechten dem kleinern Winkel der kleinere Sinus zugehört und umgekehrt, so entsprechen nach §. 16 diesen fünf Werthen die Winkelreihen:

$$\begin{array}{l} 0^0\,R,\ 2\,R,\ 4\,R,\ 6\,R,\ \ldots \\ \tfrac{2}{5}R,\ \tfrac{8}{5}R,\ \tfrac{22}{5}R,\ \tfrac{28}{5}R,\ \ldots \\ \tfrac{4}{5}R,\ \tfrac{6}{5}R,\ \tfrac{24}{5}R,\ \tfrac{26}{5}R,\ \ldots \\ \tfrac{12}{5}R,\ \tfrac{18}{5}R,\ \tfrac{32}{5}R,\ \tfrac{38}{5}R,\ \ldots \\ \tfrac{14}{5}R,\ \tfrac{16}{5}R,\ \tfrac{34}{5}R,\ \tfrac{36}{5}R,\ \ldots \end{array}$$

Man findet sonach hieraus für Winkel zwischen 0^0 und 90^0:

254) $\sin. \frac{2}{5} R = \frac{1}{4} \sqrt{(10 - 2\sqrt{5})} = \cos. \frac{3}{5} R$

und

255) $\sin. \frac{4}{5} R = \frac{1}{4} \sqrt{(10 + 2\sqrt{5})} = \cos. \frac{1}{5} R$

Nach 71 erhält man hieraus:

$$\cos. \tfrac{2}{5} R = \sqrt{(1 - (\sin. \tfrac{2}{5} R)^2)}$$
$$= \sqrt{(1 - \tfrac{1}{16}(10 - 2\sqrt{5}))}$$
$$= \tfrac{1}{4}\sqrt{(6 + 2\sqrt{5})}$$

Da nun $6 + 2\sqrt{5} = 5 + 2 \,.\, 1 \,.\, \sqrt{5} + 1$

$$= (\sqrt{5})^2 + 2 \,.\, 1 \,.\, \sqrt{5} + 1^2$$
$$= (\sqrt{5} + 1)^2$$

so ist:

256) $\cos. \frac{2}{5} R = \frac{1}{4}(\sqrt{5} + 1) = \sin. \frac{3}{5} R$

Eben so ist:

$$\cos. \tfrac{4}{5} R = \sqrt{(1 - (\sin. \tfrac{4}{5} R)^2)}$$
$$= \sqrt{(1 - \tfrac{1}{16}(10 + 2\sqrt{5}))}$$
$$= \tfrac{1}{4}\sqrt{(6 - 2\sqrt{5})}$$
$$= \tfrac{1}{4}\sqrt{(\sqrt{5} - 1)^2}$$

daher:

257) $\cos. \frac{4}{5} R = \frac{1}{4}(\sqrt{5} - 1) = \sin. \frac{1}{5} R$

und hiermit sind die Sinusse und Cosinusse für alle Fünftel des rechten Winkels bestimmt.

§. 32. **Werthe der Sinusse und Cosinusse für alle Sechstel des rechten Winkels.** Im Vorhergehenden sind diese Funktionen bereits für $\frac{1}{3} = \frac{2}{6}$, $\frac{1}{2} = \frac{3}{6}$ und $\frac{2}{3} = \frac{4}{6}$ des Rechten gefunden worden, so daß bloß noch die Bestimmung derselben für $\frac{1}{6}$ R und $\frac{5}{6}$ R übrig bleibt. Setzt man in 213 und 214 $2a = \frac{2}{6} R$, also $a = \frac{1}{6} R$, so ist, da $\sin. \frac{2}{6} R = \frac{1}{2}$:

$$2 \,.\, \sin. \tfrac{1}{6} R = \sqrt{(1 + \tfrac{1}{2})} - \sqrt{(1 - \tfrac{1}{2})} = \sqrt{\tfrac{3}{2}} - \sqrt{\tfrac{1}{2}}$$
$$2 \,.\, \cos. \tfrac{1}{6} R = \sqrt{(1 + \tfrac{1}{2})} + \sqrt{(1 - \tfrac{1}{2})} = \sqrt{\tfrac{3}{2}} + \sqrt{\tfrac{1}{2}}$$

mithin:

258) $\sin. \frac{1}{6} R = \frac{1}{2}(\sqrt{\frac{3}{2}} - \sqrt{\frac{1}{2}}) = \cos. \frac{5}{6} R$

259) $\cos. \frac{1}{6} R = \frac{1}{2}(\sqrt{\frac{3}{2}} + \sqrt{\frac{1}{2}}) = \sin. \frac{5}{6} R$

§. 33. **Berechnung des Sinus und Cosinus für alle Zehntel es rechten Winkels.** Aus 257 findet man in Verbindung mit 14, indem man $2a = \frac{1}{5}$ R, also $a = \frac{1}{10}$ R setzt:

$$2 \, . \, sin. \tfrac{1}{10} R = \sqrt{(1+\tfrac{1}{4}(\sqrt{5}-1))} - \sqrt{(1-\tfrac{1}{4}(\sqrt{5}-1))}$$
$$= \sqrt{\frac{3+\sqrt{5}}{4}} - \sqrt{\frac{5-\sqrt{5}}{4}}$$
$$= \tfrac{1}{2}\sqrt{(3+\sqrt{5})} - \tfrac{1}{2}\sqrt{(5-\sqrt{5})}$$

aher:

$$260) \; sin. \tfrac{1}{10} R = \tfrac{1}{4}\sqrt{(3+\sqrt{5})} - \tfrac{1}{4}\sqrt{(5-\sqrt{5})}$$
$$= cos. \tfrac{9}{10} R$$

lm den Sinus von $\frac{3}{10}$ R zu finden, bedient man sich am leichteken der Gleichung 199; man setze in ihr $a = \frac{5}{10}$ R, $b = \frac{2}{10}$ R, o wird:

$$sin. \tfrac{3}{10} R = sin. (\tfrac{5}{10} R - \tfrac{2}{10} R) = sin. (\tfrac{1}{2} R - \tfrac{1}{5} R)$$
$$= sin. \tfrac{1}{2} R \, . \, cos. \tfrac{1}{5} R - cos. \tfrac{1}{2} R \, . \, sin. \tfrac{1}{5} R$$
$$= \sqrt{\tfrac{1}{2}} \cdot \tfrac{1}{4}\sqrt{(10+2\sqrt{5})} - \sqrt{\tfrac{1}{2}} \cdot \tfrac{1}{4}(\sqrt{5}-1)$$
$$= \tfrac{1}{4}\sqrt{(5+\sqrt{5})} - \tfrac{1}{4}\sqrt{\tfrac{1}{2}} \cdot \sqrt{(6-2\sqrt{5})}$$

nithin:

$$261) \; sin. \tfrac{3}{10} R = \tfrac{1}{4}\sqrt{(5+\sqrt{5})} - \tfrac{1}{4}\sqrt{(3-\sqrt{5})}$$
$$= cos. \tfrac{7}{10} R$$

Die Gleichung 197 führt auf dieselbe Art zu:

$$262) \; sin. \tfrac{7}{10} R = \tfrac{1}{4}\sqrt{(5+\sqrt{5})} + \tfrac{1}{4}\sqrt{(3-\sqrt{5})}$$
$$= cos. \tfrac{3}{10} R$$

Die beiden Funktionen für den Winkel $\frac{9}{10}$ R findet man durch die von $\frac{5}{10}$ R und $\frac{4}{10}$ R mit Hülfe von 197. Es ist:

$$sin. \tfrac{3}{10} R = sin. (\tfrac{5}{10} R + \tfrac{4}{10} R) = sin. (\tfrac{1}{2} R + \tfrac{2}{5} R)$$
$$= sin. \tfrac{1}{2} R \, . \, cos. \tfrac{2}{5} R + cos. \tfrac{1}{2} R \, . \, sin. \tfrac{2}{5} R$$
$$= \sqrt{\tfrac{1}{2}} \cdot \tfrac{1}{4} \cdot (1+\sqrt{5}) + \sqrt{\tfrac{1}{2}} \cdot \tfrac{1}{4} \cdot \sqrt{(10-2\sqrt{5})}$$
$$= \tfrac{1}{4}\sqrt{\tfrac{1}{2}} \cdot \sqrt{(6+2\sqrt{5})} + \tfrac{1}{4} \cdot \sqrt{(5-\sqrt{5})}$$

daher:

$$263) \; sin. \tfrac{9}{10} R = \tfrac{1}{4} \cdot \sqrt{(3+\sqrt{5})} + \tfrac{1}{4}\sqrt{(5-\sqrt{5})}$$
$$= cos. \tfrac{1}{10} R$$

§. 34. **Werthe des Sinus und Cosinus für alle Dreißigstel des rechten Winkels.** Aus den bekannten Werthen von Sinus und Cosinus von $\frac{1}{5}$ R und $\frac{1}{6}$ R erhält man durch 199:

$$\sin. \tfrac{1}{30} R = \sin. (\tfrac{1}{5} R - \tfrac{1}{6} R)$$
$$= \sin. \tfrac{1}{5} R \,.\, \cos. \tfrac{1}{6} R - \cos. \tfrac{1}{5} R \,.\, \sin. \tfrac{1}{6} R$$
$$= \tfrac{1}{4} (-1 + \sqrt{5}) \,.\, \tfrac{1}{2} \,.\, (\sqrt{\tfrac{3}{2}} + \sqrt{\tfrac{1}{2}})$$
$$- \tfrac{1}{4} \sqrt{(10 + 2\sqrt{5})} \,.\, \tfrac{1}{2} (\sqrt{\tfrac{3}{2}} - \sqrt{\tfrac{1}{2}})$$

Folglich:

264) $\sin. \tfrac{1}{30} R = \tfrac{1}{8} (-\sqrt{\tfrac{3}{2}} - \sqrt{\tfrac{1}{2}} + \sqrt{\tfrac{15}{2}} + \sqrt{\tfrac{5}{2}} - \sqrt{(15 + 3\sqrt{5})} + \sqrt{(5 + \sqrt{5})}) = \cos. \tfrac{29}{30} R$

Dieselben Werthe, welche hier benutzt wurden, führen durch 197, 198, 200 zu folgenden Gleichungen:

265) $\sin. \tfrac{11}{30} R = \tfrac{1}{8} (-\sqrt{\tfrac{3}{2}} - \sqrt{\tfrac{1}{2}} + \sqrt{\tfrac{15}{2}} + \sqrt{\tfrac{5}{2}} + \sqrt{(15 + 3\sqrt{5})} - \sqrt{(5 + \sqrt{5})}) = \cos. \tfrac{19}{30} R$

266) $\cos. \tfrac{1}{30} R = \tfrac{1}{8} (\sqrt{(15 + 3\sqrt{5})} + \sqrt{(5 + \sqrt{5})} + \sqrt{\tfrac{15}{2}} + \sqrt{\tfrac{1}{2}} - \sqrt{\tfrac{3}{2}} - \sqrt{\tfrac{5}{2}}) = \sin. \tfrac{29}{30} R$

267) $\cos. \tfrac{11}{30} R = \tfrac{1}{8} (\sqrt{(15 + 3\sqrt{5})} + \sqrt{(5 + \sqrt{5})} - \sqrt{\tfrac{15}{2}} - \sqrt{\tfrac{1}{2}} + \sqrt{\tfrac{3}{2}} + \sqrt{\tfrac{5}{2}}) = \sin. \tfrac{19}{30} R$

Die Sinusse und Cosinusse von $\tfrac{2}{5} R$ und $\tfrac{1}{3} R$ führen mit Anwendung derselben Gesetze zu:

268) $\sin. \tfrac{2}{30} R = \tfrac{1}{8} (\sqrt{(30 - 6\sqrt{5})} - \sqrt{5} - 1) = \cos. \tfrac{28}{30} R$

269) $\cos. \tfrac{2}{30} R = \tfrac{1}{8} (\sqrt{3} + \sqrt{15} + \sqrt{(10 - 2\sqrt{5})}) = \sin. \tfrac{28}{30} R$

270) $\sin. \tfrac{22}{30} R = \tfrac{1}{8} (1 + \sqrt{5} + \sqrt{(10 - 2\sqrt{5})}) = \cos. \tfrac{8}{30} R$

271) $\cos. \tfrac{22}{30} R = \tfrac{1}{8} (\sqrt{3} + \sqrt{15} - \sqrt{(10 - 2\sqrt{5})}) = \sin. \tfrac{8}{30} R$

Benutzt man die bekannten Werthe der beiden Funktionen für $\tfrac{4}{5} R$ und $\tfrac{2}{3} R$, so erhält man durch Anwendung derselben Gleichungen:

272) $\sin. \tfrac{4}{30} R = \tfrac{1}{8} (\sqrt{(10 + 2\sqrt{5})} + \sqrt{3} - \sqrt{15}) = \cos. \tfrac{26}{30} R$

273) $sin. \frac{16}{30} R = \frac{1}{8} (\sqrt{(10 + 2\sqrt{5})} - \sqrt{3} + \sqrt{15})$
$= cos. \frac{14}{30} R$

274) $cos. \frac{4}{30} R = \frac{1}{8} (-1 + \sqrt{5} + \sqrt{(30 + 6\sqrt{5})})$
$= sin. \frac{26}{30} R$

275) $cos. \frac{16}{30} R = \frac{1}{8} (1 - \sqrt{5} + \sqrt{(30 + 6\sqrt{5})})$
$= cos. \frac{14}{30} R$

Auf gleiche Weise gelangt man durch Sinus und Cosinus von $\frac{2}{5}$ R und $\frac{1}{6}$ R zu:

276) $sin. \frac{7}{30} R = \frac{1}{8} (\sqrt{(15 - 3\sqrt{5})} + \sqrt{(5 - \sqrt{5})}$
$- \sqrt{\frac{2}{3}} + \sqrt{\frac{1}{2}} - \sqrt{\frac{15}{2}} + \sqrt{\frac{5}{2}})$
$= cos. \frac{23}{30} R$

277) $sin. \frac{17}{30} R = \frac{1}{8} (\sqrt{(15 - 3\sqrt{5})} + \sqrt{(5 - \sqrt{5})}$
$+ \sqrt{\frac{3}{2}} - \sqrt{\frac{1}{2}} + \sqrt{\frac{15}{2}} - \sqrt{\frac{5}{2}})$
$= cos. \frac{13}{30} R$

278) $cos. \frac{7}{30} R = \frac{1}{8} (\sqrt{\frac{3}{2}} + \sqrt{\frac{1}{2}} + \sqrt{\frac{15}{2}} + \sqrt{\frac{5}{2}}$
$+ \sqrt{(15 - 3\sqrt{5})} - \sqrt{(5 - \sqrt{5})})$
$= sin. \frac{23}{30} R$

279) $cos. \frac{17}{30} R = \frac{1}{8} (\sqrt{\frac{3}{2}} + \sqrt{\frac{1}{2}} + \sqrt{\frac{15}{2}} + \sqrt{\frac{5}{2}}$
$- \sqrt{(15 - 3\sqrt{5})} + \sqrt{(5 - \sqrt{5})})$
$= sin. \frac{13}{30} R$

wodurch nun die beiden Funktionen für alle Dreißigstel des rechten Winkels bestimmt sind.

§. 35. **Berechnung des Sinus und Cosinus von Grad zu Grad.** Die Ausdrücke, welche im Vorhergehenden für die Sinusse und Cosinusse von 3^0 zu 3^0 gefunden wurden, sind die einfachsten und führen am leichtesten zum Ziele. Das Ausziehen der Wurzeln aus Größen, wie $\sqrt{(5 + \sqrt{5})}$ u. s. w., bleibt zwar immer mühsam, doch ist es nicht schwer. Will man die Funktionen bis zu sieben Stellen berechnen, so ist es hinreichend, $\sqrt{5}$ bis auf 16 Stellen genau auszuziehen, wird alsdann 5 zugezählt und von Neuem die Wurzel ausgezogen, so erhält man $\sqrt{(5 + \sqrt{5})}$ bis zur neunten Stelle genau, also eine Genauigkeit, die hinreichend ist, der siebenten Stelle die beste Annäherung zu geben. Berechnet man nach 264 $sin. 3^0$, so ist:

$$\sqrt{(5 + \sqrt{5})} = 2,\ 689\ 994\ 047\ 856$$

$$\sqrt{\tfrac{5}{2}} = \frac{\sqrt{5}}{\sqrt{2}} = 1,\ 581\ 138\ 830\ 084$$

$$\sqrt{\tfrac{15}{2}} = \frac{\sqrt{15}}{\sqrt{2}} = 2,\ 738\ 612\ 787\ 526$$

$$7,\ 009\ 745\ 665\ 466$$

$$\sqrt{(15 + 3\sqrt{5})} = \sqrt{3} \cdot \sqrt{(5 + \sqrt{5})}$$

$$= 4,\ 659\ 206\ 362\ 945$$

$$\sqrt{\tfrac{3}{2}} = \frac{\sqrt{3}}{\sqrt{2}} = 1,\ 224\ 744\ 871\ 392$$

$$\sqrt{\tfrac{1}{2}} = \tfrac{1}{2}\sqrt{2} = 0,\ 707\ 106\ 781\ 187$$

$$6,\ 591\ 058\ 015\ 524$$

Untersch. beide Zahlen $= 0,\ 418\ 687\ 649\ 942$

Es ist mithin:

$$sin.\ 3^0 = \tfrac{1}{8} \times 0,\ 418\ 687\ 649\ 942$$

oder:

280) $sin.\ 3^0 = 0,\ 052\ 335\ 956\ 243$

Vermittelst dieses Werthes kann man nun durch die Gleichung 207 den Sinus von 1^0 berechnen. Es ist:

$$4\ (sin.\ a)^3 - 3\ (sin.\ a) = -\ sin.\ 3\ a$$

Setzt man $sin.\ a = sin.\ 1^0 = m$, so ist $sin.\ 3\ a = sin.\ 3^0$ und

$$4\,m^3 - 3\,m = -\ 0,\ 052\ 335\ 956\ 243$$

Aus dieser Gleichung des dritten Grades muß nun der Werth von m oder von $sin.\ 1^0$ bestimmt werden, dieß kann am leichtesten auf folgende Art geschehen. Man beachte, daß m ein kleiner Bruch ist und daß daher $4\,m^3$ gegen $3\,m$ vorerst als unbedeutend vernachlässiget werden kann, oder daß man setzen kann:

$$3\,m = 0,\ 052\ 335\ 956\ 243$$

woraus sich ergibt:

$$m = 0,\ 017\ 445\ 318\ 747$$

Nun ist aber nach der obigen Gleichung:

$$3\,m = 0,\ 052\ 335\ 956\ 243 + 4\,m^3$$

Indem man nun den eben gefundenen Werth von m hier auf der rechten Seite einführt, erhält man jetzt schon genauer:

$$3\,\text{m} = 0,\ 052\ 335\ 956\ 243$$
$$+ 4\ .\ (0,\ 107\ 445\ 318\ 747)^3$$
$$= 0,\ 052\ 357\ 193\ 042$$

daher:

$$\text{m} = 0,\ 017\ 452\ 397\ 801$$

Eine Vergleichung beider Werthe zeigt eine Uebereinstimmung in den vier ersten Stellen, und so weit war also der erste Näherungswerth schon genau.

Verfährt man mit dem letzten Werthe von **m** genau so wie mit dem ersten, so führt dieß zu:

$$3\,\text{m} = 0,\ 052\ 335\ 956\ 243$$
$$+ 4\ (0,\ 017\ 452\ 397\ 801)^3$$
$$= 0,\ 052\ 357\ 219\ 280$$

folglich zu:

$$\text{m} = 0,\ 017\ 452\ 406\ 427$$

Von den beiden letzten Werthen von **m** kann man annehmen, daß sie in den sieben ersten Stellen einander gleich sind, der zweite Näherungswerth also bis auf sieben Stellen genau war. Der dritte Werth wird also ungefähr bis auf zehn Stellen genau seyn, was sich auch herausstellt, wenn man mit Hülfe des zuletzt gefundenen Werthes von **m** den nächsten sucht; man findet:

$$\text{m} = 0,\ 017\ 452\ 406\ 443$$

und dieser wird nun selbst in seiner letzten Stelle noch richtig seyn, so daß

281) $\sin.\ 1^0 = 0,\ 017\ 452\ 406\ 443$

Auf gleiche Weise erhält man $\cos.\ 1^0$ oder auch, durch diesen Werth, mit Hülfe von 71

282) $\cos.\ 1^0 = 0,\ 999\ 847\ 694\ 999$

Nunmehr ist es nicht schwer, die Sinusse und Cosinusse aller Grade aufzufinden.

Nach 201 ist:

$$\sin.\ 2^0 = 2\ .\ \sin.\ 1^0\ .\ \cos.\ 1^0$$
$$= 2\ .\ 0,\ 017\ 452\ 406\ 443\ .$$
$$.\ 0,\ 999\ 847\ 694\ 999$$
$$= 0,\ 034\ 899\ 496\ 705$$

Eben so ist nach 205:

$$cos.\ 2^0 = 1 - 2\ .\ (sin.\ 1^0)^2$$
$$= 0,\ 999\ 390\ 826\ 636$$

Den nächsten unbekannten Sinus findet man durch 197:

$$sin.\ 4^0 = sin.\ (3^0 + 1^0)$$
$$= sin.\ 3^0\ .\ cos.\ 1^0 + cos.\ 3^0\ .\ sin.\ 1^0$$

oder auch durch 201:

$$sin.\ 4^0 = 2\ .\ sin.\ 2^0\ .\ cos.\ 2^0$$

Es ist nicht schwer, einzusehen, wie man jetzt die Sinusse aller Grade berechnen kann.

§. 36. **Berechnung des Sinus und Cosinus von Minute zu Minute.** Die Gleichung 214 führt mit 281 verbunden zu:

$$2\ .\ sin.\ 30' = \sqrt{(1 + sin.\ 1^0)} - \sqrt{(1 - sin\ 1^0)}$$

Hieraus erhält man:

$$sin.\ 30' = 0,\ 008\ 726\ 535\ 500$$

Nach 207 ist, für $3\,a = 30'$ also $a = 10'$

$$4\ .\ (sin.\ 10')^3 - 3\ .\ (sin.\ 10') = -\ sin.\ 30'$$

Setzt man nun der Kürze wegen $sin.\ 30' = m$, so hat man die Gleichung aufzulösen:

$$4\,m^3 = 3\,m = -\ 0,\ 008\ 726\ 535\ 500$$

Wird $4\,m^3$ wieder als unbedeutend gegen $3\,m$ vernachlässigt, so ist der erste Näherungswerth:

$$m = 0,\ 002\ 908\ 845\ 166$$

und dieser ist schon in den sieben ersten Stellen genau. Führt man aber diesen Werth in die vollständige Gleichung

$$3\,m = 0,\ 008\ 726\ 535\ 500 + 4\ .\ m^3$$

auf der rechten Seite ein, so erhält man:

$$m = 0,\ 002\ 908\ 877\ 983$$

und dieser Werth wird wenigstens auf zehn Stellen genau seyn. Man hat somit:

$$sin.\ 10' = 0,\ 002\ 908\ 877\ 983$$

und wenn man diese Gleichung mit 71 verbindet:

$$cos.\ 10' = 0,\ 999\ 995\ 769\ 283$$

Verbindet man jetzt auch diese Werthe mit 201, so erhält man:

$$sin.\ 20' = 2\ .\ sin.\ 10'\ .\ cos.\ 10'$$
$$= 0,\ 005\ 817\ 731\ 354$$

ben so findet man:

$$sin.\ 40' = 0,\ 011\ 635\ 265\ 807$$

m den Sinus von 50′ zu finden, bedient man sich der Gleichung 97. Es ist:

$$sin.\ 50' = sin.\ (60' - 10')$$
$$= sin.\ 60'\ .\ cos.\ 10' - cos.\ 60'\ .\ sin.\ 10'$$
$$= 0,\ 014\ 543\ 897\ 648$$

uf gleiche Weise findet man:

$$sin.\ 1^0\ 10' = 0,\ 020\ 360\ 767\ 555$$

ie Methode der Berechnung der Sinusse von 10 zu 10 Minuten ird nach diesen Beispielen zur Genüge deutlich geworden seyn.

Auf eine noch leichtere Weise erhält man aber diese Funktion n Minute zu Minute, wenn man deren Werthe von 10 zu 10 inuten bereits berechnet hat. Das Vorhergehende zeigt, daß $n.\ 10' = \frac{sin.\ 30'}{3}$ diesen Sinus bis auf sieben Dezimalstellen nau gab, daß man also die Sinusse zwischen 0′ und 30′ als ne arithmetische Reihe der ersten Ordnung betrachten könne, je- ch hierbei nur auf eine Genauigkeit von vielleicht sechs Stellen zählen befugt ist. Betrachtet man aber die Reihe

$$sin.\ 0',\ sin.\ 10',\ sin.\ 20',\ .\ .\ .\ sin.\ 70',\ .\ .\ .$$

s eine Reihe höherer Ordnung, so wird man schon eine größere enauigkeit erreichen.

Die ersten Differenzen dieser Reihe sind:

$$+ 0,\ 002\ 908\ 877\ 984$$
$$+ 0,\ 002\ 908\ 853\ 370$$
$$+ 0,\ 002\ 908\ 804\ 147$$
$$+ 0,\ 002\ 908\ 730\ 306$$
$$+ 0,\ 002\ 908\ 631\ 841$$
$$+ 0,\ 002\ 908\ 508\ 795$$
$$+ 0,\ 002\ 908\ 361\ 112$$

ie zweiten Differenzen:

$$- 0,\ 000\ 000\ 024\ 614$$

— 0, 000 000 049 223
— 0, 000 000 073 841
— 0, 000 000 098 465
— 0, 000 000 123 046
— 0, 000 000 147 683

Mithin die dritten Differenzen:

— 0, 000 000 024 609
— 0, 000 000 024 618
— 0, 000 000 024 624
— 0, 000 000 024 581
— 0, 000 000 024 537

Mit Ausnahme der letzten Zahl sind die dritten Unterschiede in den ersten zehn Stellen einander gleich, und man kann die Sinusse von 0° bis 1° als eine arithmetische Reihe der dritten Ordnung ansehen und erhält hierbei für dieselben eine Genauigkeit von zehn Stellen. Das unregelmäßige Steigen und Fallen der drei letzten Ziffern erklärt sich daraus, daß die Werthe der gefundenen Hauptglieder der Reihe mit Sicherheit nur bis zur zehnten Stelle genau angenommen werden können.

Wären diese Werthe bis zur letzten Stelle genau, so würde man ein regelmäßiges Fallen erkennen, man würde eine vierte Differenzenreihe bilden können, deren Glieder als konstant erschienen. Die Sinusse von 0° bis 1° würden alsdann eine Reihe der vierten Ordnung bilden und auf eine Genauigkeit von zwölf Stellen zu rechnen seyn u. s. w.

Sind nun α, β, γ, δ die ersten Glieder der Reihe und der Differenzenreihen, so ist das allgemeine oder nte Glied einer Reihe der dritten Ordnung:

$$Y_n = \alpha + \frac{n-1}{1}\beta + \frac{(n-1)(n-2)}{1\,.\,2}.\gamma + \frac{(n-1)(n-2)(n-3)}{1\,.\,2\,.\,3}.\delta$$

Für die Reihe der Sinusse von 0° bis 1° ist nun:

$\alpha = 0$
$\beta = +$ 0, 002 908 877 983
$\gamma = -$ 0, 000 000 024 614
$\delta = -$ 0, 000 000 024 608

Für δ ist hier das arithmetische Mittel aus allen dritten Differenzen genommen. Es ist mithin:

$$Y_n = 0,\ 002\ 908\ 877\ 983 \ . \ \frac{n-1}{1}$$

$$-\ 0,\ 000\ 000\ 024\ 614 \ . \ \frac{(n-1)(n-2)}{1\ .\ 2}$$

$$-\ 0,\ 000\ 000\ 024\ 608 \ . \ \frac{(n-1)(n-2)(n-3)}{1\ .\ 2\ .\ 3}$$

und hieraus erhält man alle Sinusse von 0′ bis 60′, indem man $n = 1;\ 1{,}1;\ 1{,}2;\ 1{,}3,\ .\ .\ .\ 6$ setzt.

Für $n = 1{,}1$ wird:

$$\begin{aligned} sin.\ 1' &= 0,\ 002\ 908\ 877\ 983\ .\ 0{,}1 \\ &-\ 0,\ 000\ 000\ 024\ 614\ .\ 0{,}01 \\ &-\ 0,\ 000\ 000\ 024\ 608\ .\ 0{,}001 \\ &=\ 0,\ 000\ 290\ 887\ 798 \\ &-\ 0,\ 000\ 000\ 000\ 246 \\ &-\ 0,\ 000\ 000\ 000\ 024 \\ &=\ 0,\ 000\ 290\ 887\ 798 \\ &-\ 0,\ 000\ 000\ 000\ 270 \end{aligned}$$

also:

$$sin.\ 1' = 0,\ 000\ 290\ 887\ 528$$

und dieser Werth ist wenigstens bis auf 10 Stellen genau.

Für $n = 3$ wird:

$$sin.\ 20' = 0,\ 002\ 908\ 877\ 983\ .\ \frac{2}{1}$$

$$-\ 0,\ 000\ 000\ 024\ 614\ .\ \frac{2\ .\ 1}{1\ .\ 2}$$

$$=\ 0,\ 005\ 817\ 731\ 352$$

wie dieß schon oben gefunden worden.

Für $n = 4$ ist:

$$sin.\ 30' = 0,\ 002\ 908\ 877\ 983\ .\ \frac{3}{1}$$

$$-\ 0,\ 000\ 000\ 024\ 614\ .\ \frac{3\ .\ 2}{1\ .\ 2}$$

$$-\ 0,\ 000\ 000\ 024\ 608\ .\ \frac{3\ .\ 2\ .\ 1}{1\ .\ 2\ .\ 3}$$

$$= 0,\ 008\ 726\ 633\ 949$$
$$-\ 0,\ 000\ 000\ 098\ 450$$
$$= 0,\ 008\ 726\ 535\ 499$$

u. s. w.

Die Methode dieser Berechnung besteht im Allgemeinen darin, daß man nicht zu weit von einander entfernte Glieder der Reihe der Sinusse als Hauptglieder einer arithmetischen Reihe höherer Ordnung betrachtet, eine Formel für das allgemeine Glied derselben aufstellt und nach ihr die Zwischenglieder berechnet, wie dieß im Vorhergehenden gezeigt worden ist.

§. 37. **Berechnung der Sinusse von Sekunde zu Sekunde.** Sind die Sinusse von Minute zu Minute berechnet, so kann man nach der eben angegebenen Methode die Sinusse der einzelnen Sekunden berechnen. Bis zu einer Genauigkeit von zehn Stellen genügt es, die Sinusse im Zwischenraum von einer Minute zur andern als gleichförmig wachsend anzunehmen. Hiernach ist:

$$sin.\ 1'' = \frac{sin.1'}{60} = \frac{0,\ 000\ 290\ 887\ 528}{60}$$
$$= 0,\ 000\ \ 004\ \ 848\ \ 125$$

Eben so:

$$sin.\ 2'' = \tfrac{2}{60}\ .\ sin.\ 1''$$
$$= 0,\ 000\ \ 009\ \ 696\ \ 250$$

und

$$sin.\ 4'\ 12'' = sin.\ 4' + sin.\ 12''$$
$$= sin.\ 4' + \tfrac{12}{60}\ .\ sin.\ 1'$$
$$= sin.\ 4' + \tfrac{1}{5}\ .\ (sin.\ 4' - sin.\ 3')$$

u. s. w.

§. 38. **Berechnung der fünf übrigen Winkelfunktionen.** Kennt man die Reihe der Sinusse, so kennt man auch nach §. 13 die der Cosinusse, aus beiden findet man durch:

$$tang.\ a = \frac{sin.\ a}{cos.\ a}$$

$$cot.\ a = \frac{1}{tang.a}$$

$$sec.\ a = \frac{1}{cos.\ a}$$

$$cosec.\ a = \frac{1}{sin.\ a}$$

die übrigen Funktionen durch eine einfache arithmetische Operation. Eine große Erleichterung für diese Berechnungen, so wie für die früheren, gewähren die Logarithmen, deren Genauigkeit übrigens weiter gehen muß als die der Sinustafeln, welche man entwerfen will.

Zweiter Abschnitt.

Bestimmung der Lage einer Geraden gegen andere bekannte Lagen.

Siebentes Kapitel.

Bestimmung der Lage einer Geraden durch Linear-Coordinaten.

§. 39. **Methode der Coordinaten-Bestimmung.** Nimmt man in einer Ebene zwei Geraden, XX_1 und YY_1 (Fig. 27), die mit einander einen bestimmten Winkel α bilden, ihrer Lage nach als gegeben an, und bezieht man auf diese die Lage anderer Geraden in derselben Ebene, so läßt sich aus diesen Beziehungen auf die gegenseitige Lage der Geraden schließen, und der Zweck der vorhergehenden Untersuchungen kann hierdurch ebenfalls erreicht werden.

Die beiden Geraden werden Achsen genannt und ihr Durchschnittspunkt heißt der Anfangspunkt. Ihr Winkel wird am einfachsten und gewöhnlichsten zu 90^0, die Achsen also rechtwinkelig zu einander angenommen.

Die Achsen geben zwei Richtungen an. Linien in der ersten Richtung XX_1 genommen, werden Abscissen genannt, mit x bezeichnet, vom Anfangspunkte A an rechts durch $+$ x und links durch — x dargestellt. Linien, welche die zweite Richtung YY_1 haben, heißen Ordinaten, man bezeichnet sie nach oben hin durch + y und nach unten hin durch — y. Beide Linien x und y zusammengenommen heißen Coordinaten, beide Achsen, Coordinaten-Achsen. XX_1 heißt Achse der Abscissen oder der x, YY_1 die Achse der Ordinaten oder der y, A der Anfangspunkt der Coordinaten.

Ist P (Fig. 27) ein Punkt in der Ebene der Coordinatenachsen, so wird die Lage desselben gegen diese Achsen bestimmt seyn, wenn man die Coordinaten des Punktes AB und BP kennt. Die Abscisse AB bestimmt den Punkt B, die Ordinate BP, in der Richtung YY_1 gezogen, den Punkt P.

Ist also der Zahlenwerth der Abscisse a und der Ordinate b, so bestimmen die Gleichungen $x = a$ und $y = b$ die Lage des Punktes P, gegen die Coordinatenachsen, vollkommen.

Auf gleiche Weise kann die Lage eines jeden andern Punktes, also auch einer ganzen Reihe von Punkten, die Lage einer Linie, welche durch diese Punkte man sich gezogen denkt, bestimmt werden.

Eine nähere Betrachtung der beiden Gleichungen gibt folgende Resultate.

Die Gleichung $x = a$ allein sagt uns, es soll der Punkt P von YY_1 um a Längeneinheiten in der Richtung XX_1 entfernt liegen. Diese Eigenschaft haben aber alle Punkte der Geraden CD (Fig. 28), welche parallel mit YY_1 und von dieser in der Richtung XX_1 um a entfernt ist.

Eben so stellt $y = b$ die Linie EF (Fig. 29) dar, wenn sie parallel zu XX_1 und von dieser in der Richtung YY_1 um b entfernt ist.

Beide Gleichungen zusammengenommen, $x = a$ und $y = b$, bedingen also, daß der Punkt sich sowohl auf CD (Fig. 30) als auch auf EF befinden soll, was nur für einen Punkt P, den Durchschnittspunkt beider Geraden, möglich ist, der also durch die beiden Gleichungen vollkommen bestimmt ist.

Wird in der ersten Gleichung $x = a$, a immer kleiner, so rückt CD immer näher an YY_1 und fällt mit dieser zusammen, wenn $x = 0$ wird. In diesem Falle stellt also die Gleichung $x = 0$ die Achse der Ordinaten YY_1 dar. Auf gleiche Weise gehört $y = 0$ der Achse XX_1 an. Die beiden Gleichungen $x = 0$ und $y = 0$ sind sonach die Gleichungen des Anfangspunktes der Coordinaten.

Man findet somit:

283) $x = 0$, $y = 0$ Gleichungen des Anfangspunktes.
284) $x = 0$, $y =$ unbest. Gleichung der Achse YY_1
285) $x =$ unbest., $y = 0$ Gleichung der Achse XX_1
286) $x = a$, $y =$ unbest. Gleichung einer Geraden # zu YY_1
287) $x =$ unbest., $y = b$ » » » » » XX_1
288) $x = a$, $y = 0$ » eines Punktes in XX_1
289) $x = 0$, $y = b$ » » » » YY_1
290) $x = a$, $y = b$ » » best. Punktes in der Ebene.

§. 40. **Gleichung einer gegebenen Geraden.** Die Coordinatenachsen seyen, der Einfachheit wegen, rechtwinkelig, und die Gerade **CD** (Fig. 31), deren Lage gegen sie bestimmt werden, deren Gleichung gesucht werden soll, gehe durch den Anfangspunkt **A**.

Für irgend einen Punkt **E** der Geraden ist nun $x = AB$ und $y = EB$, daher:

$$\frac{y}{x} = \frac{EB}{AB}$$

Für einen andern Punkt **G** ist $x = AF$ und $y = GF$, mithin:

$$\frac{y}{x} = \frac{GF}{AF}$$

Eben so für irgend einen andern Punkt der Geraden. Nach der Gleichung **24** ist aber, wenn **CD** eine Gerade ist:

$$\frac{EB}{AB} = \frac{GF}{AF} = \text{u. s. w.}$$

Man findet somit:

Für alle Punkte der Geraden **CD** ist das Verhältniß der Ordinate zur Abscisse ein konstantes.

Nach 31 ist dieß Verhältniß = *tang.* α, folglich ist:

$$\frac{y}{x} = tang.\ \alpha$$

und diese Gleichung findet statt, auf welchen Punkt der Geraden man y und x beziehen mag. Wird mit x vervielfacht, so ist allgemein:

291) $y = x\ tang.\ \alpha$

die Gleichung einer Geraden, welche durch den Anfangspunkt geht und mit der Achse der x den Winkel α bildet.

Setzt man in dieser Gleichung nach und nach für x die willkürlich gewählten Werthe a_1, a_2, a_3, . . . und erhält man hieraus für y die Werthe b_1, b_2, b_3, . . ., so bestimmen, auf die angegebene Weise, je zwei zusammengehörige Werthe von a und b, die Lage eines Punktes. Solcher Punkte kann man aber durch die Gleichung eine unendliche Anzahl bestimmen, welche, mit einander verbunden, die Gerade **CD** bilden.

Ist z. B. $\alpha = 36^0$, also *tang.* α = *tang.* 36^0 = 0, 7265425, so ist die Gleichung der Geraden, welche durch den Anfangspunkt geht und mit der Achse der x einen Winkel von 36^0 bildet,

$$y = 0,7265425 \ .\ x$$

Setzt man nun hierin x = 0, 1, 2, 3 . . ., so erhält man die zugehörigen Werthe von y. Für

x = 0, x = 1, x = 2, x = 3 u. s. w.

ist

y = 0, y = 0,726... y = 1,453... y = 2,179... u. s. w.

Für x = — 1, — 2, — 3, . . . erhält man die gleichen nur mit — bezeichneten Werthe von y.

Die Coordinatenachsen waren bisher rechtwinkelig, man nehme sie nun geneigt an und ihr Winkel sey = φ. Die Gerade **CD** (Fig. 32) bilde immer den Winkel α mit XX_1 und **EF** sey zu dieser Achse **EH** aber zu YY_1 senkrecht.

Es ist nun:

$$sin.\ \alpha = \frac{EF}{AE} \text{ und } sin.\ (\varphi - \alpha) = \frac{EH}{AE}$$

Diesen Gleichungen kann man folgende Gestalt geben:

$$sin.\ \alpha = y\ \frac{\frac{EF}{y}}{AE} \text{ und } sin.\ (\varphi - \alpha) = x\ .\ \frac{\frac{EH}{x}}{AE}$$

Nun ist aber $\frac{EF}{y} = sin.\ \varphi$ und $\frac{EH}{x} = sin.\ \varphi$, daher:

$$sin.\ \alpha = y\ .\ \frac{sin.\ \varphi}{AE} \text{ und } sin.\ (\varphi - \alpha) = x\ .\ \frac{sin.\ \varphi}{AE}$$

Es ist mithin y ein eben solches Vielfache von *sin.* α wie x von *sin.* $(\varphi - \alpha)$, folglich:

$$\frac{y}{x} = \frac{sin.\ \alpha}{sin.\ (\varphi - \alpha)}$$

oder

292) $$y = x\ .\ \frac{sin.\ \alpha}{sin.\ (\varphi - \alpha)}$$

Es sey z. B. der Coordinatenwinkel $\varphi = 76^0$, der Winkel der Geraden $\alpha = 54^0$, so ist $\varphi - \alpha = 76^0 - 54^0 = 22^0$; mithin die Gleichung der Geraden:

$$y = x\ .\ \frac{sin.\ 54^0}{sin.\ 22^0}$$

Nun ist aber

$$\begin{aligned} log.\ \frac{sin.\ 54^0}{sin.\ 22^0} &= log.\ sin.\ 54^0 - log.\ sin.\ 22^0 \\ &= 9,\ 907958 - 10 - (9,\ 573575 - 10) \\ &= 0,\ 334383 = log.\ 2,\ 15965 \end{aligned}$$

Daher $\frac{sin.\ 54^0}{sin.\ 22^0} = 2,\ 15965\ \ldots$ und die Gleichung:

$$y = 2,\ 15965\ ..\ x$$

Hieraus erhält man nun:

Für x = 0, = 1, = 2, = 3 u. s. w.
y = 0, = 2,159. = 4,319. = 6,478. u. s. w.

Für x = — 1, — 2, — 3, . . . Dieselben Werthe für y nur negativ.

Wie also auch der Coordinatenwinkel beschaffen seyn mag, immer ist y ein Vielfaches von x. Dieses Vielfache ist die Konstante der Gleichung, der Sinus des Winkels der Geraden, gemessen durch den Sinus der Ergänzung dieses Winkels, zum Coordinatenwinkel. Ist $\varphi = 90^0$, so ist

$$y = x \cdot \frac{sin.\ \alpha}{sin.(90-\alpha)} = x \cdot \frac{sin.\ \alpha}{cos.\ \alpha} = x \cdot tang.\ \alpha$$

wie dieß nach 291 seyn muß.

Bis jetzt ist angenommen worden, daß die Gerade durch den Anfangspunkt gehe. Ist dieß nicht der Fall, geht die Gerade durch den Punkt B in YY_1 (Fig. 33) und durch E in XX_1, so ist für rechtwinklige Coordinaten, für irgend einen Punkt F in der Geraden CD, welche mit XX_1 den Winkel α bildet, $x = AG$ und $y = FG$.

Wäre MM_1 # zu XX_1 die Achse der x, so hätte man nach 291

$$FH = BH \cdot tang.\ \alpha$$

Nun ist aber $BH = AG = x$ und $FH = FG - HG = y - HB$, daher auch:

$$x - AB = x \cdot tang.\ \alpha$$

und somit:

293) $y = x \cdot tang.\ \alpha + AB.$

Setzt man der Kürze wegen die konstanten Größen $tang.\ \alpha = A$ und $AB = B$, so ist die Gleichung der Geraden, welche nicht durch den Anfangspunkt geht, für rechtwinkelige Coordinaten:

294) $y = Ax + B.$

Es sey wieder $\alpha = 36^0$ und $AB = 2'$, so ist die Gleichung der Geraden:

$$y = 0{,}7265425 \,..\; x + 2,$$

daher für

$x = 0, \quad = 1, \quad = 2, \quad = 3$ u. s. w.
$y = 2, \quad = 2{,}726... = 3{,}453... = 4{,}179...$ u. s. w.

und für

$x = -1, \quad = -2, \quad = -3, \quad = -4$ u. s. w.
$y = +1{,}273.. = +0{,}546.. = -0{,}179.. = -0{,}906..$ u. s. w

Bei schiefwinkligen Coordinaten hat man bei denselben Voraussetzungen in der Figur nach 292 (Fig. 34):

$$FH = \frac{sin.\ \alpha}{sin.\ (\varphi - \alpha)} \,.\, BH$$

Auch hier ist FH = FG — HG = y — AB und BH = AG = x, daher:

$$y - AB = x \,.\, \frac{sin.\ \alpha}{sin.\ (\varphi - \alpha)}$$

und somit:

295) $y = x \,.\, \frac{sin.\ \alpha}{sin.\ (\varphi - \alpha)} + AB$

Oder wenn man die Konstanten mit **A** und **B** bezeichnet:

$$y = Ax + B$$

Ist $\varphi = 76^0$, $\alpha = 54^0$ und $AB = 5'$, so ist die Gleichung der Geraden:

$$y = 2{,}15965 \,..\, x + 5$$

Hieraus erhält man für

x = 0,	= 1,	= 2,	= 3	u. s. w.
y = 5,	= 7,159.	= 9,319.	= 11,487.	u. s. w.

und für

x = — 1,	= — 2,	= — 3,	= — 4	u. s. w.
y = + 2,840,	= + 0,682.	= — 1,487.	= — 3,938.	u. s. w.

Man ersieht hieraus, daß, wie immer auch die Coordinatenachsen zu einander geneigt seyn mögen und welche Lage die Gerade **CD** gegen sie auch haben mag, die Gleichung dieser Geraden immer dargestellt werden kann durch

296) $y = Ax + B$

Sind die Coordinaten rechtwinkelig, so ist die erste Konstante

$$A = tang.\ \alpha$$

sind sie schiefwinkelig, so ist sie

$$A = \frac{sin.\ \alpha}{sin.\ (\varphi - \alpha)}$$

Geht die Gerade durch den Anfangspunkt, so ist in beiden Fällen die zweite Konstante **B** = 0. Die Lage der Geraden hängt, bei ein und demselben Coordinatenwinkel, von den Konstanten ihrer Gleichungen ab.

Die Gleichung einer Geraden ist eine unbestimmte Gleichung om ersten Grade zwischen zwei veränderlichen Größen x und y, e enthält das Gesetz der Abhängigkeit dieser Größen, das Gesetz es Fortganges der Geraden. Die allgemeinste Form einer solchen Gleichung ist:

297) $ay + bx + c = 0$;

e kann aber, unbeschadet ihrer Allgemeinheit, auf die frühere Form 96 zurückgeführt werden, wenn man $-\frac{b}{a} = A$ und $-\frac{c}{a} = B$:tzt.

§. 41. **Zu einer gegebenen Gleichung die Gerade finden.** Es ey, für rechtwinklige Coordinaten, die Gleichung einer Geraden Fig. 35):

$$y = Ax + B.$$

Für $x = 0$, also im Punkte A, erhält man hieraus $y = B = AB$.
Für $y = 0$ wird $0 = Ax + B$, folglich $x = -\frac{B}{A} = AC$.
Die konstanten Größen A und B der Gleichung bestimmen also ie Punkte B und C der Coordinatenachsen, durch welche die Gerade geht, deren Lage hierdurch gegeben ist. Man hat somit:

298) $AB = + B$ und $AC = -\frac{B}{A}$

Ferner ist $tang.\ \alpha = \frac{AB}{AC} = B : \frac{B}{A} = B \cdot \frac{A}{B}$, daher:

299) $tang.\ \alpha = A$.

Ist z. B. $y = 6x - 5$, so ist (Fig. 36) $AB = -5$ und $AC = + \frac{5}{6}$, $tang.\ \alpha = 6 = tang.\ 80^0\ 32'\ 17'' =$ $tang.\ 260^0\ 32'\ 17'' = \ldots$

Der Winkel scheint hiernach noch unbestimmt zu seyn; beachtet nan jedoch, daß der zweite um 180° vom ersten verschieden ist, der dritte um 360° u. s. w., so geben alle nur ein und dieselbe Richtung der Geraden an.

Für schiefwinkelige Coordinaten sey der Coordinatenwinkel $= \varphi$ und die gegebene Gleichung

$$y = Ax + B.$$

Aus dieser Gleichung erhält man für

$$x = 0, \; y = B = AB,$$

für

$$y = 0, \; x = -\frac{B}{A} = AC.$$

Zwischen AB und AC (Fig. 37) hat nun nach 292 die Gleichung statt:

$$AB = AC \cdot \frac{sin.\ \alpha}{sin.\ (\varphi - \alpha)},$$

also:

$$B = \frac{B}{A} \cdot \frac{sin.\ \alpha}{sin.\ (\varphi - \alpha)},$$

woraus sich ergibt:

$$300)\ A = \frac{sin.\ \alpha}{sin.\ (\varphi - \alpha)}$$

Aus dieser Gleichung kann der Winkel α bestimmt werden. Es ist zuerst:

$$sin.\ \alpha = A\ sin.\ (\varphi - \alpha)$$

und mit Zuziehung von 199

$$sin.\ \alpha = A\ (sin.\ \varphi \cdot cos.\ \alpha - cos.\ \varphi \cdot sin.\ \alpha)$$
$$= A \cdot sin.\ \varphi \cdot cos.\ \alpha - A \cdot cos.\ \varphi \cdot sin.\ \alpha.$$

Durch Uebertragung der Glieder erhält man hieraus:

$$sin.\ \alpha + A \cdot cos.\ \varphi \cdot sin.\ \alpha = A \cdot sin.\ \varphi \cdot cos.\ \alpha$$

oder auch:

$$sin.\ \alpha\ (1 + A \cdot cos.\ \varphi) = A \cdot sin.\ \varphi \cdot cos.\ \alpha.$$

Wird durch $cos.\ \alpha$ gemessen und $\frac{sin.\ \alpha}{cos.\ \alpha} = tang.\ \alpha$ gesetzt, so wird:

$$tang.\ \alpha\ (1 + A \cdot cos.\ \varphi) = A \cdot sin.\ \varphi,$$

mithin:

$$301)\ tang.\ \alpha = \frac{A \cdot sin.\ \varphi}{1 + A \cdot cos.\ \varphi}$$

Da A und φ gegebene Größen sind, so gibt diese Gleichung nur einen Werth für $tang.\ \alpha$, und zu diesem wird der Winkel nach den Vorschriften des §. 18 gefunden.

Es sey z. B. $\varphi = 70^0$ und die Gleichung:

$$y = 2x + 7,$$

so ist für $x = 0$, $y = +7 = AB$ und für $y = 0$, $x = -\frac{7}{2} = -3,5 = AC$ und

$$tang.\ \alpha = \frac{2 \,.\, sin.\ 70^0}{1 + 2 \,.\, cos.\ 70^0}$$

$$= \frac{2 \,.\, 0{,}9396926}{1 + 2 \,.\, 0{,}3420201}$$

$$= \frac{1{,}8793852}{1{,}6840402} = 1{,}115997$$

$$= tang.\ 48^0\ 8'\ 16''$$

Es ist also $\alpha = 48^0\ 8'\ 16''$, und der positiven Tangente gehören die Winkel:

$$\alpha,\ 180 + \alpha,\ 360 + \alpha,\ \ldots$$

zu; sie bestimmen aber alle nur die Richtung der Geraden auf einzige Weise.

Welche Bedeutung haben die Gleichungen:

$$y = -3x + 6,$$
$$y = -5x - 3,$$

wenn die Coordinaten schiefwinkelig sind und $\varphi = 70^0$ ist?

§. 42. Aufgaben über die Geraden.

I. Man soll die Gleichung einer Geraden finden, die durch einen bestimmten Punkt P (Fig. 38) geht, dessen Coordinaten x_1 und y_1 sind.

Es sey die gesuchte Gleichung:

$$y = Ax + B.$$

Kann man aus der gegebenen Bedingung A und B finden, so ist die Aufgabe gelöst, die Gleichung gefunden. Da die Gerade durch den Punkt P gehen soll, so muß für $x = x_1$ auch $y = y_1$ seyn oder die Werthe von x_1 und y_1 müssen der angenommenen Gleichung genügen. Hierdurch erhält man:

$$y_1 = A \,.\, x_1 + B.$$

Wird diese Gleichung von der obigen abgezählt, so wird:

302) $y - y_1 = A\,(x - x_1)$.

Auf diese Weise ist man zwar im Stande, eine der Konstanten B zu entfernen; es bleibt aber immer noch A übrig, welches aus der gegebenen Bedingung sich nicht bestimmen läßt. Welchen Werth man dem **A** auch beilegen mag, so wird doch die gefundene Gleichung oder die Gerade, welche sie darstellt, der Bedingung genügen, sie wird durch den Punkt **P** gehen. Hieraus folgt wieder, was schon §. 1 angeführt wurde, daß ein Punkt die Lage einer Geraden noch nicht bestimmt.

II. Man soll die Gleichung einer Geraden finden, welche durch zwei bestimmte Punkte P_1 und P_2 (Fig. 39) geht, deren Coordinaten x_1 und y_1, x_2 und y_2 sind.

Die Gleichung der Geraden sey:

$$y = A \,.\, x + B.$$

Da sie durch den Punkt P_1 gehen soll, so muß sie durch die Coordinaten dieses Punktes befriedigt werden, daher:

$$y_1 = A \,.\, x_1 + B.$$

Eben so muß für den zweiten Punkt seyn:

$$y_2 = A \,.\, x_2 + B.$$

Eliminirt man aus diesen drei Gleichungen die Größen **A** und **B**, so erhält man die Gleichung der Geraden.

Die zweite und dritte Gleichung geben:

$$y_1 - y_2 = A\,(x_1 - x_2),$$

daher:

$$A = \frac{y_1 - y_2}{x_1 - x_2}$$

Aus der ersten und zweiten Gleichung erhält man auf gleiche Weise:

$$y - y_1 = A\,(x - x_1).$$

Führt man hierin den vorstehenden Werth von **A** ein, so ist die gesuchte Gerade dargestellt durch die Gleichung:

$$303)\quad y - y_1 = \frac{y_1 - y_2}{x_1 - x_2}\,(x - x_1)$$

oder auch durch:

$$304)\quad y = \frac{y_1 - y_2}{x_1 - x_2} \,.\, x + \frac{x_1 \,.\, y_2 - x_2 \,.\, y_1}{x_1 - x_2}$$

Da diese Gleichung durch ihre Konstanten bestimmt ist, so ist es auch die Gerade, deren Lage also durch zwei Punkte vollkommen bestimmt wird. (§. 1.)

Die letzte Gleichung mit der vorgelegten verglichen, gibt für : Konstanten:

$$305)\ A = \frac{y_1 - y_2}{x_1 - x_2} \text{ und } B = \frac{x_1 \cdot y_2 - x_2 \cdot y_1}{x_1 - x_2}$$

Ist z. B. $x_1 = 2'$, $y_1 = 5'$; $x_2 = 7'$ und $y_2 = 9'$, ist:

$$A = \frac{5-9}{2-7} = \frac{-4}{-5} = +\ 0,\ 8$$

d

$$B = \frac{2\ .\ 9-7\ .\ 5}{2\ -\ 7} = \frac{18-35}{-5} = \frac{-17}{-5} = +\ 3,\ 4$$

$$= AB;$$

nit:

$$AC = -\frac{B}{A} = -\frac{3,\ 4}{0,\ 8} = -\ 4,\ 25.$$

t nun der Coordinatenwinkel $\varphi = 70^0$, so ist:

$$tang.\ \alpha = \frac{0{,}8\ .\ sin.\ 70^0}{1 + 0{,}8\ .\ cos.\ 70^0} = \frac{0{,}8\ .\ 0{,}9396926}{1 + 0{,}8\ .\ 0{,}3420201}$$

$$= \frac{0{,}75175408}{1{,}27361608} = 0{,}5902517$$

$$= tang.\ 80^0\ 23'\ 3''.$$

s ist daher der Winkel $\alpha = 80^0\ 23'\ 3''$ und die Gleichung r Geraden:

$$y = 0,8\ .\ x + 3,4.$$

Ist einer der gegebenen Punkte, z. B. P_1 (Fig. 40), der nfangspunkt, so sind dessen Gleichungen (283) $x_1 = 0$ und $= 0$, daher die Gleichung der Geraden, welche durch A und $_2$ geht:

$$306)\ y = \frac{y_2}{x_2}\ .\ x \text{ oder } y\ .\ x_2 - y_2\ .\ x = 0.$$

Liegt P_1 in YY_1 und P_2 in XX_1 (Fig. 41), so sind die leichungen dieser Punkte, nach 289 und 288, für P_1 $x_1 = 0$, d $y_1 = b$ und für P_2 $x_2 = a$ und $y_2 = 0$, wenn $P_1 = b$ und $AP_2 = a$; daher die Gleichung der Geraden:

$$y - y_1 = -\frac{y_1}{x_2} \cdot x$$

oder:

$$y_1 \cdot x + y \cdot x_1 = y_1 \cdot x_2,$$

oder auch, wenn durch $y_1 \cdot x_2$ gemessen wird:

307) $\frac{y}{y_1} + \frac{x}{x_2} = 1$ oder $\frac{y}{b} + \frac{x}{a} = 1.$

III. Man soll die Bedingungen angeben, unter welchen drei Punkte, P_1, P_2, P_3, deren Coordinaten sind x_1, y_1; x_2, y_2; x_3, y_3, in einer Geraden liegen.

Ist die Gleichung der Geraden:

$$y = Ax + B,$$

so muß seyn:

$$y_1 = Ax_1 + B$$
$$y_2 = Ax_2 + B$$
$$y_3 = Ax_3 + B.$$

Hieraus erhält man:

$$y_1 - y_2 = A(x_1 - x_2)$$
$$y_2 - y_3 = A(x_2 - x_3),$$

daher durch Messen:

308) $\frac{y_1 - y_2}{y_2 - y_3} = \frac{x_1 - x_2}{x_2 - x_3}$

oder auch:

309) $(y_1 \cdot x_2 - y_2 \cdot x_1) - (y_1 \cdot x_3 - y_3 \cdot x_1) + (y_2 \cdot x_3 - y_3 \cdot x_2) = 0.$

Sind die Coordinaten der drei Punkte so beschaffen, daß diese Bedingung erfüllt wird, so liegen die drei Punkte in einer Geraden.

§. 43. Gegenseitige Lagenbestimmung zweier Geraden.

IV. Man sucht die Bedingungen, unter welchen zwei Gerade zusammenkommen, sich durchschneiden und die Bedingungen des Gegentheiles.

Die Gleichungen der beiden Geraden seyen (Fig. 42):

für **CD** $\quad y = Ax + B$

für **BE** $\quad y = ax + b.$

Die Winkel, welche sie mit XX_1 bilden, seyen α und β, der Coordinatenwinkel φ.

Durchschneiden sich die beiden Geraden, so haben sie in ihrem Durchschnittspunkte einen gemeinschaftlichen Punkt P, dessen Abscisse $AM = x'$ und Ordinate $PM = y'$ beiden Gleichungen genügen müssen, so daß für den Punkt P in CD:

$$y' = Ax' + B$$

und für den Punkt P in BE:

$$y' = ax' + b.$$

Hieraus findet man:

$$Ax' + B = ax' + b$$

oder:

$$310)\quad x' = \frac{b - B}{A - a}$$

Setzt man diesen Werth in eine der beiden vorstehenden Gleichungen, so erhält man:

$$y' = A \,.\, \frac{b - B}{A - a} + B = \frac{Ab - AB + AB - aB}{A - a}$$

oder:

$$311)\quad y' = \frac{Ab - aB}{A - a}$$

Haben die beiden Gleichungen die Form:

$$My = Ax + B$$

und

$$my = ax + b,$$

so darf man nur $\frac{A}{M}, \frac{B}{M}, \frac{a}{m}, \frac{b}{m}$ an die Stelle der vorigen Konstanten setzen; hierdurch gehen die Gleichungen 310 und 311 über in:

$$x' = \frac{M \,.\, b - B \,.\, m}{A \,.\, m - M \,.\, a}$$

und

$$y' = \frac{A \,.\, b - a \,.\, B}{A \,.\, m - M \,.\, a}$$

Will man jetzt die Coordinaten des Durchschnittspunktes der beiden Geraden:

$$x = B$$

und

$$y = ax + b$$

auffinden, so darf man nur $M = 0$, $B = -B$, $A = 1$, $m = 1$ setzen. Man erhält:

$$x' = B$$

$$y' = b + a \,.\, B.$$

Die Größen x' und y' geben die Lage des Punktes P an, und die gefundenen Gleichungen müssen zeigen, in welchen Fällen ein Durchschnittspunkt möglich oder angeblich ist oder nicht.

Sind A, a, B, b reelle, endliche Größen, wie sie auch sonst beschaffen seyn mögen, so erhält man immer für x' und y' reelle endliche Werthe, oder es haben die beiden Geraden einen Durchschnittspunkt, so lange A und a von einander verschieden sind. Sind diese Größen aber gleich $A = a$, so sind:

$$x' = \frac{b - B}{A - A} = \frac{b - B}{0} = \infty$$

und

$$y' = \frac{AB - AB}{A - A} = \frac{A\,(b - B)}{0} = \infty$$

die Coordinaten des Durchschnittspunktes der beiden Geraden:

$$y = Ax + B$$

und

$$y = Ax + b,$$

für welche man daher findet, daß ihr Durchschnittspunkt in unendlicher Entfernung liegt, d. h., daß sie gar keinen Durchschnittspunkt haben, also parallel sind.

Die Bedingung des Zusammentreffens zweier Geraden ist daher $A \gtrless a$ und des Nichtzusammentreffens $A = a$.

Aus 300 weiß man nun, daß für CD

$$A = \frac{\sin.\ \alpha}{\sin.\ (\varphi - \alpha)}$$

und für BE

$$a = \frac{\sin.\ \beta}{\sin.\ (\varphi - \beta)}$$

Diese Größen werden nun verschieden seyn, so lange $\alpha \gtrless \beta$, und sie werden einander gleich, wenn $\alpha = \beta$.

Die aufgefundenen Bedingungen können also auch auf folgende Weise dargestellt werden:

Ist $\alpha = \beta$, der äußere Winkel dem innern entgegengesetzten gleich, haben die Geraden dieselbe Richtung, so haben sie keinen Durchschnittspunkt, kommen nicht zusammen, sind parallel; ist aber $\alpha \gtrless \beta$, sind die Richtungen verschieden, so kommen die Geraden jederzeit zusammen, sie durchschneiden sich.

V. Wenn zwei Gerade, **CD** und **BE** (Fig. 42), sich durchschneiden, welchen Winkel bilden sie mit einander und wie läßt sich derselbe aus den Konstanten beider Gleichungen der Geraden finden?

Zieht man aus **G** mit **EF** eine Parallele **GH**, so besteht der Winkel **HGF** $= \beta$ aus zwei Theilen, der eine ist α, der andere die Ergänzung dieses Winkels zu β, daher $= \beta - \alpha$. Ist nun $\angle$ **GPF** $= \delta$, so ist wegen der Parallelität von **EF** und **HG** $\delta = \beta - \alpha$. Die Gleichung von **CD** ist:

$$y = Ax + B$$

und die von **BE**:

$$y = ax + b,$$

Nach 301 ist:

$$tang.\ \alpha = \frac{A\ .\ sin.\ \varphi}{1 + A\ .\ cos.\ \varphi} \text{ und } tang.\ \beta = \frac{a\ .\ sin.\ \varphi}{1 + a\ cos.\ \varphi}$$

Da nun

$$tang.\ \delta = tang.\ (\beta - \alpha) = \frac{tang.\ \beta - tang.\ \alpha}{1 + tang.\ \beta\ .\ tang.\ \alpha}$$

nach 235, so erhält man durch Einführung der vorstehenden Werthe:

$$tang.\ \delta = \frac{\dfrac{a\ .\ sin.\ \varphi}{1 + a\ .\ cos.\ \varphi} - \dfrac{A\ .\ sin.\ \varphi}{1 + A\ .\ cos.\ \varphi}}{1 + \dfrac{a\ .\ sin.\ \varphi}{1 + a\ .\ cos.\ \varphi}\ .\ \dfrac{A\ .\ sin.\ \varphi}{1 + A\ .\ cos.\ \varphi}}$$

$$= \frac{a\ .\ sin.\ \varphi\ (1 + A\ .\ cos.\ \varphi) - A\ .\ sin.\ \varphi\ (1 + a\ .\ cos.\ \varphi)}{(1 + a\ .\ cos.\ \varphi)\ (1 + A\ .\ cos.\ \varphi) + a\ .\ sin.\ \varphi\ .\ A\ .\ sin.\ \varphi}$$

$$= \frac{a.sin.\varphi + a.A.sin.\varphi.cos.\varphi - A.sin.\varphi - A.a.sin.\varphi.cos.\varphi}{1 + a.cos.\varphi + A.cos.\varphi + a.A.cos.\varphi^2 + a.A.sin.\varphi^2}$$

$$= \frac{a\ .\ sin.\ \varphi - A\ .\ sin.\ \varphi}{1 + (A + a)\ cos.\ \varphi + a\ .\ A\ .\ (cos.\ \varphi^2 + sin.\ \varphi^2)}$$

Hieraus erhält man mit Hülfe von 68:

312) $\text{tang. } \delta = \dfrac{(a - A) \text{ sin. } \varphi}{1 + (a + A) \cdot \text{cos. } \varphi + a \cdot A}$

Sind die Coordinaten rechtwinkelig, also $\varphi = 90^{\circ}$, so ist $\text{cos. } \varphi = 0$, daher:

313) $\text{tang. } \delta = \dfrac{a - A}{1 + a \cdot A}$

IV. Man sucht die Gleichung einer Geraden, welche zu einer gegebenen Geraden senkrecht ist.

Die Gleichung der gegebenen Geraden sey:

$$y = Ax + B,$$

und die Gleichung der Geraden, welche zu dieser senkrecht ist:

$$y = a \cdot x + b.$$

Diese beiden Geraden bilden mit einander einen Winkel δ, welcher nach 312

$$\text{tang. } \delta = \frac{(a - A) \cdot \text{sin. } \varphi}{1 + (a + A) \cdot \text{cos. } \varphi + a \cdot A}$$

Soll dieser Winkel ein rechter, also $\text{tang. } \delta = \text{tang. } 90 = \infty$, seyn, so muß der Nenner dieses Bruches verschwinden oder es muß seyn:

$$0 = 1 + (a + A) \text{ cos. } \varphi + a \cdot A.$$

Hieraus erhält man:

$$a \cdot A + a \text{ cos. } \varphi = - 1 - A \cdot \text{cos. } \varphi$$

oder:

$$a (A + \text{cos. } \varphi) = - (1 + A \cdot \text{cos. } \varphi),$$

daher:

314) $a = - \dfrac{1 + A \cdot \text{cos. } \varphi}{A + \text{cos. } \varphi}$

Wird dieser Werth eingefuhrt, so ist die Gleichung der Senkrechten:

315) $y = - \dfrac{1 + A \cdot \text{cos. } \varphi}{A + \text{cos. } \varphi} \cdot x + b$

Ist $\varphi = 90^{\circ}$, so ist für rechtwinkelige Coordinaten:

316) $a = - \dfrac{1}{A}$

nd die Gleichung der Senkrechten:

$$317)\quad y = -\frac{1}{A} \, . \, x + b$$

Die gefundenen Gleichungen enthalten noch die Konstante b, velche unbestimmt geblieben ist. In der That ist die gestellte Bedingung nicht hinreichend, die Gerade, somit auch deren Glei-hung, vollkommen zu bestimmen, indem es sehr viele Gerade geben ann, welche auf der gegebenen Geraden senkrecht stehen.

VII. Man soll die Gleichung der Geraden finden, welche auf **CD** (Fig. 43) senkrecht ist und durch den Punkt **P** geht, dessen Coordinaten x_1 und y_1 sind.

Es sey $y = Ax + B$ die Gleichung von **CD**, so ist die 'er darauf senkrechten **EF** nach **315**:

$$y = -\frac{1 + A \, . \, cos. \, \varphi}{A + cos. \, \varphi} \, . \, x + b$$

Da diese Gerade durch **P** gehen soll, so muß die Gleichung uch durch x_1 und y_1 befriedigt werden. Es ist folglich auch:

$$y_1 = -\frac{1 + A \, . \, cos. \, \varphi}{A + cos. \, \varphi} \, . \, x_1 + b$$

Durch Abzählen erhält man aus beiden:

$$318)\quad y - y_1 = \frac{1 + A \, . \, cos. \, \varphi}{A + cos. \, \varphi} \, (x - x_1)$$

oder auch:

$$319)\quad y = -\frac{1 + A.cos.\varphi}{A + cos.\varphi} \, . \, x + \frac{A.y_1 + x_1 + (Ax_1 + y_1) cos.\varphi}{A + cos. \, \varphi}$$

Sind die Achsen rechtwinkelig oder ist $\varphi = 90^0$, so wird hieraus:

$$320)\quad y - y_1 = -\frac{1}{A} \, (x - x_1)$$

oder:

$$321)\quad y = -\frac{1}{A} \, . \, x + \frac{Ay_1 + x_1}{A}$$

Diese Gleichungen sind vollkommen bestimmt.

VIII. Man soll die Gleichung einer Geraden finden, welche zu einer gegebenen Geraden parallel ist.

Es sey $y = Ax + B$ die Gleichung der gegebenen Geraden und $y = ax + b$ die der gesuchten.

Da die Gerade zur gegebenen parallel seyn soll, so dürfen beide mit einander keinen Winkel bilden und es muß $\delta = 0$ seyn. Dieses findet statt, wenn der Zähler des Bruches in 312 = 0 wird, also wenn $(a - A) \cdot \sin. \varphi = 0$ oder $a = A$ ist. Die gesuchte Gleichung ist demnach:

322) $y = Ax + b.$

Die Konstante b ist hierin noch unbestimmt, wie es auch der Forderung nach nicht anders seyn kann, indem es eine unendliche Menge Geraden geben kann, welche alle zur gegebenen Geraden parallel sind.

IX. Man soll die Gleichung einer Geraden finden, die durch einen bestimmten Punkt P geht, dessen Coordinaten x_1 und y_1 sind und die zu einer gegebenen Geraden parallel ist.

Die Gleichung der gegebenen Geraden sey:

$$y = A \cdot x + B,$$

die der gesuchten wird, der Bedingung der Parallelität gemäß, nach 322 seyn müssen:

$$y = Ax + b.$$

Da sie durch den Punkt P gehen soll, so muß seyn:

$$y_1 = Ax_1 + b.$$

Hieraus erhält man durch Abzählen:

323) $y - y_1 = A (x - x_1).$

Die Gerade, durch diese Gleichung dargestellt, ist parallel zu:

$$y = Ax + B$$

und geht durch den Punkt P.

Achtes Kapitel.

Bestimmung der Lage einer Geraden durch Polar-Coordinaten.

§. 44. **Methode der Bestimmung durch Polarcoordinaten.** Ist in einer Ebene eine Gerade XX_1 (Fig. 44) und ein Punkt A in ihr gegeben, so wird die Lage einer Geraden AB, welche durch A geht gegen XX_1, durch den Winkel t bestimmt seyn.

Ein Punkt P in AB wird durch die Entfernung $u = AP$ gegeben. Man erkennt hieraus, daß ein Punkt P, in einer Ebene mit XX_1 liegend, durch t und u seiner Lage nach gegen XX_1 bestimmt ist. Hierbei zählt man wieder den Winkel von der rechten Seite AX an nach oben hin von 0^0 bis 360^0.

Man nennt XX_1 die Achse, A den Pol, t den Polwinkel, u den Radius vector, u und t zusammen Polarcoordinaten. Die Gleichungen $t = \alpha$ und $u = a$ bestimmen also die Lage von P vollkommen, wenn α und a gegeben sind. An die Stelle von α kann man aber auch den Winkel $\alpha + 4nR$ setzen, für $n = 0, 1, 2, 3, \ldots$; alle Winkel, welche dieser Ausdruck enthält, geben nur eine Richtung AP an.

§. 45. **Uebertragung von Linear-Coordinaten in Polar-Coordinaten.**

I. Wenn der Coordinatenwinkel ein rechter ist.

Nach 26 und 28 ist (Fig. 45):

$$\frac{y}{u} = \mathit{sin.}\ t \text{ und } \frac{x}{u} = \mathit{cos.}\ t,$$

daher:

324) $y = u\ .\ \mathit{sin.}\ t$ und $x = u\ .\ \mathit{cos.}\ t.$

Mit Hülfe dieser Gleichungen ist es leicht, alle früheren Ausdrücke, die rechtwinkelige Coordinaten enthalten, in andere für Polarcoordinaten zu verwandeln.

II. Wenn der Coordinatenwinkel $= \varphi$ ist.

In §. 40 ist gefunden worden, daß (Fig. 46)

$$\frac{PM}{u} = sin.\ t,\ \frac{PN}{u} = sin.\ (\varphi - t)$$

$$\frac{PM}{y} = sin.\ \varphi,\ \frac{PN}{x} = sin.\ \varphi.$$

Hieraus folgt:

$$PM = u\ .\ sin.\ t,\ PN = u\ .\ sin.\ (\varphi - t)$$

$$PN = x\ .\ sin.\ \varphi,\ PM = y\ .\ sin.\ \varphi,$$

so daß:

$$y\ .\ sin.\ \varphi = u\ .\ sin.\ t \text{ und } x\ .\ sin.\ \varphi = u\ .\ sin.\ (\varphi - t)$$

und somit:

325) $$x = u\ .\ \frac{sin.\ (\varphi - t)}{sin.\ \varphi} \text{ und } y = u\ .\ \frac{sin.\ t}{sin.\ \varphi}$$

Vermittelst dieser Gleichungen kann man auch schiefwinkelige Coordinaten in Polarcoordinaten verwandeln. Es ist in dieser Untersuchung überall angenommen, daß der Pol mit dem Anfangspunkt zusammenfalle.

§. 46. Polargleichung der Geraden.

I. Wenn die Linearcoordinaten rechtwinkelig waren.

Ist die Gleichung der Geraden:

$$y = Ax + B$$

und nimmt man den Anfangspunkt für den Pol, so wird mit Hülfe von 324 (Fig. 47):

$$u\ .\ sin.\ t = A\ .\ u\ .\ cos.\ t + B$$

oder:

$$u\ .\ sin.\ t - A\ .\ u\ .\ cos.\ t = B.$$

Nun ist aber $A = tang.\ \alpha = \frac{sin.\ \alpha}{cos.\ \alpha}$, daher:

$$u\ (sin.\ t - \frac{sin.\ \alpha}{cos.\ \alpha}\ .\ cos.\ t) = B$$

oder:

$$u\ .\ \frac{sin.\ t\ .\ cos.\ \alpha - cos.\ t\ .\ sin.\ \alpha}{cos.\ \alpha} = B,$$

her mit Zuziehung von 199:

$$u \cdot \frac{sin. (t-\alpha)}{cos. \alpha} = B.$$

ieraus folgt die Gleichung der Geraden für Polarcoordinaten:

$$326) \quad u = \frac{B \cdot cos. \alpha}{sin. (t-\alpha)}$$

II. Wenn die Linearcoordinaten schiefwinkelig waren.

Ist φ der Coordinatenwinkel und die Gleichung der Geraden:

$$y = A \cdot x + B,$$

geht sie durch Einführung der Polarcoordinaten über in:

$$u \cdot \frac{sin. t}{sin. \varphi} = A \cdot u \cdot \frac{sin. (\varphi-t)}{sin. \varphi} + B.$$

Da nun nach 300 $A = \frac{sin. \alpha}{sin. (\varphi-\alpha)}$, so wird hieraus, wenn ugleich mit $sin. \varphi$ vervielfacht wird:

$$u \cdot sin. t = u \cdot \frac{sin. \alpha \cdot sin. (\varphi-t)}{sin. (\varphi-\alpha)} + B \cdot sin. \varphi$$

der:

$$u \cdot sin. t \cdot sin. (\varphi - \alpha) = u \cdot sin. \alpha \cdot sin. (\varphi - t) + B \cdot sin. \varphi \cdot sin. (\varphi-\alpha).$$

hieraus erhält man:

$$u = \frac{B \cdot sin. \varphi \cdot sin. (\varphi-\alpha)}{sin. t \cdot sin. (\varphi-\alpha) - sin. \alpha \cdot sin. (\varphi-t)}$$

Der Nenner läßt sich bedeutend vereinfachen. Es ist:

$$sin. t \cdot sin. (\varphi-\alpha) = sin. t \cdot sin. \varphi \cdot cos. \alpha - sin. t \cdot cos. \varphi \cdot sin. \alpha$$

$$- sin. \alpha \cdot sin. (\varphi-t) = - sin. \alpha \cdot sin. \varphi \cdot cos. t + sin. \alpha \cdot cos. \varphi \cdot sin. t$$

Bei der Vereinigung beider Theile verschwinden die letzten Pro-ukte und es bleibt:

$$sin. t \cdot sin. \varphi \cdot cos. \alpha - sin. \alpha \cdot sin. \varphi \cdot cos. t =$$

$$sin. \varphi (sin. t \cdot cos. \alpha - cos. t \cdot sin. \alpha) = sin. \varphi \cdot sin. (t-\alpha)$$

Indem man diesen Werth einführt, erhält man:

$$u = \frac{B \cdot sin. \varphi \cdot sin. (\varphi - \alpha)}{sin. \varphi \cdot sin. (t-\alpha)}$$

aher:

$$327) \quad u = \frac{B \cdot sin. (\varphi-\alpha)}{sin. (t-\alpha)}$$

Diese Gleichung geht, wie es seyn muß, für $\varphi = 90^0$ in 326 über.

Bei Anwendung dieser Gleichungen muß man beachten, daß u nie negativ werden kann (§. 15 c). Geben die Gleichungen 326 und 327 für ein bestimmtes t negative Werthe, so ist dieß ein Zeichen, daß in der Richtung, welche t angibt, kein Punkt der Geraden liegt, wohl aber nach der entgegengesetzten Seite, in der verlängerten Richtung, die durch den Winkel 180 + t angegeben wird. Hiernach kann also jedes u bald positiv, bald negativ seyn, je nachdem es in der Richtung von t oder in der Verlängerung dieser Richtung, die durch 180 + t angegeben wird, liegt.

§. 47. **Polar-Coordinaten durch Linear-Coordinaten dargestellt.** Durch die Gleichungen 324 und 325 ist man im Stande, die früheren Untersuchungen über die Gerade mit Hülfe der Linearcoordinaten in solche für Polarcoordinaten umzuwandeln. Will man umgekehrt Ausdrücke, welche Polarcoordinaten enthalten, in solche für Linearcoordinaten umsetzen, so geben dieselben Gleichungen hierzu den Weg an.

Für die Verwandlung in rechtwinkelige Coordinaten erhält man aus 324, wenn beide Gleichungen zur zweiten Potenz erhoben und zusammengezählt werden:

$$y^2 + x^2 = u^2 \,.\, \sin.\, t^2 + u^2 \,.\, \cos.\, t^2$$
$$= u^2 \,(\sin.\, t^2 + \cos.\, t^2)$$

Nun ist aber nach 68 die eingeschlossene Größe = 1, daher:

328) $u = \pm \sqrt{(y^2 + x^2)}$.

Auch hieraus ersieht man, was schon im vorigen Paragraphe bemerkt wurde, daß u in allen Lagen mit beiden Zeichen genommen werden kann.

Es ist ferner nach 26 und 28:

$$\sin.\, t = \frac{y}{u} \text{ und } \cos.\, t = \frac{x}{u}$$

daher, wenn der eben gefundene Werth für u eingeführt wird:

329) $\sin.\, t = \frac{y}{\sqrt{(y^2+x^2)}},\ \cos.\, t = \frac{x}{\sqrt{(y^2+x^2)}},\ \tang.\, t = \frac{y}{x}$

Auf diese Weise kann man also den **Radius vector** sowohl als den Polwinkel bestimmen.

Polarcoordinaten können durch schiefwinkelige Coordinaten auf folgende Art dargestellt werden.

Nach **325** ist:

$$x \,.\, \sin.\,\varphi = u \,.\, \sin.\,(\varphi - t) \text{ und } y \,.\, \cos.\,\varphi = u \,.\, \sin.\,t$$

Aus diesen Gleichungen erhält man:

$$\frac{x}{y} = \frac{\sin.\,(\varphi - t)}{\sin.\,t} = \frac{\sin.\,\varphi \,.\, \cos.\,t - \cos.\,\varphi \,.\, \sin.\,t}{\sin.\,t}$$

$$= \sin.\,\varphi \,.\, \cot.\,t - \cos.\,\varphi$$

oder:

$$\frac{x}{y} + \cos.\,\varphi = \sin.\,\varphi \,.\, \cot.\,t$$

und

$$\frac{x + y \,.\, \cos.\,\varphi}{y} = \sin.\,\varphi \,.\, \cot.\,t.$$

Hieraus ergibt sich:

330) $$\cot.\,t = \frac{x + y \,.\, \cos.\,\varphi}{y \,.\, \sin.\,\varphi}$$

$$\tang.\,t = \frac{y \,.\, \sin.\,\varphi}{x + y \,.\, \cos.\,\varphi}$$

Nach **81** und **87** ist:

$$\sin.\,t = \frac{\tang.\,t}{\sqrt{(1 + \tang.\,t^2)}} \text{ und } \cos.\,t = \frac{\cot.\,t}{\sqrt{(1 + \cot.\,t^2)}}$$

Führt man hierin die eben gefundenen Werthe ein, so wird:

$$\sin.\,t = \frac{\dfrac{y \,.\, \sin.\,\varphi}{\sqrt{(x + y \,.\, \cos.\,\varphi)}}}{\sqrt{\left(1 + \dfrac{y^2 \,.\, \sin.\,\varphi^2}{(x + y \,.\, \cos.\,\varphi)^2}\right)}}$$

$$= \frac{y \,.\, \sin.\,\varphi}{\sqrt{((x + y \,.\, \cos.\,\varphi)^2 + y^2 \,.\, \sin.\,\varphi^2)}}$$

$$= \frac{y \,.\, \sin.\,\varphi}{\sqrt{(x^2 + 2xy \,.\, \cos.\,\varphi + y^2 \,.\, \cos.\,\varphi^2 + y^2 \,.\, \sin.\,\varphi^2)}}$$

$$= \frac{y \,.\, \sin.\,\varphi}{\sqrt{(x^2 + 2xy \,.\, \cos.\,\varphi + y^2 (\cos.\,\varphi^2 + \sin.\,\varphi^2))}}$$

Da nun nach 68 $sin.\ \varphi^2 + cos.\ \varphi^2 = 1$, so ist:

$$331)\quad sin.\ t = \frac{y\ .\ sin.\ \varphi}{\sqrt{(x^2 + 2xy\,.\,cos.\ \varphi + y^2)}}$$

Eben so ist:

$$332)\quad cos.\ t = \frac{x + y\ cos.\ \varphi}{\sqrt{(x^2 + 2xy\,.\,cos.\ \varphi + y^2)}}$$

Beachtet man ferner, daß nach 325 und 331

$$u = y\ .\ \frac{sin.\ \varphi}{sin.\ t} = y\ .\ sin.\ \varphi : \frac{y\ .\ sin.\ \varphi}{\sqrt{(x^2 + 2xy\ .\ cos.\varphi + y^2)}}$$

so wird:

$$333)\quad u = \sqrt{(x^2 + 2xy\,.\,cos.\ \varphi + y^2)}.$$

Zweite Abtheilung.

Von der Verbindung der Geraden zu ebenen Figuren.

Dritter Abschnitt.

Von dem Dreiecke.

Neuntes Kapitel.

[V]on dem Zusammenhange der Seiten und Winkel des Dreieckes.

§. 48. **Von den Winkeln des Dreiecks.** Zieht man von [zw]eien Punkten A und C (Fig 48) einer Geraden AC nach be[st]immten Richtungen, also unter bestimmten Winkeln zwei andere [G]erade AB und BC, und nimmt man an, daß deren Richtungen [v]erschieden seyen, so werden sie sich zu einander neigen, zusammen[k]ommen und der Unterschied ihrer Richtungen wird der Winkel B [se]yn. Zieht man CD in derselben Richtung wie AB, so wird [di]eser Unterschied auch durch den Winkel n angegeben und es wird [so]mit n = B seyn. Verbindet man nun die beiden Gleichungen [m] = A und n = B durch Zuzählen und beachtet das m + n = [B]CE, so ist:

334) $\angle A + \angle B = \angle BCE.$

Der Winkel BCE ist der äußere Winkel des Dreiecks, dessen [in]nere entgegengesetzte A und B sind. Man findet somit:

der äußere Winkel des Dreiecks ist der Summe der beiden [in]nern entgegengesetzten gleich.

Zählt man auf beiden Seiten der vorstehenden Gleichung den [W]inkel C des Dreiecks zu, so wird:

$$\angle A + \angle B + \angle C = \angle BCE + \angle C$$

Nun sind aber BCE und C Nebenwinkel und diese machen nach 5 zusammen zwei Rechte aus, daher auch:

335) $A + B + C = 2\,R = 180^{\circ}$.

Alle Winkel zusammengenommen sind daher zweien Rechten oder 180° gleich. Hieraus folgt:

1°. Sind zwei Winkel oder auch nur deren Summe gegeben, so ist auch der dritte Winkel bestimmt und gegeben, und umgekehrt, ist ein Winkel gegeben, so kennt man auch die Summe der beiden andern.

2°. Sind zwei Winkel einander gleich $C = A$, so ist der dritte $B = 2\,(R - A)$ und $A = R - \frac{1}{2}\,B$.

3°. Sind alle Winkel einander gleich $A = B = C$, so ist ein jeder $= \frac{2\,R}{3} = \frac{180^{\circ}}{3} = 60^{\circ}$.

4°. Alle Winkel des Dreiecks können spitz, nur einer kann stumpf seyn. Im ersten Falle heißt das Dreieck spitzwinkelig, im andern stumpfwinkelig. Da alle Winkel zusammen 180° ausmachen müssen, so kann weder einer noch die Summe zweier diesen Werth erreichen.

5°. Ist der Winkel C ein Rechter, so müssen die beiden andern zusammen einem Rechten gleich seyn $A + B = 90^{\circ}$.

Die Linien, welche das Dreieck bilden, heißen Seiten. Hat ein Dreieck zwei Seiten gleich, so nennt man es gleichschenkelig, sind aber alle Seiten gleich, so nennt man es gleichseitig.

§. 49. **Von dem Zusammenhange der Seiten und Winkel unter sich.** Man ziehe im Dreiecke ABC (Fig. 49) die Gerade BD senkrecht zu AC, so ist, nach 26:

$$\frac{BD}{c} = \sin. A \text{ und } \frac{BD}{a} = \sin. C$$

daher: $BD = c \sin. A$ und $BD = a \sin. C$

Hieraus durch Gleichsetzung:

$$c \sin. A = a \sin. C.$$

Diese Gleichung zeigt nun, welcher Zusammenhang stattfindet zwischen zwei Seiten des Dreiecks und den Sinussen ihrer anliegenden Winkeln, die Produkte der Seiten in die Sinusse der anliegenden Winkel sind gleich. Dieses Gesetz ist kein anderes als das schon früher in 292 gefundene.

Gibt man der Gleichung die Form:

$$\frac{a}{c} = \frac{sin.\ A}{sin.\ C}$$

so enthält sie das Gesetz:

die Seiten messen sich so oft als die Sinusse der ihnen gegenüberliegenden Winkel.

Wählt man die Form:

$$\frac{a}{sin.\ A} = \frac{c}{sin.\ C}$$

so läßt sich die gefundene Wahrheit auch auf folgende Art ausdrücken:

die Seiten werden gleichoft gemessen durch die Sinusse der gegenüberliegenden Winkel.

Das angeführte Gesetz in seinen verschiedenen Formen findet aber statt für irgend zwei Seiten und den ihnen entsprechenden Winkeln; man erhält somit folgende drei Reihen von Gleichungen:

336) $a \,.\, sin.\ C = c \,.\, sin.\ A$

$a \,.\, sin.\ B = b \,.\, sin.\ A$

$b \,.\, sin.\ C = c \,.\, sin.\ B$

337) $\frac{a}{b} = \frac{sin.\ A}{sin.\ B}$

$\frac{a}{c} = \frac{sin.\ A}{sin.\ C}$

$\frac{b}{c} = \frac{sin.\ B}{sin.\ C}$

338) $\frac{a}{sin.\ A} = \frac{b}{sin.\ B}$

$\frac{a}{sin.\ A} = \frac{c}{sin.\ C}$

$\frac{b}{sin.\ B} = \frac{c}{sin.\ C}$

Die letzte Reihe läßt sich in eine Gleichung vereinigen:

339) $\frac{a}{sin.\ A} = \frac{b}{sin.\ B} = \frac{c}{sin.\ C}$

Diese Gesetze sind bloß für das spitzwinkelige Dreieck entwickelt.

Im stumpfwinkeligen Dreiecke ist, wenn wieder BD (Fig. 50) senkrecht zu AC:

$$\frac{BD}{c} = sin.\ A \text{ und } \frac{BD}{a} = sin.\ BCD$$

Nun ist aber $BCD = 180 - C$ und nach 103 $sin.\ (180 - C) = sin. C$

daher: $\frac{BD}{c} = sin.\ A$ und $\frac{BD}{a} = sin.\ C$

und $BD = c\ .\ sin.\ A$ und $BD = a\ .\ sin.\ C$

folglich: $c\ .\ sin.\ A = a\ .\ sin.\ C$

Hieraus ersieht man, daß eine besondere Form des Dreiecks das gefundene Gesetz nicht abändert.

Eine zweite Grundgleichung des Dreiecks erhält man auf folgende Weise. Es ist nach 28:

$$cos.\ A = \frac{AD}{c} \text{ und } cos.\ C = \frac{CD}{a}$$

daher: $AD = c\ cos.\ A$ und $CD = a\ cos.\ C$

Beide Gleichungen vereint geben:

$$AD + DC = a\ .\ cos.\ C + c\ .\ cos.\ A$$

da nun $AD + DC = AC = b$, so ist

$$b = a\ .\ cos.\ C + c\ .\ cos.\ A$$

Dieß gilt für das spitzwinkelige Dreieck; für das stumpfwinkelige ist (Fig. 50):

$$\frac{AD}{c} = cos.\ A \text{ und } \frac{CD}{a} = cos.\ BCD$$

Da nun $BCD = 180^0 - C$ und nach 119:

$cos.\ (180^0 - C) = -\ cos.\ C$, so ist:

$$\frac{AD}{c} = cos.\ A \text{ und } \frac{CD}{a} = -\ cos.\ C$$

Hieraus erhält man:

$$AD = c\ .\ cos.\ A \text{ und } CD = -\ a\ .\ cos.\ C$$

und beide Gleichungen vereint geben:

$$AD - CD = c\ .\ cos.\ A + a\ .\ cos.\ C.$$

Nun ist: $AD - CD = AC = b$ daher:

$$b = a\ .\ cos.\ C + c\ .\ cos.\ A.$$

Die besondere Form des Dreiecks hat also auch hier keinen Einfluß auf die gefundene Gleichung, welche somit gilt, wie dasselbe auch beschaffen seyn mag. Für je zwei Seiten und die Cosinusse der anliegenden Winkel finden daher folgende Gleichungen statt:

340) $a = b \,.\, cos.\, C + c \,.\, cos.\, B$

$b = a \,.\, cos.\, C + c \,.\, cos.\, A$

$c = a \,.\, cos.\, B + b \,.\, cos.\, A$

Die Gleichungen 336 und 340 lassen sich zu einem Gesetze verbinden. Es ist nach der ersten Gleichung:

$$0 = a \,.\, sin.\, C - c \,.\, sin.\, A$$

und nach der andern:

$$b = a \,.\, cos.\, C + c \,.\, cos.\, A$$

Erhebt man beide zur zweiten Potenz und zählt sie zusammen, so entsteht:

$$\begin{aligned} b^2 &= (a \,.\, sin.\, C - c \,.\, sin.\, A)^2 + (a \,.\, cos.\, C + c \,.\, cos.\, A)^2 \\ &= a^2 \,.\, sin.\, C^2 - 2\, ac \,.\, sin.\, A \,.\, sin.\, C + c^2 \,.\, sin.\, A^2 \\ &\quad + a^2 \,.\, cos.\, C^2 + 2\, ac \,.\, cos.\, A \,.\, cos.\, C + c^2 \,.\, cos.\, A^2 \\ &= a^2 (sin.\, C^2 + cos.\, C^2) + 2\, ac (cos.\, A \,.\, cos.\, C - sin.\, A \,.\, sin.\, C) \\ &\quad + c^2 (sin.\, A^2 + cos.\, A^2). \end{aligned}$$

Mit Hülfe von 68 und 198 wird hieraus:

$$b^2 = a^2 + 2\, ac \,.\, cos.\, (A + C) + c^2.$$

Nach 335 ist nun $A + B + C = 180^0$ daher $A + C = 180^0 - B$ und $cos.\, (A + C) = cos.\, (180 - B) = - cos.\, B$ (119), somit $b^2 = a^2 - 2\, ac \,.\, cos.\, B + c^2$.

Wendet man dieses Gesetz auch auf die übrigen Seiten an, so ergeben sich folgende Gleichungen:

341) $a^2 = b^2 - 2\, bc \,.\, cos.\, A + c^2$

$b^2 = a^2 - 2\, ac \,.\, cos.\, B + c^2$

$c^2 = a^2 - 2\, ab \,.\, cos.\, C + b^2$

Aus 340 ergibt sich der Zusammenhang der Seiten des Dreiecks unter sich. Da alle Cosinusse kleiner als eins sind, so ist:

$$b > b \,.\, cos.\, C \text{ und } c > c \,.\, cos.\, B$$

daher auch:

$$b + c > b \,.\, cos.\, C + c \,.\, cos.\, B > a.$$

Da dasselbe für die andern Seiten gilt, so muß seyn.

342) $$b + c > a$$
$$a + c > b$$
$$a + b > c$$

d. i. zwei Seiten des Dreiecks müssen zusammen genommen immer größer seyn als die dritte.

Die bisher gefundenen Wahrheiten beziehen sich nun:

335 auf den Zusammenhang der Winkel unter sich.

336—341 „ „ „ „ Seiten und Winkel.

342 „ „ „ „ „ unter sich.

Besonders zeigen 335 und 342 an, unter welchen Bedingungen willkürlich gewählte Werthe von Winkeln oder Seiten einem Dreiecke angehören können.

§. 50. **Von der Bestimmung der Dreiecke.** Von den Gleichungen 336 und 341 enthält eine jede nur vier Elemente, Seiten und Winkel des Dreiecks; durch irgend drei kann daher ein viertes dargestellt werden, woraus hervorgeht, daß durch drei Stücke das Dreieck bestimmt ist und daß, wenn drei gegeben sind, man die übrigen aus diesen auffinden kann. Seiten und Winkel des Dreiecks lassen sich aber zu dreien auf folgende Art verbinden.

3 Seiten,

2 Seiten und 1 Winkel,

1 Seite und 2 Winkel oder alle Winkel.

Es ergeben sich mithin drei Fälle für die Bestimmung des Dreiecks aus den Elementen desselben, und in dem Folgenden soll untersucht werden, ob die gegebenen Größen zur Bestimmung des Dreiecks hinreichend sind, ob durch dieselben diese Bestimmung vollkommen und nur auf einzige Weise möglich ist.

I. Man kennt die drei Seiten des Dreiecks.

Die Gleichungen 341 geben:

343) $$\cos. A = \frac{b^2 + c^2 - a^2}{2\,bc}$$
$$\cos. B = \frac{a^2 + c^2 - b^2}{2\,ac}$$
$$\cos. C = \frac{a^2 + b^2 - c^2}{2\,ab}$$

Für bestimmte Werthe der drei Seiten a, b, c erhält man aus jedem der drei Brüche nur einen bestimmten Zahlenwerth für den Cosinus. Ein solcher Cosinus kann jedoch (§. 17) der Winkelreihe

$$\alpha,\ 4\,R - \alpha,\ 4\,R + \alpha,\ \ldots\ldots$$

angehören, wenn α der Winkel aus den Tafeln ist. Nun darf aber ein Winkel α eines Dreiecks den Werth von 180^0 nicht erreichen (§. 48, 4) und somit ist nur der erste Winkel dieser Reihe möglich, indem alle anderen größer als 180^0 sind. Hierbei ist vorausgesetzt, daß die Zahlenwerthe der obigen Brüche positiv seyen. Ist einer der Brüche negativ und der zugehörige Winkel, die Zahl als positiv angesehen, α, so ist der Winkel des Dreiecks, welcher dem negativen Cosinusse entspricht, enthalten in der Reihe:

$$2\,R - \alpha,\ 2\,R + \alpha,\ 6\,R - \alpha,\ 6\,R + \alpha,\ \ldots\ldots$$

Von allen diesen ist nur der erste möglich; denn α ist als ein Winkel der Tafeln zwischen 0^0 und 90^0 enthalten, daher nur der erste Winkel unter 180^0 ist, die anderen aber diese Grenze alle übersteigen.

Hieraus ergibt sich also, daß, wenn a, b, c nur wirklich Seiten eines Dreiecks sind, man aus jedem der obigen Brüche nur einem Zahlenwerth und zu diesem nur einen Winkel erhält, so daß die drei Winkel durch die drei Seiten vollkommen und nur auf einzige Weise bestimmt werden.

Aus drei Seiten kann man daher nur ein einziges Dreieck bilden, denn alle Dreiecke, aus denselben Seiten gebildet, sind von einander nicht verschieden, haben alle Elemente, Seiten und Winkel, wechselweise gleich.

Da der Cosinus immer kleiner als Eins seyn muß (§. 17), so werden die Winkel unmöglich, wenn die Brüche in 343 größer als Eins werden, also wenn die Zähler größer werden als die Nenner. Dieß kann jedoch nie statt finden, wenn die Bedingung 342 erfüllt wird, die Seiten also wirklich einem Dreiecke angehören. In diesem Falle ist immer:

$a + c > b$ also $a > b - c,\ a^2 > (b - c)^2 > b^2 - 2bc + c^2$ oder $b^2 + c^2 - a^2 < 2\,bc$, dasselbe läßt sich für die andern Brüche erweisen.

Beispiele. Es sey $a = 20'$, $b = 25'$, $c = 18'$, so ist $a^2 = 400$

$b^2 = 625$, $c^2 = 324$; $2\,ab = 2 \,.\, 20 \,.\, 25 = 1000$, $2\,ac = 2 \,.\, 20 \,.\, 18 = 720$, $2\,bc = 2 \,.\, 25 \,.\, 18 = 900$, daher:

$$cos.\ A = \frac{625 + 324 - 400}{900} = \frac{549}{900} = 0{,}61$$

$$= cos.\ 52^0\ 24'\ 37'',8$$

$$cos.\ B = \frac{400 + 324 - 625}{720} = \frac{99}{720} = 0{,}1375$$

$$= cos.\ 82^0\ 5'\ 48'',5$$

$$cos.\ C = \frac{400 + 625 - 324}{1000} = \frac{701}{1000} = 0{,}701$$

$$= cos.\ 45^0\ 19'\ 33'',7$$

Es sey $a = 12'$, $b = 10'$, $c = 20'$, so ist $a^2 = 144$, $b^2 = 100$, $c^2 = 400$, $2\,ab = 240$, $2\,ac = 280$, $2\,bc = 400$, daher:

$$cos.\ A = \frac{400 + 100 - 144}{400} = \frac{356}{400} = 0{,}89$$

$$= cos.\ 27^0\ 7'\ 36'',\ 3$$

$$cos.\ B = \frac{144 + 400 - 100}{480} = \frac{444}{480} = 0{,}925$$

$$= cos.\ 22^0\ 19'\ 54''$$

$$cos.\ C = \frac{140 + 100 - 400}{240} = \frac{-156}{240} = -0{,}65$$

$$= -cos.\ 49^0\ 27'\ 30'',3 = +cos.\ 130^0\ 32'\ 29'',7$$

Im ersten Beispiele ist also:

$A = 52^0\ 24'\ 37'',8$; $B = 82^0\ 5'\ 48'',5$; $C = 45^0\ 29'\ 33'',7$

und im zweiten:

$A = 27^0\ 7'\ 36'',3$; $B = 22^0\ 19'\ 54''$; $C = 130^0\ 32'\ 27'',7$

Das erste Dreieck ist spitzwinkelig, das zweite stumpfwinkelig, bei beiden ist die Summe aller Winkel $= 180^0$.

Nimmt man an es sey $a = 8'$, $b = 10'$, $c = 25'$, so ist $a^2 = 64$, $b^2 = 100$, $c^2 = 625$, $2\,ab = 160$, $2\,ac = 400$, $2\,bc = 500$ und es wird:

$$cos.\ A = \frac{100 + 625 - 64}{500} = \frac{561}{500} = 1{,}322 = \text{unmöglich}$$

$$cos.\ B = \frac{64 + 625 - 100}{400} = \frac{589}{400} = 1{,}46125 = \text{unmögl.}$$

$$cos.\ C = \frac{64 + 100 - 625}{160} = \frac{-461}{160} = -2{,}88125 = \text{unmögl.}$$

Bei diesen Annahmen ist aber $a + b < c$, $a + c < b$ und $b + c < a$, was gegen die Gleich. **342** ist. In diesem Falle kann also aus den drei gegebenen Linien gar kein Dreieck gebildet werden, somit können auch keine Winkel statt finden.

Die Konstruktion des Dreiecks aus seinen drei Seiten ist leicht, wenn man sich der, in der Einleitung angeführten, Eigenschaft des Kreises erinnert, nach welcher alle Punkte dieser Curve von einem Punkte, dem Mittelpunkte, gleichweit entfernt sind. Die Gerade, welche diese Entfernung angibt, heißt der **Radius** und ist derselbe gegeben, so kann man leicht, mit einem bekannten Instrumente, dem Zirkel, einen Kreis oder einen Theil desselben, einen Bogen, beschreiben.

Sind nun die Seiten des Dreiecks a, b, c gegeben, so daß b die Grundlinie ist und a und c die anliegenden Seiten rechts und links sind, so ziehe man eine Gerade $AC = b$ (Fig 51); aus C beschreibe man mit dem Radius $BC = a$ einen kleinen Bogen mn und eben so aus A mit dem Radius $AB = c$ einen Bogen pq, die beiden Bogen durchschneiden sich in B; wird nun dieser Punkt mit C und A verbunden, so ist ABC das Dreieck, dessen Seiten der Konstruktion gemäß b, a und c sind. Zeichnet man die ganzen Kreise, so haben diese noch einen Durchschnittspunkt unterhalb AC, es könnte daher noch ein Dreieck gebildet werden. Dieses zweite Dreieck ist aber nur seiner Lage nach von dem ersten verschieden, wie dieß nach der Konstruktion nicht anders seyn kann.

Man sieht also wie Rechnung und Zeichnung nur ein Dreieck geben und dieses ist daher durch die drei Seiten vollkommen, nur auf einzige Weise, bestimmt.

II. Man kennt zwei Seiten und einen Winkel.

Verbindet man zwei Seiten mit einem Winkel, so kann der Winkel zwischen den beiden Seiten liegen, von ihnen eingeschlossen werden, oder es kann ein anliegender Winkel seyn. Trennt man diese beiden Fälle, so können gegeben seyn:

A.) Zwei Seiten und der eingeschlossene Winkel.

Nach 341 ist:

$$a^2 = b^2 - 2\,bc\,.\,cos.\,A + c^2$$

Sind nun b, c, A bestimmt und gegeben, so wird, da einem bestimmten Winkel nur ein bestimmter Cosinus zugehören kann, der Ausdruck zur Rechten nur einen bestimmten Werth darstellen und somit auch a vollkommen und nur auf einzige Weise bestimmt seyn. Auf diese Art gibt die Formel die dritte Seite, und aus den drei Seiten können nunmehr die beiden übrigen Winkel nach 342 aufgefunden werden.

Man findet somit, daß zwei Seiten und der eingeschlossene Winkel hinreichend sind, die dritte Seite und die beiden übrigen Winkel zu bestimmen, und daß diese Bestimmung aus den gegebenen Elementen nur auf eine einzige Weise geschehen kann, daß aus den gegebenen Stücken nur ein Dreieck gebildet werden kann, weil alle Dreiecke, aus denselben Elementen gebildet, dieselben seyn müssen.

Die obige Formel gibt:

$$a = \pm \sqrt{(b^2 - 2\,b\,.\,c\,.\,cos.\,A + c^2)}$$

also zwei Werthe für a, welche zwar gleich, sich aber doch in den Zeichen entgegengesetzt sind. Hier gilt das, was schon in (§. 46) in Bezug auf den Radius vector erwähnt worden ist.

Es kann hier zuletzt noch die Frage angeregt werden, ob a immer möglich ist, wie man die Werthe von b, c, A auch wählen mag, oder ob diese Werthe gewisse Bedingungen erfüllen müssen, wie z. B. die drei Seiten 342, um zu einem Dreiecke vereiniget werden zu können.

Wie die Werthe von b und c auch beschaffen seyn mögen, so wird die obige Wurzelgröße immer möglich seyn, so lange $b^2 + c^2 > 2\,bc\,.\,cos.\,A$ ist. Nun ist *cos.* A immer ein ächter Bruch und hat seinen größten Werth bei 0^0 wo er $= 1$ ist (§. 17). Für dieses Max. des Produktes hat man aber immer noch:

$$a = \pm \sqrt{(b^2 - 2\,bc + c^2)} = \pm \sqrt{(b-c)^2} = \pm (b-c)$$

also eine mögliche Größe. Kleiner als $(b-c)^2$ kann die Zahl in den Klammern nicht werden, wohl aber wird sie für jeden andern Werth von A zwischen 0^0 und 180^0 größer ausfallen. Wie daher auch b, c, A beschaffen seyn mögen, so läßt sich aus ihnen immer ein Dreieck bilden.

Beispiel. Es sey $a = 10'$, $c = 8'$, $B = 60^0$, so ist:

$$b^2 = 10^2 - 2 \,.\, 10 \,.\, 8 \,.\, \cos. 60^0 + 8^2$$
$$= 100 - 160 \,.\, 0{,}5 + 64$$
$$= 164 - 80 = 84$$

daher:

$$b = \sqrt{84} = 9{,}165.$$

Mit Hülfe dieses Werthes erhält man nun aus 343:

$$\cos. A = \frac{b^2 + c^2 - a^2}{2\,bc} = \frac{84 + 64 - 100}{2 \,.\, 8 \sqrt{84}} = \frac{48}{16 \sqrt{84}}$$
$$= \frac{3}{\sqrt{84}} = 0{,}3273270 = \cos. 70^0\ 53'\ 36''$$

und

$$\cos. C = \frac{a^2 + b^2 - c^2}{2\,ab} = \frac{100 + 84 - 64}{2 \,.\, 10 \sqrt{84}} = \frac{120}{20 \,.\, \sqrt{84}}$$
$$= \frac{6}{\sqrt{84}} = 0{,}6546540 = \cos. 49^0\ 6'\ 24''$$

Die dritte Seite ist also $b = 9{,}165 \ldots$ und die beiden andern Winkel sind:

$$A = 70^0\ 53'\ 36'' \text{ und } C = 49^0\ 6'\ 24''$$

und außer diesen Werthen sind keine andern möglich.

Nimmt man an es sey $a = 12'$, $c = 7'$ und $B = 102^0$, so ist:

$$b^2 = 12^2 - 2 \,.\, 12 \,.\, 7 \,.\, \cos. 102^0 + 7^2$$
$$= 144 - 168 \,.\, \cos. 102^0 + 49$$
$$= 193 - 168 \,.\, \cos. 102^0$$

Nun ist aber §. 17, 119. $\cos. 102^0 = -\cos. (180^0 - 102^0)$ $= -\cos. 78^0$ daher:

$$b^2 = 193 + 168 \,.\, \cos. 78^0$$
$$= 193 + 0{,}2079117 \,.\, 168$$
$$= 193 + 34{,}9291656$$
$$= 227{,}9291656 \ldots.$$

also:

$$b = \sqrt{227{,}9291656}$$
$$= 15{,}09732.$$

Mit Hülfe dieses Werthes erhält man für die beiden Winkel A und C:

$$cos.\ A = \frac{b^2 + c^2 - a^2}{2\ bc} = \frac{227{,}92916 + 49 - 144}{2\ .\ 7\ .\ 15{,}09732}$$

$$= \frac{132{,}92916}{14.15{,}09732} = \frac{132{,}92916}{211{,}36248} = 0{,}6289154$$

$$= cos.\ 51^0\ 1'\ 48''$$

$$cos.\ C = \frac{a^2 + b^2 - c^2}{2\ ab} = \frac{144 + 227{,}92916 - 49}{2.12.\ 15{,}09732}$$

$$= \frac{302{,}92916}{24.15{,}09732} = \frac{322{,}92916}{362{,}33548} = 0{,}8912430$$

$$= cos.\ 26^0\ 58'\ 12''$$

Die Elemente, welche hier durch zwei Seiten a und c und dem Winkel B, welchen sie einschließen, bestimmt worden, sind die dritte Seite:

$$b = 15',\ 09732$$

und die beiden Winkel, welche an dieser Seite anliegen:

$$A = 51^0\ 1'\ 48'' \text{ und } C = 26^0\ 58'\ 12''$$

Die Bildung des Dreiecks durch Zeichnung ist höchst einfach. Sind b, c und A gegeben, so zeichne man eine Gerade AC = b (Fig. 51), an diese in A lege man den gegebenen Winkel A und mache AB = c, verbindet man nun B mit C, so ist ABC das Dreieck.

B.) Zwei Seiten und ein anliegender Winkel.

Ist der gegebene Winkel nicht wie im vorigen Falle eingeschlossen und sind a, c und C die gegebenen Elemente, so ergibt sich der andere anliegende Winkel aus 336:

$$sin.\ A = \frac{a}{c}\ .\ sin.\ C$$

Die gegebenen Werthe auf der rechten Seite dieses Ausdruckes substituirt geben nur einen Zahlenwerth, gehört diesem als Sinus der Winkel α aus den Tafeln an, so kann der gesuchte Winkel des Dreiecks ein jeder aus der Reihe:

$$\alpha,\ 2\ R - \alpha,\ 4\ R + \alpha,\ 6\ R - \alpha,\ \ldots.$$

seyn (§. 16). Da nun α als ein Winkel der Tafeln zwischen 0 und 90° enthalten seyn muß, so können nur die beiden ersten Winkel der Reihe dem Dreiecke angehören, indem alle andern größer als 180° seyn werden. Die Rechnung läßt aber unbestimmt, welcher von den beiden Winkeln α oder $2\,R - \alpha$ genommen werden muß, woraus man schließen wird, daß die Elemente a, c und C eben sowohl einem Dreiecke angehören können, dessen Winkel $A = \alpha$, als einem andern dessen zweiter anliegender Winkel $A = 2\,R - \alpha$ ist. Der erste Winkel gibt für die dritte Seite des einen Dreiecks 340:

$$b = a \,.\, cos.\, C + c \,.\, cos.\, \alpha$$

und der zweite für die dritte Seite des anderen:

$$b = a \,.\, cos.\, C + c \,.\, cos\,(2\,R - \alpha)$$
$$= a \,.\, cos.\, C - c \,.\, cos.\, \alpha$$

diese sind also auch verschieden und man findet:

Sind zwei Seiten und ein anliegender Winkel gegeben, so kann es zwei Dreiecke geben, ein spitzwinkeliges und ein stumpfwinkeliges, welche die gegebenen Elemente besitzen, deren übrige entsprechende Elemente aber sämmtlich verschieden sind.

Es ist hier schon angegeben worden, wodurch die beiden Dreiecke sich unterscheiden, das eine hat den spitzen Winkel $A = \alpha$, das andere den stumpfen $A = 2\,R - \alpha$. Das Unbestimmte des Falles wird aufhören, wenn man angibt, in welchen Rechten der Winkel fällt (§. 15, 4), also ob das Dreieck ein spitzwinkeliges oder ein stumpfwinkeliges seyn soll.

Hiernach ist nun bestimmter:

Zwei Seiten und ein anliegender Winkel bestimmen ein Dreieck vollkommen und nur auf einzige Weise, wenn noch ferner angegeben wird, ob dasselbe spitzwinkelig oder stumpfwinkelig ist, und alle Dreiecke, welche aus denselben Stücken gebildet und derselben Bedingung unterworfen wurden, sind dieselben.

Ist der gegebene Winkel C ein stumpfer, so kann kein zweiter mehr im Dreiecke statt finden; es kann aus der obigen Reihe nur der spitze Winkel α genommen werden und das Dreieck ist vollkommen bestimmt.

Die Konstruktion führt gleichfalls auf die angegebene Unbestimmtheit des Falles, wenn C ein spitzer Winkel ist.

Man zeichne eine Gerade von unbestimmter Länge (Fig. 53). An einem Punkte C in ihr lege man den gegebenen Winkel C an und mache $CB = a =$ der gegebenen Seite. Von B durchschneide man mit c der zweiten gegebenen Seite die Gerade AC; dieß kann in zweien Punkten A und A_1 geschehen. Von den beiden Dreiecken, welche hierdurch entstehen, hat das erste ABC die Seiten $BC = a$, $AB = c$ und den Winkel C, das andere A_1BC hat die Seiten $BC = a$, $A_1B = c$ und den Winkel C; beide haben dieselben gegebenen Elemente und sind demnach unter sich verschieden.

In der obigen Gleichung:

$$sin.\ A = \frac{a}{c}\ .\quad n.$$

müssen a, c und C so beschaffen seyn, daß der Ausdruck zur Rechten immer kleiner als Eins ist, weil kein Sinus diesen Werth übersteigen kann. Hieraus geht hervor, daß nicht alle willkürlich gewählten Werthe von a, c und C sich zu einem Dreiecke vereinigen lassen, indem a so groß oder c so klein gewählt werden kann, daß $\frac{a}{c} . sin.\ C$ die Einheit übersteigt, der Winkel also und somit das Dreieck unmöglich wird.

Beispiel. Es sey $a = 10'$, $c = 8'$ u. $C = 49^0\ 6'\ 24''$, so ist:

$$\begin{aligned} sin.\ A &= \frac{10}{8} . sin.\ 49^0\ 6'\ 24'' \\ &= 1{,}25\ .\ 0{,}7559297 = 0{,}9449121 \\ &= sin.\ 70^0\ 53'\ 36'' = sin.\ 109^0\ 6'\ 24'' \end{aligned}$$

Es ist daher:

$A = 70^0\ 53'\ 36''$ oder: $A = 109^0\ 6'\ 24''$

Aus beiden Winkeln findet man den dritten:

$B = 60^0$ oder: $B = 21^0\ 27'\ 22''$

Die dritte Seite ist, für den ersten Winkel:

$$b = a \;.\; cos.\; C + c \;.\; cos.\; A$$
$$= 10 \;.\; cos.\; 49^0\; 6'\; 24'' + 8 \;.\; cos.\; 70^0\; 53'\; 36''$$
$$= 10 \;.\; 0{,}654654 + 8 \;.\; 0{,}327327$$
$$= 6{,}54654 + 2{,}618618$$
$$= 9{,}16515 \;.\;.\;.$$

und für den andern:

$$b = a\; cos.\; C + c \;.\; cos.\; A$$
$$= 10 \;.\; cos.\; 49^0\; 6'\; 24'' + 8 \;.\; cos.\; 109^0\; 6'\; 24''$$
$$= 10 \;.\; cos.\; 49^0\; 6'\; 24'' - 8 \;.\; cos.\; 70^0\; 53'\; 36''$$
$$= 10 \;.\; 0{,}654654 - 8 \;.\; 0{,}327327$$
$$= 6{,}54654 - 2{,}618616$$
$$= 3{,}927924 \;.\;.\;.$$

Das eine Dreieck hat daher die Seiten:

$a = 10$, $b = 9{,}16515$, $c = 8$

und das andere die Seiten:

$a = 10$ $b = 3{,}927924$ $c = 8$

das erste hat die Winkel:

$A = 70^0\; 53'\; 36''$ $B = 60^0$ $C = 49^0\; 6'\; 24''$

und das andere die Winkel:

$A = 109^0\; 6'\; 24''$ $B = 21^0\; 47'\; 12''$ $C = 49^0\; 6'\; 24''$

III. Eine Seite und zwei oder alle Winkel sind gegeben.

Ist die Seite b gegeben und die Winkel des Dreiecks, so ist nach 336:

$$a = b \;.\; \frac{sin.\; A}{sin.\; B} \text{ und } c = b \;.\; \frac{sin.\; C}{sin.\; B}$$

Diese beiden Gleichungen geben, eine jede, nur einen bestimmten Werth für die Seite, welche gesucht wird, und diese Seiten sind immer möglich, wie man auch die Seite b wählen mag und welche Werthe man für die Winkel annimmt, wenn sie nur die Bedingung 335 erfüllen. Hieraus ergibt sich:

Durch eine Seite und die Winkel ist das Dreieck vollkommen bestimmt.

Beispiel. Es sey $b = 1000'$, $A = 70^0\ 53'36''$, $B = 60^0$, so ist $C = 49^0\ 6'\ 24''$ und

$$a = 1000 \,.\, \frac{sin.\ 70^0\ 53'\ 36''}{sin.\ 60^0} = 1000 \,.\, \frac{0{,}9449121}{0{,}5}$$

$$= 1000 \,.\, 1{,}8898242$$

$$= 1889',\ 8242$$

$$c = 1000 \,.\, \frac{sin.\ 49^0\ 6'\ 24''}{sin.\ 60^0} = 1000 \,.\, \frac{0{,}7559297}{0{,}5}$$

$$= 1000 \,.\, 1{,}5118594$$

$$= 1511',\ 8594.$$

Die Konstruktion des Dreiecks ergibt sich fast von selbst. Man zeichne eine Gerade AC (Fig. 51) von der gegebenen Länge b, an den Endpunkten derselben lege man die gegebenen Winkel A und C an und ziehe AB und CB, so ist ABC das Dreieck.

Die Untersuchungen dieses § haben somit zu folgenden Resultaten geführt.

344) Kennt man von einem Dreiecke alle Seiten, so kann man aus diesen alle Winkel finden, die Seiten bestimmen die Winkel vollkommen, nur auf eine einzige Weise und daher auch das ganze Dreieck.

345) Sind von einem Dreiecke zwei Seiten und der eingeschlossene Winkel gegeben, so bestimmen diese die dritte Seite und die übrigen Winkel vollkommen, daher auch das ganze Dreieck.

346) Durch zwei Seiten und einen Winkel, welcher nicht von diesen eingeschlossen ist, sind die übrigen Stücke und somit auch das ganze Dreieck vollkommen bestimmt, sobald noch ferner bestimmt ist, ob das Dreieck spitzwinkelig oder stumpfwinkelig ist. Fehlt diese letztere Bestimmung, so können zwei Dreiecke statt finden, welche die gegebenen Elemente besitzen, ohne dieselben zu seyn.

347) Eine Seite und die Winkel bestimmen vollkommen die beiden andern Seiten und somit das ganze Dreieck.

§. 51. **Von dem Zusammenhange der Seiten und Winkel des Dreiecks, bei besonderer Beschaffenheit desselben.**

Sind in einem Dreiecke zwei Seiten einander gleich, z. B. $c = a$, so erhält man aus 343:

$$\cos. A = \frac{c^2 + c^2 - a^2}{2\,b\,.\,c} = \frac{b^2}{2\,ab} = \frac{b}{2\,a}$$

und

$$\cos. C = \frac{a^2 + b^2 - c^2}{2\,ab} = \frac{b^2}{2\,ab} = \frac{b}{2\,a}$$

also:

$$\cos. C = \cos. A$$

Bei der in §. 48 angegebenen Beschränkung der Winkel kann nun hieraus nur folgen:

$$C = A$$

so daß man findet:

348) Sind in einem Dreiecke zwei Seiten einander gleich, so sind auch die, diesen Seiten gegenüberliegenden, Winkel gleich.

Hieraus folgt wieder:

349) Sind in einem Dreiecke alle Seiten gleich, so sind auch alle Winkel gleich.

Nimmt man umgekehrt an, es seyen die Winkel A und C einander gleich, so sind es auch deren Sinusse, daher die Gleichung

$$a\,.\,\sin. C = c\,.\,\sin. A$$

übergeht in:

$$a = c$$

d. i.:

350) Sind in einem Dreiecke zwei Winkel einander gleich, so sind auch die Seiten gleich, welche diesen Winkeln gegenüber stehen.

Hieraus folgt ferner:

351) Sind in einem Dreiecke alle Winkel gleich, so sind auch alle Seiten gleich, und gleichseitig und gleichwinkelig ist eins und dasselbe.

Sind die Seiten ungleich und ist $c > a$, so muß in der Geichung $a\,.\,\sin. C = c\,.\,\sin. A$ auch $\sin. C > \sin. A$ seyn, weil sonst diese Produkte einander nicht gleich seyn können. Ist aber $sin.\ C > sin.\ A$, so ist auch, bei der Beschränkung, daß $A + C$ 180° nicht erreichen kann, $C > A$, woraus hervorgeht:

352) Im Dreiecke steht der größeren Seite der größere Winkel gegenüber, und der kleineren Seite entspricht der kleinere Winkel.

Nimmt man umgekehrt an, daß $C > A$, so ist auch $sin.\ C > sin.\ A$, nach der obigen Bemerkung, und daher nothwendig auch $c > a$, so daß:

353) Im Dreiecke steht dem größeren Winkel die größere Seite und dem kleineren Winkel die kleinere Seite gegenüber.

Man hat drei Arten besonderer Dreiecke.

Gleichschenkelig heißt ein Dreieck, welches zwei gleiche Seiten hat.

Gleichseitig oder gleichwinkelig ist das Dreieck, welches alle Seiten und somit auch alle Winkel gleich hat.

Rechtwinkelig heißt das Dreieck, dessen einer Winkel $= 90^0$ ist. Die beiden Seiten, welche zu einander senkrecht sind, werden Katheten genannt, die dritte Seite dem rechten Winkel gegenüberstehend heißt Hypotenuse, sie ist, dem größten Winkel entsprechend, die größte Seite des Dreiecks.

Die früheren Grundgleichungen für das Dreieck nehmen in diesen besonderen Fällen auch besondere Formen an.

Für das gleichschenkelige Dreieck geben die Gleichungen 336 identische Ausdrücke. 340 führt zu:

$$b = a\ .\ cos.\ C + c\ .\ cos.\ A = a\ .\ cos.\ A + a\ .\ cos.\ A$$
$$= 2\ a\ .\ cos.\ A$$

Aus 341 erhält man:

$$b^2 = a^2 - 2\ ac\ .\ cos.\ B + c^2 = a^2 - 2\ a^2\ .\ cos.\ B + a^2$$
$$= 2\ a^2 - 2\ a^2\ .\ cos.\ B = 2\ a^2\ (1 - cos.\ B)$$

Nach 209 ist aber $1 - cos.\ B = 2\ .\ sin.\ \frac{1}{2}\ B^2$ daher:

$$b^2 = 4\ a^2\ .\ sin.\ \frac{1}{2}\ B^2$$

Wird hieraus die Wurzel gezogen, so erhält man für den Zusammenhang der Seiten und Winkel des gleichschenkeligen Dreiecks die Gleichungen:

354) $b = 2\,a\,.\,cos.\,A$ und $b = 2\,a\,.\,sin.\,\frac{1}{2}\,B$.

Für das gleichseitige Dreieck geben die allgemeinen Gleichungen identische Ausdrücke und die Gleichung $sin.\,\frac{1}{2}\,B = cos.\,B = \frac{1}{2} = sin.\,30^0 = cos.\,60^0$. Im rechtwinkeligen Dreiecke (Fig. 54) ist $A + B = 90^0$ daher $B = 90 - A$, $sin.\,B = sin.\,(90 - A) = cos.\,A$, $cos.\,B = cos.\,(90 - A) = sin.\,A$, und nach 336:

$a\,.\,sin.\,B = b\,.\,sin.\,A$ oder $a\,.\,cos.\,A = b\,.\,sin.\,A$
$a\,.\,sin.\,C = c\,.\,sin.\,A$ » $a = c\,.\,sin.\,A$
$b\,.\,sin.\,C = c\,.\,sin.\,B$ » $b = c\,.\,cos.\,A$

folglich:

355) $a = b\,.\,tang.\,A$ und $b = a\,.\,cotg.\,A = \frac{a}{tang.\,A}$

$$a = c\,.\,sin.\,A \text{ und } c = \frac{a}{sin.\,A} = a\,.\,cosec.\,A$$

$$b = c\,.\,cos.\,A \text{ und } c = \frac{b}{cos.\,A} = b\,.\,sec.\,A$$

Aus 340 erhält man:

$$c = a\,.\,cos.\,B + b\,.\,cos.\,A$$

daher

356) $c = a\,.\,sin.\,A + b\,.\,cos.\,A$

Zuletzt führt 341 zu:

$$c^2 = a^2 - 2\,ab\,.\,cos.\,C + b^2$$

oder, weil $cos.\,C = cos.\,90^0 = 0$, zu:

357) $c^2 = a^2 + b^2$ oder
$a^2 = c^2 - b^2 = (c + b)\,(c - b)$
$b^2 = c^2 - a^2 = (c + b)\,(c - b)$

Die zweite Potenz der Hypotenuse ist also gleich der Summe den zweiten Potenzen der beiden Katheten.

Zehntes Kapitel.

Vergleichung mehrerer Dreiecke, die in bestimmten Beziehungen zu einander stehen.

§. 52. **Von der Identität oder Congruenz der Dreiecke.** Man nennt Dreiecke identisch, congruent, wenn alle Elemente, Seiten und Winkel des einen gleich sind allen Elementen des anderen in derselben Ordnung genommen. Auf die Fälle, in welchen Dreiecke, die gewisse Elemente gleich haben, dieselben sind, ist in §. 50 hingewiesen worden, die Wichtigkeit des Gegenstandes erfordert aber eine ausführlichere Betrachtung.

Man nehme an, es seyen in den beiden Dreiecken ABC und $A_1B_1C_1$ (Fig. 55) die Seiten des ersten gleich den Seiten des anderen in derselben Ordnung genommen, also $a = a_1$, $b = b_1$, $c = c_1$, so ist nach 343 für das erste Dreieck:

$$\cos. A = \frac{b^2 + c^2 - a^2}{2\,bc} = \frac{b_1{}^2 + c_1{}^2 - a_1{}^2}{2\,b_1\,c_1}$$

eben so ist aber auch für das zweite Dreieck:

$$\cos. A_1 = \frac{b_1{}^2 + c_1{}^2 - a_1{}^2}{2\,b_1\,c_1}$$

daher:

$$\cos. A_1 = \cos. A.$$

Obschon nun dem *cos.* A eine ganze Reihe von Winkeln entsprechen kann, so ist für das Dreieck doch nur der erste zulässig, somit:

$$A_1 = A.$$

Auf gleiche Weise findet man $B_1 = B$ und $C_1 = C$, so daß:

358) Sind in zweien Dreiecken die Seiten des einen gleich den Seiten des anderen in derselben Ordnung genommen, so sind auch die Winkel des ersten den homologen Winkeln des andern gleich und die Dreiecke sind congruent.

Sind in zweien Dreiecken zwei Seiten und der davon eingeschlossene Winkel des einen den entsprechenden Seiten und dem eingeschlossenen Winkel des anderen gleich, z. B. $a_1 = a$, $c_1 = c$, $B_1 = B$, so ist nach 341 für ABC:

$$b^2 = a^2 - 2\,ac \,.\, \cos.\, B + c^2$$
$$= {a_1}^2 - 2\,a_1\,c_1 \,.\, \cos.\, B_1 + {c_1}^2$$

aber auch für $A_1B_1C_1$:

$${b_1}^2 = {a_1}^2 - 2\,a_1\,c_1 \,.\, \cos.\, B_1 + {c_1}^2$$

daher: ${b_1}^2 = b^2$, also: $b_1 = b$.

Es sind mithin in beiden Dreiecken alle Seiten gleich, daher auch nach 358 alle Winkel, und man findet:

359) Sind in zweien Dreiecken zwei Seiten und der davon eingeschlossene Winkel des einen, gleich zweien Seiten und dem eingeschlossenen Winkel des anderen in derselben Ordnung genommen, so sind auch alle Seiten und alle Winkel des ersten gleich allen Seiten und allen Winkeln des anderen oder die Dreiecke sind identisch.

Ist der Winkel, welchen die beiden Dreiecke gleich haben, nicht von den Seiten eingeschlossen, sind die Dreiecke aber gleichartig, d. i. beide spitzwinkelig oder beide stumpfwinkelig, so erhält man aus 336, wenn $a_1 = a$, $c_1 = c$ und $C_1 = C$ ist die Gleichung:

$$c \,.\, \sin.\, A = a \,.\, \sin.\, C, \text{ oder:}$$

$$\sin.\, A = \frac{a}{c}\, \sin.\, C = \frac{a_1}{c_1} \,.\, \sin.\, C_1$$

Da nun aber auch:

$$\sin.\, A_1 = \frac{a_1}{c_1}\, \sin.\, C_1$$

so ist:

$$\sin.\, A_1 = \sin.\, A.$$

Zu *sin.* A kann eine ganze Reihe von Winkeln gehören, von welchen jedoch im Dreiecke nur die beiden ersten möglich sind. Da nun die beiden Winkel gleichartig seyn sollen, beide spitz oder beide stumpf, so folgt aus der Gleichheit der Sinusse die Gleichheit der Winkel $A_1 = A$. Die Dreiecke haben daher auch den zweiten entsprechenden Winkel einander gleich, somit auch den dritten.

Nach 341 erhält man für die dritte Seite des Dreiecks,

gleichviel ob A der erste oder der zweite Winkel in der Reihe der Winkel ist, die *sin.* A entsprechen:

$$b = a \,.\, cos.\, C + c \,.\, cos.\, A$$
$$= a_1 \,.\, cos.\, C_1 + c_1 \,.\, cos.\, A_1.$$

Da nun auch:

$$b_1 = a_1 \,.\, cos.\, C_1 + c_1 \,.\, cos.\, A_1$$

so ist:

$b_1 = b$ und man findet:

360) Sind in zweien Dreiecken zwei Seiten und ein anliegender Winkel des einen gleich zweien Seiten und einem anliegenden Winkel des anderen, in derselben Ordnung genommen, und sind die Dreiecke außerdem gleichartig, so sind auch alle Seiten und alle Winkel des ersten gleich allen Seiten und allen Winkeln des anderen, oder die Dreiecke sind congruent.

Haben zuletzt zwei Dreiecke alle Winkel und eine Seite wechselweise gleich, $A_1 = A$, $B_1 = B$, $C_1 = C$, $b_1 = b$, so ist nach 336:

$$a = b \,.\, \frac{sin.\, A}{sin.\, B} = b_1 \,.\, \frac{sin.\, A_1}{sin.\, B_1}$$

Da nun auch

$$a_1 = b_1 \,.\, \frac{sin.\, A_1}{sin.\, B_1}$$

so ist:

$a_1 = a$. Eben so findet man $c_1 = c$, daher:

361) Sind in zweien Dreiecken alle Winkel und eine Seite des einen, gleich allen Winkeln und einer Seite des anderen in derselben Ordnung genommen, so sind auch alle Seiten und Winkel des ersten den homologen Seiten und Winkeln des anderen gleich und die Dreiecke sind identisch.

§. 53. **Von der Aehnlichkeit der Dreiecke.** Sind in zweien Dreiecken ABC und $A_1B_1C_1$ (Fig. 55), die drei Winkel des einen den entsprechenden Winkeln des andern gleich, oder $A_1 = A$, $B_1 = B$, $C_1 = C$, so ist nach 337

$$\frac{a}{b} = \frac{sin.\, A}{sin.\, B} = \frac{sin.\, A_1}{sin.\, B_1}.\ \text{Es ist auch}\ \frac{a_1}{b_1} = \frac{sin.\, A_1}{sin.\, B_1}$$

daher:

$$\frac{a}{b} = \frac{a_1}{b_1}\ \text{oder}\ \frac{a}{a_1} = \frac{b}{b_1}$$

Eben so findet man daß:

$$\frac{a}{c} = \frac{a_1}{c_1} \text{ oder } \frac{a}{a_1} = \frac{c}{c_1}$$

und

$$\frac{b}{c} = \frac{b_1}{c_1} \text{ oder } \frac{b}{b_1} = \frac{c}{c_1}$$

Diese drei Gleichungen lassen sich in eine zusammenfassen und es ist:

$$\frac{a}{a_1} = \frac{b}{b_1} = \frac{c}{c_1}$$

Hieraus ergibt sich die Wahrheit.

362) Sind in zweien Dreiecken die Winkel des einen den entsprechenden Winkeln des anderen gleich, so werden die Seiten des ersten Dreiecks gleichoft gemessen durch die entsprechenden Seiten des anderen Dreiecks, oder die homologen Seiten sind proportional.

Nimmt man umgekehrt an, in den beiden Dreiecken seyen die entsprechenden Seiten proportional, oder:

$$\frac{a}{a_1} = \frac{b}{b_1} = \frac{c}{c_1}$$

so kann man diese Gleichung auflösen in folgende drei:

$$\frac{a}{b} = \frac{a_1}{b_1},\ \frac{a}{c} = \frac{a_1}{c_1},\ \frac{b}{c} = \frac{b_1}{c_1}$$

Nun ist nach 341:

$$a^2 = b^2 - 2\,bc\,.\,cos.\ A + c^2$$

oder:

$$\left(\frac{a}{b}\right)^2 = 1 - 2\,.\left(\frac{c}{b}\right).\,cos.\ A + \left(\frac{c}{b}\right)^2$$

Eben so ist im zweiten Dreiecke:

$$\left(\frac{a_1}{b_1}\right)^2 = 1 - 2\,.\left(\frac{c_1}{b_1}\right).\,cos.\ A_1 + \left(\frac{c_1}{b_1}\right)^2$$

Hieraus erhält man durch Abzählen:

$$0 = 2\left(\frac{c}{b}\right)(cos.\ A - cos.\ A_1)$$

oder:

$$0 = cos.\ A - cos.\ A_1$$

mithin:

$$cos.\ A_1 = cos.\ A$$

und

$$A_1 = A.$$

Eben so kann man beweisen, daß $B_1 = B$ und $C_1 = C$ ist. Man findet somit:

363) Werden in zweien Dreiecken die Seiten des einen gleichoft gemessen durch die entsprechenden Seiten des anderen, so sind auch die Winkel des ersten gleich den entsprechenden Winkeln des anderen.

Aus den beiden letzten Wahrheiten folgt nun eine neue:

364) Gleichheit der Winkel und gleiche Meßbarkeit der Seiten zweier Dreiecke sind immer mit einander verbunden.

Man nennt Dreiecke, deren Winkel gleich und deren Seiten proportional sind, ähnlich. Die Aehnlichkeit besteht demnach aus zwei Eigenschaften, welche immer vereint vorkommen.

Nimmt man in zweien Dreiecken beide Eigenschaften in der Art getheilt an, daß zwei Seiten proportional sind und der eingeschlossene Winkel gleich ist; oder: $\frac{a}{a_1} = \frac{c}{c_1}$ und $B_1 = B$, so findet man nach **341**:

$$b^2 = a^2 - 2\,ac \,.\, \cos.\, B + c^2$$

oder:

$$\left(\frac{b}{a}\right)^2 = 1 - 2 \,.\, \left(\frac{c}{a}\right) . \cos.\, B + \left(\frac{c}{a}\right)^2$$

$$= 1 - 2 \,.\, \left(\frac{c_1}{a_1}\right) . \cos.\, B_1 + \left(\frac{c_1}{a_1}\right)^2$$

Nun ist ebenso für das andere Dreieck:

$$\left(\frac{b_1}{a_1}\right)^2 = 1 - 2 \,.\, \left(\frac{c_1}{a_1}\right) . \cos.\, B_1 + \left(\frac{c_1}{a_1}\right)^2$$

daher:

$$\left(\frac{b_1}{a_1}\right)^2 = \left(\frac{b}{a}\right)^2 \text{ oder } \frac{b_1}{a_1} = \frac{b}{a}.$$

Es sind mithin alle Seiten proportional und somit auch nach **363** alle entsprechenden Winkel beider Dreiecke einander gleich.

Ist der Winkel kein eingeschlossener sondern ein anliegender, oder ist $\frac{a}{a_1} = \frac{c}{c_1}$ und $C_1 = C$, so ist nach **337**:

$$\frac{a}{c} = \frac{\sin.\, A}{\sin.\, C} = \frac{\sin.\, A}{\sin.\, C_1} \text{ und } \frac{a_1}{c_1} = \frac{\sin.\, A_1}{\sin.\, C_1}$$

daher:

$$\frac{\sin. A_1}{\sin. C_1} = \frac{\sin. A}{\sin. C_1}$$

und hieraus:

$$\sin. A_1 = \sin. A.$$

Wird nun ferner angenommen, die beiden Dreiecke seyen gleichartig, so folgt aus der Gleichheit der Sinusse auch die Gleichheit der Winkel und man findet:

$$A_1 = A.$$

Die beiden Dreiecke haben also zwei Winkel wechselweise gleich, daher auch den dritten und alle Seiten sind nach 363 proportional.

Es ist somit:

365) Sind in zweien Dreiecken zwei Seiten proportional und ein Winkel gleich, so sind auch alle Seiten proportional, und alle entsprechenden Winkel gleich und die Dreiecke sind ähnlich. Im Falle die gleichen Winkel nicht eingeschlossen sind, müssen jedoch die Dreiecke gleichartig seyn.

Eilftes Kapitel.

Die Dreiecke mit Linien verbunden.

§. 54. **Eine Linie verbindet zwei Seiten eines Dreiecks.** Sind E und D (Fig. 56) zwei bestimmte Punkte in den Seiten AB und BC, so seyen m und n, p und q die Theile, in welche a und c getheilt werden. Die Verbindungslinie ED erhält man aus 341:

$$ED^2 = n^2 - 2 . n . p . \cos. B + p^2$$
$$= n^2 \left(1 - 2 . \left(\frac{p}{n}\right) \cos. B + \left(\frac{p}{n}\right)^2\right)$$

Werden die Punkte E und D so gewählt, daß $\frac{a}{n} = \frac{c}{p}$ oder: $\frac{p}{n} = \frac{c}{a}$, oder daß die Seiten gleichoft gemessen werden durch die oberen abgeschnittenen Theile, so geht diese Gleichung über in:

$$ED^2 = n^2 \left(1 - 2 . \left(\frac{c}{a}\right) \cos. B + \left(\frac{c}{a}\right)^2\right)$$
$$= \frac{n^2}{a^2} (a^2 - 2\ ac . \cos. B + c^2)$$

Die eingeschlossene Größe ist nun nach 341 $= b^2$, und somit:

$$ED^2 = \frac{n^2}{a^2} \cdot b^2 \text{ oder } ED = \frac{n}{a} \cdot b.$$

Diesem Ausdrucke kann man die Form geben:

$$\frac{a}{n} = \frac{b}{DE}$$

welche Gleichung mit der obigen Annahme führt zu:

$$\frac{a}{n} = \frac{c}{p} = \frac{b}{ED}$$

Aus der Proportionalität der Seiten und ihrer oberen Abschnitte folgt also die Proportionalität aller Seiten der beiden Dreiecke ABC und EBD daher auch die Gleichheit aller Winkel derselben, es ist also $E = A$ und $D = C$, daher ED parallel zu AC. Man findet demnach:

366) Wird im Dreiecke eine Linie ED so gezogen, daß die Seiten gleich oft gemessen werden durch die obern Abschnitte, so sind alle Seiten proportional und alle Winkel gleich, und ED ist parallel zu AC.

In der Annahme, daß $\frac{a}{n} = \frac{c}{p}$ liegt zugleich die, daß $\frac{q}{p} = \frac{m}{n}$.

Denn es ist $a = m + n$ und $c = p + q$, daher: $\frac{n + m}{n}$ $= \frac{p + q}{p}$ oder $1 + \frac{m}{n} = 1 + \frac{q}{p}$ oder $\frac{m}{n} = \frac{q}{p}$.

Ist ED nicht die Verbindungslinie zweier Punkte, sondern ist sie von einem bestimmten Punkte E und unter einem bestimmten Winkel α nach BC hin gezogen, so erhält man ED und die Theile m und n aus 336. Es ist:

$$EC \cdot \sin. EDB = p \cdot \sin. B$$
$$n \cdot \sin. EDB = = p \cdot \sin. \alpha.$$

Da nun $EDB = 180 - (B + \alpha)$ und $\sin. EDB = \sin. (B + \alpha)$, so erhält man:

367) $$ED = p \cdot \frac{\sin. B}{\sin. (B + \alpha)}$$

und

368) $$n = p \cdot \frac{sin.\ \alpha}{sin.\ (B + \alpha)}.$$

Der untere Abschnitt m wird durch n bestimmt.

In dem besonderen Falle, wo $\alpha = A$ also ED parallel zu AC, ist (Fig. 57):

$$ED = p \cdot \frac{sin.\ B}{sin.\ (A + B)} = p \cdot \frac{sin.\ A}{sin.\ C}$$

und

$$n = p \cdot \frac{sin.\ A}{sin.\ (A + B)} = p \cdot \frac{sin.\ A}{sin.\ C}$$

weil nach 103 $sin.\ (A + B) = sin.\ (180 - C) = sin.\ C$ ist.

Nach 337 ist ferner: $\frac{sin.\ B}{sin.\ C} = \frac{b}{c}$ und $\frac{sin.\ A}{sin.\ C} = \frac{a}{c}$ somit:

$$ED = p \cdot \frac{b}{c} \text{ und } n = p \cdot \frac{a}{c}$$

Hieraus folgt weiter, daß:

$$\frac{b}{ED} = \frac{c}{p} \text{ und } \frac{a}{n} = \frac{c}{p}$$

mithin:

$$\frac{a}{n} = \frac{c}{p} = \frac{b}{ED}$$

so daß man findet:

369) Ist die Linie ED parallel zu AC, so wird von dem größeren Dreiecke ein kleineres abgeschnitten, dessen Seiten in denen des großen gleichoft enthalten sind.

Aus 366 und 369 geht weiter hervor:

370) Die Parallelität der Linie ED und die Proportionalität der Seiten beider Dreiecke sind immer mit einander verbunden.

Zieht man die Linie ED (Fig. 56) so, daß $\alpha = C$, so nennt man sie antiparallel. In diesem Falle ist EDB = A und

$$ED = p \cdot \frac{sin.\ B}{sin.\ (B + C)} = p \cdot \frac{sin.\ B}{sin.\ A} = p \cdot \frac{b}{a}$$

und

$$n = p \cdot \frac{sin.\ B}{sin.\ (B + C)} = p \cdot \frac{sin.\ C}{sin.\ A} = p \cdot \frac{c}{a}$$

und es ergeben sich folgende Gleichungen:

$$a \,.\, ED = p \,.\, b \quad \text{und} \quad n \,.\, a = p \,.\, c$$

welche nachstehende Sätze enthalten:

371) Das Produkt der Antiparallelen und der Seite, nach welcher sie gerichtet ist, gleicht dem Produkt der zweiten Seite und des oberen Abschnittes der dritten,

und

372) Die Produkte der Seiten in die obern abgeschnittenen Theile sind gleich.

Nimmt man $q = o$, also $p = c$ an, so gehen die obigen Gleichungen über in (Fig. 58):

$$a \,.\, AD = b \,.\, c \quad \text{und} \quad c^2 = a \,.\, n$$

Welche nun nachstehende Wahrheiten darstellen:

373) Das Produkt der Antiparallelen und der Seite, welche sie trifft, gleicht dem Produkte der beiden andern Seiten;

und

374) Die zweite Potenz der dritten Seite gleicht dem Produkte der ersten in das obere Segment derselben.

Ein vierter besonderer Fall entsteht, wenn (Fig. 59) $\alpha = 90^0$,

$$ED = p \,.\, \frac{sin.\ B}{sin.\ (B + 90^0)} = \frac{sin.\ B}{cos.\ B}$$
$$= p \,.\, tang.\ B$$

und

$$n = p \,.\, \frac{sin.\ 90^0}{sin.\ (B + 90)} = \frac{1}{cos.\ B}$$

was sich mit Zuziehung von 132 und 57 ergibt.

Denkt man sich die Senkrechte aus C gezogen, so verschwindet m, und n wird = a, daher:

$$a = p \,.\, \frac{1}{cos.\ B} \text{ also wird } p = a\ cos.\ B$$

und $ED = p \,.\, \frac{sin.\ B}{cos.\ B} = a \,.\, cos.\ B \,.\, \frac{sin.\ B}{cos.\ B} = a \,.\, sin.\ B$

wie dieß schon in 355 gefunden wurde.

Es ist bisher angenommen worden, die Senkrechte treffe mit BC (Fig. 60) zusammen, dieß wird so lange der Fall seyn, so lange $p < a \,.\, cos.\ B$, erreicht p diesen Werth, so geht die

:nkrechte durch C, wird aber $p > a . cos. B$, so trifft sie t der Seite AC zusammen. Wir betrachten hier die Seiten als :i durch die Endpunkte begrenzten Geraden und in dieser Eigen= aft kann eine andere Gerade ED nur mit zweien Seiten zusammen= ffen. Nimmt man aber die drei Geraden unbegrenzt an, so wird) mit allen dreien zusammenkommen, wenn diese Gerade nicht mit ıer von den dreien parallel ist. In diesem Falle ist jedoch AF ne Seite des Dreiecks, CF kein Abschnitt derselben und die Unter= chung erhält eine Ausdehnung, die hier noch nicht beabsichtiget wird.

Nach den früheren Untersuchungen in §. 15 liegt die :nkrechte BD im Winkel A, wenn $A < 90^0$, und hierfür AD positiv. Je mehr der Winkel zunimmt, desto kleiner wird D, wird der Winkel $> 90^0$, so ist AD negativ und BD gt außerhalb des Winkels A. Hieraus geht hervor, daß im zwinkeligen Dreiecke die Senkrechte innerhalb und im stumpf= nkeligen außerhalb liegt.

Denkt man sich zwischen A und D (Fig. 61) noch mehrere nien c_1, c_2, c_3 .. gezogen, welche die Winkel A_1, A_2, A_3 .. t AC bilden, so ist:

$$BD = c . sin. A = c_1 . sin. A_1 = c_2 . sin. A_2 = ...$$

:im Uebergange von A zu A_1, A_2, . . . werden diese Winkel mer größer, indem sie sich dem Rechten ADB mehr und :hr nähern, es wachsen mithin auch die Sinusse derselben.)llen die vorstehenden Produkte nun gleich bleiben, so müssen , c_2, c_3 . . . immer mehr abnehmen. Dem Maximum des :nus wird daher das Minimum von c entsprechen. Dem größten nus gehört der kleinste Werth der Linie zu, welche von B nach C gezogen werden kann. Diese Linie ist aber die Senkrechte, für sie der Winkel $= 90^0$ und $sin. 90^0 = 1$ das Maximum s Sinus ist.

Die Senkrechte BD ist mithin die kleinste Entfernung des unktes B von AC, daher die Höhe des Dreiecks. In Bezug f die Höhe BD, heißt B der Scheitel und AC die Grundlinie s Dreiecks. Die Grundlinie wird durch die Höhe in zwei Theile theilt, welche man die Abschnitte der Grundlinien nennt; eben so theilt dieselbe den Scheitelwinkel **B** des Dreiecks in zwei Theile, welche Partialwinkel heißen. Eine einfache Betrachtung genügt zu zeigen, daß hier folgender Zusammenhang statt findet:

375) Die Abschnitte der Grundlinie und die Theilwinkel entsprechen sich in der Art, daß dem größeren Winkel der größere Abschnitt und dem kleineren Winkel der kleinere Abschnitt angehört, und umgekehrt.

Aus den Gleichungen **341** erhält man (Fig. **49**):

$$a^2 = b^2 - 2\,bc\,.\,\cos.\,A + c^2$$

und

$$c^2 = a^2 - 2\,ab\,.\,\cos.\,C + b^2.$$

Da nun $c\,.\,\cos.\,A = AD$ und $a\,.\,\cos.\,C = DC$, so ist auch:

$$a^2 = b^2 - 2\,b\,.\,AD + c^2$$

und

$$c^2 = a^2 - 2\,b\,.\,DC + b^2.$$

Woraus man erhält:

376) $$AD = \frac{b^2 + c^2 - a^2}{2\,b} \text{ und } DC = \frac{a^2 + b^2 - c^2}{2\,b}$$

Auf gleiche Weise ist für die Senkrechte **CE** der Seite **AB** (Fig. **62**):

377) $$BE = \frac{c^2 + a^2 - b^2}{2\,c} \text{ und } AE = \frac{b^2 + c^2 - a^2}{2\,c}$$

und für die Sekrechte **AF** der Seite **BC** (Fig. **63**):

378) $$FC = \frac{a^2 + b^2 - c^2}{2\,a} \text{ und } BF = \frac{c^2 + a^2 - b^2}{2\,a}$$

Ist das Dreieck gleichschenkelig oder $a = c$, so wird aus diesen Gleichungen:

379) $$AD = \frac{b}{2} = DC$$

380) $$BE = \frac{2\,a^2 - b^2}{2\,a} = BF$$

381) $$AE = \frac{b^2}{2\,a} = FC.$$

Im gleichschenkeligen Dreiecke halbirt also die Senkrechte die Grundlinie, und von den gleichen Seiten sind die obern Abschnitte, so wie die untern, unter sich gleich.

Sind alle Seiten gleich, so werden dieselben durch die Senkrechten halbirt.

Aus 376 erhält man den Unterschied der beiden Abschnitte:

$$DC - AD = \frac{2\ a^2 - 2\ c^2}{2\ b} = \frac{a^2 - c^2}{b}$$

daher:

$$b\ .\ (DC - AD) = (a^2 - c^2).$$

Weil nun $b = AC = CD + DA$ und $a^2 - c^2 = (a + c)\ (a - c)$, so ist:

$$(CD + AD)\ (CD - AD) = (a + c)\ (a - c)$$

oder:

382) Das Produkt aus der Summe der Abschnitte der Grundlinie in den Unterschied derselben ist gleich dem Produkte der Summe der entsprechenden Seite in den Unterschied derselben.

Die Senkrechte oder die Höhe theilt das Dreieck in zwei rechtwinkelige Dreiecke, in welchen man für die Höhe nach 355 erhält:

383) $h = c\ .\ sin.\ A = a\ .\ sin.\ C.$

Die Winkel können nun aber nach 343 aus den Seiten gefunden werden, daher auch die Höhe.

Es ist nun nach der angeführten Gleichung:

$$cos.\ A = \frac{b^2 + c^2 - a^2}{2\ bc}\ \text{od.}\ cos.\ A^2 = \left(\frac{b^2 + c^2 - a^2}{2\ bc}\right)^2$$

Da nun nach 76 $sin.\ A^2 = 1 - cos.\ A^2$, so wird:

$$sin.\ A^2 = 1 - \left(\frac{b^2 + c^2 - a^2}{2\ bc}\right)^2$$

$$= \left(1 + \frac{b^2 + c^2 - a^2}{2\ bc}\right).\ \left(1 - \frac{b^2 + c^2 - a^2}{2\ bc}\right)$$

$$= \frac{2\ bc + b^2 + c^2 - a^2}{2\ bc} \cdot \frac{2\ bc - b^2 - c^2 + a^2}{2\ bc}$$

$$= \frac{(b^2 + 2\ bc + c^2) - a^2}{2\ bc} \cdot \frac{a^2 - (b^2 - 2\ bc + c^2)}{2\ bc}$$

$$= \frac{(b + c)^2 - a^2}{2\ bc} \cdot \frac{a^2 - (b - c)^2}{2\ bc}$$

$$sin.\, A^2 = \frac{(b+c+a)(b+c-a)}{2\ bc}\ \frac{(a+b-c)(a-b+c)}{2\ bc}$$

$$= \frac{(a+b+c)(-a+b+c)(a-b+c)(a+b-c)}{4\ b^2\ c^2}$$

Wird hieraus die Wurzel gezogen, so erhält man:

384) $$sin.\, A = \frac{\sqrt{(a+b+c)(-a+b+c)(a-b+c)(a+b-c)}}{2\ bc}$$

Führt man jetzt diesen Werth in **383** ein, so fällt c im Nenner heraus und es bleibt:

$$h = \frac{\sqrt{(a+b+c)\ (-a+b+c)(a-b+c) a+b-c)}}{2\ b}$$

Auf gleiche Weise können die Senkrechten **CE** und **AF** der Seiten **AB** und **BC** (Fig. **62** und **63**) berechnet werden. Setzt man der Kürze wegen:

$$(a+b+c)(-a+b+c)(a-b+c)(a+b-c) = M$$

so ist:

385) $$h = \frac{\sqrt{M}}{2\ b}$$

$$CE = \frac{\sqrt{M}}{2\ c}$$

$$AF = \frac{\sqrt{M}}{2\ a}$$

Ist das Dreieck gleichschenkelig, also $c = a$, so wird:

$$M = (2\,a + b)\ .\ b\ .\ (2\,a - b)\ .\ b = b^2\ .\ (2\,a + b)(2\,a - b)$$

daher:

386) $$h = \tfrac{1}{2} \sqrt{(2\ a + b)\ (2\ a - b)}$$

$$CE = \frac{b}{2\,a} \sqrt{(2\ a + b)\ (2\ a - b)}$$

$$AF = \frac{b}{2\,a} \sqrt{(2\ a + b)\ (2\ a - b)}$$

Hieraus ergibt sich, daß die Senkrechten der gleichen Seiten auch gleich sind.

Ist auch noch $b = a$, also das Dreieck gleichseitig, so werden die Senkrechten alle gleich und man findet für dieselben:

387) $$h = \tfrac{1}{2}\ a \sqrt{3}.$$

Die Höhe, die Abschnitte der Grundlinien, die Partialwinkel nd Größen, welche aus den Elementen des Dreiecks hergeleitet erden können; sie bestimmen zu Drei unter sich oder mit den lementen des Dreiecks verbunden, das Dreieck eben so wie in n Fällen des §. 50. Dasselbe gilt von anderen Verbindungen r Seiten und Winkel des Dreiecks, als Summe und Unterschied ehrerer homogenen Elemente. Auf diese Weise erhält man noch ele Stücke, welche zu drei verbunden das Dreieck bestimmen. ine nähere Betrachtung einiger solcher Fälle wird in der Folge geben werden.

Beispiele über einige Fälle dieses §.

I. Es sey ein Dreieck gegeben, dessen Elemente sind:

$a = 20', b = 25', c = 18'$

$A = 52^0\ 24'\ 37'',8;\ B = 82^0\ 5'\ 48'',5;\ C = 45^0\ 29'\ 33'',7$

Die Seiten a und c sind durch eine Gerade ED verbunden, e so gezogen ist, daß $p = 12'$ und $n = 8'$, also: $q = 6'$ ıd $m = 12'$.

Man sucht die Größe dieser Geraden und die Winkel, welche mit a und c bildet. Zuerst ist:

$$\begin{aligned} ED^2 &= n^2 - 2 . n . p . \cos. B + p^2 \\ &= 64 - 192 . \cos. 82^0\ 5'\ 48'',5 + 144 \\ &= 208 - 192 . 0,1374998 \\ &= 208 - 26,3999596 \ldots \\ &= 181,6000403. \end{aligned}$$

.her:

$$ED = 13',4759 \ldots$$

erner ist:

$$\sin. DEB = n . \frac{\sin. B}{ED} \text{ und } \sin. EDB = p . \frac{\sin. B}{ED}$$

ıd

$$\begin{aligned} \log.\sin. B &= \log.\sin.\ 82^0\ 5'\ 48'',5 = 9,9958553 - 10 \\ \log. ED &= \log.\ 13',4759 = 1,1295579 \end{aligned}$$

ithin:

$$\log. \frac{\sin. B}{ED} = 0,8662974 - 2$$

$$= \log. 0,0735017.$$

Folglich:

$$sin.\,DEB = 8\,.\,0{,}0735017 = 0{,}5880136 = sin.\,36^0\,0'\,58'',2$$

und

$$sin.\,EDB = 12\,.\,0{,}0735017 = 0{,}8820204 = sin.\,61^0\,53'\,13'',3.$$

Die verlangten Stücke sind somit:

$$ED = 13',4759\ldots;\ DEB = 36^0\,0'\,58'',2;\ EDB = 61^0\,53'\,13'',3.$$

II. Es werde in demselben Dreiecke von demselben Punkte E aus eine Gerade so gezogen, daß sie den Winkel $\alpha = 60^0$ mit AB bildet. Man sucht die Größe dieser Geraden ED und die Theile der Seite BC, n und m.

Nach 367 und 368 ist:

$$ED = p\,.\frac{sin.\,B}{sin.(B+\alpha)} = 12\,.\frac{sin.\,82^0\,5'\,48'',5}{sin.\,142^0\,5'\,48'',5} = 12\,.\frac{sin.\,82^0\,5'\,48'',5}{sin.\,37^0\,54'\,11'',5}$$

und

$$n = p\,.\frac{sin.\,\alpha}{sin.(B+\alpha)} = 12\,.\frac{sin.\,60^0}{sin.\,142^0\,5'\,48'',5} = 12\,.\frac{sin.\,60^0}{sin.\,37^0\,54'\,11'',5}$$

Nun ist:

$$\begin{array}{ll}
log.\,sin.\,82^0\,5'\,48'',5 & = 9{,}9958553 - 10 \\
log.\,sin.\,37^0\,54'\,11'',5 & = 9{,}7884012 - 10 \\ \hline
 & \quad 0{,}2074541 \\
log.\,12 & = 1{,}0791812 \\ \hline
 & \quad 1{,}2866353 = log.\,19{,}34797\ldots \\
log.\,sin.\,60^0 & = 9{,}9375306 \\
log.\,sin.\,37^0\,54'\,11'',5 & = 9{,}7884012 \\ \hline
 & \quad 0{,}1491294 \\
log.\,12 & = 1{,}0791812 \\ \hline
 & \quad 1{,}2283106 = log.\,16{,}9165\ldots
\end{array}$$

Man hat also ED = 19,34797, n = 16,9165, m = 3,0835...

Ergibt sich, daß $n > 20$, d. i. $> a$, so theilt ED nicht mehr die Seite BC (Fig. 64), sondern AC und die Theile dieser Seite sind:

$$AD = q\,.\,\frac{sin.\,\alpha}{sin.(\alpha - A)} \text{ und } DC = b - AD$$

und für ED ist:

$$ED = q\,.\,\frac{sin.\,A}{sin.\,(\alpha - A)}.$$

III. Ist in der zweiten Aufgabe $\alpha = C$, so ist die Antiparallele:

$$ED = 12 \cdot \frac{25}{20} = 12 \cdot \frac{5}{4} = 3 \cdot 5 = 15'$$

und die Theile der Seite sind:

$$n = 12 \cdot \frac{18}{20} = 12 \cdot \frac{9}{10} = \frac{108}{10} = 10',8$$

also: $m = 9',2$

Geht die Antiparallele durch den Punkt A, so ist für dieselbe:

$$AD = \frac{b \cdot c}{a} = \frac{25 \cdot 18}{20} = \frac{5 \cdot 18}{4} = \frac{90}{4} = 22''5$$

und für die Theile der Seite BC:

$$n = \frac{c^2}{a} = \frac{324}{20} = \frac{162}{10} = 16',2$$

$$m = 3',8.$$

IV. Im gleichen Falle sey $\alpha = 90^0$, so ist die Senkrechte:

$$ED = p \cdot tang. B = 12 \cdot tang. 82^0\ 5'\ 48'',5 = 12 \cdot 7,2036664$$
$$= 86,4439 \ldots$$

Da dieser Werth größer ist als irgend eine der drei Seiten, so ersieht man, daß ED die Seite BC (Fig. 60) nicht mehr trifft, sondern mit AC zusammenkommen wird. Hierfür ist:

$$ED = q \cdot tang.\ A \text{ und } AD = \frac{q}{cos. A} \text{ mithin:}$$

$$ED = 6 \cdot tang. 52^0\ 24'\ 37'',8 = 6 \cdot 1,2990189 = 7,7941134..$$

$$AD = \frac{q}{cos. A} = q \cdot sec.\ A = 6 \cdot sec.\ 52^0\ 34'\ 37'',8$$
$$= 6 \cdot 1,6393444 = 9,8360664.$$

Es ist somit:

$$ED = 7',794 \ldots$$
$$DC = 15',163 \ldots \quad AD = 9,836 \ldots$$

Geht die Senkrechte aus einem Endpunkte, so findet man dieselbe, so wie die Theile derselben leicht aus:

$$ED = p \cdot tang.\ B \text{ und } n = \frac{p}{cos. B} = p \cdot sec.\ B$$

Man kann aber auch die Höhe und die Abschnitte der Grundlinie aus den Seiten nach 376 und 385 finden.

Es ist, wenn AC die Grundlinie:

$$AD = \frac{b^2 + c^2 - a^2}{2 \cdot b} = \frac{25^2 + 18^2 - 20^2}{2 \cdot 25} = \frac{625 + 324 - 400}{50}$$

$$= \frac{549}{50} = 10',98$$

und

$$DC = \frac{a^2 + b^2 - c^2}{2 \cdot b} = \frac{400 + 625 - 324}{50} = \frac{701}{50} = 14',02$$

wie dieß auch seyn muß, da beide zusammen die Grundlinie $b = 25'$ ausmachen.

Es ist ferner:

$$a + b + c = 20 + 25 + 18 = 63$$
$$-a + b + c = -20 + 25 + 18 = 23$$
$$a - b + c = 20 - 25 + 18 = 13$$
$$a + b - c = 20 + 25 - 18 = 27$$

daher die Höhe:

$$B = \frac{\sqrt{63 \cdot 23 \cdot 13 \cdot 27}}{50} = \frac{\sqrt{508599}}{50} = \frac{713,1612}{50}$$

$$= 14',2632 \ldots$$

Außer den angeführten Fällen läßt sich die Linie ED noch nach anderen Bedingungen im Dreiecke ziehen. Setzt man z. B. (Fig. 56) $\alpha = \frac{1}{2} A$, so wird nach 367 und 368:

$$ED = p \cdot \frac{\sin. B}{\sin. (B + \frac{1}{2} A)} \text{ und } n = p \cdot \frac{\sin. \frac{1}{2} A}{\sin. (B + \frac{1}{2} A)}$$

Wird hierbei $q = 0$ also $p = c$ (Fig. 58), so erhält man für die Linie, welche den Winkel A halbirt:

$$AD = c \cdot \frac{\sin. B}{\sin. (B + \frac{1}{2} A)} = b \cdot \frac{\sin. C}{\sin. (C + \frac{1}{2} A)}$$

Für die Theile der Seite BC ist:

$$n = c \cdot \frac{\sin. \frac{1}{2} A}{\sin. (B + \frac{1}{2} A)} \text{ und}$$

$$m = b \cdot \frac{\sin. \frac{1}{2} A}{\sin. (B + \frac{1}{2} A)}$$

Hieraus erhält man wieder:

$$n : m = c : b = \sin. C : \sin. B$$

oder:

$$n \cdot b = m \cdot c \text{ und } n \cdot \sin. B = m \cdot \sin. C$$

d. i.

388) Halbirt eine Linie einen Winkel des Dreiecks, so wird die diesem Winkel gegenüberliegende Seite so getheilt, daß die Produkte aus den Abschnitten in die nicht anliegenden Seiten oder in die Sinusse der anliegenden Winkel einander gleich sind.

§. 55. **Mehrere Parallel-Linien im Dreiecke.** Ist die Seite **AB** (Fig. **65**) in mehrere gleiche, z. B. **3** Theile getheilt und nennt man einen jeden Theil p, zieht aus den Theilungspunkten Linien parallel zur Seite **AC**, so ist nach **369**:

$$BD = EB \cdot \frac{a}{c} = p \cdot \frac{a}{c} = m$$

$$BG = FB \cdot \frac{a}{c} = 2 \cdot p \cdot \frac{a}{c} = 2 \cdot m$$

$$BC = AB \cdot \frac{a}{c} = 3 \cdot p \cdot \frac{a}{c} = 3 \cdot m$$

daher:

$$BD = DG = GC.$$

Ferner findet man:

$$ED = EB \cdot \frac{b}{c} = p \cdot \frac{b}{c} = k$$

$$FG = FB \cdot \frac{b}{c} = 2 \cdot p \cdot \frac{b}{c} = 2 \cdot k$$

$$AC = AB \cdot \frac{b}{c} = 3 \cdot p \cdot \frac{b}{c} = 3 \cdot k$$

daher:

389) Wird eine Seite eines Dreiecks in irgend eine Anzahl n gleicher Theile getheilt und werden aus den Theilungspunkten Linien parallel zu einer der beiden anderen Seiten gezogen, so wird die dritte Seite in eine eben so große Anzahl unter sich gleicher Theile getheilt, und die Parallel-Linien selbst verhalten sich wie $1 : 2 : 3 : \ldots n$.

Zieht man außer den vorigen Parallelen noch die neuen **FM**, **EN** parallel zu **BC** (Fig. **66**), so ist nach dem Vorstehenden $AM = MN = NC = k$ und $FM = 1 \cdot m$, $EN = 2 \cdot m$, $BC = 3 \cdot m$.

So wie nun die Seite **BC** durch die erste Parallelenreihe in drei gleiche Theile getheilt wird, so wird nach demselben Satze **389 EN** in zwei gleiche Theile getheilt, oder die Parallelen **FM**, **EN**, **BC** werden ihrer Folge nach von den Parallelen **ED**, **FG**, **AC** in **1**, **2**, **3** gleiche Theile getheilt; und umgekehrt, erhält die letzte Parallelenreihe von der ersten dieselbe Theilung. Hieraus geht nun weiter hervor, daß, wenn man **AC** in **3**, **FG** in **2** gleiche Theile theilt, die Parallelen **FM**, **EN** und **BC** durch diese Theilungspunkte gehen werden. Der Satz **389** kann somit in folgenden erweitert werden:

390) Wird eine Seite eines Dreiecks in irgend eine Anzahl n gleicher Theile getheilt und aus den Theilungspunkten Linien parallel zu den beiden anderen Seiten gezogen, so werden auch diese in eine eben so große Anzahl unter sich gleicher Theile getheilt, und die Parallelen selbst theilen sich gegenseitig in gleiche Theile. Theilt man aber die eine Parallelenreihe, der Ordnung ihrer Größe nach, in **1**, **2**, **3**... n gleiche Theile, so wird die zweite Reihe der Parallelen durch die Theilungspunkte der ersten gehen.

Zieht man nun noch von den Punkten **D** und **G** Linien parallel zu **AB**, so müssen diese nach dem vorstehenden Satze durch die Theilungspunkte **M**, **N**, **P** gehen und es wird:

AB = **3** p, **DM** = **2** p, **GN** = p seyn.

Die Parallellinien erzeugen eine Menge kleiner Dreiecke, deren homologen Seiten gleich, die Dreiecke somit selbst congruent sind. (**358**). Die kleinen Dreiecke sind aber nicht bloß unter sich dieselben, sie sind auch ähnlich dem großen, aus welchem sie erzeugt wurden (**362**).

Man findet folglich:

391) Die drei Reihen von Parallellinien theilen sich gegenseitig nach der Folge ihrer Größe in **1**, **2**, **3**... n gleiche Theile, es geht also immer eine Parallelenreihe durch die entsprechenden Durchschnittspunkte der beiden andern und es werden im großen Dreiecke eine Menge kleinere gebildet, deren entsprechenden Seiten einander gleich, die folglich congruent sind und dem großen ähnlich.

Die Parallellinien bilden gemeinschaftliche Seiten der kleinen Dreiecke, wären sie doppelt, so würde jedes Dreieck seine besonderen Seiten haben.

Die doppelte Anzahl der Theile aller Parallelen, nebst der Anzahl der Theile der drei Seiten wird somit die Summe der Seite aller kleinen Dreiecke liefern, und diese Summe, durch drei gemessen, gibt die Anzahl der kleinen Dreiecke, in welche das große zerlegt wird.

Ist n die Anzahl der Theile von **AB**, so erhält man $n - 1$ Parallellinien, diese geben Theile:

$$1 + 2 + 3 + \ldots + n - 1 = \frac{n(n-1)}{2}$$

Die doppelte Anzahl ist $n(n-1)$, die drei Reihen von Parallelen geben also: $3 \cdot n \cdot (n-1)$ Theile, hierzu die Theile der drei Seiten mit $3n$ gibt:

$$3n(n-1) + 3n = 3n^2 - 3n + 3n = 3 \cdot n^2$$

daher Anzahl der Dreiecke: $\frac{3 \cdot n^2}{3} = n^2$.

Dieß führt zu der Wahrheit:

392) Wird eine Seite eines Dreiecks **T** in n gleiche Theile getheilt, so kann man durch Parallellinien dasselbe in n^2 kleinere Dreiecke theilen, welche sämmtlich unter sich identisch und ähnlich dem großen sind, so daß, wenn man die kleinen Dreiecke mit **t** bezeichnet, $T = n^2 \cdot t$ ist.

§. 56. **Fortsetzung der Untersuchungen über die Verbindung von Linien mit dem Dreiecke.** Verbindet man das Dreieck mit Linien, so daß immer drei von den Seiten oder den Endpunkten aus unter derselben Bedingung gezogen werden, so ergeben sich manche interessante Eigenschaften des Dreiecks, zu deren Herleitung man mit Vortheil die Untersuchungen des zweiten Abschnittes benützen kann.

I. Halbirt man die Seiten des Dreiecks **ABC** (Fig. 68) und verbindet man die gegenüberliegenden Eckpunkte mit den Halbirungspunkten, so findet man, daß sich diese Verbindungslinien in einem Punkte **G** schneiden auf folgende Weise.

Man nehme die Seiten **AB** und **AC** als Coordinatenachsen an, so ist nach **307** die Gleichung der Geraden **DC**:

$$\frac{y}{\frac{1}{2}c} + \frac{x}{b} = 1 \text{ oder } y = -\frac{c}{2b} \cdot x + \frac{c}{2}.$$

Auf gleiche Art ist die Gleichung für die Gerade **BF**:

$$\frac{y}{c} + \frac{x}{\frac{1}{2}b} = 1 \text{ oder } y = -\frac{2c}{b} \cdot x + c.$$

Die Gerade **AE** geht durch den Anfangspunkt und außerdem durch den Punkt **E**, dessen Coordinaten $AF = \frac{1}{2}b$ und $EF = \frac{1}{2}c$. Für eine solche Gerade ist aber nach **306**:

$$y = \frac{c}{b} \cdot x.$$

Durchschneiden sich die beiden Geraden **AE** und **DC**, so sind die Coordinaten ihres Durchschnittspunktes nach **310** und **311**:

$$x_1 = \frac{\frac{c}{2} - 0}{\frac{c}{b} + \frac{c}{2b}} = \frac{\frac{c}{2}}{\frac{3c}{2b}} = \frac{c}{2} \cdot \frac{2b}{3c} = \frac{b}{3}$$

und

$$y_1 = \frac{\frac{c}{b} \cdot \frac{c}{2} + 0 \cdot \frac{c}{2b}}{\frac{c}{b} + \frac{c}{2b}} = \frac{\frac{c^2}{2b}}{\frac{3c}{2b}} = \frac{c^2}{2b} \cdot \frac{2b}{3 \cdot c} = \frac{c}{3}$$

Auf gleiche Weise erhält man für die Coordinaten des Durchschnittspunktes der Geraden **AE** und **BF**:

$$x^1 = \frac{c - 0}{\frac{c}{b} + \frac{2c}{b}} = \frac{c}{\frac{3 \cdot c}{b}} = c \cdot \frac{b}{3 \cdot c} = \frac{b}{3}$$

und

$$y^1 = \frac{\frac{c}{b} \cdot c + \frac{2c}{b} \cdot 0}{\frac{c}{b} + \frac{2c}{b}} = \frac{\frac{c^2}{b}}{\frac{3c}{b}} = \frac{c^2}{3c} = \frac{c}{3}.$$

Da diese Werthe dieselben wie die vorstehenden sind, so folgt daraus, daß alle drei Linien sich mit einem Punkte G durchschneiden, dessen Coordinaten sind:

$$x = AH = \frac{b}{3} \text{ und } y = GH = \frac{c}{3}$$

Da GH # AB, so ist AB : GH = BF : GF oder:

$c : \frac{1}{3} c = BF : GF$, also: $GF = \frac{1}{3} BF$.

Der senkrechte Abstand ist $GK = GH \,.\, sin.\, A = \frac{1}{3} c.\, sin.\, A$ und $AK = AH + GH \,.\, cos.\, A = \frac{1}{3} (b + c\,.\,cos.\, A)$.

Man findet somit:

393) Werden die Seiten eines Dreiecks halbirt und die Halbirungspunkte mit den gegenüberliegenden Eckpunkten verbunden, so durchschneiden sich die Verbindungslinien alle nur in einem Punkte G, dessen Lage so beschaffen ist, daß $AH = \frac{1}{3} b$, $GH = \frac{1}{3} c$, $FG = \frac{1}{3} BF$, $BG = \frac{2}{3} BF$, $AK = \frac{1}{3} (b + c \,.\, cos.\, A)$, $GK = \frac{1}{3} \,.\, c\, sin.\, A$.

Außer dieser Eigenschaft lassen sich noch viele andere auffinden.

II. Errichtet man in den Mittelpunkten der Seiten senkrechte Linien und nimmt man AC und die darauf senkrechte BM (Fig. 69) als Coordinatenachsen an, so ist, weil nach 307 die Gleichung von BC:

$$\frac{y}{h} + \frac{x}{m} = 1 \text{ oder: } y = -\frac{h}{m} \,.\, x + h$$

die Gleichung der Geraden EG, welche hierauf senkrecht ist und durch den Punkt E geht, dessen Coordinaten x_1 und y_1 sind, ist nach 320:

$$y - y_1 = \frac{m}{h} \,.\, (x - x_1).$$

Nun ist aber: $y_1 = EN = \frac{1}{2} BM = \frac{1}{2} h$ und $x_1 = MN = \frac{1}{2} MC = \frac{1}{2} m$, daher:

$$y - h = \frac{m}{h} \,.\, (x - \frac{1}{2} m),$$

oder:

$$y = \frac{m}{h} \,.\, x + \frac{h^2 - m^2}{2\, h}.$$

Auf gleiche Art findet man die Gleichung der Geraden **DG**, welche auf **AB** senkrecht ist:

$$y = -\frac{n}{h} \cdot x + \frac{h^2 - n^2}{2\,h}.$$

Endlich ist die Gleichung der dritten Senkrechten **GF** nach **286**:

$$x = MF = \tfrac{1}{2}\,b - n.$$

Die beiden Senkrechten **GF** und **EG** durchschneiden sich in einem Punkte, dessen Coordinaten nach §. **43** sind:

$$x^1 = \tfrac{1}{2}\,b - n \text{ und } y^1 = \frac{m}{h} \cdot (\tfrac{1}{2}\,b - n) + \frac{h^2 - m^2}{2\,h}$$

$$= \frac{m \cdot b - 2\,m \cdot n + h^2 - m^2}{2\,h}.$$

Dieser Ausdruck der Coordinaten läßt sich noch vereinfachen. Es ist: $m \cdot b - 2\,m \cdot n + h^2 - m^2 = m \cdot b - 2\,m\,(b - m) + h^2 - m^2 = m \cdot b - 2\,m\,b + 2\,m^2 + h^2 - m^2 = -m \cdot b + h^2 + m^2 = -m \cdot b + a^2 = -a \cdot b \cdot \mathit{cos.}\ C + a^2 = a\,(a - b \cdot \mathit{cos.}\ C) = a \cdot c \cdot \mathit{cos.}\ B$. Da nun auch: $h = a \cdot \mathit{sin.}\ C$, so ist $y^1 = \frac{a \cdot c \cdot \mathit{cos.}\ B}{2\,a \cdot \mathit{sin.}\ C} = \frac{1}{2} \cdot \mathit{cos.}\ B \cdot \frac{c}{\mathit{sin.}\ C}$

$$= \tfrac{1}{2}\,\mathit{cos.}\ B \cdot \frac{b}{\mathit{sin.}\ B} = \tfrac{1}{2}\,b \cdot \mathit{cotang.}\ B.$$ Vergl. **339** u. **340**.

Die beiden Senkrechten **GF** und **DG** durchschneiden sich in einem Punkte, dessen Coordinaten sind:

$$x'' = \tfrac{1}{2}\,b - n \text{ und } y'' = -\frac{n}{h} \cdot (\tfrac{1}{2}\,b - n) + \frac{h^2 - n^2}{2\,h}$$

$$= \frac{-n\,b + 2\,n^2 + h^2 - n^2}{2\,h} = \frac{-n \cdot b + h^2 + n^2}{2\,h}$$

$$= \frac{-n \cdot b + c^2}{2\,h} = \frac{c^2 - c \cdot b \cdot \mathit{cos.}\ A}{2\,h} = \frac{c\,(c - b \cdot \mathit{cos.}\ A)}{2\,h}$$

$$= \frac{c \cdot a \cdot \mathit{cos.}\ B}{2\,a \cdot \mathit{sin.}\ C} = \tfrac{1}{2} \cdot \mathit{cos.}\ B \cdot \frac{c}{\mathit{sin.}\ C} = \tfrac{1}{2}\,\mathit{cos.}\ B \cdot \frac{b}{\mathit{sin.}\ B}$$

$$= \tfrac{1}{2}\,b \cdot \mathit{cotang.}\ B.$$

Da diese Coordinaten dieselben wie die obigen sind, so folgt daraus, daß alle drei Senkrechten sich in einem Punkte **G** durchschneiden, dessen Coordinaten sind:

$$MF = \tfrac{1}{2}\,b - n \text{ und } FG = \tfrac{1}{2}\,b \cdot \mathit{cotang.}\ B.$$

Setzt man es sey (Fig. 70) $GE = y_1$, $GF = y_2$ und $DG = y_3$, so ist:

$y_1 = \frac{1}{2}$ a . *cotang.* A, $y^2 = \frac{1}{2}$ b . *cotang.* B, $y_3 = \frac{1}{2}$ c . *cotang.* C; daher: $AG^2 = AF^2 + y^2$

$$= \left(\frac{b}{c}\right)^2 + \left(\frac{b}{c}\right)^2 . cotang. B^2 = \frac{b^2}{4}(1 + cotang. B^2)$$

$$= \frac{b^2}{4} . cosec. B^2 = \frac{b^2}{4 . sin. B^2}$$ (69 u. 55) somit:

$AG = \frac{b}{2 . sin. B}$. Auf gleiche Weise findet man $DG = \frac{c}{2 . sin. C}$ und

$GE = \frac{a}{2 . sin. A}$. Da aber $\frac{a}{sin. A} = \frac{b}{sin. B} = \frac{c}{sin. C}$ (339), so ist auch $AG = DG = EG$. Man findet mithin:

394) Errichtet man in den Mittelpunkten der Seiten eines Dreiecks senkrechte Linien, so kommen diese nur in einem Punkte G zusammen, und dieser ist gleichweit von den Endpunkten entfernt, also der Mittelpunkt des Dreiecks.

III. Werden die drei Senkrechten aus den Endpunkten gezogen (Fig. 71) so ist bei denselben Coordinatenachsen die Gleichung von BC (307):

$$\frac{y}{h} + \frac{x}{m} = 1 \text{ oder } y = -\frac{h}{m} . x + h$$

Die Gleichung der Geraden AE, welche auf BC senkrecht steht und durch den Punkt A geht, dessen Coordinaten sind $x = -n$ und $y = 0$ ist nach 320:

$$y = \frac{m}{h} . x + \frac{m . n}{h} = \frac{m}{h}(x + n).$$

Eben so ist die Gleichung der Geraden AB:

$$\frac{y}{h} - \frac{x}{n} = 1 \quad \text{oder} \quad y = \frac{h}{n} x + h$$

und die der darauf Senkrechten CD, für welche in C, $y = 0$ und $x = m$:

$$y = -\frac{n}{h} . x + \frac{m . n}{h} = \frac{n}{h}(m - x).$$

Die Coordinaten des Durchnittspunktes von AE und BF sind nun §. 43:

$$x_1 = 0 \text{ und } y_1 = \frac{m \cdot n}{h}$$

und die von CD und BF sind:

$$x^1 = 0 \text{ und } y^1 = \frac{m \cdot n}{h}$$

Da nun diese mit den vorigen dieselben sind, so ergibt sich, daß:

395) Im Dreiecke durchschneiden sich die drei Senkrechten, welche von den drei Eckpunkten auf die gegenüberliegenden Seiten gefällt werden, in ein und demselben Punkte G, dessen Abstand von einer Seite gefunden wird, wenn man das Produkt der Segmente dieser Seite durch die zugehörige Höhe mißt.

Werden alle Seiten des Dreiecks gleich, so werden auch alle Abschnitte und alle Höhen gleich, und man findet, daß:

$$FG = \tfrac{1}{3}\, BF = \tfrac{1}{2}\, BG.$$

Außer diesen Wahrheiten können noch eine Menge anderer hergeleitet werden.

IV. Halbirt man die Winkel des Dreiecks durch die Geraden AE, BF, CD (Fig. 72), so nehme man AC und BF als Coordinatenachsen an, alsdann ist die Gleichung der Geraden DC nach 295:

$$y = \frac{\sin. \alpha}{\sin. (\varphi - \alpha)} \cdot x + k.$$

Hier ist α der Winkel der Geraden mit $AC = 180 - \tfrac{1}{2}\, C$; der Coordinatenwinkel $\varphi = A + \tfrac{1}{2}\, B$; daher $\varphi - \alpha = A + \tfrac{1}{2} B - 180 + \tfrac{1}{2} C = - 180 + \tfrac{1}{2} A + \tfrac{1}{2} (A + B + C) = - 180 + \tfrac{1}{2}\, A + 90 = - 90 + \tfrac{1}{2}\, A = - (90 - \tfrac{1}{2} A)$ und $\sin. (\varphi - \alpha) = \sin. - (90 - \tfrac{1}{2}\, A) = - \sin. (90 - \tfrac{1}{2} A) = - \cos. \tfrac{1}{2}\, A$ nach 115 und 29. k ist eine noch zu bestimmende Konstante. Die Gleichung von DC ist daher:

$$y = - \frac{\sin. \tfrac{1}{2}\, C}{\cos. \tfrac{1}{2}\, A} \cdot x + k.$$

Für wachsende x nimmt y ab, wird $x = m$, so wird $y = 0$; daher:

$$0 = -\frac{sin.\ \frac{1}{2}\ C}{cos.\ \frac{1}{2}\ A} \cdot m + k$$

hieraus ergibt sich:

$$k = \frac{sin.\ \frac{1}{2}\ C}{cos.\ \frac{1}{2}\ A} \cdot m$$

Hierdurch wird die Gleichung von DC:

$$y = -\frac{sin.\ \frac{1}{2}\ C}{cos.\ \frac{1}{2}\ A} \cdot x + \frac{sin.\ \frac{1}{2}\ C}{cos.\ \frac{1}{2}\ A} \cdot m = \frac{sin.\ \frac{1}{2}\ C}{cos.\ \frac{1}{2}\ A} \cdot (m-x)$$

Auf gleiche Weise findet man:

$$y = \frac{sin.\ \frac{1}{2}\ A}{cos.\ \frac{1}{2}\ C}\ (n + x)$$

als Gleichung der Geraden AE.

Die Coordinaten des Durchschnittspunktes von BF und CD sind:

$$x_1 = 0 \text{ und } y_1 = \frac{sin.\ \frac{1}{2}\ C}{cos.\ \frac{1}{2}\ A} \cdot m.$$

Eben so sind die der Geraden BF und AE:

$$x^1 = 0 \text{ und } y^1 = \frac{sin.\ \frac{1}{2}\ A}{cos.\ \frac{1}{2}\ C} \cdot n.$$

Die Form beider Coordinaten kann geändert werden.

Es ist:

$$y_1 = \frac{2\ .\ sin.\ \frac{1}{2}\ C\ .\ cos.\ \frac{1}{2}\ C}{2\ .\ cos.\ \frac{1}{2}\ A\ .\ cos.\ \frac{1}{2}\ C} \cdot m = \frac{m\ .\ sin.\ C}{2\ .\ cos.\ \frac{1}{2}\ A\ .\ cos.\ \frac{1}{2}\ C}$$

$$y^1 = \frac{2\ .\ sin.\ \frac{1}{2}\ A\ .\ cos.\ \frac{1}{2}\ A}{2\ .\ cos.\ \frac{1}{2}\ A\ .\ cos.\ \frac{1}{2}\ C} \cdot n = \frac{n\ .\ sin.\ A}{2\ .\ cos.\ \frac{1}{2}\ A\ .\ cos.\ \frac{1}{2}\ C}$$

Die Nenner dieser Brüche sind gleich; dasselbe ist aber auch nach 388 mit den Zählern der Fall, indem für die Linie BF, welche den Winkel B halbirt, die Produkte der Segmente in die Sinusse der anliegenden Winkel gleich sind. Beide Coordinaten sind mithin gleich und die drei Geraden kommen nur in einem Punkte zusammen.

Für den Abstand AG (Fig. 72) ist:

$$AG\ .\ sin.\ \tfrac{1}{2}\ A = GF\ .\ sin.\ \varphi = \frac{sin.\ \frac{1}{2}\ A}{cos.\ \frac{1}{2}\ C} \cdot n\ .\ sin.\ \varphi$$

oder da:

$$n\ .\ sin.\ \varphi = c\ sin.\ \tfrac{1}{2}\ B$$

so wird:

$$AG = c \, . \, \frac{sin. \, \frac{1}{2} \, B}{cos. \, \frac{1}{2} \, C}, \; BG = a \, . \, \frac{sin. \, \frac{1}{2} \, C}{cos. \, \frac{1}{2} \, A}, \; GC = b \, . \, \frac{sin. \, \frac{1}{2} \, A}{cos. \, \frac{1}{2} \, B}$$

Die senkrechten Linien s_1, s_2, s_3, welche von G auf die drei Seiten a, b, c gefällt werden können, sind:

$$s_1 = GC \, . \, sin. \, \tfrac{1}{2} \, C = b \, . \, \frac{sin. \, \frac{1}{2} \, A \, . \, sin. \, \frac{1}{2} \, C}{cos. \, \frac{1}{2} \, B}$$

$$= 2 \, . \, b \, . \, \frac{sin. \, \frac{1}{2} \, A \, . \, sin. \, \frac{1}{2} \, B \, . \, sin. \, \frac{1}{2} \, C}{2 \, sin. \, \frac{1}{2} \, B \, . \, cos. \, \frac{1}{2} \, B}$$

$$= 2 \, . \, \frac{b}{sin. \, B} \, . \, sin. \, \tfrac{1}{2} \, A \, . \, sin. \, \tfrac{1}{2} \, B \, . \, sin. \, \tfrac{1}{2} \, C$$

$$s_2 = 2 \, . \, \frac{a}{sin. \, A} \, . \, sin. \, \tfrac{1}{2} \, A \, . \, sin. \, \tfrac{1}{2} \, B \, . \, sin. \, \tfrac{1}{2} \, C$$

$$s_3 = 2 \, . \, \frac{c}{sin. \, C} \, . \, sin. \, \tfrac{1}{2} \, A \, . \, sin. \, \tfrac{1}{2} \, B \, . \, sin. \, \tfrac{1}{2} \, C$$

Da nun $\frac{a}{sin. \, A} = \frac{b}{sin. \, B} = \frac{c}{sin. \, C}$, so sind diese Senkrechten gleich und man findet für die Linien, welche die Winkel des Dreiecks halbiren:

396) Die Linien AE, BF, CD, welche die Winkel des Dreiecks halbiren, durchschneiden sich nur in einem Punkte G und dieser ist der Mittelpunkt der Seiten.

Auch hier lassen sich noch viele andere Wahrheiten, zum Theil von hoher Wichtigkeit, angeben.

Zwölftes Kapitel.

Von der Berechnung der Dreiecke.

§. 57. Bemerkungen über die Berechnung des Dreiecks.

Es ist früher bei der Untersuchung über die Bestimmung des Dreiecks schon angeführt worden, wie aus drei gegebenen Stücken des Dreiecks die übrigen aufgefunden werden können.

Zur praktischen Anwendung aber sind die gegebenen Gleichungen ch nicht vortheilhaft eingerichtet, man muß sie so zu verändern hen, daß sie sich leicht mit Hülfe der Logarithmen berechnen sen. Man muß daher die Gleichungen, die aus mehreren Glie- en bestehen, welche durch + und — mit einander verbunden sind, solche zu verwandeln suchen, die nur Produkte enthalten, weil r solche die Logarithmen erst eigentlich anwendbar sind.

Außer den drei angeführten Fällen, wo nur Seiten und inkel des Dreiecks vorkommen, gibt es noch viele andere in nen dasselbe aus Verbindungen von Seiten und Winkeln berech- t werden soll. Solche zusammengesetzte Fälle können immer auf : einfachen zurückgeführt werden, und welche Aufgabe auch vorge- zt werden mag, so lassen sie sich doch alle aus den früheren drei rundgleichungen **336**, **340** und **341** herleiten.

Die Konstruktion der einfachen Fälle ist im §. **50** schon an- geben; die der zusammengesetzten Aufgaben ist mit größeren chwierigkeiten verbunden. Man wird jedoch eine Konstruktion s gelöst betrachten können, wenn man sie auf die der einfachen ille zurückführen kann und es werden diese hierbei immer als kannt vorausgesetzt.

§. 58. **Berechnung des Dreiecks aus den Seiten desselben.** Nach 13 ist $cos.\ A = \frac{b^2 + c^2 - a^2}{2\ bc}$.

Sind a, b, c große Zahlen, so ist die Rechnung nach dieser ormel weitläufig. Man beachte nun, daß nach **205**:

$cos.\ A = 1 - 2\ .\ sin.\ \frac{1}{2}\ A^2$, so wird:

$$1 - 2\,.\,sin.\,\tfrac{1}{2}\,A^2 = \frac{b^2 + c^2 - a^2}{2\ bc}$$

ıher:

$$2\,.\,sin.\,\tfrac{1}{2}\,A^2 = 1 - \frac{b^2 + c^2 - a^2}{2\ bc}$$

$$= \frac{2\ bc - b^2 - c^2 + a^2}{2\ bc} = \frac{a^2 - (b^2 - 2\ bc + c^2)}{2\ bc}$$

$$= \frac{a^2 - (b - c)^2}{2\ bc}$$

Nun läßt sich aber der Zähler in zwei Faktoren zerlegen und man findet:

$$sin.\ \tfrac{1}{2}\ A^2 = \frac{(a + b - c)\ (a - b + c)}{4\ bc}$$

Durch Ausziehen der Wurzel und durch Fortrücken der Buchstaben erhält man nun hieraus:

397) $$sin.\ \tfrac{1}{2} A = \sqrt{\frac{(a + b - c)\ (a - b + c)}{4\ bc}}$$

$$sin.\ \tfrac{1}{2} B = \sqrt{\frac{(- a + b + c)\ (a + b - c)}{4\ ac}}$$

$$sin.\ \tfrac{1}{2} C = \sqrt{\frac{(- a + b + c)\ (a - b + c)}{4\ ab}}$$

Auch diese Gleichungen lassen sich mit Vortheil noch weiter verändern; setzt man nämlich die Summe aller Seiten $a + b + c = 2\ S$, so ist $- a + b + c = 2\ (S - a)$; $a - b + c = 2\ (S - b)$; $a + b - c = 2\ (S - c)$; mithin:

398) $$sin.\ \tfrac{1}{2}\ A = \sqrt{\frac{(S - b)\ (S - c)}{bc}}$$

$$sin.\ \tfrac{1}{2}\ B = \sqrt{\frac{(S - a)\ (S - c)}{ac}}$$

$$sin.\ \tfrac{1}{2}\ C = \sqrt{\frac{(S - a)\ (S - b)}{ab}}$$

Nach der Gleichung **206** ist: $cos.\ A = 2\ .\ cos.\ \tfrac{1}{2}\ A^2 - 1$, setzt man diesen Ausdruck in die obige Gleichung, so wird:

$$2\ .\ cos.\ \tfrac{1}{2}\ A^2 - 1 = \frac{b^2 + c^2 - a^2}{2\ bc}$$

oder:

$$2\ .\ cos.\ \tfrac{1}{2}\ A^2 = \frac{b^2 + c^2 - a^2}{2\ bc} + 1 = \frac{b^2 + c^2 - a^2 + 2\ bc}{2\ bc}$$

$$= \frac{(b^2 + 2\ bc + c^2) - a^2}{2\ bc} = \frac{(b + c)^2 - a^2}{2\ bc}$$

Auch hier läßt der Zähler in zwei Faktoren sich auflösen und man erhält:

$$cos.\ \tfrac{1}{2}\ A^2 = \frac{(a + b + c)\ (- a + b + c)}{4\ bc}$$

Wie aus der obigen Gleichung des Sinus, so erhält man ieraus:

$$399)\ cos.\ \tfrac{1}{2}\,A = \sqrt{\frac{(a+b+c)(-a+b+c)}{4\ bc}}$$

$$cos.\ \tfrac{1}{2}\,B = \sqrt{\frac{(a+b+c)(a-b+c)}{4\ ac}}$$

$$cos.\ \tfrac{1}{2}\,C = \sqrt{\frac{(a+b+c)(a+b-c)}{4\ ab}}$$

Setzt man auch hierin $a + b + c = 2\ S$, so ist:

$$400)\ cos.\ \tfrac{1}{2}\,A = \sqrt{\frac{S\ .\ (S-a)}{bc}}$$

$$cos.\ \tfrac{1}{2}\,B = \sqrt{\frac{S\ .\ (S-b)}{ac}}$$

$$cos.\ \tfrac{1}{2}\,C = \sqrt{\frac{S\ .\ (S-c)}{ab}}$$

Die gefundenen Gleichungen geben durch Messen wieder an= ere; da nämlich $\frac{sin.}{cos.} = tang.$, so ist:

$$401)\ tang.\ \tfrac{1}{2}\,A = \sqrt{\frac{(a-b+c)(a+b-c)}{(a+b+c)(-a+b+c)}}$$

$$tang.\ \tfrac{1}{2}\,B = \sqrt{\frac{(-a+b+c)(a+b-c)}{(a+b+c)(a-b+c)}}$$

$$tang.\ \tfrac{1}{2}\,C = \sqrt{\frac{(-a+b+c)(a-b+c)}{(a+b+c)(a+b-c)}}$$

der auch:

$$402)\ tang.\ \tfrac{1}{2}\,A = \sqrt{\frac{(S-b)(S-c)}{S\ .\ (S-a)}}$$

$$tang.\ \tfrac{1}{2}\,B = \sqrt{\frac{(S-a)(S-c)}{S\ .\ (S-b)}}$$

$$tang.\ \tfrac{1}{2}\,C = \sqrt{\frac{(S-a)(S-b)}{S\ .\ (S-c)}}$$

Aus den Gleichungen 397 und 398 lassen sich auch noch ndere erzeugen, wenn man die entsprechenden Gleichungen mit nander multiplizirt und beachtet, daß nach 201 $2\ .\ sin.\ a\ .\ cos.\ a = sin.\ 2\ a$ ist. Der Kürze wegen sey:

$\sqrt{(a+b+c)(-a+b+c)(a-b+c)(a+b-c)}$
$= \sqrt{M}$, so ist (vergl. 384):

403) $$sin.\ A = \frac{\sqrt{M}}{2\ bc}$$

$$sin.\ B = \frac{\sqrt{M}}{2\ ac}$$

$$sin.\ C = \frac{\sqrt{M}}{2\ ab}$$

Gebraucht man auch hier die obige Abkürzung, so wird:

404) $$sin.\ A = \frac{2}{bc} \sqrt{S \,.\, (S-a)(S-b)(S-c)}$$

$$sin.\ B = \frac{2}{ac} \,.\, \sqrt{S (S-a)(S-b)(S-c)}$$

$$sin.\ C = \frac{2}{ab} \,.\, \sqrt{S (S-a)(S-b)(S-c)}$$

§. 59. **Berechnung des Dreiecks aus zwei Seiten aus dem eingeschlossenen Winkel.**

I. Berechnung der dritten Seite.

Nach 341 ist, wenn b, c, A als gegeben angesehen werden $a^2 = b^2 - 2\ bc \,.\, cos.\ A + c^2$. Setzt man nun hierin nach der Vorschrift 205 $cos.\ A = 1 - 2 \,.\, sin.\ \frac{1}{2} A^2$, so wird:

$$a^2 = b^2 - 2\ bc\ (1 - 2 \,.\, sin.\ \tfrac{1}{2} A^2) + c^2$$
$$= b^2 - 2\ bc + c^2 + 4\ bc \,.\, sin.\ \tfrac{1}{2} A^2$$
$$= (b-c)^2 + 4\ bc \,.\, sin.\ \tfrac{1}{2} A^2.$$

Es ist somit:

405) $$a^2 = (b-c)^2 + 4\ bc \,.\, sin.\ \tfrac{1}{2} A^2$$
$$b^2 = (a-c)^2 + 4\ ac \,.\, sin.\ \tfrac{1}{2} B^2$$
$$c^2 = (a-b)^2 + 4\ ab \,.\, sin.\ \tfrac{1}{2} C^2.$$

Setzt man aber in die vorige Gleichung nach 206 $cos.\ A = 2 \,.\, cos.\ \frac{1}{2} A^2 - 1$, so erhält man folgende Gleichungen:

406) $$a^2 = (b+c)^2 - 4\ bc \,.\, cos.\ \tfrac{1}{2} A^2$$
$$b^2 = (a+c)^2 - 4\ ac \,.\, cos.\ \tfrac{1}{2} B^2$$
$$c^2 = (a+b)^2 - 4\ ab \,.\, cos.\ \tfrac{1}{2} C^2.$$

Durch diese Veränderungen erhalten die Gleichungen 341 andere Formen, welche für die Anwendung, für die wirkliche Berechnung, vortheilhafter sind, obschon auch die neuen Gleichungen, da sie noch aus zwei Theilen bestehen, nur theilweise durch Logarithmen berechnet werden können.

II. Berechnung der Winkel.

Nach 336 ist $b \cdot sin.\ C = c \cdot sin.\ B$, da nun $C = 180 - (A + B)$, so ist auch $sin.\ C = sin.\ (180 - (A + B)) = sin.\ (A + B)$ nach 103, führt man diesen Werth ein, so ist:

$$b \cdot sin.\ (A + B) = c \cdot sin.\ B$$

In dieser Gleichung ist B die Unbekannte, um sie auffinden zu können, muß $sin.\ (A + B)$ nach 197 aufgelöst werden. Hierdurch wird:

$$b \cdot sin.\ A \cdot cos.\ B + b \cdot cos.\ A \cdot sin.\ B = c \cdot sin.\ B$$

Wird diese Gleichung durch $cos.\ B$ gemessen und dabei $\frac{sin.}{cos.} = tang.$ gesetzt, so entsteht:

$$b \cdot sin.\ A + b \cdot cos.\ A \cdot tang.\ B = c \cdot tang.\ B$$

oder:

$$tang.\ B\ (c - b \cdot cos.\ A) = b \cdot sin.\ A.$$

Hieraus erhält man:

$$tang.\ B = \frac{b \cdot sin.\ A}{c - b \cdot cos.\ A}$$

Auf gleiche Weise ist auch für den Winkel C:

$$tang.\ C = \frac{c \cdot sin.\ A}{b - c \cdot cos.\ A}$$

Nach diesen Gesetzen kann man nun die folgenden Gleichungen aufstellen:

407) $tang.\ A = \frac{a \cdot sin.\ C}{b - a \cdot cos.\ C}$ u. $tang.\ B = \frac{b \cdot sin.\ C}{a - b \cdot cos.\ C}$

$tang.\ A = \frac{a \cdot sin.\ B}{c - a \cdot cos.\ B}$ „ $tang.\ C = \frac{c \cdot sin.\ B}{a - c \cdot cos.\ B}$

$tang.\ B = \frac{b \cdot sin.\ A}{c - b \cdot cos.\ A}$ „ $tang.\ C = \frac{c \cdot sin.\ A}{b - c \cdot cos.\ A}$

Diese Gleichungen, obschon einfach an sich, gestatten doch nur eine theilweise Anwendung der Logarithmen, daher es sich schon der Mühe lohnt, noch andere Wege zur Berechnung der Winkel einzuschlagen.

Durch den Winkel **A** ist auch die Summe der beiden andern **B** + **C** gegeben, kann man nun den Unterschied **B** — **C** dieser beiden Winkel auffinden, so lassen sich aus Summe und Unterschied die Winkel **B** und **C** selbst durch ein bloßes Zu- und Abzählen finden. Man setze nun, es sey der Kürze wegen $B + C = \alpha$ und $B - C = \varphi$, so ist: $B = \frac{1}{2}(\alpha + \varphi)$ und $C = \frac{1}{2}(\alpha - \varphi)$, und aus der obigen Gleichung $b \,.\, sin.\, C = c \,.\, sin.\, B$ wird:

$$b \,.\, sin.\, \tfrac{1}{2}(\alpha - \varphi) = c \,.\, sin.\, \tfrac{1}{2}(\alpha + \varphi).$$

Aus dieser Gleichung muß man jetzt die Unbekannte φ entwickeln. Zu diesem Zwecke hat man die Sinusse der zweitheiligen Winkel nach **197** und **199** aufzulösen. Hierdurch entsteht:

$$b \,.\, sin.\, \tfrac{1}{2}\alpha \,.\, cos.\, \tfrac{1}{2}\varphi - b \,.\, cos.\, \tfrac{1}{2}\alpha \,.\, sin.\, \tfrac{1}{2}\varphi = c \,.\, sin.\, \tfrac{1}{2}\alpha \,.\, cos.\, \tfrac{1}{2}\varphi + c \,.\, cos.\, \tfrac{1}{2}\alpha \,.\, sin.\, \tfrac{1}{2}\varphi,$$

oder:

$$(b - c) \,.\, sin.\, \tfrac{1}{2}\alpha \,.\, cos.\, \tfrac{1}{2}\varphi = (b + c)\, cos.\, \tfrac{1}{2}\alpha \,.\, sin.\, \tfrac{1}{2}\varphi.$$

Wird diese Gleichung durch $(b + c)\, cos.\, \frac{1}{2}\alpha \,.\, cos.\, \frac{1}{2}\varphi$ gemessen, so wird:

$$\frac{sin.\, \frac{1}{2}\varphi}{cos.\, \frac{1}{2}\varphi} = \frac{b - c}{b + c} \,.\, \frac{sin.\, \frac{1}{2}\alpha}{cos.\, \frac{1}{2}\alpha}$$

und somit:

$$tang.\, \tfrac{1}{2}\varphi = \frac{b - c}{b + c} \,.\, tang.\, \tfrac{1}{2}\alpha.$$

Setzt man nun statt φ und α die Größen, welche sie vertreten, so hat man:

$$408)\quad tang.\, \tfrac{1}{2}(A - B) = \frac{a - b}{a + b} \,.\, tang.\, \tfrac{1}{2}(A + B)$$

$$tang.\, \tfrac{1}{2}(A - C) = \frac{a - c}{a + c} \,.\, tang.\, \tfrac{1}{2}(A + C)$$

$$tang.\, \tfrac{1}{2}(B - C) = \frac{b - c}{b + c} \,.\, tang.\, \tfrac{1}{2}(B + C)$$

Diese Gleichungen sind für die Anwendung viel vortheilhafter wie die obigen, sie lassen eine vollkommene Berechnung durch Logarithmen zu.

§. 60. Berechnung des Dreiecks aus zwei Seiten und dem nicht eingeschlossenen Winkel.

I. Berechnung der dritten Seite.

Nimmt man an es seyen b, c und C gegeben und soll die dritte Seite a gefunden werden, so muß man von den früheren Grundgleichungen diejenige wählen, welche die drei Seiten und den Winkel C enthält. Diese Gleichung ist nach 341:

$$c^2 = a^2 - 2ab \cdot \cos. C + b^2.$$

Hierin ist a die Unbekannte und in Bezug auf diese die Gleichung vom zweiten Grade; geordnet wird dieselbe:

$$a^2 - 2ab \cdot \cos. C = c^2 - b^2.$$

Ergänzt man das Quadrat, so wird:

$$a^2 - 2ab \cdot \cos. C + b^2 \cdot \cos. C^2 = c^2 - b^2 + b^2 \cdot \cos. C^2$$

oder:

$$(a - b \cdot \cos. C)^2 = c^2 - b^2 (1 - \cos. C^2).$$

Die auf der rechten Seite eingeklammerte Größe ist aber nach 68 $= \sin. C^2$, daher:

$$(a - b \cdot \cos. C)^2 = c^2 - b^2 \cdot \sin. C^2.$$

Durch Wurzelausziehen und Uebertragung erhält man hieraus:

$$a = b \cdot \cos. C \pm \sqrt{(c^2 - b^2 \cdot \sin. C^2)}.$$

Aus dieser Gleichung erhält man nun zwei Werthe für die dritte Seite a. Sind sie beide positiv, so können zwei Dreiecke statt finden. Ist der eine positiv und der andere negativ, so kann nur der erste genommen werden, und es ist nur ein Dreieck möglich. Ist endlich $b \cdot \sin. C > c$, so wird a unmöglich und aus den drei gegebenen Größen läßt sich gar kein Dreieck bilden. (§. 50, 3.)

Die gefundene Gleichung läßt sich noch einfacher darstellen, wenn man die Größe unter dem Wurzelzeichen in ein Produkt auflöst. Es ist:

409) $a = b \cdot \cos. C \pm \sqrt{(c + b \cdot \sin. C)(c - b \cdot \sin. C)}$

$b = c \cdot \cos. A \pm \sqrt{(a + c \cdot \sin. A)(a - c \cdot \sin. A)}$

$c = a \cdot \cos. B \pm \sqrt{(b + a \cdot \sin. B)(b - a \cdot \sin. B)}$

Da in allen diesen Fällen auch der andere nicht eingeschlossene

Winkel gegeben seyn kann, so werden auch folgende Gleichungen oft Anwendung finden:

410) $a = c \cdot cos. B \pm \sqrt{(b + c \cdot sin. B)(b - c \cdot sin. B)}$
$b = a \cdot cos. C \pm \sqrt{(c + a \cdot sin. C)(c - a \cdot sin. C)}$
$c = b \cdot cos. A \pm \sqrt{(a + b \cdot sin. A)(a - b \cdot sin. A)}$

II. Berechnung der Winkel.

Sind wieder b, c und C gegeben, so i nach 336:

$$c \cdot sin. B = b \cdot sin. C$$

daher:

$$sin. B = \frac{b \cdot sin. C}{c}$$

Diese Gleichung gibt, wie schon früher angegeben worden ist, für **B** zwei Werthe, die kleiner als 180° sind, sie sind beide möglich, so lange nicht $B + C > 180^0$ wird.

§. 61. **Eine Seite und die Winkel des Dreiecks sind gegeben, man soll die beiden andern Seiten berechnen.**

Die gegebene Seite sey b, so ist nach 336:

$$b \cdot sin. A = a \cdot sin. B$$

und

$$b \cdot sin. C = c \cdot sin. B.$$

Hieraus erhält man:

$$a = b \cdot \frac{sin. A}{sin. B} \text{ und } c = b \cdot \frac{sin. C}{sin. B}$$

Sind die anliegenden Winkel A und C gegeben, so ist: $B = 180^0 - (A + C)$, daher: $sin. B = sin. (A + C)$ und

411) $$a = b \cdot \frac{sin. A}{sin. (A+C)} \text{ und } c = b \cdot \frac{sin. C}{sin. (A+C)}$$

Vierter Abschnitt.

Von dem Vierecke.

Dreizehntes Kapitel.

on dem Zusammenhange der Seiten und Winkel des Viereckes.

§. 62. **Einleitung.** Verbindet man (Fig. 73) vier Linien a, b, d, von denen keine zwei dieselbe Richtung haben, so erhält man das ollständige Vierseit. Die vier Linien durchschneiden sich in chs Punkten, welche sich paarweise **A** und **C**, **B** und **D**, **E** und entgegengesetzt sind. Die Verbindungslinien der entgegengesetz-n Punkte nennt man Diagonalen.

Das vollständige Vierseit enthält daher:

4 Seiten,
6 Eckpunkte und
3 Diagonalen.

Verbindet man (Fig. 74) viele Linien a, b, c, d, indem man in einem Zuge und vier Absätzen zieht, bei jedem Absetzen die ichtung ändert und zuletzt in den Anfangspunkt zurückkehrt, so ißt die Figur, welche entsteht, ein einfaches Vierseit, das-lbe hat:

4 Seiten,
4 Eckpunkte und
2 Diagonalen.

Das vollständige Vierseit enthält hiernach die einfachen Vierseiten, **ABCD, EBFD, AFCE.**

Verbindet man vier Punkte **A, B, C, D** (Fig. 75) auf alle mögliche Arten durch Linien, so nennt man die Figur, welche entsteht, ein vollständiges Viereck. Die Verbindung der vier Punkte geschieht durch 6 Linien, die sich paarweise a und c, b und d, e und f entgegengesetzt sind und die also drei Durchschnitte E, F und G gegenüberliegender Seiten bilden. Das vollständige Viereck enthält daher:

4 Eckpunkte,
6 Seiten und
3 Durchschnittspunkte gegenüberliegender Seiten.

Verbindet man vier Punkte A, B, C, D (Fig. 74) in einem Zuge, so daß man von einem Punkte zum andern übergeht und zuletzt in den ersten zurückkehrt, so entsteht das einfache Viereck, welches also mit dem einfachen Vierseit dasselbe ist.

In den folgenden Untersuchungen ist nur von den einfachen Vierseiten oder Vierecken die Rede und zwar nur von solchen, bei deren Bildung keine Seite von einer andern durchschnitten wird (Fig. 74 und 76).

§. 63. **Vom Zusammenhange der Winkel des Vierecks.** Durch eine Diagonale kann man das Viereck in zwei Dreiecke theilen (Fig. 77), nun machen die Winkel der beiden Dreiecke zusammengenommen die Winkel des Vierecks aus, deren Summe daher: $= 2 \,.\, 2\,R = 4\,R$ oder $= 360$ ist. Mithin:

412) $$A + B + C + D = 360^0.$$

Hieraus können folgende Sätze hergeleitet werden:

1) Ist ein Winkel des Vierecks gegeben, so kennt man auch die Summe der drei übrigen und ist die Summe dreier gegeben, so ist es auch der vierte. Sind zwei Winkel oder deren Summe gegeben, so ist auch die Summe der beiden andern bekannt.
2) Machen zwei Winkel zusammen 180^0 aus, so müssen auch die beiden andern zusammen 180^0 ausmachen.

3) Die Gleichheit von zwei oder von drei Winkeln hat keinen wesentlichen Einfluß auf die übrigen.

4) Sind alle Winkel gleich, so ist jeder $= \frac{4\,R}{4} = R = 90^0$.

5) Weder ein Winkel noch die Summe zweier oder dreier kann 360^0 erreichen.

§. 64. **Von dem Zusammenhange der Seiten und Winkel des Vierecks im Allgemeinen.**

Es ist, wenn BE und CF (Fig. 78) senkrecht zu AD und CG senkrecht zu BE sind:

$$BE = BG + GE = BG + CF.$$

Nun ist ferner:

$$\frac{BE}{a} = \sin. A, \quad \frac{BG}{b} = \sin. m, \quad \frac{CF}{c} = \sin. D$$

daher:

$$BE = a \,.\, \sin. A, \quad BG = b \,.\, \sin. m, \quad CF = c \,.\, \sin. D$$

somit, wenn diese Werthe eingeführt werden:

$$a \,.\, \sin. A = b \,.\, \sin. m + c \,.\, \sin. D$$

Der Winkel m kann durch Winkel des Vierecks ersetzt werden. Es ist nach 335 und 412:

$$m = 180 - (A + B) = 180 - (360 - (C + D))$$
$$= - 180 + (C + D) = -(180 - (C + D))$$

daher mit Hülfe von 103:

$$\sin. m = \sin. (180 - (A + B)) = \sin. (A + B)$$

oder auch nach 103 und 115:

$$\sin. m = \sin. -(180 - (C + D)) = -\sin. (180 - (C + D))$$
$$= - \sin. (C + D)$$

folglich die vorstehende Gleichung:

$$a \,.\, \sin. A = b \,.\, \sin. (A + B) + c \,.\, \sin. D$$

oder auch:

$$a \,.\, \sin. A = - b \,.\, \sin. (C + D) + c \,.\, \sin. D.$$

Man kann die Form dieser Gleichungen noch weiter ändern. Es ist:

$$D = 360 - (A + B + C)$$

daher nach 107:

$$sin.\ D = sin.\ (360 - (A + B + C)) = - sin.\ (A + B + C)$$

und

$$a\ .\ sin.\ A = b\ .\ sin.\ (A + B) - c\ .\ sin.\ (A + B + C)$$

oder:

$$A = 360 - (B + C + D)$$

$$sin.\ A = - sin.\ (B + C + D)$$

folglich:

$$- a\ .\ sin.\ (B + C + D) = - b\ .\ sin.\ (C + D) + c\ .\ sin.\ D$$

Diese verschiedenen Gleichungen drücken alle nur ein und dasselbe Gesetz aus, nämlich:

$$0 = a\ .\ sin.\ A - b\ .\ sin.\ (A + B) + c\ .\ sin.\ (A + B + C)$$

und man wird sich der einen oder der andern Form bedienen, je nachdem es die Untersuchung erfordert.

Ein zweites ähnliches Gesetz für die Vierecke erhält man auf folgende Weise. Es ist:

$$AD = AE + EF + FD$$

$$= AE + GC + FD.$$

Nun ist aber:

$$\frac{AE}{a} = cos.\ A,\quad \frac{GC}{b} = cos.\ m,\quad \frac{FD}{c} = cos.\ D$$

mithin:

$$AE = a\ .\ cos.\ A,\quad GC = b\ .\ cos.\ m,\quad FD = c\ .\ cos.\ D$$

und, wenn diese Werthe eingeführt werden:

$$d = a\ .\ cos.\ A + b\ .\ cos.\ m + c\ .\ cos.\ D.$$

Nach dem obigen ist in Verbindung mit 119, 123 u. 131:

$$cos.\ m = cos.\ (180 - (A + B)) = - cos.\ (A + B)$$

und

$$cos.\ m = cos. - (180 - (C + D)) = cos.\ (180 - (C + D))$$

$$= - cos.\ (C + D)$$

$$cos.\ D = cos.\ (360 - (A + B + C)) = cos.\ (A + B + C)$$

$$cos.\ A = cos.\ (360 - (B + C + D)) = cos.\ (B + C + D)$$

mithin:

$$d = a\ .\ cos.\ A - b\ .\ cos.\ (A + B) + c\ .\ cos.\ D$$

er:

$$d = a.cos.A - b.cos.(A+B) + c.cos.(A+B+C)$$

$$d = a.cos.(B+C+D) - b.cos.(C+D) + c.cos.D$$

Auch diese Gleichungen sind nur verschiedene Ausdrücke für
ı und dasselbe Gesetz.

So wie nun früher für das Dreieck, so findet man hier für
s Viereck zwei Gesetze.

ı13) $0 = a.sin.A - b.sin.(A+B) + c.sin.(A+B+C)$

ı14) $d = a.cos.A - b.cos.(A+B) + c.cos.(A+B+C)$

n welchen das erste 336 und das zweite 340 entspricht.

Aus diesen Gleichungen läßt sich alles ableiten, was über
s Viereck gesagt werden kann.

Eine allgemeinere Form dieser beiden Gleichungen ist:

ı15) $0 = a.sin.A - b.sin.(A+B) + c.sin.(A+B+C) - d.sin.(A+B+C+D)$

ı16) $0 = a.cos.A - b.cos.(A+B) + c.cos.(A+B+C) - d.cos.(A+B+C+D)$

: gehen in die vorhergehenden über, wenn man beachtet, daß
$+ B + C + D = 360$ und $sin.360 = 0$, $cos.360 = -1$
(108 und 124).

Die Gleichungen 413 und 414 führen vereint zu einem drit-
n Gesetze. Man erhebe beide zur zweiten Potenz und zähle sie
sammen, so entsteht:

$$\begin{aligned}d^2 &= (a.sin.A - b.sin.(A+B) + c.sin.(A+B+C))^2\\ &+ (a.cos.A - b.cos.(A+B) + c.cos.(A+B+C))^2\\ &= a^2.sin.A^2 - 2ab.sin.A.sin.(A+B)\\ &+ 2ac.sin.A.sin.(A+B+C)\\ &+ a^2.cos.A^2 - 2ab.cos.A.cos.(A+B)\\ &+ 2ac.cos.A.cos.(A+B+C)\\ &+ b^2.sin.(A+B)^2 - 2bc.sin.(A+B).sin.(A+B+C)\\ &+ b^2.cos.(A+B)^2 - 2bc.cos.(A+B).cos.(A+B+C)\\ &+ c^2.sin.(A+B+C)^2\\ &+ c^2.cos.(A+B+C)^2\end{aligned}$$

oder:

$$d^2 = a^2 (\mathit{sin.}\ A^2 + \mathit{cos.}\ A^2)$$
$$- 2\,ab\,(\mathit{cos.}\ (A + B)\ .\ \mathit{cos.}\ A + \mathit{sin.}\ (A + B)\ .\ \mathit{sin.}\ A)$$
$$+ 2\,ac\,(\mathit{cos.}\ (A + B + C)\ .\ \mathit{cos.}\ A + \mathit{sin.}\ (A + B + C)\ .\ \mathit{sin.}\ A)$$
$$+ b^2 (\mathit{sin.}\ (A + B)^2 + \mathit{cos.}\ (A + B)^2)$$
$$- 2\,bc\ (\mathit{sin.}\ (A + B + C)\ .\ \mathit{cos.}\ (A + B)$$
$$+ \mathit{sin.}\ (A + B + C)\ .\ \mathit{sin.}\ (A + B))$$
$$+ c^2 (\mathit{sin.}\ (A + B + C)^2 + \mathit{cos.}\ (A + B + C)^2)$$

Mit Hülfe von 68 und 200 erhält man hieraus:

417) $$d^2 = a^2 - 2\,ab\ .\ \mathit{cos.}\ B + 2\,ac\ .\ \mathit{cos.}\ (B + C)$$
$$+ b^2 - 2\,bc\ .\ \mathit{cos.}\ C$$
$$+ c^2.$$

Diese Gleichung hat dieselbe Bedeutung für das Viereck, wie 341 für das Dreieck.

Die beiden Grundgleichungen 413 und 414 können außerdem noch auf sehr verschiedene Weisen unter sich und mit ihrer abgeleiteten 417 verbunden werden.

Gibt man z. B. der Gleichung 417 die Form:

$$d^2 = a^2 + b^2 - c^2 - 2\,ab\ .\ \mathit{cos.}\ B$$
$$+ 2\,c^2 - 2\,bc\ .\ \mathit{cos.}\ C + 2\,ac\ .\ \mathit{cos.}\ (B + C)$$
$$= a^2 + b^2 - c^2 - 2\,ab\ .\ \mathit{cos.}\ B$$
$$+ 2\,c\,(c - b\ \mathit{cos.}\ C + a\ .\ \mathit{cos.}\ (B + C).)$$

und beachtet, daß nach dem Gesetze 414:

$$c = b\ .\ \mathit{cos.}\ C - a\ .\ \mathit{cos.}\ (B + C) + d\ .\ \mathit{cos.}\ (A + B + C)$$

oder:

$$c = b\ .\ \mathit{cos.}\ C - a\ .\ \mathit{cos.}\ (B + C) + d\ .\ \mathit{cos.}\ D$$

folglich:

$$c - b\ .\ \mathit{cos.}\ C + a\ .\ \mathit{cos.}\ (B + C) = d\ .\ \mathit{cos.}\ D$$

so wird:

$$d^2 = a^2 + b^2 - c^2 - 2\,ab\ .\ \mathit{cos.}\ B$$
$$+ 2\,cd\ .\ \mathit{cos.}\ D$$

oder auch:

$$d^2 + c^2 - 2\,dc\ .\ \mathit{cos.}\ D = a^2 + b^2 - 2\,ab\ .\ \mathit{cos.}\ B.$$

Diese Gleichung kann auch, und zwar noch leichter gefunden

werden, wenn man das Viereck (Fig. 77) in zwei Dreiecke zerlegt und hierbei die Gleichungen 341 anwendet. Es ist im Dreiecke ABC:

$$AC^2 = a^2 + b^2 - 2ab \,.\, cos.\ B$$

und im Dreiecke ADC:

$$AC^2 = c^2 + d^2 - 2cd \,.\, cos.\ D$$

beide verbunden geben die obige. Eine andere Gleichung, welche die Winkel A und C enthält, findet man, indem man das Viereck durch die Diagonale BD in zwei Dreiecke zerlegt, und es ist:

418) $a^2 + b^2 - 2ab \,.\, cos.\ B = c^2 + d^2 - 2cd \,.\, cos.\ D$

419) $a^2 + d^2 - 2ad \,.\, cos.\ A = b^2 + c^2 - 2bc \,.\, cos.\ C$

In ähnlicher Art können andere Gleichungen gewonnen werden.

§. 65. **Von dem Zusammenhange der Seiten unter sich.**

Nach 342 ist $a + b > AC$ und nach demselben Gesetze $AC + c > d$, daher:

420) $a + b + c > d$

d. i., die Summe dreier Seiten muß immer größer seyn als die vierte.

§. 66. **Von der Bestimmung des Vierecks.** Man kann die Betrachtungen über die Bestimmung des Vierecks, wie bei dem Dreiecke, an die gefundenen Grundgesetze knüpfen, dabei aber auch die früheren Untersuchungen über das Dreieck benutzen, indem man durch Diagonalen das Viereck in zwei Dreiecke zerlegt, oder sich dasselbe aus zwei Dreiecken zusammengesetzt denkt.

Zuerst zeigen die gefundenen Gleichungen, daß fünf Elemente des Vierecks gegeben seyn müssen, wenn ein sechstes dargestellt gefunden werden soll. Die Seiten und Winkel des Vierecks lassen sich aber zu fünfe auf folgende Art zusammenstellen.

4 Seiten und 1 Winkel,
3 » » 2 »
2 » » 3 oder 4 Winkel.

Die zweite Zusammenstellung zerfällt in 4 andere und die dritte in 2, wenn man auf die Folge der Seiten und Winkel achtet. Die Winkel können entweder beide eingeschlossen seyn, oder nur theilweise, oder gar nicht; sie können auf einander folgen oder getrennt seyn. Eben so können die Seiten auf einander folgen oder getrennt liegen.

Man erhält hierdurch folgende Zusammenstellung:

4 Seiten	und 1	Winkel,	
3 „	„ 2	„	welche eingeschlossen sind.
3 „	„ „	„	der eine ist eingeschlossen, der andere aber nicht, folgt jedoch auf den ersten.
3 „	„ „	„	der eine ist eingeschlossen, der andere steht ihm gegenüber.
3 „	„ „	„	welche nicht eingeschlossen sind.
2 „	„ 3 od. 4	„	die Seiten folgen auf einander.
2 „	„ 3 od. 4	„	die Seiten liegen sich gegenüber.

In wie weit das Viereck in diesen sieben Fällen bestimmt ist, soll in dem Folgenden näher untersucht werden.

Erster Fall.

Es sind vier Seiten und ein Winkel gegeben.

Sind a, b, c, d und A (Fig. 79) bestimmt und gegeben, so ist das Dreieck **ABD** durch a, d und **A** bestimmt (**339**), daher auch dessen dritte Seite **BD**.

Das Dreieck **BCD** ist bestimmt durch b, c und **BD**. Die beiden Dreiecke, aus welchen das Viereck zusammengesetzt ist, sind also durch die fünf gegebenen Stücke vollkommen bestimmt; allein sie enthalten keine nähere Bestimmung über die gegenseitige Lage dieser Dreiecke, so daß sie einmal das Viereck **ABCD** (Fig. 79) und dann das Viereck **ABED** (Fig. 80) bilden können. Durch die gegebenen fünf Stücke werden also zwei verschiedene Vierecke bestimmt, welche sich dadurch unterscheiden, daß der, dem gegebenen gegenüberstehende Winkel in dem einen Vierecke $> 180^0$, im andern aber $< 180^0$ ist.

Ist das Dreieck **BCD** so beschaffen, daß es nicht innerhalb s Dreiecks ABD liegen kann, wie in der zweiten Figur, so ist r ein Viereck möglich, nämlich ABCD. Hieraus geht hervor:

21) Vier Seiten und ein Winkel bestimmen das Dreieck vollkommen, wenn noch ferner bestimmt ist, ob der Winkel, welcher dem gegebenen gegenüberliegt, größer oder kleiner als 180° ist.

Dieselben Resultate gibt die Gleichung 419. Man erhält s ihr:

$$22)\quad cos.\ C = \frac{-a^2 + b^2 + c^2 - d^2 + 2\,ad\ .\ cos.\ A}{2\,bc}$$

Sind nun die fünf Größen, welche der Ausdruck zur Rech- ı enthält, gegeben, so ist auch der Zahlenwerth des Bruches nur ı einziger, bestimmter, gegebener. Ist dieser Bruch eine positive hl, so können zu ihm als einem Cosinusse gehören die Winkel . 17):

$$\gamma,\ 4\,R - \gamma,\quad 4\,R + \gamma, \ldots\ldots$$

› $\gamma < 90^0$ der Winkel der Tafeln ist.

Von dieser Winkelreihe sind im Vierecke nur die beiden ersten ̇glich, weil alle folgenden $> 360^0$ sind. Es ist mithin entweder

$$C = \gamma \quad \text{oder} \quad C = 4\,R - \gamma.$$

Ist dieser Bruch aber negativ, und wieder γ der Winkel der ıfeln, welcher der positiven Zahl angehört, so entspricht dem gativen Cosinusse die Winkelreihe:

$$2\,R - \gamma,\ 2\,R + \gamma,\ 6\,R - \gamma, \ldots\ldots$$

d von diesen sind auch nur die beiden ersten möglich, so daß tweder

$$C = 2\,R - \gamma, \text{ oder } C = 2\,R + \gamma.$$

Wie also der Bruch auch beschaffen seyn mag, so erhält man : C immer zwei Werthe, was auf zwei Vierecke hinweist, welche : gegebenen fünf Elemente wechselweise gleich haben, aber doch ter sich verschieden sind.

Es ist schon oben angeführt worden, daß nicht bei allen erthen der gegebenen fünf Elemente zwei Vierecke statt finden ınen; wie dieß die Rechnung anzeigt, wird im sechszehnten ıpitel gelehrt werden.

Die Konstruktion des Falles ist leicht. Man bilde aus a, d und A (Fig. 79), das Dreieck **ABD**, sodann aus **BD**, b, c das Dreieck **BCD** oder **BED**, so sind **ABCD** und **ABED** die beiden Vierecke. Ist **BED** (Fig. 80) so beschaffen, daß, wie bei **BFD** (Fig. 81), zwei Seiten sich durchschneiden, so kann nur das erste Viereck statt finden.

Zweiter Fall.

Man kennt drei Seiten und die beiden eingeschlossenen Winkel.

Es seyen a, b, c und B, C (Fig. 77) gegeben. Man denke sich das Viereck zusammengesetzt aus den Dreiecken **ABC** und **ADC**. Das erste ist bestimmt durch a, b und B, daher auch **AC** und $\angle$ **ACB**. Durch C und $\angle$ **ACB** ist auch $\angle$ **ACD** bestimmt. Betrachtet man nun das Dreieck **ADC**, so ist dieses bestimmt durch **AC**, c und dem eingeschlossenen Winkel **ACD**; daher auch das ganze Viereck. In diesem Falle können nicht wie im vorigen die Dreiecke verschiedene Lagen haben, indem der Winkel C die Lage von **ADC** gegen **ABC** bestimmt.

Man findet mithin:

423) Drei Seiten und die beiden eingeschlossenen Winkel bestimmen das Viereck vollkommen, nur auf einzige Weise.

Dasselbe Resultat muß die Betrachtung der Gleichungen liefern. Die Gleichung **417**:

$$\begin{aligned} d^2 = a^2 &- 2ab \,.\, \cos. B + 2ac \,.\, \cos. (B + C) \\ + b^2 &- 2bc \cos. C \\ + c^2 & \end{aligned}$$

gibt, wenn die fünf Größen im Ausdrucke zur Rechten gegeben sind, nur einen einzigen Werth für d, wie dieß die obigen Betrachtungen verlangen. Eben so sind die beiden übrigen Winkel nur auf einzige Weise bestimmt, wie dieß die nachstehenden Untersuchungen zeigen werden.

Man trenne in der Gleichung **413** nach dem Gesetze **197** den Winkel A, so geht sie über in:

$$0 = a \,.\, sin.\, A - b \,.\, sin.\, A \,.\, cos.\, B - b \,.\, cos.\, A \,.\, sin.\, B + c \,.\, sin.\, A \,.\, cos.\, (B + C) + c \,.\, cos.\, A \,.\, sin.\, (B + C)$$

oder:

$$0 = sin.\, A\, (a - b \,.\, cos.\, B + c \,.\, cos.\, (B + C)) - cos.\, A\, (b \,.\, sin.\, B - c \,.\, sin.\, (B + C))$$

Hieraus erhält man:

424) $$tang.\, A = \frac{b \,.\, sin.\, B - c \,.\, sin.\, (B + C)}{a - b \,.\, cos.\, B + c \,.\, cos.\, (B + C)}$$

Der Ausdruck zur Rechten erhält für gegebene Werthe der fünf Größen nur einen einzigen Werth, welcher als Tangente, wenn er positiv ist, der Winkelreihe:

$$\alpha,\ 2\, R + \alpha,\ 4\, R + \alpha, \ldots\ldots$$

und wenn er negativ ist, der Winkelreihe:

$$2\, R - \alpha,\ 4\, R - \alpha,\ 6\, R - \alpha, \ldots\ldots$$

angehören kann, wenn α der Winkel der Tafeln ist, welcher dem positiven Bruche entspricht.

Die zwei ersten Glieder beider Reihen allein können dem Vierecke angehören und es scheint somit die Gleichung zwei Fälle zuzulassen, einmal für einen positiven Werth:

$A = \alpha$, oder: $A = 2\, R + \alpha$

und dann für einen negativen Werth:

$A = 2\, R - \alpha$; oder: $A = 4\, R - \alpha$.

Diese Unbestimmtheit verschwindet durch folgende Betrachtungen. Nach der Vorschrift 414 ist:

$$a = b \,.\, cos.\, B - c \,.\, cos.\, (B + C) + d \,.\, cos.\, A$$

daher:

425) $$cos.\, A = \frac{a - b \,.\, cos.\, B + c \,.\, cos.\, (B + C)}{d}$$

Diese Gleichung, mit der obigen 424 verglichen, gibt:

426) $$sin.\, A = \frac{b \,.\, sin.\, B - c \,.\, sin.\, (B + C)}{d}$$

Die Zeichen dieser Brüche hängen nun bloß allein von den Zeichen der Zähler ab, da d immer positiv seyn muß.

Setzt man der Kürze wegen:

$$b \,.\, \sin.\, B - c \,.\, \sin.\, (B + C) = Z$$

und

$$a - b \,.\, \cos.\, B + c \,.\, \cos.\, (B + C) = N$$

so ist:

$$\mathrm{tang.}\ A = \frac{\frac{Z}{d}}{\frac{N}{d}} = \frac{Z}{N} = \frac{\sin.\,A}{\cos.\,A}$$

Nun seyen Z und N positive Zahlen, so müssen gleichzeitig *sin.*, *cos.* und *tang.* von A positive Größen seyn.

Dem positiven *sin.*	können nun zugehören die Winkel	α	u.	$2R - \alpha$
» » *cos.*	» » » » »	α	»	$4R - \alpha$
der » *tang.*	» » » » »	α	»	$2R + \alpha$

es kann somit nur $A = \alpha$ seyn.

Ist Z positiv und N negativ, so erhält man:

Dem positiven *sin.*	können zugehören die Winkel	α	u.	$2R - \alpha$
» negativen *cos.*	» » » »	$2R - \alpha$,		$2R + \alpha$
der » *tang.*	» » » »	$2R - \alpha$,		$4R - \alpha$

hier kann also nur $A = 2R - \alpha$ seyn.

Ist Z negativ und N positiv, so wird

dem negativen *sin.*	zugehören der Winkel	$2R + \alpha$	oder	$4R - \alpha$
» positiven *cos.*	» » »	α	»	$4R - \alpha$
der negativen *tang.*	» » »	$2R - \alpha$	»	$4R - \alpha$

so daß nur $A = 4R - \alpha$ seyn kann.

Ist zuletzt Z negativ und N negativ, so werden

dem negativen *sin.*	zugehören die Winkel	$2R + \alpha$	und	$4R - \alpha$
» » *cos.*	» » »	$2R - \alpha$	»	$2R + \alpha$
der positiven *tang.*	» » »	α	»	$2R + \alpha$

wo also nur $A = 2R + \alpha$ statt finden kann.

Die Unbestimmtheit von 424 wird also aufhören, wenn man die Zeichen von Zähler und Nenner beachtet, es wird für:

+ Z und + N	A im ersten	Rechten
+ Z » — N	» » zweiten	»
— Z » — N	» » dritten	»
— Z » + N	» » vierten	»

liegen, der Winkel A und somit auch der Winkel D vollkommen, nur auf einzige Weise bestimmt seyn, was auch die vorhergehenden Betrachtungen verlangen.

Soll das Viereck gezeichnet werden, so bilde man zuerst das Dreieck ABC an BC, in C lege man den gegebenen Winkel C an und mache CD = c, werden nun die Punkte A und D verbunden, so ist ABCD das Viereck.

Dritter Fall.

Drei Seiten sind gegeben und zwei Winkel, welche auf einander folgen und von denen der eine eingeschlossen ist, der andere nicht.

Sind a, b, c und A und B (Fig. 82) gegeben, so denke man sich das Viereck zusammengesetzt aus den Dreiecken ABC und ACD.

Im ersten Dreiecke ist durch die beiden Seiten a, b und den eingeschlossenen Winkel B, die dritte Seite AC und der Winkel BAC vollkommen bestimmt. Durch A und BAC ist auch CAD, also im Dreiecke ACD zwei Seiten und der nicht eingeschlossene Winkel bestimmt. Aus den bestimmten Elementen des Dreiecks ACD können nun zwei Dreiecke gezeichnet werden, einmal ACD und dann ACE. Die fünf gegebenen Elemente des Vierecks lassen also zwei Fälle zu, das Viereck ABCD und das Viereck ABCE; beide unterscheiden sich dadurch, daß im ersten der Winkel D ein spitzer und im anderen E ein stumpfer ist.

Man findet folglich:

427) Sind drei Seiten und zwei auf einander folgende Winkel des Vierecks, wovon der eine eingeschlossen ist, der andere nicht, bestimmt und gegeben, und ist außerdem noch bestimmt, ob der andere nicht eingeschlossene Winkel $\gtrless 90^\circ$ ist, so ist auch das Viereck vollkommen bestimmt und gegeben.

Die Betrachtung der Gleichungen führt zu Folgendem:

Es ist 413:

$$a \,.\, \sin. A = b \,.\, \sin. (A + B) + c \,.\, \sin. D$$

daher:

$$428) \quad sin.\ D = \frac{a\ .\ sin.\ A - b\ .\ sin.\ (A + B)}{c}$$

Ist nun δ der Winkel, welcher dem einzigen Werthe des Bruches als *sin.* zugehört, so ist für eine positive Zahl:

$$D = \delta \text{ oder } D = 2\ R - \delta$$

und für einen negativen Werth des Bruches:

$$D = 2\ R + \delta \text{ oder } D = 4\ R - \delta.$$

Die Gleichung gibt also, wie es die obigen Betrachtungen erfordern, ganz richtig zwei Werthe für **D**. Aus **428** erhält man:

$$cos.\ D = \sqrt{(1 - sin.\ D^2)} = \sqrt{\left(1 - \frac{(a\ .\ sin. A - b\ .\ sin.\ (A+B))^2}{c^2}\right)}$$

$$= \frac{c^2 - (a\ .\ sin.\ A - b\ .\ sin.\ (A + B)^2)}{c^2}$$

$$= \frac{1}{c} \sqrt{(c^2 - (a\ .\ sin.\ A - b\ .\ sin.\ (A + B)^2)}$$

Führt man diesen Werth in **414**

$$d = a\ .\ cos.\ A - b\ .\ cos.\ (A + B) + c.\ cos.\ D$$

ein, so geht sie über in:

$$429) \quad d = a\ .\ cos.\ A - b\ .\ cos.\ (A + B)$$
$$\pm \sqrt{(c^2 - (a\ .\ sin.\ A - b\ .\ sin.\ (A + B)^2)}$$

und diese Gleichung gibt für die vierte Seite **d** ebenfalls zwei verschiedene Werthe, den größern **AD** und den kleinern **AE**, wie dieß nach dem Obigen seyn muß.

Das Viereck kann auf folgende Art gezeichnet werden. Man bilde aus **a**, **b** und **B** das Dreieck **ABC**, an **AB** in **A** lege man den gegebenen Winkel **A** und ziehe die Gerade **AD** von willkürlicher Länge, aus **C** durchschneide man mit **c** der dritten Seite diese Gerade, da dieß in zweien Punkten **D** und **E** geschehen kann, so erhält man die beiden Vierecke **ABCD** und **ABCE**. Nicht immer ist die Bildung von zweien Vierecken möglich; man erkennt dieß aus **428**, wenn der zweite Werth von **D** mit **A** und **B** zusammengenommen schon $> 360^0$ ist, und aus **429**, wenn der rationale Theil der Gleichung $<$ der irrationale Theil derselben wird.

Vierter Fall.

Drei Seiten und zwei einander gegenüberstehende Winkel sind gegeben.

Sind a, b, c und A, C (Fig. 79) gegeben, so betrachte man das Viereck zusammengesetzt aus den Dreiecken **BCD** und **ABD**. Das erste Dreieck ist bestimmt durch b, c und C, die dritte Seite **BD** kann also nur einen bestimmten Werth haben. Das Dreieck **ABD** ist nicht vollkommen bestimmt, da von demselben nur zwei Seiten a und **BD** und der nicht eingeschlossene Winkel **A** bestimmt sind. Es können mithin zwei Dreiecke **ABD** (Fig. 83) und **ABF** gebildet werden, daher auch zwei Vierecke **ABCD** und **ABEF** stattfinden, welche die gegebenen Stücke wechselweise gleich haben, ohne dieselben zu seyn.

Die beiden Fälle, welche hier statt haben können, zeichnen sich nicht, wie die früheren, dadurch aus, daß die unbestimmten Winkel in verschiedenen Rechten liegen, eine den fünf gegebenen Größen hinzugefügte allgemeine Bedingung über die Beschaffenheit der Winkel wird daher auch diese beiden Fälle nicht scheiden. Die beiden Vierecke unterscheiden sich aber besonders dadurch, daß die Diagonale der unbestimmten Winkel in **ABCD** einen spitzen und in **ABEF** einen stumpfen Winkel mit der vierten Seite bildet; daher:

430) Drei Seiten und zwei einander gegenüberliegende Winkel bestimmen das Viereck nur dann vollkommen, wenn noch ferner bestimmt ist, ob die Diagonale der unbekannten Winkel mit der vierten Seite einen spitzen oder einen stumpfen Winkel bildet.

Die Gleichung 413:

$$a \,.\, \sin. A = - b \,.\, \sin. (C + D) + c \,.\, \sin. D$$

führt, wenn der Winkel **D** getrennt wird, zu:

431) $$\sin. D - \frac{b \,.\, \sin. C}{c - b \,.\, \cos. C} \,.\, \cos. D = \frac{a \,.\, \sin. A}{c - b \,.\, \cos. C}$$

und hieraus erhält man **D** nur durch eine Gleichung vom zweiten

Grade, so daß also zwei verschiedene Werthe von **D** statt finden müssen. Die Auflösung dieser Gleichung wird im sechszehnten Kapitel gezeigt werden.

Aus den Formeln **413** und **414** erhält man ferner:

$$a.\sin A = -b.\sin (A+B) + c.\sin (A+B+C)$$

$$d - a.\cos A = -b.\cos (A+B) + c.\cos (A+B+C)$$

Erhebt man diese Ausdrücke zur zweiten Potenz und zählt sie zusammen, so erhält man:

$$(d - a.\cos A)^2 + a^2.\sin A^2 = b^2 + c^2 - 2bc.\cos C$$

und hieraus:

$$432)\quad d = a.\cos A \pm \sqrt{(b^2 + c^2 - 2bc.\cos C - a^2 \sin A^2)}$$

Auch hier findet man, wie es die obigen Betrachtungen verlangen, zwei Werthe für **d**.

Die fünf gegebenen Größen lassen sich durch Zeichnung auf folgende Art zu einem Vierecke vereinigen.

Man bilde aus **b**, **c** und **C** das Dreieck **BCD**, hierdurch erhält man die Diagonale **BD**. Aus **BD**, **a** und **A** zeichne man nun entweder das Dreieck **ABD** oder **ABF** und füge diesem das erste Dreieck **BCD** an, so ist entweder **ABCD** oder **ABEF** das Viereck.

Von diesem Falle gilt dasselbe was bei den früheren erwähnt worden ist, nicht immer sind die fünf gegebenen Elemente so beschaffen, daß zwei Vierecke gebildet werden können.

Fünfter Fall.

Drei Seiten sind gegeben und die beiden nicht eingeschlossenen Winkel.

Dieser Fall läßt sich nicht auf frühere Untersuchungen zurückführen, indem man das Viereck auf keine Weise in zwei Dreiecke zerlegen kann, welche durch die gegebenen Größen bestimmt wären.

Die Betrachtung der Grundgleichungen gibt. Aus **413**:

$$433)\quad \sin (A+B) = \frac{a.\sin A - c\cdot\sin D}{b}$$

Der Ausdruck zur Rechten führt bei gegebenen Werthen von

a, b, c und A, D nur zu einem einzigen Werthe des Bruches. Ist nun β der Winkel, welcher als Sinus diesem Werthe angehört, so ist für eine positive Zahl:

$$A + B = \beta \quad \text{oder} \quad A + B = 2R - \beta$$

und wenn der Bruch negativ ist:

$$A + B = 2R + \beta \quad \text{oder} \quad A + B = 4R - \beta$$

Im ersten Falle wird:

$$B = \beta - A \quad \text{oder} \quad B = 180 - \beta - A$$

und im anderen:

$$B = 180 + \beta - A \quad \text{oder} \quad B = 360 - \beta - A$$

In beiden Fällen erhält man zwei Werthe für B, was auf zwei verschiedene Vierecke hinweist.

Aus 433 erhält man:

$$b . cos. (A + B) = b . \sqrt{(1 - sin. (A + B)^2)}$$

$$= b . \sqrt{\left(1 - \frac{(a . sin. A - c . sin. D)^2}{b^2}\right)}$$

$$= \sqrt{(b^2 - (a . sin. A - c . sin. D)^2)}$$

Da nun 414:

$$d = a . cos. A + c . cos. D - b . cos. (A + B)$$

so erhält man durch Einführung dieses Werthes:

$$434)\quad d = a . cos. A + c . cos. D \pm \sqrt{(b^2 - (a . sin. A - c . sin. D)^2)}$$

Für die vierte Seite findet man also auch zwei verschiedene Werthe, und aus den fünf gegebenen Größen können somit zwei verschiedene Vierecke gebildet werden, welche man auf folgende Art durch Zeichnung erhalten kann.

Man lege an einer Geraden KL (Fig. 84) in zweien willkürlich gewählten Punkten A und M die gegebenen Winkel A und D und ziehe AB und MN. Man nehme sodann AB = a und MN = c und ziehe NP ⧣ zu KL. Aus B, so daß BC = b, durchschneide man diese Parallele, dieß kann sowohl in C als in E geschehen; zieht man nun CD und EF ⧣ mit MN, so ist das gesuchte Viereck entweder ABCD oder ABEF.

Die beiden Vierecke unterscheiden sich dadurch, daß in dem ersten die verlängerte BC mit der vierten Seite einen spitzen und im anderen BE einen stumpfen Winkel macht. Man findet folglich:

435) Sind drei Seiten und die beiden nicht eingeschlossenen Winkel eines Vierecks gegeben, so ist dasselbe nur dann vollkommen bestimmt, wenn noch ferner angegeben ist, ob die verlängerte zweite Seite mit der vierten einen spitzen oder einen stumpfen Winkel bildet.

Sechster Fall.

Zwei auf einander folgende Seiten und die Winkel des Vierecks sind gegeben.

Sind a und b (Fig. 77) die gegebenen Seiten, so ist **ABC** durch a, b und **B** vollkommen bestimmt, daher auch **AC** und die Winkel **BAC** und **BCA**, da nun **A** und **C** gegeben sind, so kennt man auch **CAD** und **ACD**, also im Dreieck **ADC** eine Seite und zwei anliegende Winkel, welche dasselbe vollkommen bestimmen. Die Dreiecke, aus welchen das Viereck besteht, sind also vollkommen bestimmt, eben so ihre gegenseitige Lage durch **A** und **C**, somit auch das Viereck **ABCD**.

Man findet also:

436) Sind im Vierecke zwei auf einander folgende Seiten und die Winkel gegeben, so ist dasselbe vollkommen bestimmt.

Aus 413 erhält man:

437) $$c = \frac{-a \,.\, sin.\, A + b \,.\, sin.\, (A + B)}{sin.\, (A + B + C)} = \frac{a \,.\, sin.\, A + b \,.\, sin.\, (C + D)}{sin.\, D}$$

Nach diesem Gesetze ist eben so:

438) $$d = \frac{-b \,.\, sin.\, C + a \,.\, sin.\, (B + C)}{sin.\, (A + B + C)} = \frac{b \,.\, sin.\, C + a \,.\, sin.\, (A + D)}{sin.\, D}$$

Beide Gleichungen geben für bestimmte Werthe von a, b und A, B, C, D nur bestimmte Werthe für c und d, wie es die vorstehenden Betrachtungen verlangen.

Man konstruirt das Viereck, indem man zuerst aus **a**, **b** und **B** das Dreieck **ABC** bildet, an **AB** in **A** den Winkel **A** und an **BC** in **C** den Winkel **C** anlegt und **AD** und **CD** zieht.

Siebenter Fall.

Die Winkel des Vierecks und zwei einander gegenüberliegende Seiten sind gegeben.

Frühere Untersuchungen können hier, wie beim fünften Falle nicht angewandt werden.

Aus 413 erhält man:

$$439)\quad b = \frac{a\ .\ \textit{sin.}\ A + c\ .\ \textit{sin.}\ (A + B + C)}{\textit{sin.}\ (A + B)}$$

$$= \frac{a\ .\ \textit{sin.}\ A - c\ .\ \textit{sin.}\ D}{\textit{sin.}\ (A + B)}$$

und nach demselben Gesetze:

$$440)\quad d = \frac{a\ .\ \textit{sin.}\ B + c\ .\ \textit{sin.}\ (A + B + D)}{\textit{sin.}\ (A + B)}$$

$$= \frac{a\ .\ \textit{sin.}\ B - c\ .\ \textit{sin.}\ C}{\textit{sin.}\ (A + B)}$$

Die Werthe von **b** und **d** sind hierdurch vollkommen bestimmt, so daß nur ein Viereck statt finden kann; daher:

441) Sind im Vierecke die Winkel und zwei gegenüberliegende Seiten gegeben, so ist dasselbe vollkommen bestimmt.

Das Viereck kann auf folgende Art konstruirt werden. An zwei willkürlichen Punkten **A** und **E** (Fig. 85) einer Geraden **AE** lege man die gegebenen Winkel **A** und **D** und ziehe **AB** und **EF**. Aus **F**, so daß **EF** = **c**, ziehe man **FG** ⧺ **AE** und in **B**, so daß **AB** = **a**, lege man den gegebenen Winkel **B** und ziehe **BC**, so ist **ABCD** das verlangte Viereck.

§. 67. Von dem Zusammenhange der Seiten und Winkel des Vierecks im Besonderen.

Legt man den Seiten und Winkeln des Vierecks besondere Eigenschaften bei, so gestatten die Seiten folgende Annahmen:

1) Parallelität gegenüberliegender Seiten;

2) Gleichheit gegenüberliegender Seiten;

3) Gleichheit aufeinanderfolgender Seiten.

Die Winkel gestatten:

4) Gleichheit aufeinanderfolgender Winkel;

5) Gleichheit gegenüberliegender Winkel;

6) Aufeinanderfolgende Winkel geben eine bestimmte Summe;

7) Gegenüberliegende Winkel geben eine bestimmte Summe.

1) Sind zwei einander gegenüberliegende Seiten des Vierecks, z. B. b und d (Fig 86) zu einander parallel, so hat dieß keinen Einfluß auf die beiden andern Seiten a und c. In Bezug auf die Winkel ist mit dieser Annahme verbunden, daß:

$$A + B = 180^0 \text{ und } C + D = 180^0.$$

Das Viereck heißt ein Trapez und die Grundgleichungen desselben sind, nach 413 und 414:

442) $0 = a \,.\, sin.\, A - c \,.\, sin.\, D = a \,.\, sin.\, B - c \,.\, sin.\, C$

$d - b = a \,.\, cos.\, A + c \,.\, cos.\, D = -\, a \,.\, cos.\, B - c \,.\, cos.\, C$

Wird auch noch $A = D$, so gibt die erste Gleichung $a = c$ und die zweite geht über in $d - b = 2\,a \,.\, cos.\, A$.

Ist $D = 90^0$, so ist auch $C = 90^0$ und $c = a \,.\, sin.\, A$, $d - b = a \,.\, cos.\, A$.

2) Sind im Vierecke je zwei gegenüberliegende Seiten parallel, so nennt man dasselbe Parallelogramm, Rhomboid (Fig. 87). Die Parallelität bedingt, daß: $A + B = 180^0$, $B + C = 180^0$, $C + D = 180^0$ und $D + A = 180^0$; hieraus folgt: $A = C$ und $B = D$. Die Grundgleichungen führen zu: $0 = a \,.\, sin.\, A - c \,.\, sin.\, C = a \,.\, sin.\, A - c \,.\, sin.\, A$ also: $0 = a - c$ oder $a = c$ und zu:

$d - b = a \,.\, cos.\, A - c \,.\, cos.\, C = a \,.\, cos.\, A - c \,.\, cos.\, A = (a - c) \,.\, cos.\, A = 0$ oder $b = d$. Man findet daher:

443) Im Parallelogramme sind je zwei gegenüberliegende Seiten und Winkel gleich.

3) Bei der Gleichheit von je zwei gegenüberliegenden Seiten erhält man, wenn z. B. $a = c$ und $b = d$ ist, aus 418 $B = D$ aus 419 $C = A$, daher $A + B = C + D$.

Da nun $A + B + C + D = 360^0$, so ist $A + B = 180^0$ und $C + D = 180^0$, aber auch $A + D = 180^0$ und $B + C = 180^0$, je zwei gegenüberliegende Seiten sind folglich zu einander parallel.

444) Das Viereck, in welchem je zwei gegenüberliegende Seiten gleich sind, ist ein Parallelogramm.

4) Die Gleichheit von zwei oder drei auf einander folgenden Seiten hat keinen Einfluß auf die übrigen Stücke des Vierecks.

5) Sind alle Seiten gleich, so nennt man das Viereck Raute, Rhombus (Fig. 88). Bei der Gleichheit aller Seiten hat man auch die Gleichheit der gegegenüberliegenden und nach 444:

445) Die Raute ist ein Parallelogramm.

6) Die Gleichheit von zwei oder drei auf einander folgenden Winkeln hat keinen wesentlichen Einfluß auf die übrigen Theile des Vierecks.

7) Sind alle Winkel gleich, so ist ein jeder $= 90^0$, daher $A + B = 180^0$ und $A + D = 180^0$, je zwei gegenüberliegende Seiten sind also parallel. Das Viereck heißt ein Rechteck oder Rectangulum und man findet für dasselbe:

446) Das Rechteck ist ein Parallelogramm.

8) Sind je zwei gegenüberliegende Winkel gleich, $A = C$ und $B = D$, so wird $A + D = 180^0$ und $B + C = 180^0$ und auch $C + D = 180$ und $B + A = 180$, je zwei gegenüberliegende Seiten sind daher parallel und

447) Das Viereck, welches die gegenüberliegenden Winkel gleich hat, ist ein Parallelogramm.

9) Wenn zwei oder mehrere auf einander folgende Winkel eine bestimmte Summe ausmachen, so ist nur der Fall zu beachten, wo diese Summe 180^0 beträgt.

Sind nur zwei auf einander folgende Winkel gleich 180^0 zusammengenommen, so ist nach (1) das Viereck ein Trapez.

Sind je zwei auf einander folgende Winkel zusammen $= 180^0$, so sind je zwei gegenüberliegende Seiten parallel und das Viereck ein Parallelogramm.

10) Machen je zwei gegenüberliegende Winkel zusammen 180° aus (Fig. 89), A + C = 180° und B + D = 180°, so ist BC antiparallel zu AD und CD zu AB. Das Viereck heißt ein Antiparallelogramm.

Dieses Viereck hat die entgegengesetzten Eigenschaften des Parallelogramms, es ist diesem in seiner Bildung entgegengesetzt, daher:

448) Das Antiparallelogramm hat die entgegengesetzten Eigenschaften des Parallelogramms; nämlich:

Parallelogramm,	Antiparallelogramm.
Parallelität gegenüberliegender Seiten	Antiparallelität gegenüberliegender Seiten.
Gleichheit gegenüberliegender Seiten	Ungleichheit gegenüberliegender Seiten.
Gleichheit entgegengesetzter Winkel	Ungleichh. entgegengesetzt. Winkel.
Zwei auf einander folgende Winkel sind = 180°	Zwei entgegengesetzte Winkel machen 180°.

Die Grundgleichungen des Antiparallelogramms sind:

449) $0 = a \,.\, \sin. A - b \,.\, \sin. (A + B) - c \,.\, \sin. B$

$d = a \,.\, \cos. A - b \,.\, \cos. (A + B) - c \,.\, \cos. B$

oder auch:

$0 = c \,.\, \sin. D - b \,.\, \sin. (C + D) - a \,.\, \sin. C$

$d = c \,.\, \cos. D - b \,.\, \cos. (C + D) - a \,.\, \cos. C$

Die Gleichungen 418 und 419 gehen in diesem Falle über in:

450) $2\,(ad + bc) \,.\, \cos. A = a^2 - b^2 - c^2 + d^2$

$2\,(ab + cd) \,.\, \cos. B = a^2 + b^2 - c^2 - d^2$

Hebt man eine Eigenschaft des Antiparallelogramms auf und ersetzt sie durch die entgegengesetzte, so werden auch alle übrigen aufgehoben und in die entgegengesetzten verwandelt.

Es sey im Antiparallelogramm $a = c$, so geben 450:

$2\,(d + b)\; a \,.\, \cos. A = d^2 - b^2 = (d + b)\,(d - b)$ daher:

$(d - b) = 2a \,.\, \cos. A$ und $2a \,.\, (b + d) \cos. B = b^2 - d^2 = (b + d)\,(b - d)$ daher: $b - d = 2a \,.\, \cos. B = -2a \,.\, \cos. D$, so daß also:

$d - b = 2a \,.\, \cos. A$ und $d - b = 2a \,.\, \cos. D$;

ıher:

A = D oder auch B = C ist. Hieraus folgt A + B = 30 und C + D = 180°, oder das Viereck wird ein Tra- ʒ. Setzt man zur vorhergehenden Bedingung noch die, daß = d, so wird A = C und B = D also A = B = C = = 90°, und das Antiparallelogramm wird somit ein Rechteck.

Hebt man eine Eigenschaft der Winkel auf, setzt man z. B. = C und B = D, so wird A = B = C = D = 90°, ıs Viereck also wieder ein Rechteck.

Das Rechteck ist also zugleich ein Parallelogramm und ein ntiparallelogramm.

Theilt man die Eigenschaft der Winkel beider Vierecke, setzt an B = D = 90° und läßt man die beiden andern Winkel ıgleich seyn, was immer angeht, und bloß der Bedingung un- rworfen, daß A + C = 180°, so erhält man als Grundformeln r dieses Viereck (449):

451) $c = a \cdot \sin A - b \cdot \cos A$

$d = a \cdot \cos A + b \cdot \sin A.$

ieraus durch Elimination:

452) $\tan A = \frac{a \cdot c + b \cdot d}{a \cdot d - b \cdot c}$

us 450 erhält man ferner:

453) $a^2 + b^2 = c^2 + d^2$

Vereinigt man die Eigenschaften aller vorhergehenden Vierecke einem, so erhält man das Quadrat.

Im Quadrate (Fig. 90) sind alle Seiten und alle Winkel eich, es ist dasselbe zugleich ein Parallelogramm und ein Anti- ırallelogramm u. s. w.

Vierzehntes Kapitel.

Vergleichung mehrerer Vierecke, die in bestimmten Beziehungen zu einander stehen.

§. 68. **Von der Identität oder Kongruenz der Vierecke.** Haben zwei Vierecke alle Elemente, Seiten und Winkel wechselweise gleich, so nennt man sie kongruent, identisch.

Wenn nun in zweien Vierecken fünf Elemente des einen gleich sind fünf Elementen des anderen in derselben Ordnung genommen, und zwar die fünf Elemente in der Art zusammengestellt, und denselben allgemeinen Bedingungen unterworfen, wie dieß in §. **66** angegeben ist, so zeigen die Untersuchungen dieses §.: daß die unbekannten Elemente aus den gegebenen nur auf eine einzige Weise bestimmt werden können, daß mithin, da in beiden Vierecken die gegebenen Elemente gleich sind, auch die übrigen gleich seyn müssen.

Hieraus folgt:

454) Sind in zweien Vierecken fünf Elemente — wie sie in **421**, **423**, **427**, **430**, **435**, **436**, **441** zusammengestellt wurden — des einen, gleich fünf Elementen des anderen in derselben Ordnung genommen, so sind auch alle Elemente des einen gleich allen Elementen des andern und die Vierecke sind kongruent, wenn auch die den fünf Elementen beigegebenen allgemeinen Bedingungen von beiden Vierecken erfüllt werden.

Aus diesem Satze folgt in Verbindung mit den früheren Untersuchungen.

455) Werden kongruente Vierecke auf gleiche Art in Dreiecke zerlegt, so sind die entsprechenden Dreiecke ebenfalls kongruent und die entsprechenden Diagonalen beider Vierecke sind gleich.

§. 69. **Von der Aehnlichkeit der Vierecke.**

Man nennt Vierecke ähnlich, wenn, in derselben Ordnung genommen, alle Winkel des einen gleich sind allen Winkeln des anderen, und die Seiten des einen gleichoft gemessen werden, durch die entsprechenden Seiten des anderen.

Nun seyen in zweien Vierecken **ABCD** und $A_1B_1C_1D_1$ (Fig. 91) die Seiten proportional $\frac{a}{a_1} = \frac{b}{b_1} = \frac{c}{c_1} = \frac{d}{d_1}$ und $A = A_1$, C und C_1, seyen gleichartig. Es ist nach 422:

$$cos.\ C = \frac{-a^2 + b^2 + c^2 - d^2 + 2 . ad . cos.\ A}{2\ bc}$$

$$= \frac{-1 + \frac{b^2}{a^2} + \frac{c^2}{a^2} - \frac{d^2}{a^2} + 2 . \frac{d}{a} . cos.\ A}{2 . \frac{b}{a} . \frac{c}{a}}$$

$$= \frac{-1 + \frac{{b_1}^2}{{a_1}^2} + \frac{{c_1}^2}{{a_1}^2} - \frac{{d_1}^2}{{a_1}^2} + 2 . \frac{d_1}{a_1} . cos.\ A_1}{2 . \frac{b_1}{a_1} . \frac{c_1}{a_1}}$$

$$= \frac{-{a_1}^2 + {b_1}^2 + {c_1}^2 - {d_1}^2 + 2\,a_1 . d_1 . cos.\ A_1}{2 . b_1 . c_1}$$

$$= cos.\ C_1.$$

Wegen der Gleichartigkeit von C und C_1, folgt aus der Gleichheit der Cosinusse die Gleichheit der Winkel, so daß $C_1 = C$.

Gibt man der Gleichung 431 die Form:

$$sin.\ D - \frac{\frac{b}{a} . sin.\ C}{\frac{c}{a} - \frac{b}{a} . cos.\ C} . cos.\ D = \frac{sin.\ A}{\frac{c}{a} - \frac{b}{a} . cos.\ C}$$

so geht sie wegen der obigen Annahme über in:

$$sin.\ D - \frac{\frac{b_1}{a_1} . cos.\ C_1}{\frac{c_1}{a_1} - \frac{b_1}{a_1} . cos. C_1} . cos.\ D = \frac{sin.\ A_1}{\frac{c_1}{a_1} - \frac{b_1}{a_1} . cos.\ C_1}$$

oder:

$$sin.\ D - \frac{b_1 . sin.\ C_1}{c_1 - b_1 . cos.\ C_1} . cos.\ D = \frac{a_1 . sin.\ A_1}{c_1 - b_1 . cos.\ C_1}$$

Da nun im Vierecke $A_1B_1C_1D_1$ auf dieselbe Weise:

$$sin.\ D_1 - \frac{b_1 . sin. C_1}{c_1 - b_1 . cos. C_1} . cos. D_1 = \frac{a_1 . sin. A_1}{c_1 - b_1 . cos. C_1}$$

so müssen die Unbekannten beider Gleichungen dieselben Werthe haben, also:

$$sin.\ D_1 = sin.\ D \quad \text{und} \quad cos.\ D_1 = cos.\ D$$

daher $D_1 = D$ seyn.

In beiden Vierecken sind also drei Winkel des einen gleich drei Winkeln des andern, daher auch der vierte dem vierten gleich, so daß:

Wenn in zweien Vierecken alle entsprechenden Seiten proportional sind, ein Winkel des einen gleich ist dem homologen Winkel des andern und außerdem die, den gleichen Winkeln gegenüberliegenden Winkel gleichartig sind, so sind auch alle Winkel beider Vierecke, in derselben Ordnung genommen, einander gleich.

Aehnliche Betrachtungen lassen sich für die übrigen in §. **66** angeführten **6** Fälle anstellen und man erhält:

456) Sind in zwei Vierecken von fünf Elementen — wie sie in **421**, **423**, **427**, **430**, **435**, **436**, **441** zusammengestellt wurden — die Seiten proportional und die Winkel gleich, alle in derselben Ordnung genommen, so sind auch alle entsprechenden Seiten proportional und alle entsprechenden Winkel gleich, also die Vierecke ähnlich, wenn auch noch die, den fünf Elementen beigefügten allgemeinen Bedingungen in beiden Vierecken dieselben sind.

Ferner erhält man hieraus in Verbindung mit dem Früheren:

457) Aehnliche Vierecke bestehen aus ähnlichen Dreiecken, und in ähnlichen Vierecken sind auch die entsprechenden Diagonalen proportional.

Fünfzehntes Kapitel.

Linien mit den Vierecken verbunden.

§. 70. **Untersuchungen über die Diagonalen des Vierecks.**

Die Diagonalen AC = m und BD = n (Fig. 92) können leicht aus den Gleichungen:

458) $m^2 = a^2 + b^2 - 2ab \, . \, cos. \, B$
$= c^2 + d^2 - 2cd \, . \, cos. \, D$
$n^2 = a^2 + d^2 - 2ad \, . \, cos. \, A$
$= b^2 + c^2 - 2bc \, . \, cos. \, C$

welche nach 341 gebildet sind, aufgefunden werden.

Eben so leicht erhält man die Theilwinkel, in welche die Winkel des Vierecks durch die Diagonalen getheilt werden, nach 336. Es ist:

459) $sin. \, \alpha = \frac{c \, . \, sin. \, D}{m}, \quad sin. \, \alpha_1 = \frac{b \, . \, sin. \, B}{m}$

$sin. \, \beta = \frac{d \, . \, sin. \, A}{n}, \quad sin. \, \beta_1 = \frac{c \, . \, sin. \, C}{n}$

$sin. \, \gamma = \frac{a \, . \, sin. \, B}{m}, \quad sin. \, \gamma_1 = \frac{d \, . \, sin. \, D}{m}$

$sin. \, \delta = \frac{b \, . \, sin. \, C}{n}, \quad sin. \, \delta_1 = \frac{a \, . \, sin. \, A}{n}$

Man kann diese Winkel auch durch den Cosinus berechnen, und erhält durch das Gesetz 340:

460) $cos. \, \alpha = \frac{d - c \, . \, cos. \, D}{m}, \quad cos. \, \alpha_1 = \frac{a - b \, . \, cos. \, B}{m}$

$cos. \, \beta = \frac{a - d \, . \, cos. \, A}{n}, \quad cos. \, \beta_1 = \frac{b - c \, . \, cos. \, C}{n}$

$cos. \, \gamma = \frac{b - a \, . \, cos. \, B}{m}, \quad cos. \, \delta_1 = \frac{c - d \, . \, cos. \, D}{m}$

$cos. \, \delta = \frac{c - b \, . \, cos. \, C}{n}, \quad cos. \, \gamma_1 = \frac{d - a \, . \, cos. \, A}{n}$

Die Diagonalen durchschneiden sich unter dem Winkel $\varphi = 180 - (\alpha_1 + \beta) = 180 - (\gamma_1 + \delta)$, so daß $sin. \, \varphi = sin. \, (\alpha_1 + \beta)$ oder $sin. \, \varphi = sin. \, (\gamma_1 + \delta)$.

Wählt man den ersten Ausdruck, so wird:

$$sin.\ \varphi = sin.\ \alpha_1\ .\ cos.\ \beta + cos.\ \alpha_1\ .\ sin.\ \beta.$$

$$= \frac{b\,.\,sin.\,B}{m} \cdot \frac{a - d\,.\,cos.\,A}{n} + \frac{a - b\,.\,cos.\,B}{m} \cdot \frac{d\,.\,sin.\,A}{n}$$

$$= \frac{ab\,.\,sin.\,B - bd\,.\,cos.\,A\,.\,sin.\,B + ad\,.\,sin.\,A - bd\,.\,sin.\,A\,.\,cos.\,B}{m\,.\,n}$$

$$= \frac{ab\,.\,sin.\,B + ad\,.\,sin.\,A - bd\,(sin.\,A\,.\,cos.\,B + cos.\,A\,.\,sin.\,B)}{m\,.\,n}$$

$$= \frac{ab\,.\,sin.\,B + ad\,.\,sin.\,A - bd\,.\,sin.\,(A + B)}{m\,.\,n}$$

$$= \frac{ab\,.\,sin.\,B + d\,(a\,.\,sin.\,A - b\,.\,sin.\,(A + B))}{m\,.\,n}$$

Die eingeschlossene Größe ist nach 413 $= c\,.\,sin.\,D$, so daß:

461) $$sin.\ \varphi = \frac{ab\,.\,sin.\,B + cd\,.\,sin.\,D}{m\,.\,n}$$

Auf gleiche Weise gibt der zweite Werth von φ die Gleichung:

462) $$sin.\ \varphi = \frac{ad\,.\,sin.\,A + bc\,.\,sin.\,C}{m\,.\,n}$$

Will man den Winkel φ durch den Cosinus berechnen, so ist $cos.\ \varphi = -\ cos.\ (\alpha_1 + \beta)$; daher:

463) $$cos.\ \varphi = \frac{ac\,.\,cos.\,(B + C) - bd\,.\,cos.\,(A + B)}{m\,.\,n}$$

Verbindet man die bisher erhaltenen Gleichungen auf entsprechende Weise, so erhält man die verlangten Winkel auch unabhängig von m und n, bloß aus den Seiten und Winkeln des Vierecks. Für φ z. B. ist:

464) $$tang.\ \varphi = \frac{ab\,.\,sin.\,B + cd\,.\,sin.\,D}{ac\,.\,cos.\,(B + C) - bd\,.\,cos.\,(A + B)}$$

$$= \frac{ad\,.\,sin.\,A + bc\,.\,sin.\,C}{ac\,.\,cos.\,(B + C) - bd\,.\,cos.\,(A + B)}$$

Aus 461 und 462 erhält man noch eine Relation zwischen den Seiten und Winkeln des Vierecks.

465) $$ab\,.\,sin.\,B + cd\,.\,sin.\,D = ad\,.\,sin.\,A + bc\,.\,sin.\,C$$

Die Diagonallinien zerlegen sich gegenseitig. Sind deren Segmente $AE = m_1$, $EC = m_2$, $BE = n_1$, $ED = n_2$, so ist nach 336:

$m_1 . sin. \varphi = a . sin. \beta$; daher:

$$m_1 = \frac{a . sin. \beta}{sin. \varphi} = a . \frac{d\ sin.\ A}{n} : \frac{ab . sin. B + cd . sin. D}{m . n}$$

$$= m . \frac{ad . sin. A}{ab . sin. B + cd . sin. D}$$

Denselben Werth erhält man, wenn man m_1 aus der Gleichung $m_1\ sin.\ \varphi = d . sin. \delta_1$ aufsucht. Der Nenner des gefundenen Bruches kann auch noch nach 465 abgeändert werden.

Ist das eine Segment m_1 einmal bestimmt, so können die andern Segmente durch ein Fortrücken der Buchstaben leicht gefunden werden. Man erhält:

466) $$m_1 = m . \frac{ad . sin. A}{ad . sin. A + bc . sin. C}$$

$$m_2 = m . \frac{bc . sin. C}{ad . sin. A + bc . sin. C}$$

$$n_1 = n . \frac{ab . sin. B}{ab . sin. B + cd . sin. D}$$

$$n_2 = n . \frac{cd . sin. D}{ab . sin. B + cd . sin. D}$$

Hieraus ergeben sich die Verhältnisse:

467) $m_1 : m_2 = ad . sin. A : bc . sin. C$

$n_1 : n_2 = ab . sin. B : cd . sin. D$

und die Produkte:

468) $$m_1 . m_2 = m^2 . \frac{abcd . sin. A . sin. C}{(ad . sin. A + bc . sin. C)^2}$$

$$n_1 . n_2 = n^2 . \frac{abcd . sin. B . sin. D}{(ab . sin. B + cd . sin. D)^2}$$

Diese Produkte verhalten sich wieder:

469) $m_1 . m_2 : n_1 . n_2 =$

$(m . sin. A) . (m . sin. C) : (n . sin. B) . (n . sin. D)$.

Ferner ist:

470) $$m_1 . n_1 = m . n . \frac{a^2 . b . d . sin. A . sin. B}{(ab . sin. B + cd . sin. D)^2}$$

$$m_2 . n_2 = m . n . \frac{c^2 . b . d . sin. C . sin. D}{(ab . sin. B + cd . sin. D)^2}$$

und zuletzt:

471) $m_1 \cdot n_1 : m_2 \cdot n_2 =$

$$(a \cdot sin.\ A) \cdot (a \cdot sin.\ B) : (c\ sin.\ C) \cdot (c \cdot sin.\ D).$$

§. 71. **Anwendung der vorhergehenden Untersuchung auf besondere Vierecke.**

Trapez.

Für dieses Viereck ist (Fig. 93) $A + B = 180$ und $C + D = 180$. $\alpha = \gamma$, $\beta_1 = \delta_1$; daher nach 459:

$$sin.\ \alpha = sin.\ \gamma = \frac{c \cdot sin.\ D}{m} = \frac{a \cdot sin.\ B}{m}$$

$$sin.\ \beta_1 = sin.\ \delta_1 = \frac{c \cdot sin.\ C}{n} = \frac{a \cdot sin.\ A}{n}$$

hieraus folgt:

$$c \cdot sin.\ D = a \cdot sin.\ B \text{ und } c \cdot sin.\ C = a \cdot sin.\ A$$

da aber $sin.\ A = sin.\ B$ und $sin.\ C = sin.\ D$, so ist

$$a \cdot sin.\ A = a \cdot sin.\ B = c \cdot sin.\ C = c \cdot sin.\ D.$$

Die Gleichungen 458, so wie die übrigen Gleichungen in 459, werden in diesem Falle nicht einfacher; eben so die Gleichungen 461 und 462. Aus 464 erhält man:

472) $$tang.\ \varphi = \frac{a\,(b + d) \cdot sin.\ A}{ac \cdot cos.\ (A + D) + bd}$$

Aus 466 wird:

473) $$m_1 = m \cdot \frac{d}{b + d},\quad m_2 = m \cdot \frac{b}{b + d}$$

$$n_1 = n \cdot \frac{b}{b + d},\quad n_2 = n \cdot \frac{d}{b + d}$$

also:

$$m_1 : m_2 = d : b \text{ und } n_2 : n_1 = d : b$$

und hieraus:

$$m_1 : m_2 = n_2 : n_1$$

oder:

474) $m_1 \cdot n_1 = m_2 \cdot n_2$

Die Abschnitte der einen Diagonale verhalten sich also wie umgekehrt die Abschnitte der andern; oder auch, die Abschnitte, welche den gleichen Winkeln entsprechen, messen sich gleichoft. Diese Eigenschaft ist eine nothwendige Folge der Aehnlichkeit der beiden Dreiecke **AED** und **BEC**, deren Winkel gleich sind.

Das Trapez wird durch die Diagonalen noch in andere Dreiecke zerlegt, oder es werden durch dieselben Dreiecke gebildet, welche eine gemeinsame Eigenthümlichkeit haben. In einem jeden Paare der Dreiecke **ABD**, **ACD** und **BAC**, **CDB** und **AEB**, **CED** sind die Produkte aus zwei Seiten in den Sinus des eingeschlossenen Winkels gleich.

Es ist: $a \cdot \sin. A = c \cdot \sin. D$; daher auch:

$ad \cdot \sin. A = cd \cdot \sin. D.$

Hier ist diese Wahrheit für **BAD** und **CDA** bewiesen.

Parallelogramm.

In diesem Vierecke ist $A + B = B + C = C + D = D + A$; $A = C$ und $B = D$; $\alpha = \gamma$, $\alpha_1 = \gamma_1$; $\beta_1 = \delta_1$, $\beta = \delta$; $a = c$ und $b = d$ (Fig. 94). Die vorhergehenden Untersuchungen geben:

475) $m^2 = a^2 + b^2 + 2\,ab \cdot \cos. A$

$n^2 = a^2 + b^2 - 2\,ab \cdot \cos. A$

daher:

$m^2 - n^2 = 4\,ab \cdot \cos. A$

oder:

$(m + n)(m - n) = 4\,ab \cdot \cos. A$

Aus 464 erhält man:

476) $$tang.\ \varphi = \frac{2\,ab \cdot \sin. A}{(b + a)(b - a)}$$

Aus 466 ergibt sich:

$m_1 = m_2 = \frac{1}{2}\,m$ und $n_1 = n_2 = \frac{1}{2}\,n$

Aus 459 findet man noch:

$$\sin.\ \alpha = \frac{a \cdot \sin. A}{m},\quad \sin. \alpha_1 = \frac{b \cdot \sin. A}{m}$$

und

$$\sin.\ \beta = \frac{b \cdot \sin. A}{n},\quad \sin. \beta_1 = \frac{a \cdot \sin. A}{n}$$

Hieraus ergibt sich:

$$sin.\ \alpha : sin.\ \alpha_1 = a : b$$

und

$$sin.\ \beta : sin.\ \beta_1 = b : a$$

Außer den Eigenschaften des Trapezes besitzt daher das Parallelogramm auch noch folgende:

die Diagonalen halbiren sich und je zwei gegenüberliegende Dreiecke sind identisch.

Raute.

Zu den Eigenschaften des vorhergehenden Vierecks kommt bei diesem noch die Gleichheit aller Seiten; für die Diagonalen erhält man daher nach 475:

$$m^2 = 2a^2 + 2a^2 . cos.\ A = 2a^2 (1 + cos.\ A)$$
$$= 2a^2 . 2 . cos.\ \tfrac{1}{2} A^2 = 4a^2 . cos.\ \tfrac{1}{2} A^2$$

und

$$n^2 = 2a^2 - 2a^2 . cos.\ A = 2a^2 (1 - cos.\ A)$$
$$= 2a^2 . 2 . sin.\ \tfrac{1}{2} A^2 = 4a^2 . sin.\ \tfrac{1}{2} A^2$$

Die Verwandlungen der eingeschlossenen Größen geschehen nach 209 und 211. Durch Wurzelausziehen erhält man jetzt:

477) $m = 2a . cos.\ \frac{1}{2} A$ und $n = 2a . sin.\ \frac{1}{2} A$

Für die Theilwinkel erhält man nach den obigen Verhältnissen, da in diesem Vierecke auch $b = a$, $sin.\ \alpha = sin.\ \alpha_1$ und $sin.\ \beta = sin.\ \beta_1$; hieraus ergibt sich wegen der Gleichartigkeit der Winkel $\alpha = \alpha_1$ und $\beta = \beta_1$, d. i. die Winkel der Figur werden halbirt.

Aus 476 findet man, weil $b = a$:

478) $tang.\ \varphi = \infty$ also $\varphi = 90^0$.

Auch hier ist $m_1 = m_2 = \frac{1}{2} m$ und $n_1 = n_2 = \frac{1}{2} n$. Außer den Eigenschaften des Parallelogramms besitzt die Raute auch noch folgende:

die Diagonalen halbiren die Winkel des Vierecks, die Diagonalen durchschneiden sich unter rechten Winkeln und die vier Dreiecke, in welche die Raute zerlegt wird, sind identisch.

Rechteck.

Das Rechteck ist ein Parallelogramm, dessen Winkel sämmtlich gleich, folglich alle Rechte sind:

Man erhält, da $A = 90^0$:

479) $m^2 = a^2 + b^2 = n^2$ also $m = n$.

Die Diagonalen des Rectangulums sind also gleich. Den Neigungswinkel erhält man aus 476:

480) $$tang.\ \varphi = \frac{2\ ab}{(b + a)\ (b - a)}$$

Quadrat.

Sind alle Seiten und alle Winkel gleich, so finden sich alle bisherigen Eigenschaften aller Vierecke im Quadrat vereiniget.

Antiparallelogramm.

Ist $A + C = 180$ und $B + D = 180$ also $C = 180 - A$, $D = 180 - B$, so ist (Fig. 95) nach 458:

481) $$m^2 = a^2 + b^2 - 2\,ab\,.\,cos.\,B = c^2 + d^2 + 2\,cd\,.\,cos.\,B$$
$$n^2 = a^2 + d^2 - 2\,ad\,.\,cos.\,A = b^2 + c^2 + 2\,bc\,.\,cos.\,A$$

Für die Winkel des Vierecks findet man hieraus:

$$cos.\ B = \frac{a^2 + b^2 - c^2 - d^2}{2\ (ab + cd)}$$

$$cos.\ A = \frac{a^2 - b^2 - c^2 + d^2}{2\ (ad + bc)}$$

und wenn diese Werthe wieder in 481 eingeführt werden:

$$m^2 = a^2 + b^2 - 2\,ab\,.\,\frac{a^2 + b^2 - c^2 - d^2}{2\ (ab + cd)}$$

$$= \frac{(a^2 + b^2)\ (ab + cd) - ab\ (a^2 + b^2 - c^2 - d^2)}{(ab + cd)}$$

$$= \frac{(a^2 + b^2)\ .\ cd + (c^2 + d^2)\ ab}{(ab + cd)}$$

$$= \frac{a^2cd + b^2cd + ab\ .\ c^2 + ab\ .\ d^2}{ab + cd}$$

$$= \frac{ac\ (ad + bc) + bd\ (bc + ad)}{ab + cd}$$

$$= \frac{(ac + bd)\ (ad + bc)}{ab + cd}$$

Auf gleiche Weise erhält man für n^2 einen ähnlichen Ausdruck, wenn man den Werth von *cos.* A in die zweite Gleichung einführt.

Es ist:

$$482)\quad m^2 = \frac{(ac + bd)(ad + bc)}{ab + cd}$$

$$n^2 = \frac{(ab + cd)(ac + bd)}{ad + bc}$$

Hieraus erhält man das Verhältniß:

$$\frac{m^2}{n^2} = \frac{(ad + bc)^2}{(ab + cd)^2}$$

oder:

$$483)\quad \frac{m}{n} = \frac{ad + bc}{ab + cd}$$

Für das Antiparallelogramm ist nach 465:

$$(ab + cd)\ sin.\ B = (ad + bc)\ .\ sin.\ A$$

mithin:

$$484)\quad \frac{sin.\ B}{sin.\ A} = \frac{ad + bc}{ab + cd} = \frac{m}{n}$$

und hieraus:

$$485)\quad m\ .\ sin.\ A = n\ .\ sin.\ B \text{ oder } \frac{sin.\ A}{n} = \frac{sin.\ B}{m}$$

Was die Theilwinkel betrifft, so findet man, mit Zuziehung der vorstehenden Wahrheit aus 459, Folgendes:

$$sin.\ \alpha = \frac{c\,.\,sin.\ D}{m} = \frac{c\,.\,sin.\ B}{m} = \frac{c\,.\,sin.\ A}{n} = sin.\ \beta_1$$

und hieraus $\alpha = \beta_1$. Dasselbe Verfahren auf die übrigen Theilwinkel angewandt, gibt:

$$486)\quad \alpha = \beta_1,\ \gamma = \delta_1,\ \beta = \gamma_1,\ \delta = \alpha_1.$$

Hieraus folgt, daß die Winkel in je zwei gegenüberliegenden Dreiecken wechselweise gleich, die Dreiecke selbst also ähnlich sind.

Den Winkel, welchen die Diagonalen mit einander bilden, erhält man nach der Gleichung 464:

$$487)\quad tang.\ \varphi = -\frac{(ab + cd)\ sin.\ B}{ac\,.\,cos.\ (A - B) + bd\ .\ cos.\ (A + B)}$$

Für die Theile der Diagonalen ist aus 466:

$$m_1 = \frac{ad \,.\, m \,.\, \textit{sin.}\ A}{(ab + cd)\ \textit{sin.}\ B} = \frac{ad \,.\, m \,.\, \textit{sin.}\ A}{(ad + cb) \,.\, \textit{sin.}\ A}$$

Wendet man das Gesetz dieser Gleichung auf die übrigen Segmente an, so erhält man, da *sin.* A verschwindet:

488) $$m_1 = \frac{ad \,.\, m}{ad + cb} = \frac{ad \,.\, n}{ab + cd}$$

$$m_2 = \frac{bc \,.\, m}{ad + cb} = \frac{bc \,.\, n}{ab + cd}$$

$$n_1 = \frac{ab \,.\, n}{ab + cd} = \frac{ab \,.\, m}{ad + cb}$$

$$n_2 = \frac{cd \,.\, n}{ab + cd} = \frac{cd \,.\, m}{ad + cb}$$

Hieraus findet man weiter:

$$m_1 \,.\, m_2 = \frac{abcd \,.\, m^2}{(ad + cb)^2}$$

$$n_1 \,.\, n_2 = \frac{abcd \,.\, m^2}{(ad + cb)^2}$$

und somit:

489) $m_1 \,.\, m_2 = n_1 \,.\, n_2$.

Die Produkte der Segmente der Diagonalen sind gleich.

Sechszehntes Kapitel.

Von der Berechnung des Vierecks aus gegebenen Seiten und Winkeln.

§. 72. Berechnung aus vier Seiten und einem Winkel.

I. Man sucht den Winkel, welcher dem gegebenen gegenüber liegt.

Es seyen a, b, c, d und A gegeben, so findet man den Winkel C mit Hülfe der Gleichung 422; für die wirkliche Berechnung kann dieselbe aber auf eine vortheilhafte Weise umgeändert werden.

Man setze zuerst nach 205 $cos.\, A = 1 - 2 \,.\, sin.\, \frac{1}{2} A^2$, so wird:

$$cos.\, C = \frac{-a^2 + b^2 + c^2 - d^2 + 2\,ad - 4\,ad \,.\, sin. \frac{1}{2} A^2}{2\,bc}$$

$$= \frac{-(a^2 - 2\,ad + d^2) + b^2 + c^2 - 4\,ad \,.\, sin. \frac{1}{2} A^2}{2\,bc}$$

$$= \frac{-(a-d)^2 + b^2 + c^2 - 4\,ad \,.\, sin. \frac{1}{2} A^2}{2\,bc}$$

Da auf gleiche Weise $cos.\, C = 1 - 2 \,.\, sin.\, \frac{1}{2} C^2$, so wird durch Uebertragung:

$$2 \,.\, sin.\, \frac{1}{2} C^2 = 1 - \frac{-(a-d)^2 + b^2 + c^2 - 4\,ad \,.\, sin. \frac{1}{2} A^2}{2\,bc}$$

$$= \frac{(a-d)^2 - (b^2 - 2\,bc + c^2) + 4\,ad \,.\, sin. \frac{1}{2} A^2}{2\,bc}$$

$$= \frac{(a-d)^2 - (b-c)^2 + 4\,ad\ sin. \frac{1}{2} A^2}{2\,bc}$$

$$= \frac{(a+b-c-d)(a-b+c-d) + 4\,ad \,.\, sin. \frac{1}{2} A^2}{2\,bc}$$

daher:

490) $$sin.\, \frac{1}{2} C^2 = \frac{(a+b-c-d)\,(a-b+c-d) + 4\,ad \,.\, sin. \frac{1}{2} A^2}{4\,bc}$$

Setzt man aber nach 206 $cos.\, C = 2 \,.\, cos.\, \frac{1}{2} C^2 - 1$, so wird:

$$2 \,.\, cos.\, \frac{1}{2} C^2 = 1 + \frac{-(a-d)^2 + b^2 + c^2 - 4\,ad \,.\, sin. \frac{1}{2} A^2}{2\,bc}$$

$$= \frac{-(a-d)^2 + (b+c)^2 - 4\,ad \,.\, sin. \frac{1}{2} A^2}{2\,bc}$$

$$= \frac{(a+b+c-d)(-a+b+c+d) - 4\,ad \,.\, sin. \frac{1}{2} A^2}{2\,bc}$$

oder:

491) $$cos.\, \frac{1}{2} C^2 = \frac{(a+b+c-d)(-a+b+c+d) - 4\,ad \,.\, sin. \frac{1}{2} A^2}{4\,bc}$$

Eben so findet man aus 422 mit Zuziehung der erwähnten Gesetze 205 und 206:

492) $$sin.\, \frac{1}{2} C^2 = \frac{(a+b-c+d)\,(a-b+c+d) - 4\,ad \,.\, cos. \frac{1}{2} A^2}{4\,bc}$$

und

$$493)\ cos.\tfrac{1}{2}C^2 = \frac{(a+b+c+d)(-a+b+c-d)+4ad\,.\,cos.\tfrac{1}{2}A^2}{4\,bc}$$

Aus diesen vier Gleichungen können durch Vervielfachen und Messen wieder andere erzeugt werden, die aber alle weniger vortheilhaft als diese sind.

Daß alle diese Gleichungen zwei Werthe für C geben müssen, ist früher schon erwähnt worden, beide Werthe machen zusammen 360° aus.

II. Man sucht die Winkel, welche auf den gegebenen folgen.

Man bilde nach dem Gesetze der Gleichung 417 die folgende:

$$\begin{aligned}c^2 = d^2 &- 2\,ad\,.\,cos.\,A + 2bd\,.\,cos.\,(A+B)\\ &+ a^2 - 2\,ab\,.\,cos.\,B\\ &+ b^2,\end{aligned}$$

welche außer den gegebenen Stücken nur einen unbekannten Winkel B enthält, der auf A folgt. Um hieraus B zu entwickeln, muß $cos.\,(A+B)$ nach 198 aufgelöst und so dann die Gleichung nach den Funktionen von B geordnet werden.

Es wird:

$$\begin{aligned}c^2 = a^2 + b^2 + d^2 &- 2\,ad\,.\,cos.\,A - 2\,ab\,.\,cos.\,B\\ &+ 2bd\,.\,cos.\,A\,.\,cos.\,B - 2\,bd\,.\,sin.\,A\,.\,sin.\,B\end{aligned}$$

oder:

$$\begin{aligned}2\,bd\,.\,sin.A\,.\,sin.B + 2\,b\,(a - d\,.\,cos.\,A)\,.\,cos.\,B = a^2+b^2-c^2+d^2\\ -\,2\,ad\,.\,cos.\,A\end{aligned}$$

Wird die ganze Gleichung durch 2 bd $sin.$ A gemessen, so entsteht:

$$sin.\,B + \frac{a - d\,.\,cos.A}{d\,.\,sin.\,A}\,.\,cos.B = \frac{a^2+b^2-c^2+d^2-2\,ad\,.\,cos.A}{2\,bd\,.\,sin.\,A}$$

Diese Gleichung enthält zwei verschiedene Funktionen des Winkels B, soll dieser gefunden werden, so muß man die eine zu entfernen suchen.

Nun ist nach frühern Angaben $sin.\,B = \sqrt{(1 - cos.\,B^2)}$ oder $cos.\,B = \sqrt{(1 - sin.\,B^2)}$; indem man diese Werthe einführt, erhält man für $sin.$ B oder $cos.$ B eine Gleichung, die zum zweiten Grade ansteigt und sehr zusammengesetzt ist.

Ein anderer Weg führt durch eine Zwischenrechnung leichter zum Ziele.

Man setze:

$$\alpha)\ \frac{a - d\ .\ cos.\ A}{d\ .\ sin.\ A} = tang.\ \varphi$$

und der Kürze wegen:

$$\beta)\ \frac{a^2 + b^2 - c^2 + d^2 - 2\,ad\ .\ cos.\ A}{2\ bd\ .\ sin.\ A} = \psi$$

so wird aus der obigen Gleichung:

$$sin.\ B + cos.\ B\ .\ tang.\ \varphi = \psi$$

oder:

$$sin.\ B\ .\ cos.\ \varphi + cos.\ B\ .\ sin.\ \varphi = \psi\ .\ cos.\ \varphi.$$

Hieraus erhält man durch 197:

494) $sin.\ (B + \varphi) = \psi\ .\ cos.\ \varphi.$

Hat man aus α und β die Werthe von φ und ψ berechnet, so erhält man aus der vorstehenden Gleichung den Werth von **B**.

Auf gleiche Weise erhält man, wenn:

$$\frac{d - a\ .\ cos.\ A}{a\ .\ sin.\ A} = tang.\ \varphi_1.$$

und

$$\frac{a^2 - b^2 + c^2 + d^2 - 2\ ad\ .\ cos.\ A}{2\ ac\ .\ sin.\ A} = \psi_1$$

gesetzt wird, aus der Gleichung:

495) $sin.\ (D + \varphi_1) = \psi_1\ .\ cos.\ \varphi_1$

den Werth von **D**.

Der hier angewandte Kunstgriff, um die Rechnung zu verkürzen, hebt jedoch die Folgen nicht auf, die aus einer Gleichung des zweiten Grades für die Werthe von **B** und **D** hervorgehen, man muß auch hier für beide Winkel zwei Werthe finden.

Eine Betrachtung der Figur zeigt, daß φ der Winkel **ABD** ist, der 180° nicht erreichen kann, es ist somit für φ nur ein Werth möglich. Für $B + \varphi$ erhält man dagegen eine ganze Reihe von Winkeln, von welchen jedoch nur die beiden ersten für **B** mögliche Werthe geben. Dasselbe gilt für **D**.

Von den berechneten Winkeln gehören die kleineren Werthe

›n **B** und **D** dem größeren von **C** an und umgekehrt. Findet an, daß für einen der beiden Winkel **B** oder **D** einer der Werthe :gativ wird, so machen die drei übrigen Winkel zusammen schon ehr als 360^0 aus und in diesem Falle kann ein zweites Viereck icht stattfinden. (Vergl. §. 62 und Fig. 81.)

§. 73. Berechnung des Vierecks aus drei Seiten und den :iden davon eingeschlossenen Winkeln.

I. Berechnung der vierten Seite.

Sind a, b, c und B, C die gegebenen Größen, so kann die erte Seite d nach der Gleichung 417 berechnet werden. Eine eine Veränderung kann man mit dieser Gleichung vornehmen, enn man nach 205 die Cosinusse durch andere Werthe ersetzt. s wird:

$$d^2 = a^2 - 2ab + 4ab \, . \, sin. \tfrac{1}{2} B^2 + 2ac - 4ac \, . \, sin. \tfrac{1}{2} (B + C)^2$$
$$+ b^2 - 2bc + 4bc \, . \, sin. \tfrac{1}{2} C^2$$
$$+ c^2$$

:un ist aber:

$$a^2 - 2ab + 2ac + b^2 - 2bc + c^2 = (a - b + c)^2$$

ıher:

$$496) \quad d^2 = (a - b + c)^2 + 4ab \, . \, sin. \tfrac{1}{2} B^2 - 4ac \, . \, sin. \tfrac{1}{2} (B + C)^2$$
$$+ 4bc \, . \, sin. \tfrac{1}{2} C^2$$

Diese Gleichung hat zwei Glieder weniger als die 417.

II. Man sucht die beiden andern Winkel.

Nach der Gleichung 424 sind die nachstehenden Gleichungen :bildet, welche zeigen wie die Winkel **A** und **D** berechnet werden ›nnen.

$$497) \quad tang. A = \frac{b \, . \, sin. B - c \, . \, sin. (B + C)}{a - b \, . \, cos. B + c \, . \, cos. (B + C)}$$

$$tang. D = \frac{b \, . \, sin. C - a \, . \, sin. (B + C)}{c - b \, . \, cos. B + a \, . \, cos. (B + C)}$$

Zur Berechnung der Winkel kann man noch andere Gleichun- :n aufstellen; die folgende gibt den Unterschied der unbekannten Zinkel, aus welchen die einzelnen Winkel leicht gefunden werden ›nnen, da deren Summe durch **B** und **C** gegeben ist.

498) $tang.\,\frac{1}{2}(A-D) = \frac{(a-c).\,sin.\,\frac{1}{2}(B+C) + b.\,sin.\,\frac{1}{2}(B-C)}{(a+c).\,cos.\,\frac{1}{2}(B+C) - b.\,cos.\,\frac{1}{2}(B-C)}$

Alle Gleichungen geben nur einen Werth für die unbekannten Größen.

§. 74. **Berechnung des Vierecks aus drei Seiten und zwei Winkeln, von welchen der eine eingeschlossen ist, der andere nicht, der letztere folgt jedoch auf den ersten.**

I. Man sucht die vierte Seite.

Sind a, b, c und A, B gegeben, so findet man die vierte Seite nach 429, der zweite Theil dieser Gleichung läßt sich aber in zwei Faktoren zerlegen, wodurch sie für die Berechnung an Brauchbarkeit viel gewinnt. Es ist:

$$499)\ d = a\,.\,cos.\,A - b\,.\,cos.\,(A+B) + \sqrt{(c + a\,.\,sin.\,A - b\,.\,sin.\,(A+B)).\,(c - a\,.\,sin.\,A + b\,.\,sin.\,(A+B))}$$

II. Berechnung der Winkel.

Den Winkel D gibt die Gleichung 428:

$$sin.\,D = \frac{a\,.\,sin.\,A - b\,.\,sin.\,(A+B)}{c}$$

Durch diesen Winkel findet man jetzt auch den vierten C.

Alle diese Gleichungen geben zwei Werthe für die Unbekannten, wie dieß die frühern Betrachtungen verlangen.

§. 75. **Berechnung des Vierecks aus drei Seiten und zwei Winkeln, wovon der eine eingeschlossen ist, der andere diesem gegenübersteht.**

I. Man sucht die vierte Seite.

Die gegebenen Stücke seyen a, b, c und A, C.

Nach 432 ist:

$$d = a\,.\,cos.\,A \pm \sqrt{(b^2 + c^2 - 2\,bc\,.\,cos.\,C - a^2\,sin.\,A^2)^2}$$

An die Stelle von:

$$b^2 + c^2 - 2\,bc\,.\,cos.\,C$$

kann nach §. 59 gesetzt werden:

$$(b - c)^2 + 4\,bc\,.\,sin.\,\tfrac{1}{2}\,C^2$$

daher:

$$d = a\,.\,cos.\,A \pm \sqrt{((b-c)^2 - a^2\,sin.\,A^2 + 4\,bc\,.\,sin.\,\tfrac{1}{2}\,C^2)}$$

oder:

500) $d = a . cos. A \pm \sqrt{((b - c + a . sin. A) . (b - c - a . sin. A) + 4bc . sin. \tfrac{1}{2} C^2)}$

und diese Gleichung ist für die Berechnung vortheilhafter als 432.

II. Man sucht die übrigen Winkel.

Die Gleichung 431

$$sin. D - \frac{b . sin. C}{c - b . cos. C} . cos. D = \frac{a . sin. A}{c - b . cos. C}$$

gibt, wenn man:

$$\frac{b . sin. C}{c - b . cos. C} = tang. \varphi$$

setzt:

$$sin. D - cos. D . tang. \varphi = \frac{a . sin. A}{c - b . cos. C}$$

oder auch:

$$sin. D . cos. \varphi - cos. D . sin. \varphi = \frac{a . sin. A}{c - b . cos. C} . cos. \varphi$$

daher nach 199:

501) $sin. (D - \varphi) = \frac{a . sin. A}{c - b . cos. C} . cos. \varphi$

Die gefundenen Gleichungen geben, wie die frühern Betrachtungen verlangen, für jede Unbekannte zwei Werthe.

§. 76. **Berechnung des Vierecks aus drei Seiten und den beiden nicht eingeschlossenen Winkeln.**

I. Man sucht die vierte Seite.

Es seyen a, b, c und A, D die gegebenen Größen, so gibt die Gleichung 434 die vierte Seite, die nachstehende Form derselben erleichtert die Berechnung.

502) $d = a . cos. A + c . cos. D \pm \sqrt{(b + a . sin. A - c . sin. D)(b - a . sin. A + c . sin. D)}$

II. Man sucht die übrigen Winkel.

Aus der Gleichung 413 erhält man:

503) $sin. (A + B) = \frac{a . sin. A - c . sin. D}{b}$

Eben so ist:

$$sin.\ (C + D) = \frac{c\ .\ sin.\ C - a\ .\ sin.\ A}{b}$$

Aus welchen Gleichungen man die Winkel berechnen kann. Für die Unbekannten erhält man zwei Werthe.

§. 77. **Berechnung des Vierecks aus zwei auf einander folgende Seiten und den Winkeln.**

Sind a und b die gegebenen Seiten, so findet man die beiden andern aus 437 und 438:

$$c = \frac{a\ .\ sin.\ A + b\ .\ sin.\ (C + D)}{sin.\ D}$$

$$d = \frac{b\ .\ sin.\ C + a\ .\ sin.\ (A + D)}{sin.\ D}$$

§. 78. **Berechnung des Vierecks aus zwei einander gegenüberliegenden Seiten und den Winkeln.**

Die Gleichungen 439 und 440 geben:

$$b = \frac{a\ .\ sin.\ A - c\ .\ sin.\ D}{sin.\ (A + B)}$$

$$d = \frac{a\ .\ sin.\ B - c\ .\ sin.\ C}{sin.\ (A + B)}$$

Fünfter Abschnitt.

Von den Fünf- und Vielecken und von dem Kreise.

Siebenzehntes Kapitel.

Von dem Zusammenhange der Seiten und Winkel der Fünf- und Vielecke.

§. 79. **Von den Winkeln der Fünf- und Vielecke.** In en nachfolgenden Untersuchungen ist nur von einfachen Fünfseiten der Fünfecken, einfachen Vielseiten oder Vielecken die Rede und war nur von solchen, bei deren Bildung keine Seite von der anern durchschnitten wird.

Ein solches einfache Fünfeck kann durch Diagonalen in drei Dreiecke zerlegt werden (Fig. 96). Da nun die Winkel der Dreiecke zusammengenommen die Winkel des Fünfecks ausmachen, o ist die Summe derselben:

504) $A + B + C + D + E = 3 \,.\, 2R = 6R$

Eben so kann das Sechseck in 4 Dreiecke zerlegt werden, und ie Summe der Winkel desselben wird seyn:

$$A + B + C + D + E + F = 4 \,.\, 2R = 8R$$

Auf diese Weise erhält man für die Vielecke die nachstehende Zusammenstellung:

Das	besteht aus	und enthält
△	1 . △	1 . 2 R
□	2 . △	2 . 2 R
5eck	3 . △	3 . 2 R
. . . .	. . . .	. . . .
neck	(n — 2) △	(n — 2) . 2 R

Bezeichnet man daher die aufeinanderfolgenden Winkel des neckes durch A_1, A_2, A_3, ... A_n, so ist:

505) $A_1 + A_2 + A_3 + \dots + A_n = 2 . (n - 2) . R$

Werden alle Winkel einander gleich, so ist jeder:

506) $A = \frac{2 \, (n - 2)}{n} . R$

Dieß gibt für:

Das gleichwinkelige Dreieck $A = \frac{1 . 2}{3} R = 60^0$

» » Viereck $A = \frac{2 . 2}{4} R = 90^0$

» » Fünfeck $A = \frac{3 . 2}{5} R = 108^0$

» » Sechseck $A = \frac{4 . 2}{6} R = 120^0$

» » Siebeneck $A = \frac{5 . 2}{7} R = 128\frac{4}{7}{}^0$

. . . .

§. 80. **Von dem Zusammenhange der Seiten und Winkel des Fünfeckes im Allgemeinen.**

Sind BF, CG und DH (Fig. 97) senkrecht zu AE; DN senkrecht zu CG und CM senkrecht zu BF, so ist:

$$BF = BM + MF$$
$$= BM + CG = BM + CN + NG$$
$$= BM + CN + DH$$

Nun ist aber:

$BF = a . sin. A$, $BM = b . sin. m$, $CN = c . sin. n$, $DH = d . sin. E$

daher:

$$a . sin. A = b . sin. m + c . sin. n + d . sin. E$$

Ferner ist:

$$AE = AF + FG + GH + HE$$
$$= AF + MC + ND + HE$$

Da nun:

$$AE = e,\ AF = a\,.\,cos.\,A,\ MC = b\,.\,cos.\,m,\ ND = c\,.\,cos.\,n$$
$$HE = d\,.\,cos.\,E$$

so wird:

$$e = a\,.\,cos.\,A + b\,.\,cos.\,m + c\,.\,cos.\,n + d\,.\,cos.\,E$$

In diesen beiden Gleichungen lassen sich die Winkel m, n und E durch andere ersetzen. Es ist:

$$m = 180 - (A + B)$$
$$n = 360 - (A + B + C)$$
$$E = 540 - (A + B + C + D)$$

daher:

$$sin.\,m = sin.\,(A + B) \qquad cos.\,m = -cos.\,(A + B)$$
$$sin.\,n = -sin.\,(A + B + C) \quad cos.\,n = +cos.\,(A + B + C)$$
$$sin.\,E = sin.\,(A + B + C + D) \quad cos.\,E = -cos.\,(A + B + C + D)$$

und wenn diese Werthe eingeführt werden:

$$a\,.\,sin.\,A = b\,.\,sin.\,(A + B) - c\,.\,sin.\,(A + B + C)$$
$$+ d\,.\,sin.\,(A + B + C + D)$$
$$e = a\,.\,cos.\,A - b\,.\,cos.\,(A + B) + c\,.\,cos.\,(A + B + C)$$
$$- d\,.\,cos.\,(A + B + C + D)$$

oder allgemeiner:

$$507)\quad 0 = a\,.\,sin.\,A$$
$$- b\,.\,sin.\,(A + B)$$
$$+ c\,.\,sin.\,(A + B + C)$$
$$- d\,.\,sin.\,(A + B + C + D)$$
$$+ e\,.\,sin.\,(A + B + C + D + E)$$

und

$$508)\quad 0 = a\,.\,cos.\,A$$
$$- b\,.\,cos.\,(A + B)$$
$$+ c\,.\,cos.\,(A + B + C)$$
$$- d\,.\,cos.\,(A + B + C + D)$$
$$+ e\,.\,cos.\,(A + B + C + D + E)$$

Aus diesen Grundgleichungen des Fünfeckes kann man auf

dieselbe Weise, wie dieß in §. 49 und §. 64 geschehen ist, eine dritte ableiten, sie ist:

$$509)\quad e^2 = a^2 - 2\,ab\,.\,cos.\,B + 2\,ac\,.\,cos.\,(B + C) - 2\,ad\,.\,cos.\,(B + C + D)$$
$$+ b^2 - 2\,bc\,.\,cos.\,C + 2\,bd\,.\,cos.\,(C + D)$$
$$+ c^2 - 2\,cd\,.\,cos.\,D$$
$$+ d^2.$$

Aus diesen Grundformeln lassen sich nun alle Wahrheiten und Rechnungen über das Fünfeck ziehen, wie dieß bei dem Dreiecke und Vierecke gezeigt worden ist.

Was aber zuerst die Bestimmung des Fünfeckes betrifft, so zeigen diese Gleichungen, daß wenigstens sieben Elemente des Fünfecks gegeben seyn müssen, wenn ein achtes dargestellt oder bestimmt werden soll.

Die Elemente des Fünfecks zu sieben zusammengestellt, lassen folgende Fälle zu:

5 Seiten und 2 Winkel,
4 » » 3 »
3 » » 4 od. 5 »

Man muß aber hierin auch auf die Folge der Seiten und Winkel achten, wie dieß schon bei dem Dreiecke und Vierecke gezeigt worden ist; hierdurch erhält man nun folgende Fälle.

Man kann zusammenstellen (Fig. 98):

1) 5 Seiten und zwei Winkel, welche
   a) auf einander folgen und
   b) nicht aufeinander folgen.
2) 4 Seiten und 3 Winkel. Die letzten können
   A) eingeschlossen seyn von den 4 Seiten,
   B) nur zwei sind eingeschlossen und
      a) alle Winkel folgen auf einander,
      b) nur die eingeschlossenen Winkel bilden eine Folge,
      c) die eingeschlossenen Winkel liegen getrennt.
   C) Nur ein Winkel ist eingeschlossen und
      a) alle Winkel folgen auf einander;

b) der eingeschlossene Winkel liegt von den andern getrennt.

3) 3 Seiten und 4 oder 5 Winkel; die Seiten

a) bilden eine Folge;

b) die Folge ist unterbrochen.

Im Ganzen erhält man also 10 Fälle, denen man eine besondere Betrachtung widmen muß, und in welchen das Fünfeck vollkommen oder in der Art bestimmt ist, daß man den gegebenen Elementen noch eine allgemeine Bedingung beifügen muß, ohne welche immer zwei verschiedene Fünfecke stattfinden können, welchen die gegebenen Elemente gemein sind.

§. 81. **Grundgesetze der Vielecke.** Bezeichnet man die Seiten der Vielecke der Reihe nach mit a_1, a_2, a_3, ... a_n, die Winkel eben so mit A_1, A_2, A_3, ... A_n, so sind die Grundgleichungen des Dreiecks:

$$\begin{aligned}0 = {} & a_1 \,.\, \sin.\, A_1 \\ & - a_2 \,.\, \sin.\, (A_1 + A_2) \\ & + a_3 \,.\, \sin.\, (A_1 + A_2 + A_3)\end{aligned}$$

$$\begin{aligned}0 = {} & a_1 \,.\, \cos.\, A_1 \\ & - a_2 \,.\, \cos.\, (A_1 + A_2) \\ & + a_3 \,.\, \cos.\, (A_1 + A_2 + A_3)\end{aligned}$$

des Vierecks:

$$\begin{aligned}0 = {} & a_1 \,.\, \sin.\, A_1 \\ & - a_2 \,.\, \sin.\, (A_1 + A_2) \\ & + a_3 \,.\, \sin.\, (A_1 + A_2 + A_3) \\ & - a_4 \,.\, \sin.\, (A_1 + A_2 + A_3 + A_4)\end{aligned}$$

$$\begin{aligned}0 = {} & a_1 \,.\, \cos.\, A_1 \\ & - a_2 \,.\, \cos.\, (A_1 + A_2) \\ & + a_3 \,.\, \cos.\, (A_1 + A_2 + A_3) \\ & - a_4 \,.\, \cos.\, (A_1 + A_2 + A_3 + A_4)\end{aligned}$$

des Fünfecks:

$$\begin{aligned}0 = {} & a_1 \,.\, \sin.\, A_1 \\ & - a_2 \,.\, \sin.\, (A_1 + A_2) \\ & + a_3 \,.\, \sin.\, (A_1 + A_2 + A_3)\end{aligned}$$

$$
\begin{aligned}
& - a_4 \, . \, sin. \, (A_1 + A_2 + A_3 + A_4) \\
& + a_5 \, . \, sin. \, (A_1 + A_2 + A_3 + A_4 + A_5) \\
0 = \; & a_1 \, . \, cos. \, A_1 \\
& - a_2 \, . \, cos. \, (A_1 + A_2) \\
& + a_3 \, . \, cos. \, (A_1 + A_2 + A_3) \\
& - a_4 \, . \, cos. \, (A_1 + A_2 + A_3 + A_4) \\
& + a_5 \, . \, cos. \, (A_1 + A_2 + A_3 + A_4 + A_5)
\end{aligned}
$$

u. s. w.

Setzt man der Kürze wegen:

$$
\begin{aligned}
& A_1 = A_{1|2} \\
& A_1 + A_2 = A_{1|2} \\
& A_1 + A_2 + A_3 = A_{1|3} \\
& \cdot \; \cdot \; \cdot \; \cdot \; \cdot \; \cdot \; \cdot \; \cdot \; \cdot \; \cdot \; \cdot \; \cdot \\
& A_1 + A_2 + A_3 + \ldots + A_n = A_{1|n}
\end{aligned}
$$

so ist der Analogie nach für das neck

$$
\begin{aligned}
510) \quad 0 = \; & a_1 \, . \, sin. \, A_{1|1} \\
& - a_2 \, . \, sin. \, A_{1|2} \\
& + a_3 \, . \, sin. \, A_{1|3} \\
& - \; . \; . \; . \; . \; . \; . \\
& (-)^{n-1} \, a_n \, . \, sin. \, A_{1|n}
\end{aligned}
$$

und

$$
\begin{aligned}
511) \quad 0 = \; & a_1 \, . \, cos. \, A_{1|1} \\
& - a_2 \, . \, cos. \, A_{1|2} \\
& + a_3 \, . \, cos. \, A_{1|3} \\
& - \; . \; . \; . \; . \; . \; . \\
& (-)^{n-1} \, a_n \, . \, cos. \, A_{1|n}
\end{aligned}
$$

Das letzte Glied der ersten dieser Gleichungen ist für sich gleich Null, so daß sie nur 2 (n — 1) Elemente des n eckes enthält und daher 2 n — 3 Elemente erfordert werden, wenn das n eck bestimmt seyn soll.

Die Seiten und Winkel lassen sich nun zu 2 n — 3 auf folgende Art zusammenstellen.

n	Seiten	und	n—3	Winkel
n—1	»	»	n—2	»
n—2	»	»	n—1 oder n	»

Wenn nun in diesen Zusammenstellungen die Folge der Seiten und Winkel beachtet wird, so ergeben sich aus jedem dieser drei Fälle wieder mehrere untergeordnete, so zerfällt z. B. bei dem Sechsecke der erste Fall in 3, der zweite in 9 und der dritte in 3 u. s. w.

In den meisten dieser Fälle ist das Vieleck durch die gegebenen Seiten und Winkel nicht vollkommen bestimmt und es müssen noch allgemeine Bedingungen über die Beschaffenheit der nicht gegebenen Winkel oder anderer Theile der Vielecke die verschiedenen Figuren scheiden.

Die beiden Grundformeln enthalten jeden Zusammenhang, jede Relation des Vielecks, und können, mit einander verbunden, sehr verschiedene Formen annehmen.

Ueber den Zusammenhang der Seiten und Winkel im Besonderen wird das nächste Kapitel Einiges enthalten.

§. 82. Vergleichung mehrerer Vielecke, die in bestimmten Beziehungen zu einander stehen.

Die früheren Betrachtungen über die Kongruenz der Dreiecke und Vierecke lassen sich auch auf die Fünf- und Vielecke anwenden. Auf gleiche Weise erhält man die Sätze:

512) Sind zwei Vielecke durch dieselben Elemente, Seiten und Winkel, und dieselben allgemeinen Bedingungen auf gleiche und einzige Weise bestimmt, so sind sie kongruent und haben alle Elemente wechselweise gleich.

Eben so den folgenden; unter Beziehung auf den vorstehenden Satz:

513) Sind aber in einem solchen Falle die gegebenen Seiten in beiden Vielecken nicht gleich, sondern nur proportional, so sind die Vielecke ähnlich.

Die Verbindungslinien zweier nicht unmittelbar auf einander folgender Punkte der Vielecke nennt man Diagonalen. Das Viereck hat deren zwei; das Fünfeck 5; das Sechseck 9; das Siebeneck 14, u. s. w.; das neck endlich $\frac{n(n-3)}{2}$. Man sieht leicht ein, daß nicht alle Diagonalen gleichen Werth haben, oder sich auf gleiche Weise verhalten. Diagonalen gleicher Art sind die, welche zwei Seiten umfassen, welche drei Seiten umfassen, u. s. w. Hiernach haben Vierecke und Fünfecke nur Diagonalen einer Art; Sechsecke und Siebenecke zwei verschiedene Arten, Achtecke und Neunecke drei Arten derselben u. s. w.

Den früheren Wahrheiten entsprechend, findet man nun auch für die Vielecke.

514) In kongruenten Vielecken sind die entsprechenden Diagonalen gleicher Art einander gleich, und werden kongruente Vielecke auf gleiche Weise durch Diagonalen in andere Vielecke zerlegt, so sind auch diese kongruent.

Und auch:

515) In ähnlichen Vielecken sind die entsprechenden Diagonalen gleicher Art proportional und werden ähnliche Vielecke auf gleiche Weise durch Diagonalen in andere Vielecke zerlegt, so sind auch diese ähnlich.

Wählt man im Innern eines Vieleckes einen Punkt und verbindet man diesen mit den Eckpunkten, so wird dasselbe in eben so viele Dreiecke zerlegt als das Vieleck Seiten hat. Die vorhergehenden Sätze führen nun mit Leichtigkeit zu Folgendem:

516) Sind zwei Vielecke identisch und werden sie von zwei Punkten im Innern derselben, welche bei beiden die gleiche Lage haben, auf die erwähnte Art in Dreiecke zerlegt, so sind auch die homologen Dreiecke beider Vielecke identisch; sind aber die Vielecke bloß ähnlich, so sind auch die Dreiecke ähnlich.

Die Theilungslinien, welche hier von einem Punkte aus nach den Eckpunkten gehen, kann man Strahlen oder Radien nennen.

§. 83. Allgemeine Bemerkungen über die Berechnung der Vielecke.

Der Zusammenhang der Winkel des n eckes ist von der Art, daß durch n — 1 Winkel der nte bestimmt ist; fügt man hierzu die n Seiten, so sind durch 2n — 1 Elemente des n eckes alle Elemente gegeben. Nun werden aber 2n — 3 Elemente erfordert, wenn das n eck bestimmt seyn soll, so daß nur 2 Elemente der Rechnung unterliegen können.

Die Grundformeln des n eckes sind zwei Gleichungen, von welchen die erste $2n-2$, die zweite $2n-1$ Element desselben enthält; sind nun in einem bestimmten Falle $2n-3$ Elemente gegeben, so müssen die beiden Gleichungen in der Art verbunden werden, daß die eine Unbekannte entfernt wird und man alsdann die andere auffinden kann.

Es seyen z. B. (Fig. 99) bei dem Fünfecke gegeben a_1, a_2, a_3, a_4 und A_1, A_3, A_5, so sind die Unbekannten a_5 und A_2 oder A_4; soll nun a_5 gefunden werden, so muß man aus beiden Gleichungen A_2 und A_4 wegzuschaffen suchen.

Man beachte nun, daß, 111, 112, 127, 128:

$$\sin. A_{1|4} = \sin. (540 - A_5) = + \sin. A_5$$
$$\cos. A_{1|4} = \cos. (540 - A_5) = - \cos. A_5$$
$$\sin. A_{1|5} = \sin. 540 = 0$$
$$\cos. A_{1|5} = \cos. 540 = -1$$

und die Grundgleichungen des Fünfeckes hierdurch werden:

$$0 = a_1 . \sin. A_1 - a_2 . \sin. A_{1|2} + a_3 . \sin. A_{1|3} - a_4 . \sin. A_5$$
$$0 = a_1 . \cos. A_1 - a_2 . \cos. A_{1|2} + a_3 . \cos. A_{1|3} + a_4 . \cos. A_5 - a_5$$

Diese Gleichungen enthalten den Winkel A_4 nicht mehr. Um nun auch noch A_2 wegzuschaffen, bringe man alle Glieder, welche diesen Winkel nicht enthalten, auf die andere Seite, so wird:

$$a_4 . \sin. A_5 - a_1 . \sin. A_1 = a_3 . \sin. A_{1|3} - a_2 . \sin. A_{1|2}$$
$$a_5 - a_4 . \cos. A_5 - a_1 . \cos. A_1 = a_3 . \cos. A_{1|3} - a_2 . \cos. A_{1|2}$$

Erhebt man jetzt diese Gleichungen zur zweiten Potenz und zählt sie zusammen, so erhält man auf bekannte Weise:

$$(a_5 - a_4 . \cos. A_5 - a_1 . \cos. A_1)^2 + (a_4 . \sin. A_5 - a_1 . \sin. A_1)^2 = a_3^2 - 2 a_3 . a_2 . \cos. A_3 + a_2^2$$

daher durch Uebertragung und Ausziehung der Wurzel:

517) $$a_5 = a_4 . \cos. A_5 + a_1 . \cos. A_1 \pm \sqrt{(a_3^2 - 2 a_3 . a_2 . \cos. A_3 + a_2^2 - (a_4 . \sin. A_5 - a_1 . \sin. A_1)^2)}$$

Den Winkel A_2 erhält man weniger leicht aus der ersten veränderten Grundgleichung. Es ist:

$$a_4 \, . \, sin. \, A_5 - a_1 \, . \, sin. \, A_1 = a_3 \, . \, sin. \, (A_1 + A_2 + A_3) \\ - a_2 \, . \, sin. \, (A_1 + A_2)$$

oder wenn A_2 getrennt wird:

$$a_4 \, . \, sin. \, A_5 - a_1 \, . \, sin. \, A_1 =$$
$$a_3 \, . \, sin. \, (A_1 + A_3) \, . \, cos. \, A_2 + a_3 \, . \, cos. \, (A_1 + A_3) . \, sin. \, A_2 \\ - a_2 \, . \, sin. \, A_1 \, . \, cos. \, A_2 - a_2 \, . \, cos. \, A_1 \, . \, sin. \, A_2 \\ = (a_3 \, . \, sin. \, (A_1 + A_3) - a_2 \, . \, sin. \, A_1) \, . \, cos. \, A_2 \\ + (a_3 \, . \, cos. \, (A_1 + A_3) - a_2 \, . \, cos. \, A_1) \, . \, sin. \, A_2$$

Dieses ist eine von denjenigen Gleichungen, die zum zweiten Grade führen, was aber durch einen Kunstgriff vermieden werden kann. Man gebe der Gleichung die Form:

$$sin. \, A_2 + \frac{a_3 \, . \, sin. \, (A_1 + A_3) - a_2 \, . \, sin. \, A_1}{a_3 \, . \, cos. \, (A_1 + A_3) - a_2 \, . \, cos. \, A_1} \, . \, cos. \, A_2 \\ = \frac{a_4 \, . \, sin. \, A_5 - a_1 \, . \, sin. \, A_1}{a_3 \, . \, cos. \, (A_1 + A_3) - a_2 \, . \, cos. \, A_1}$$

und setze:

$$\frac{a_3 \, . \, sin. \, (A_1 + A_3) - a_2 \, . \, sin. \, A_1}{a_3 \, . \, cos. \, (A_1 + A_3) - a_2 \, . \, cos. \, A_1} = tang. \, \varphi$$

und der Kürze wegen:

$$\frac{a_4 \, . \, sin. \, A_5 - a_1 \, . \, sin. \, A_1}{a_3 \, . \, cos. \, (A_1 + A_3) - a_2 \, . \, cos. \, A_1} = \psi$$

so geht sie über in:

$$sin. \, A_2 + tang. \, \varphi \, . \, cos. \, A_2 = \psi$$

Wird nun $tang. = \frac{sin.}{cos.}$ gesetzt und mit $cos. \, \varphi$ multiplizirt, so erhält man auf die bekannte Weise hieraus:

518) $sin. \, (A_2 + \varphi) = \psi \, . \, cos. \, \varphi.$

Bei diesen Berechnungen kann man oft mit Vortheil frühere Untersuchungen benützen.

Theilt man durch die Diagonale A_2A_4 das Fünfeck in das Dreieck $A_2A_3A_4$ und in das Viereck $A_2A_1A_5A_4$, so ist:

$$A_2A_4^2 = a_2^2 + a_3^2 - 2 a_2 \, . \, a_3 \, . \, cos. \, A_3$$

und

$$A_2A_4{}^2 = a_1{}^2 - 2a_1 . a_5 . cos. A_1 + 2a_1 . a_4 . cos. (A_1 + A_5)$$
$$+ a_5{}^2 - 2a_4 . a_5 . cos. A_5$$
$$+ a_4{}^2$$

daher durch Gleichsetzung und Trennung von a_5:

$$a_5{}^2 - 2a_5 . (a_1 . cos. A_1 + a_4 . cos. A_5) +$$
$$+ 2a_1 . a_4 . cos. (A_1 + A_5) + a_1{}^2 + a_4{}^2 =$$
$$= a_2{}^2 + a_3{}^2 - 2a_2 . a_3 . cos. A_3$$

und durch Uebertragung und Ergänzung des Quadrats:

$$a_5{}^2 - 2a_5 (a_1 . cos. A_1 + a_4 . cos. A_5)$$
$$+ (a_1 . cos. A_1 + a_4 . cos. A_5)^2 = - a_1{}^2 + a_2{}^2 + a_3{}^2$$
$$- a_4{}^2 - 2a_1 . a_4 . cos. (A_1 + A_5) - 2a_2 . a_3 . cos. A_3$$
$$+ a_1{}^2 . cos. A_1{}^2 + a_4{}^2 . cos. A_5{}^2 + 2a_1 . a_4 . cos. A_1 . cos. A_5$$

Nach gehörigen Reduktionen erhält man hieraus:

$$(a_5 - (a_1 . cos. A_1 + a_4 . cos. A_5))^2 = a_2{}^2 - 2a_2 . a_3 . cos. A_3 + a_3{}^2$$
$$- (a_4 . sin. A_5 - a_1 . sin. A_1)^2$$

somit wieder wie früher:

$$a_5 = a_4 . cos. A_5 + a_1 . cos. A_1 \pm \sqrt{(a_3{}^2 - 2a_2 . a_3 . cos. A_3 + a_2{}^2}$$
$$\overline{- (a_4 . sin. A_5 - a_1 . sin. A_1)^2)}$$

Die erhaltenen Gleichungen zeigen, daß zwei Fünfecke möglich sind, denen die gegebenen Elemente wechselweise angehören können und die doch unter sich verschieden sind. Die beiden Fünfecke unterscheiden sich dadurch, daß in dem ersten (Fig. 100, 1) die Diagonale A_2A_4 mit a_5 einen spitzen und in dem andern (Fig. 100, 2) einen stumpfen Winkel bildet.

Um die Methode der Berechnung an einem zweiten Beispiele zu zeigen, sey a_1, a_2, a_3, a_4, a_5 und A_1, A_4 gegeben. Die Grundformeln geben:

$$a_5 - a_1 . cos. A_1 = - a_2 . cos. (A_1 + A_2)$$
$$+ a_3 . cos. (A_1 + A_2 + A_3)$$
$$- a_4 . cos. (A_1 + A_2 + A_3 + A_4)$$
$$- a_1 . sin. A_1 = - a_2 . sin. (A_1 + A_2)$$
$$+ a_3 . sin. (A_1 + A_2 + A_3)$$
$$- a_4 . sin. A_1 + (A_2 + A_3 + A_4)$$

Erhebt man diese zum Quadrate und zählt sie zusammen, so erhält man auf die bekannte Art:

$$(a_5 - a_1 . cos. A_1)^2 + a_1{}^2 . sin. A_1{}^2 =$$
$$a_2{}^2 - 2 a_2 . a_3 . cos. A_3 + 2 a_2 . a_4 . cos. (A_3 + A_4)$$
$$+ a_3{}^2 - 2 a_3 . a_4 . cos. A_4$$
$$+ a_4{}^2$$

Hieraus kann der Winkel A_3 aufgefunden werden. Es ist:

$$2 a_2 . a_4 . cos. (A_3 + A_4) - 2 a_2 . a_3 . cos. A_3$$
$$= (a_5 - a_1 . cos. A_1)^2 + a_1{}^2 . sin. A_1{}^2$$
$$- a_2{}^2 - a_3{}^2 - a_4{}^2 + 2 a_3 . a_4 . cos. A_4$$

Löst man den Cosinus des zusammengesetzten Winkels auf und setzt der Kürze wegen den Ausdruck zur Rechten $= P$, so entsteht:

$$2 a_2 . a_4 . cos. A_3 . cos. A_4 - 2 a_2 . a_4 . sin. A_3 . sin. A_4$$
$$- 2 a_2 . a_3 . cos. A_3 = P$$

oder:

$$2 a_2 (a_4 . cos. A_4 - a_3) . cos. A_3 - 2 a_2 . a_4 . sin. A_4 . sin. A_3 = P$$

Die ganze Gleichung durch die Vorzahl von $cos. A_3$ gemessen gibt:

$$cos. A_3 - \frac{a_4 . sin. A_4}{a_4 . cos. A_4 - a_3} . sin. A_3 = \frac{P}{2 a_2 (a_4 . cos. A_4 - a_3)}$$

Hieraus findet man nun:

519) $$cos. (A_3 + \varphi) = \frac{P . cos. \varphi}{2 a_2 (a_4 . cos. A_4 - a_3)}$$

wenn $\frac{a_4 . sin. A_4}{a_4 . cos. A_4 - a_3} = tang. \varphi$ gesetzt wird.

Will man den Winkel A_2 finden, so kann man auf ähnliche Art verfahren, oder auch frühere Sätze benützen. Wird das Fünfeck (Fig. 101) durch $A_3 A_5$ in ein Viereck und in ein Dreieck zerlegt, so kann die Diagonale $A_3 A_5$ einmal als Seite des Vierecks, dann als Seite des Dreiecks angesehen werden, und man erhält durch Gleichsetzung, mit Hülfe von 417 und 341:

$$a_5{}^2 - 2 a_5 . a_1 . cos. A_1 + 2 . a_5 . a_2 . cos. (A_1 + A_2)$$
$$+ a_1{}^2 - 2 a_1 . a_2 . cos. A_2 + a_2{}^2 =$$
$$a_3{}^2 - 2 a_3 . a_4 . cos. A_4 + a_4{}^2$$

oder:

$$2a_5 \cdot a_2 \cdot cos. (A_1 + A_2) - 2a_1 \cdot a_2 \cdot cos. A_2 = a_3{}^2 - $$
$$- 2a_3 \cdot a_4 \; cos. A_4 + a_4{}^2 -$$
$$- (a_1{}^2 + a_2{}^2 + a_5{}^2 - 2a_1 \cdot a_5 \cdot cos. A_1)$$

Löst man $cos. (A_1 + A_2)$ auf und ordnet man nach Sinus und Cosinus, so wird, wenn zugleich der Kürze wegen der Ausdruck zur Rechten $= Q$ gesetzt wird:

$$2a_2 (a_5 . cos. A_1 - a_1) . cos. A_2 - 2a_2 . a_5 . sin. A_1 . sin. A_2 = Q$$

oder:

$$cos. A_2 - \frac{a_5 \cdot sin. A_1}{a_5 \cdot cos. A_1 - a_1} . sin. A_2 = \frac{Q}{2a_2 (a_5 . cos. A_1 - a_1)}$$

und hieraus erhält man, wenn $\frac{a_5 \cdot sin. A_1}{a_5 . cos. A_1 - a_1} = tang. \varphi_1$ gesetzt wird:

$$520) \; cos. (A_2 + \varphi_1) = \frac{Q \cdot cos. \varphi_1}{2a_2 (a_5 . cos. A_1 - a_1)}$$

Auch diese Gleichungen weisen auf zwei verschiedene Fünfecke hin, welche die gegebenen Elemente wechselweise gleich haben. Im ersten (Fig. 102, 1) ist $A_3 < 180$, im zweiten (Fig. 102, 2) aber > 180.

Sind im Fünfecke drei Seiten a_1, a_3, a_4 und die Winkel gegeben, so ist nach dem ersten Grundgesetze:

$$0 = a_1 . sin. A_1 - a_2 . sin. (A_1 + A_2) + a_3 . sin. (A_1 + A_2 + A_3)$$
$$- a_4 \cdot sin. (A_1 + A_2 + A_3 + A_4)$$

und

$$0 = a_3 . sin. A_3 - a_4 . sin. (A_3 + A_4) + a_5 . sin. (A_3 + A_4 + A_5)$$
$$- a_1 \cdot sin. (A_3 + A_4 + A_5 + A_1)$$

Hieraus ergibt sich:

$$521) \; a_2 = \frac{a_1 \cdot sin. A_1 + a_3 \cdot sin. A_{1|3} - a_4 \cdot sin. A_{1|4}}{sin. A_{1|2}}$$

und

$$522) \; a_5 = \frac{a_1 \cdot sin. A_{3|1} + a_4 . sin. A_{3|4} - a_3 \cdot sin. A_3}{sin. A_{3|5}}$$

Diese Gleichungen zeigen, daß nur ein Fünfeck stattfinden kann.

Achtzehntes Kapitel.

Von den Vielecken, die sich durch besondere Eigenschaften auszeichnen.

§. 84. **Vielecke, in denen eine Anzahl aufeinander folgender Seiten und Winkel gleich sind.**

Es sey (Fig 103) A_1, A_2 ... A_6 ein Theil eines Vieleckes, in welchem alle Seiten gleich sind, so wie auch alle Winkel mit Ausschluß des ersten und letzten A_1 und A_6.

Man bezeichne die gleichen Winkel durch A die Seiten mit s_1, die auf einander folgenden Diagonalen mit s_2, s_3 ... Mit Leichtigkeit erkennt man an einer solchen Figur folgende Eigenschaften.

523) Werden die gleichen Winkel halbirt, so kommen die Halbirungslinien in einem Punkte C zusammen, sie werden zu Strahlen die sämmtlich gleich sind, und der Punkt C ist der Mittelpunkt der Figur. Die Dreiecke, deren Spitzen in C liegen und deren Grundlinien die gleichen Seiten sind, sind kongruent, daher die Winkel am Mittelpunkte den gleichen Seiten oder einer gleichen Summe derselben entsprechend, einander gleich sind.

Die Diagonalen schneiden von dem Vielecke andere ab, welche dieselben Eigenschaften haben, so sind z B. die an den Diagonalen anliegenden, in der Figur bezeichneten Winkel eines jeden Vielecks gleich. Hierdurch findet man für diese Winkel:

$$A_2\,A_1\,A_3 = \frac{2\,R - A}{2} = R - \tfrac{1}{2}\,A$$

$$A_2\,A_1\,A_4 = \frac{4\,R - 2\,A}{2} = 2\,R - A = 2\,.\,A_2\,A_1\,A_3$$

$$A_2\,A_1\,A_5 = \frac{6\,R - 3\,A}{2} = 3\,R - \tfrac{3}{2}\,A = 3\,.\,A_2\,A_1\,A_3$$

. . . .

Ist n die Anzahl der gleichen Seiten, C der Winkel am Mittelpunkte der Summe aller Seiten entsprechend, so ist der Winkel, welcher einer Seite angehört $= \frac{C}{n}$.

Dieser Winkel ist auch = 2 R — A. Mithin:

$$A_1CA_2 = 2\ R - A = 2\ .\ A_2A_1A_3 = \frac{C}{n}$$

Man findet somit ferner:

524) Die Winkel an einem Scheitel des Vielecks, welche gleichen Seiten entsprechen oder einer gleichen Summe von Seiten angehören, sind gleich, und gleich der Hälfte des Winkels, welcher am Mittelpunkte derselben Summe von Seiten entspricht.

So ist z. B. der Winkel am Scheitel A_1, welcher $A_3A_4A_5A_6$ entspricht, $A_3A_1A_6 = 3\ A_2A_1A_3$. Der Winkel am Mittelpunkte der gleichen Summe von Seiten angehörend, ist $A_3CA_6 = 3\ .\ A_1CA_2 = 3\ (2\ R - A) = 3\ (2\ A_2A_1A_3)$, der erste also die Hälfte des letzten.

Der Zusammenhang zwischen Seiten, Diagonalen, Strahlen und Winkel ergibt sich auf eine einfache Weise. Es ist nach 354 im gleichschenkeligen Dreiecke A_1CA_2, wenn $A_1C = r$.

$$s_1 = 2\ .\ r\ .\ sin.\ \frac{C}{2\ .\ n}$$

Diese Vorschrift gilt auch für A_1CA_3, A_1CA_4 ..., so daß:

525) $s_1 = 2\ r\ .\ sin.\ \dfrac{C}{2\ .\ n}$

$$s_2 = 2\ r\ .\ sin.\ \frac{2\ C}{2\ .\ n}$$

$$s_3 = 2\ r\ .\ sin.\ \frac{3\ C}{2\ .\ n}$$

. . . .

Nun gibt die erste dieser Gleichungen:

$$sin.\ \frac{C}{2\ .\ n} = \frac{s_1}{2\ r}$$

$$cos.\ \frac{C}{2\ .\ n} = \sqrt{\left(1 - (sin.\ \frac{C}{2\ .\ n})^2\right)} = \sqrt{\left(1 - \frac{s_1^{\ 2}}{4\ r^2}\right)}$$

daher:

526) $cos.\ \dfrac{C}{2\ .\ n} = \dfrac{\sqrt{(4\ r^2 - s_1^{\ 2})}}{2\ r}$

Der zweiten Gleichung kann man nach 201 die Form geben:

$$s_2 = 2\,r\,.\,2\,sin.\,\frac{C}{2\,.\,n}\,.\,cos.\,\frac{C}{2\,.\,n} = 2\,.\,cos.\,\frac{C}{2\,.\,n}\,.\,2\,r\,.\,sin.\,\frac{C}{2\,.\,n}$$

$$= 2\,cos.\,\frac{C}{2\,.\,n}\,.\,s_1$$

Verbindet man die erste und dritte Gleichung durch Zuzählen, so erhält man:

$$s_1 + s_3 = 2\,r\,.\left(sin.\,\frac{3\,.\,C}{2\,.\,n} + sin.\,\frac{1\,.\,C}{2\,.\,n}\right)$$

oder mit Hülfe von 219:

$$s_1 + s_3 = 2\,.\,r\,.\,2\,.\,sin.\,\tfrac{1}{2}\,.\left(\frac{3\,.\,C}{2\,.\,n} + \frac{1\,.\,C}{2\,.\,n}\right).\,cos.\,\tfrac{1}{2}\left(\frac{3\,.\,C}{2\,.\,n} - \frac{1\,.\,C}{2\,.\,n}\right)$$

$$= 4\,r\,.\,sin.\,\frac{2\,.\,C}{2\,.\,n}\,.\,cos.\,\frac{C}{2\,.\,n}$$

$$= 2\,.\,cos.\,\frac{C}{2\,.\,n}\,.\,s_2$$

Dieselbe Verbindung der zweiten und vierten Gleichung führt zu:

$$s_2 + s_4 = 2\,.\,cos.\,\frac{C}{2\,.\,n}\,.\,s_3$$

u. s. w. Es ist folglich:

527) $s_1 = s_1$

$$s_2 = 2\,.\,cos.\,\frac{C}{2\,.\,n}\,.\,s_1$$

$$s_3 = 2\,.\,cos.\,\frac{C}{2\,.\,n}\,.\,s_2 - s_1$$

$$s_4 = 2\,.\,cos.\,\frac{C}{2\,.\,n}\,.\,s_3 - s_2$$

. . . .

$$s_{q+1} = 2\,.\,cos.\,\frac{C}{2\,.\,n}\,.\,s_q - s_{q-1}$$

In diesen Gleichungen kann man auch $cos.\,\frac{C}{2\,.\,n}$ nach 526 ersetzen. Werden die früheren Werthe von s in die späteren Gleichungen eingeführt, so erhält man folgende Reihe von Gleichungen, welche zeigen, wie alle Diagonalen aus den beiden ersten gefunden werden können.

528) $\frac{s_2}{s_1} = \left(\frac{s_2}{s_1}\right)^1$

$\frac{s_3}{s_1} = \left(\frac{s_2}{s_1}\right)^2 - 1$

$\frac{s_4}{s_1} = \left(\frac{s_2}{s_1}\right)^3 - 2 \,.\, \left(\frac{s_2}{s_1}\right)^1$

$\frac{s_5}{s_1} = \left(\frac{s_2}{s_1}\right)^4 - 3 \,.\, \left(\frac{s_2}{s_1}\right)^2 + 1$

$\frac{s_6}{s_1} = \left(\frac{s_2}{s_1}\right)^5 - 4 \,.\, \left(\frac{s_2}{s_1}\right)^3 + 3 \,.\, \left(\frac{s_2}{s_1}\right)^1$

. . . .

In diesen Gleichungen kann auch $\frac{s_2}{s_1} = 2 \,.\, cos. \frac{C}{2n} = \frac{\sqrt{(4r^2 - s_1^2)}}{r}$ gesetzt werden. Das allgemeine Gesetz dieser Bildungen ist:

529) $\frac{s_{q+1}}{s_1} = \frac{q^{0|-1}}{1^{0|-1}} \,.\, \left(\frac{s_2}{s_1}\right)^q$

$- \frac{(q-1)^{1|-1}}{1^{1|1}} \,.\, \left(\frac{s_2}{s_1}\right)^{q-2}$

$+ \frac{(q-2)^{2|-1}}{1^{2|1}} \,.\, \left(\frac{s_2}{s_1}\right)^{q-4}$

$- \frac{(q-3)^{3|-1}}{1^{3|1}} \,.\, \left(\frac{s_2}{s_1}\right)^{q-6}$

$+$ . . . .

Und hieraus erhält man die obigen Gleichungen, wenn man $q = 1, 2, 3, \ldots$ setzt.

Der Bruch $\frac{s_2}{s_1}$ ist nach dem Obigen eine Irrational-Größe; alle jene Diagonalen, welche nur gerade Potenzen dieses Bruches enthalten, werden daher rational dargestellt werden können, die andern nicht.

Setzt man nun der Kürze wegen $\frac{s_1}{r} = s$, so sind die irrationalen Diagonalen:

530) $\frac{s_2}{s_1} = \sqrt{(4 - s^2)}$

$\frac{s_4}{s_1} = (2 - s^2)\sqrt{(4 - s^2)}$

$\frac{s_6}{s_1} = (3 - 4\,s^2 + s^4)\sqrt{(4 - s^2)}$

$\frac{s_8}{s_1} = (4 - 10\,s^2 + 6\,s^4 - s^6)\sqrt{(4 - s^2)}$

$\frac{s_{10}}{s_1} = (5 - 20\,s^2 + 21\,.\,s^4 - 8\,s^6 + s^8)\sqrt{(4 - s^2)}$

. . . .

und die rationalen sind:

531) $\frac{s_3}{s_1} = 3 - s^2$

$\frac{s_5}{s_1} = 5 - 5\,s^2 + s^4$

$\frac{s_7}{s_1} = 7 - 14\,s^2 + 7\,s^4 - s^6$

$\frac{s_9}{s_1} = 9 - 30\,s^2 + 27\,s^4 - 9\,s^6 + s^8$

. . . .

Das Allgemeine dieser Bildungen kann dargestellt werden durch:

532) $$\frac{s_{2q}}{s_1} = \Big(\frac{q^{1|-1}}{1^{1|1}}\,.\,s^0 - \frac{(q+1)^{3|-1}}{1^{3|1}}\,.\,s^2 + \frac{(q+2)^{5|-1}}{1^{5|1}}\,.\,s^4 - \frac{(q+3)^{7|-1}}{1^{7|1}}\,.\,s^6 \;\ldots\ldots\Big)\sqrt{(4 - s^2)}$$

und durch:

533) $$\frac{s_{2q+1}}{s_1} = \frac{2q+1}{1}\,.\,s^0 - \frac{2q+1}{3}\,.\,\frac{q^{2|1}}{1^{2|1}}\,s^2$$

$$+ \frac{2q+1}{5} \cdot \frac{(q-1)^{4|1}}{1^{4|1}} \cdot s^6$$

$$- \frac{2q+1}{7} \cdot \frac{(q-2)^{6|1}}{1^{6|1}} \cdot s^8$$

$$+ \dots \dots \dots \dots$$

Aus beiden Gleichungen werden die vorhergehenden wieder abgeleitet, wenn $q = 1, 2, 3 \dots$ gesetzt wird.

Die Größen $s_1, s_2, s_3 \dots$ sind noch anderen Gesetzen unterworfen. Nach 525 ist:

$$s_{q+1} = 2r \cdot \sin.(q+1) \cdot \frac{C}{2n}$$

$$s_{q-1} = 2r \cdot \sin.(q-1) \cdot \frac{C}{2n}$$

daher:

$$s_{q+1} \cdot s_{q-1} = 4r^2 \cdot \sin.(q+1)\frac{C}{2n} \cdot \sin.(q-1) \cdot \frac{C}{2n}$$

Verbindet man 219 mit 220 durch Multiplikation und vereiniget man die Produkte nach 201, so entsteht:

$$\sin.(a+b) \cdot \sin.(a-b) = \sin.a^2 - \sin.b^2$$

setzt man nun $a = q \cdot \frac{C}{2n}$ und $b = 1 \cdot \frac{C}{2n}$, so geht hierdurch die vorstehende Gleichung über in:

$$s_{q+1} \cdot s_{q-1} = 4r^2 \cdot \left(\sin.q \cdot \frac{C}{2n}\right)^2 - 4r^2 \cdot \left(\sin.\frac{C}{2n}\right)^2$$

mithin:

534) $s_{q+1} \cdot s_{q-1} = s_q^2 - s_1^2$

Diese Gleichung enthält den Zusammenhang, welcher, zwischen drei aufeinanderfolgender Diagonalen und der Seite, statt findet; sie kann eben so benützt werden wie das Gesetz 527 oder 528.

Die bisherigen Untersuchungen hatten den Zweck, die Diagonalen durch die Seite darzustellen und diese Aufgabe ist vollkommen gelöset worden. Die umgekehrte Aufgabe aus einer Diagonale die vorhergehenden und zuletzt die Seite darzustellen ist mit größeren Schwierigkeiten verbunden und hängt immer von der Auflösung einer Gleichung von höherem Grade ab.

Für die Darstellung der Seite durch die erste Diagonale erhält man aus **527**:

$$s_2 = 2 \cdot cos. \frac{C}{2n} \cdot s_1 = \frac{\sqrt{(4r^2 - s_1^2)}}{r} s_1$$

oder:

$$s_2^2 r^2 = (4r^2 - s_1^2) s_1^2$$

daher:

$$s_1^4 - 4r^4 \cdot s_1^2 = - s_2^2 r^2$$

$$s_1^4 - 4r^2 \cdot s_1^2 + (2r^2)^2 = 4r^4 - r^2 \cdot s_2^2$$

$$(s_1^2 - 2r^2)^2 = r^4 \left(4 - \frac{s_2^2}{r^2}\right)$$

$$s_1^2 = 2r^2 - r^2 \sqrt{\left(4 - \frac{s_2^2}{r^2}\right)}$$

$$= r^2 \left(2 - \sqrt{\left(4 - \frac{s_2^2}{r^2}\right)}\right)$$

also:

$$535) \quad s_1 = r \sqrt{\left(2 - \sqrt{\left(4 - \left(\frac{s_2}{r}\right)^2\right)}\right)}$$

Umschreibt man (Fig. **104**) dem vorigen necke ein neues, so daß die Mitten der neuen Seiten die Ecken des ersten berühren und die Ecken des neuen Vielecks den Mittelpunkten des vorigen entsprechen, so werden Seiten und Winkel der neuen Figur gleich seyn, und ein bestimmter Zusammenhang wird stattfinden zwischen den Elementen des einen und des anderen n eckes.

Es seyen S_1 und ϱ Seite und Strahl des umschriebenen neckes. Der Winkel am Mittelpunkte, welcher S_1 entspricht, wird $\frac{C}{n}$ seyn.

Es ist nun:

$$S_1 = 2r \cdot tang. \frac{C}{2n} = 2r \cdot \frac{sin. \frac{C}{2n}}{cos. \frac{C}{2n}} = \frac{s_1}{cos. \frac{C}{2n}}$$

daher mit Zuziehung von **526**:

$$536) \quad S_1 = \frac{2r \cdot s_1}{\sqrt{(2r^2 - s_1^2)}}$$

Ferner ist:

$$r = \varrho \cdot cos. \frac{C}{2n} \quad \text{und} \quad \varrho = \frac{r}{cos. \frac{C}{2n}}$$

mithin:

537) $$\varrho = \frac{2r^2}{\sqrt{(4r^2 - s_1^2)}}$$

Diese Gleichungen zeigen nun, wie die Elemente der neuen Figur aus denen der primitiven gefunden werden können. Da nun zwischen S_1 und ϱ derselbe Zusammenhang stattfindet, wie zwischen s_1 und r, so kann man jetzt leicht, mit Hülfe der früheren Gleichungen S_2, S_3, ... die Diagonalen des neuen neckes durch s_1 und r darstellen.

Betrachtet man aber das äußere neck als das erste, und das frühere als dasjenige, welches diesem eingeschrieben ist, so stellt sich die umgekehrte Aufgabe, wie können s_1 und r durch S_1 und ϱ ausgedrückt werden.

Die Verbindungs-Gleichung beider Figuren ist:

$$\frac{S_1}{2\varrho} = sin. \frac{C}{2n} = \frac{s_1}{2r}$$

oder auch:

$$\frac{\sqrt{(4\varrho^2 - S_1^2)}}{2\varrho} = cos. \frac{C}{2n} = \frac{\sqrt{(4r^2 - s_1^2)}}{2r}$$

Hieraus erhält man:

$$\sqrt{(4r^2 - s_1^2)} = \frac{r}{\varrho} \cdot \sqrt{(4\varrho^2 - S_1^2)}$$

und wenn dieser Werth in 536 eingeführt wird:

$$S_1 = \frac{2r \cdot s_1}{\frac{r}{\varrho} \cdot \sqrt{(4r^2 - S_1^2)}} = \frac{2\varrho \cdot s_1}{\sqrt{(4\varrho^2 - S_1^2)}}$$

folglich:

538) $$s_1 = \frac{S_1 \cdot \sqrt{(4\varrho^2 - S_1^2)}}{2\varrho}$$

Eben so durch 537:

539) $$r = \tfrac{1}{2} \sqrt{(4\varrho^2 - S_1^2)}$$

Auch folgende Gleichungen können zuweilen mit Vortheil benützt werden:

$$540)\quad S_1 = \varrho \sqrt{\left(2 - 2 \,.\, \sqrt{\left(1 - \left(\frac{s_1}{\varrho}\right)^2\right)}\right)}$$

und

$$541)\quad s_1 = \frac{2\ r \,.\, S_1}{\sqrt{(4\ r^2 + S_1{}^2)}}$$

welche man leicht aus dem Vorhergehenden findet.

§. 85. **Von den ordentlichen Vielecken.**

Sind in einem Vielecke alle Seiten und alle Winkel gleich, so nennt man dasselbe ein ordentliches Vieleck. Für solche Vielecke gelten alle im vorigen Paragraphen gefundenen Wahrheiten und Gleichungen, nur wird $C = 4\ R$ also $\frac{C}{2n} = \frac{2\ R}{n}$

Die Vielecke des vorhergehenden Paragraphen gehen in ordentliche Vielecke über, wenn man die letzte Diagonale $= 0$ setzt, es schließt sich dadurch der letzte Punkt dem ersten an, und man erhält ein Vieleck, in welchem nunmehr alle Seiten und Winkel gleich sind.

Ist nun s_{2q} die letzte Diagonale $= 0$, so ist der Zusammenhang zwischen Seite und Strahl des ordentlichen Vieleckes von einer geraden Anzahl (2q) Seiten nach 532:

$$542)\quad 0 = \left(\frac{q}{1} \,.\, s^0 - \frac{(q+1) \,.\, q\ (q-1)}{1 \,.\, 2 \,.\, 3} \,.\, s^2 + \frac{(q+2)\ (q+1) \,.\, q\ (q-1)\ (q-2)}{1 \,.\, 2 \,.\, 3 \,.\, 4 \,.\, 5} \,.\, s^4 - \ldots\ldots\ldots\right) \sqrt{(4 - s^2)}$$

Eben so ist für das ordentliche Vieleck von einer ungeraden Anzahl $(2q + 1)$ Seiten, nach 533:

$$543)\quad 0 = \frac{2q+1}{1} \,.\, s^0 - \frac{2q+1}{3} \,.\, \frac{q \,.\, (q+1)}{1 \,.\, 2} \,.\, s^2 + \frac{2q+1}{5} \,.\, \frac{(q-1) \,.\, q \,.\, (q+1)\ (q+2)}{1 \,.\, 2 \,.\, 3 \,.\, 4} \,.\, s^4 - \ldots\ldots\ldots$$

Setzt man nun $q = 2, 3, 4, \ldots$, so erhält man für das ordentliche Viereck, aus 542:

$$0 = \left(\frac{2}{1} - \frac{3 \,.\, 2 \,.\, 1}{1 \,.\, 2 \,.\, 3} \,.\, s^2\right) \sqrt{(4 - s^2)}$$
$$= (2 - s^2) \sqrt{(4 - s^2)}$$

für das ordentliche Sechseck:

$$0 = \left(\frac{3}{1} - \frac{4.3.2}{1.2.3} . s^2 + \frac{5.4.3.2.1}{1.2.3.4.5} . s^4\right) \sqrt{(4 - s^2)}$$
$$= (3 - 4\, s^2 + s^4) \sqrt{(4 - s^2)}$$

für das ordentliche Achteck:

$$0 = \left(\frac{4}{1} - \frac{5 \,.\, 4 \,.\, 3}{1 \,.\, 2 \,.\, 3} . s^2 + \frac{6 \,.\, 5 \,.\, 4 \,.\, 3 \,.\, 2}{1 \,.\, 2 \,.\, 3 \,.\, 4 \,.\, 5} \,.\, s^4 - \frac{7 \,.\, 6 \,.\, 5 \,.\, 4 \,.\, 3 \,.\, 2 \,.\, 1}{1 \,.\, 2 \,.\, 3 \,.\, 4 \,.\, 5 \,.\, 6 \,.\, 7} s^6\right) \sqrt{(4 - s^2)}$$
$$= (4 - 10\, s^2 + 6\, s^4 - s^6) \,.\, \sqrt{(4 - s^2)}$$

für das ordentliche Zehneck:

$$0 = \left(\frac{5}{1} - \frac{6.5.4}{1.2.3} \,.\, s^2 + \frac{7 \,.\, 6 \,.\, 5 \,.\, 4 \,.\, 3}{1 \,.\, 2 \,.\, 3 \,.\, 4 \,.\, 5} \,.\, s^4 - \frac{8 \,.\, 7 \,.\, 6 \,.\, 5 \,.\, 4 \,.\, 3 \,.\, 2}{1 \,.\, 2 \,.\, 3 \,.\, 4 \,.\, 5 \,.\, 6 \,.\, 7} s^6 + \frac{9.8.7\ldots2.1}{1.2.3\ldots8.9} \,.\, s^8\right) \sqrt{(4 - s^2)}$$
$$= (5 - 20\, s^2 + 21 \,.\, s^4 - 8\, s^6 + s^8) \sqrt{(4 - s^2)}$$

u. s. w.

Wird aber $q = 1, 2, 3, \ldots$ gesetzt, so wird aus 543:

für das ordentliche Dreieck:

$$0 = \frac{3}{1} - \frac{3}{3} \,.\, \frac{1 \,.\, 2}{1 \,.\, 2} \,.\, s^2$$
$$= 3 - s^2$$

für das ordentliche Fünfeck:

$$0 = \frac{5}{1} - \frac{5}{3} . \frac{2.3}{1.2} . s^2 + \frac{5}{5} . \frac{1.2.3}{1.2.3} \,.\, s^4$$
$$= 5 - 5 \,.\, s^2 + s^4$$

Für das ordentliche Siebeneck:

$$0 = \frac{7}{1} - \frac{7}{3} \cdot \frac{3 . 4}{1 . 2} \cdot s^2 + \frac{7}{5} \cdot \frac{2 . 3 . 4 . 5}{1 . 2 . 3 . 4} \cdot s^4$$

$$- \frac{7}{7} \cdot \frac{1 . 2 . 3 . 4 . 5 . 6}{1 . 2 . 3 . 4 . 5 . 6} \cdot s^6$$

$$= 7 - 14s^2 + 7 . s^4 - s^6$$

Für das ordentliche Neuneck:

$$0 = \frac{9}{1} - \frac{9}{3} \cdot \frac{4 . 5}{1 . 2} \cdot s^2 + \frac{9}{5} \cdot \frac{3 . 4 . 5 . 6}{1 . 2 . 3 . 4} \cdot s^4$$

$$- \frac{9}{7} \cdot \frac{2 . 3 \ldots 7}{1 . 2 \ldots 6} \cdot s^6 + \frac{9}{9} \cdot \frac{1 . 2 \ldots 8}{1 . 2 \ldots 8} \cdot s^8$$

$$= 9 - 30 . s^2 + 27 . s^4 - 9 . s^6 + s^8$$

u. s. w.

Hat man aus diesen Gleichungen den Werth von s gefunden, so erhält man, da $s = \frac{s_1}{r}$, die Seite $s_1 = r . s$, und hieraus den Umfang des ordentlichen Vieleckes, wenn man diesen Werth mit der Anzahl der Seiten vervielfacht.

Das ordentliche Dreieck.

Für diese Figur ist (Fig. 105)

$0 = 3 - s^2$ also $s = \pm \sqrt{3}$

Das doppelte Zeichen bezieht sich auf die Richtung der Bildung der Figur nach der einen oder nach der andern Seite.

Man hat mithin:

544) Seite des ordentl. Dreieckes $= r \sqrt{3} = 1{,}7320508 \ldots r$

Umfang des ordentl. Dreieckes $= 3 r \sqrt{3} = 5{,}1961524 \ldots r$

Das ordentliche Viereck.

Für das Quadrat ist (Fig. 106):

$$0 = (2 - s^2) \sqrt{(4 - s^2)}$$

also:

$0 = 2 - s^2$ und $0 = 4 - s^2$

dieß gibt:

$s = \sqrt{2}$ und $s = 2$

folglich:

$$s_1 = r \sqrt{2} \quad \text{und} \quad s_1 = 2\, r$$

Von diesen Werthen gehört bloß der erste der Seite des Vierecks an, der zweite gibt die Diagonale s_2, welche also gleichzeitig mit der Seite gefunden wird. Es ist daher:

545) Seite des ord. Vierecks $= r \sqrt{2} = 1{,}41421356 . r$
Umfang » » » $= 4 . r \sqrt{2} = 5{,}65685424 . r$
Diagonale » » » $s_2 = 2 . r$

Das ordentliche Fünfeck.

Man hat für diese Figur (Fig. 107, 1 u. 2).

$$0 = 5 - 5\, s^2 + s^4$$

Wird diese Gleichung aufgelöset, so findet man:

$$s = \tfrac{1}{2} \sqrt{(10 \pm 2 \sqrt{5})}$$

daher:

$$s_1 = \tfrac{1}{2}\, r . \sqrt{(10 \pm 2 \sqrt{5})}$$

Das untere Zeichen gibt die Seite des Fünfeckes, das obere die Diagonale. Läßt man auch solche Vielecke zu, deren Seiten sich durchschneiden, und die in §. 62 von der Untersuchung ausgeschlossen wurden, so gibt das untere Zeichen das eigentliche Fünfeck, das obere aber die Seite des fünfeckigen Sternes. Im ersten Falle wird von den fünf Punkten der erste mit dem zweiten, der zweite mit dem dritten u. s. w. verbunden. Im andern Falle ist die Verbindung 1 mit 3, 3 mit 5, 5 mit 2, 2 mit 4, 4 mit 1.

Es ist somit:

546) Seite des ordentl. Fünfeckes $= \tfrac{1}{2}\, r \sqrt{(10 - 2 \sqrt{5})}$
$= 1{,}175575504 . r$
Umfang » » $= 5{,}877877520 . r$
Seite des ord. 5eckigen Sternes $s_2 = \tfrac{1}{2} \sqrt{(10 + 2 \sqrt{5})}$
$= 1{,}902113032 . r$

Das ordentliche Sechseck.

Für die Seite des Sechsecks ist gefunden, daß (Fig. 108):

$$0 = (3 - 4s^2 + s^4) \sqrt{(4 - s^2)}$$
$$= (1 - s^2)(3 - s^2) \sqrt{(4 - s^2)}$$

Hieraus erhält man:

$$s = 1, \quad s = \sqrt{3} \quad \text{und} \quad s = 2$$

also:

$$s_1 = r, \quad s_2 = r\sqrt{3} \quad \text{und} \quad s_3 = 2\,r$$

Man findet also die Seite des Sechseckes nebst den beiden Diagonalen desselben. Es ist:

547) Seite des ordentlichen Sechseckes $= r$
Umfang „ „ „ $= 6 \,.\, r$

Das ordentliche Siebeneck.

Die Seite des ordentlichen Siebeneckes ist gegeben durch die Gleichung:

548) $0 = 7 - 14\,s^2 + 7\,s^4 - s^6$

sie ist vom sechsten Grade, läßt sich aber auflösen wie eine Gleichung vom dritten Grade, doch nicht durch die Cardanische Formel, sondern nur auf dem Wege des Versuches. Man erhält drei positive Wurzeln (Fig. 109, 1, 2, 3), die erste gibt die Seite des Siebenecks, die zweite die Diagonale s_2 oder den siebeneckigen Stern erster Art, die dritte die Diagonale s_3 oder den siebeneckigen Stern zweiter Art.

Das ordentliche Achteck.

Für das ordentliche Achteck ist (Fig. 110, 1 und 2):

$$0 = (4 - 10\,s^2 + 6\,s^4 - s^6) \,.\, \sqrt{(4 - s^2)}$$
$$= (2 - s^2)\,(2 - 4\,s^2 + s^4) \,.\, \sqrt{(4 - s^2)}$$

Diese Gleichung hat die Wurzeln:

$$2, \sqrt{2}, \sqrt{(2 - \sqrt{2})}, \sqrt{(2 + \sqrt{2})}$$

welche ihrer Größe nach die Seite, die erste, die zweite und die dritte Diagonale des Achtecks darstellen. Es ist:

$$s_1 = r\sqrt{(2 - \sqrt{2})}, \quad s_2 = r\sqrt{2}, \quad s_3 = r\sqrt{(2 + \sqrt{2})}, \quad s_4 = 2\,r$$

Aus s_1 wird das Achteck, aus s_2 das Viereck, aus s_3 der achteckige Stern gebildet.

Man hat daher:

549) Seite des ordentlichen Achtecks $= r\sqrt{(2 - \sqrt{2})}$
$= 0{,}76536686\ldots r$

Umfang des ordentlichen Achtecks $= 6{,}1229348 \ldots r$
Seite des achteckigen Sternes $= r \sqrt{(2 + \sqrt{2})}$
$= 1{,}8477588 \ldots r$

Das ordentliche Neuneck.

Im Neunecke hat man (Fig. 111, 1, 2 u. 3):

550) $$0 = 9 - 30\, s^2 + 27\, s^4 - 9\, s^6 + s^8$$
$$= (3 - s^2)(3 - 9\, s^2 + 6\, s^4 - s^6)$$

Diese Gleichung gibt vier positive Wurzeln, welche ihrer Größe ach der Seite des Neunecks, des neuneckigen Sternes erster Art, es Dreieckes und des neuneckigen Sternes zweiter Art angehören.

Das ordentliche Zehneck.

Für das Zehneck ist (Fig. 112, 1 und 2):

$$0 = (5 - 20\, s^2 + 21 \,.\, s^4 - 8 s^6 + s^8) \sqrt{(4 - s^2)}$$
$$= (5 - 5\, s^2 + s^4)(1 - 3\, s^2 + s^4) \sqrt{(4 - s^2)}$$

Die positiven Wurzeln dieser Gleichung sind:

$$s = 2$$
$$s = \tfrac{1}{2} \sqrt{(10 - 2 \sqrt{5})}$$
$$s = \tfrac{1}{2} \sqrt{(10 + 2 \sqrt{5})}$$
$$s = \tfrac{1}{2} \sqrt{(6 - 2 \sqrt{5})} = \tfrac{1}{2}(-1 + \sqrt{5})$$
$$s = \tfrac{1}{2} \sqrt{(6 + 2 \sqrt{5})} = \tfrac{1}{2}(1 + \sqrt{5})$$

Man erhält hieraus:

551) Seite des Zehneckes $= \tfrac{1}{2} r (-1 + \sqrt{5})$
$= 0{,}6180339887 \,.\, r$
Umfang „ „ $= 6{,}180339887 \,.\, r$
Seite des zehneckigen Sterns $= \tfrac{1}{2} r (1 + \sqrt{5})$
$= 1{,}6180339887 \ldots r$

Die andern Wurzeln gehören den übrigen Diagonalen des Zehneckes oder dem Fünfecke an. Auf gleiche Weise kann man weiter gehen und noch andere Vielecke berechnen.

Es hängt hierbei alles von der Auflösung von Gleichungen höherer Grade ab, die oft durch ein künstliches Verfahren reduzirt werden können.

Die Gleichung 535 leistet bei der Berechnung der Vielecke

besonders gute Dienste. Bedeutet z. B. s_2 die Seite des ordentlichen Sechseckes, so ist s_1 die des Zwölfeckes; nun ist $s_2 = r$ nach (547) daher $\frac{s_2}{r} = \frac{r}{r} = 1$, und

552) Seite des ordentlichen Zwölfecks $= r \,.\, \sqrt{(2 - \sqrt{(4 - 1)})}$
$= r \sqrt{(2 - \sqrt{3})} = r (\sqrt{\tfrac{3}{2}} - \sqrt{\tfrac{1}{2}})$
$= 0{,}51763809 \,.\, r$

Umfang desselben $= 6{,}21165708 \ldots r$

Eben so erhält man:

553) Seite des ordentl. 24eckes $= r \sqrt{(2 - \sqrt{(2 + \sqrt{3})})}$

554) Seite des ordentl. 20eckes $= r \sqrt{(2 - \tfrac{1}{2}\sqrt{(10 + 2\sqrt{5})})}$

u. s. w.

Diese Untersuchungen können zur Berechnung der goniometrischen Funktionen benützt werden.

Nach 525 ist, wenn s die Seite des ordentlichen neckes:

$$\sin. \frac{C}{2n} = \frac{s}{2r}$$

Ist nun die Figur geschlossen, also $C = 4R$, so ist:

$$\sin. \frac{2R}{n} = \frac{s}{2r}$$

Nun sey $n = 3$, also s die Seite des ordentlichen Dreiecks, so ist:

$$\sin. 60^0 = \frac{r\sqrt{3}}{2r} = \tfrac{1}{2} \,.\, \sqrt{3} = 0{,}86602540 \ldots$$

Ist $n = 4$, so ist s die Seite des ordentlichen Vierecks, daher:

$$\sin. 45^0 = \frac{r \,.\, \sqrt{2}}{2 \,.\, r} = \tfrac{1}{2}\sqrt{2} = 0{,}70710678 \ldots$$

Ist $n = 5$, so ist:

$$\sin. 36^0 = \frac{\tfrac{1}{2} r \sqrt{(10 - 2\sqrt{5})}}{2r} = \tfrac{1}{4}\sqrt{(10 - 2\sqrt{5})}$$
$$= 0{,}58778525 \ldots$$

u. s. w.

Neunzehntes Kapitel.

Von dem Kreise.

§. 86. Von den allgemeinen Eigenschaften des Kreises.

Je größer die Anzahl der Seiten der ordentlichen Vielecke ›ird, desto kleiner werden, bei demselben Strahle, die Seiten, esto mehr nähert sich die gebrochene Linie des Umfanges einer :urve. Nimmt man die Anzahl der Seiten unendlich groß an, › werden die Seiten selbst unendlich klein, der Umfang erhält ine stetige Krümmung, das Vieleck geht in einer Curve in den reis über.

In der Reihe der ordentlichen Figuren bildet also der Kreis leichsam das letzte, das Grenzglied, und es kommen demselben lle Eigenschaften zu, welche die ordentlichen Vielecke besitzen.

Mithin:

555) Der Kreis hat einen Mittelpunkt, d. i. einen Punkt, der gleichweit entfernt ist von allen Punkten des Umfanges.

556) Alle Kreise sind ähnlich und verhalten sich wie ihre Strahlen und Kreise von gleichen Strahlen sind identisch.

557) Gleichen Winkeln am Mittelpunkte entsprechen gleiche Theile des Umfanges, d. i. gleiche Bogen, und umgekehrt, gleichen Bogen entsprechen gleiche Winkel am Mittelpunkte.

Bei der Berechnung des Umfanges der ordentlichen Vielecke rhält man:

Für das	3 eck	5,19615 …	r
»	» 4 eck	5,65685 …	r
»	» 5 eck	5,87787 …	r
»	» 6 eck	6 ……	r
»	» 8 eck	6,12293 …	r
»	» 12 eck	6,21165 …	r

u. s. w.

Diese Zahl wird also immer größer, für das letzte Vieleck, ›en Kreis, muß sie einen Grenzwerth erreichen; dieser ist 6,2831853… $= 2 \,.\, 3{,}1415926 \ldots = 2 \,.\, \pi$ und der Umfang des Kreises ist:

558) $U = 6{,}2831853 \dots r$
$= 2 \,.\, 3{,}1415926 \dots r$
$= 2\pi \,.\, r$

Man kann auf diese Art aber auch jeden Theil des Umfanges, jeden Bogen, berechnen. Es entspricht nämlich dem nten Theile von U auch der nte Theil von 6,28 . . .

Wird nun ein bestimmter Theil von 2π mit φ und der zugehörige Bogen mit B bezeichnet (Fig. 113), so ist:

559) $B = \varphi \,.\, r$

Es sey C ein Winkel am Mittelpunkte, welcher einem bestimmten Bogen B angehört, so ist nach 557:

560) $B : U = C : 4\,R$

daher:

561) $B = \frac{C}{4\,R} \,.\, U$

oder:

562) $C = \frac{B}{U} \,.\, 4\,R$

Setzt man aber statt U und B die Werthe aus 558 und 559, so ist:

563) $\varphi = \frac{C}{4\,R} \,.\, 2\pi$

und

564) $C = \frac{\varphi}{2\pi} \,.\, 4\,R$

Die beiden ersten Gleichungen beziehen sich auf einen bestimmten Kreis, die beiden letzten aber auf irgend einen, also auch auf einen Normalkreis, dessen Strahl man als Längeneinheit $r = 1$ ansehen kann.

Aus diesen Gleichungen geht nun hervor, daß B und C oder φ und C sich gegenseitig bestimmen, so daß, wenn die eine Größe gegeben ist, man die andere daraus auffinden kann.

Aus den früheren Untersuchungen ist bekannt, wie die goniometrischen Funktionen den Winkel bestimmen; die Gleichung 563 zeigt nun weiter, wie durch diesen φ oder der Bogen bestimmt werden kann; daß diese Funktionen also auch den Bogen bestimmen, der einem bestimmten Winkel angehört.

Man kann nun, mit Umgehung des Winkels, die goniometrischen Funktionen direkt auf den Bogen beziehen und nennt sie alsdann Kreisfunktionen.

Diese Beziehung wird durch die in 561 oder 563 ausgesprochene Eigenthümlichkeit des Kreises geboten, und nur durch diese möglich, findet daher für jede andere Curve, die nach einem anderen Gesetze fortgeht, nicht statt.

Die auf den Bogen φ bezogenen Funktionen werden nun in der Folge durch

$$sin.\ \varphi,\quad cos.\ \varphi,\quad tang.\ \varphi,\ \ldots$$

bezeichnet werden, und es ist, wenn $BD = \varphi$ (Fig. 114):

565) $$\frac{AB}{r} = sin.\ \varphi$$

$$\frac{AC}{r} = cos.\ \varphi$$

$$\frac{AB}{AC} = \frac{ED}{r} = tang.\ \varphi$$

$$\frac{AC}{AB} = \frac{FG}{r} = cotang.\ \varphi$$

$$\frac{BC}{AC} = \frac{CE}{r} = sec.\ \varphi$$

$$\frac{BC}{AB} = \frac{CG}{r} = cosec.\ \varphi$$

Diesen Funktionen hat man noch zwei neue ***sinus versus*** und ***cosinus versus*** hinzugefügt, man hat gesetzt:

566) $$sin.\ ver.\ \varphi = \frac{AD}{r} = \frac{CD - CA}{r} = \frac{r - CA}{r} = 1 - \frac{CA}{r} = 1 - cos.\ \varphi$$

und

567) $$cos.\ ver.\ \varphi = \frac{BH}{r} = \frac{KF}{r} = \frac{AH - AB}{r} = \frac{CF - AB}{r} = \frac{r - AB}{r} = 1 - \frac{AB}{r} = 1 - sin.\ \varphi$$

so daß also *sin. ver.* φ die Ergänzung des Cosinus und *cos. ver.* φ die des Sinus zur Einheit ist.

Die früheren Wahrheiten, die goniometrischen Funktionen betreffend, behalten auch für die Funktionen des Bogens ihre Gültigkeit. Die allgemeinen Gesetze des §. 23 lassen sich aber, auf den Kreis bezogen, in andere umwandeln, die für die Berechnung dieser Funktionen von großem Vortheil sind.

Es ist nach 203:

$$sin.\ na = \frac{n}{1} \cdot (cos.\ a)^{n \dot{-} 1} (sin.\ a)^1 - \frac{n(n-1)(n-2)}{1 \cdot 2 \cdot 3} \cdot (cos.\ a)^{n \dot{-} 3} (sin.\ a)^3 + \frac{n(n-1)(n-2)(n-3)(n-4)}{1 \cdot 2 \cdot 3 \cdot 4 \cdot 5} \cdot (cos.\ a)^{n \dot{-} 5} (sin.\ a)^5 - \ldots$$

Nimmt man nun an, es sey a ein unendlich kleiner Bogen und n eine unendlich große Zahl, so daß na = φ ein endlicher Bogen ist, so wird *cos.* a = 1 und *sin.* a = a gesetzt werden können. Aus den Fakultäten von n werden die Potenzen dieser Größe, so daß:

$$sin.\ \varphi = \frac{n^1}{1} \cdot a^1 - \frac{n^3}{1.2.3} \cdot a^3 + \frac{n^5}{1.2.3.4.5} a^5 - \ldots$$

$$= \frac{(n \cdot a)^1}{1} - \frac{(n \cdot a)^3}{1 \cdot 2 \cdot 3} + \frac{(n \cdot a)^5}{1 \cdot 2 \cdot 3 \cdot 4 \cdot 5} - \ldots$$

Beachtet man nun, daß n . a = φ, so wird:

568) $$sin.\varphi = \frac{\varphi^1}{1} - \frac{\varphi^3}{1.2.3} + \frac{\varphi^5}{1 \cdot 2 \cdot 3 \cdot 4 \cdot 5} - \ldots$$

Eben so erhält man:

569) $$cos.\ \varphi = 1 - \frac{\varphi^2}{1 \cdot 2} + \frac{\varphi^4}{1 \cdot 2 \cdot 3 \cdot 4} - \ldots$$

Es ist nun schon früher bemerkt worden, daß sich φ auf keinen bestimmten Kreis bezieht, also für einen Kreis gelten kann, dessen Strahl = 1 ist. Sollen nun *sin.* und *cos.* von 1″ aufgefunden werden, so ist Arc . 1″ $= \frac{6,28318531}{360 . 60 . 60} = 0,0000048481 \ldots$

daher:

$$sin.\ 1'' = \frac{0,0000048481}{1} - \frac{(0,0000048481)^3}{1\ .\ 2\ .\ 3} + \ldots$$

$$cos.\ 1'' = 1 - \frac{(0,0000048481)^2}{1\ .\ 2} + \ldots$$

Die zweite Potenz von Arc . 1'' hat erst in der zehnten Stelle eine Ziffer, so daß:

$sin.\ 1'' = 0,0000048481\ldots$ und $cos.\ 1'' = 0,99999\ldots$

So lange der Bogen klein ist, sind die beiden ersten Glieder dieser Reihe hinreichend zur Berechnung der Funktion, und man erhält dieselbe mit großer Leichtigkeit.

Verbindet man mit dem Kreise gerade Linien, so liegen diese entweder in demselben und heißen Sehnen, oder sie durchschneiden den Kreis und heißen Sekanten, oder sie berühren den Kreis und werden Tangenten genannt.

§. 87. Der Kreis und seine Sehnen.

Ist AB (Fig. 115) die Sehne = s, so ist nach 525:

$$s = 2\ r\ .\ sin.\ \frac{C}{2}$$

Wird C größer, so wird auch s größer, und mit einer Zunahme von s ist auch ein Wachsthum von $sin.\ \frac{1}{2}\ C$, also von C verbunden. Die Entfernung der Sehne vom Mittelpunkte ist die Senkrechte $CE = r\ .\ sin.\ A$. Wird nun s größer, so wird A kleiner, daher auch CE. Wird $C = 180$, so wird $s = 2\ .\ r\ .\ sin.\ 90 = 2\ r$, und erreicht hierbei seinen größten Werth. Bei diesem Werthe von C wird $A = 0$, also $CE = r\ .\ sin.\ 0 = 0$. Man findet also:

570) Der größeren Sehne entspricht der größere Winkel am Mittelpunkte und der kleinern Sehne der kleinere Winkel, und die größere Sehne liegt dem Mittelpunkte näher als die kleinere. Die größte Sehne ist $= 2\ r$ und geht durch den Mittelpunkt; man nennt sie den Durchmesser des Kreises $d = 2\ r$.

Zieht man im Kreise zwei Sehnen, AB, DB (Fig. 116),

welche in **B** zusammenkommen, so bilden sie über dem Bogen **AED** am Umfange den Winkel **ABD** und am Mittelpunkt entspricht diesem Bogen der Winkel **ACD**.

Zieht man nun **BC**, so ist:

$$u = m + n \quad \text{und} \quad w = p + q$$

daher:

$$u + w = 2\,m + 2\,p = 2\,(m + p) \quad \text{oder:}$$

$$C = 2\,B$$

so daß man findet:

571) Der Winkel am Mittelpunkte, welcher über einem Bogen gebildet wird, ist das Doppelte des Winkels am Umfange der über demselben Bogen steht.

Diese Wahrheit ist schon **524** für die Vielecke gefunden worden, aus ihr folgt weiter:

572) Alle Winkel am Umfange, welche über demselben oder über gleich großen Bogen stehen, sind gleich.

Wird **C** = **180** (Fig. **117**), so wird **B** = **90**, **ACD** der Durchmesser, **ABD** ein rechtwinkeliges Dreieck; und

573) Das Dreieck im Halbkreise ist ein rechtwinkeliges Dreieck.

Durchschneiden sich die beiden Sehnen (Fig. **118**), so entstehen, wenn man **AC** und **BD** zieht, die Dreiecke **AEC** und **BED**, welche wegen der Gleichheit ihrer Winkel ähnlich sind; daher:

$$AE : ED = CE : EB$$

oder:

$$AE \,.\, EB = CE \,.\, ED$$

d. i.:

574) Die Produkte der Segmente zweier sich durchschneidenden Sehnen sind gleich.

Ist die eine Sehne **AB** (Fig. **119**), ein Durchmesser und die andere **CD** auf dieser senkrecht, so wird die Sehne **CD**, so wie der Bogen **CAD** durch **AB** halbirt, und es ist:

$$CE \,.\, ED = AE \,.\, EB$$

oder:

$$CE^2 = AE \,.\, EB$$

daher:

575) Die Linie CE, welche in irgend einem Punkte E des Durchmessers zu diesem senkrecht ist, ist die mittlere Proportionallinie zu den Abschnitten AE und EB des Durchmessers, oder es ist:

$$AE : CE = CE : EB$$

Setzt man $AE = x$, $CE = y$ und $AB = 2\,r$, so ist wegen $EB = AB - AE$:

$$y^2 = x\,(2\,r - x)$$

somit:

576) $y^2 = 2\,r\,.\,x - x^2$

die Gleichung des Kreises für rechtwinkelige Coordinaten, x die Abscisse, y die Ordinate, A der Anfangspunkt.

Nimmt man den Anfangspunkt im Mittelpunkte an, so ist, wenn (Fig. 120) $AC = u$, $AB = y$:

$$BC^2 = AB^2 + AC^2$$

oder:

$$r^2 = y^2 + u^2$$

also:

577) $y^2 = r^2 - u^2$.

Aus der Gleichung 576 erhält man noch:

$$y^2 + x^2 = 2\,r\,.\,x$$

oder (Fig. 119):

$$AC^2 = AE\,.\,AB$$

so daß AC die mittlere Proportionallinie zu AB und AE ist.

Unter allen Verbindungen von drei Sehnen im Kreise, ist die, wo die Sehnen ein Dreieck bilden, die wichtigste.

Fällt man aus dem Mittelpunkte senkrechte Linien auf die Seiten des Dreiecks ABD (Fig. 121), so werden diese halbirt, und umgekehrt. (Vergl. 394.) Hieraus geht hervor, daß durch zwei Punkte unendlich viele, durch drei Punkte aber nur ein Kreis gelegt werden kann.

Sind zwei Sehnen (Fig. 122), AB und BD, gleich, so bilden sie das gleichschenkelige Dreieck im Kreise. Ist $AB = s_1$, $AD = s_2$, so ist nach 527 und 535:

$$s_2 = s_1 \cdot \sqrt{\left(4 - \left(\frac{s_1}{r}\right)^2\right)}$$

und

$$s_1 = r \cdot \sqrt{\left(2 \pm \sqrt{\left(4 - \left(\frac{s_2}{r}\right)^2\right)}\right)}$$

Die erste Gleichung zeigt, wie die Sehne des doppelten Bogens aus der des einfachen aufgefunden werden kann, die zweite Gleichung löst die umgekehrte Aufgabe, das untere Zeichen gibt AB = BD, das obere AE = ED.

Auf gleiche Weise können alle Gleichungen und Wahrheiten des achtzehnten Kapitels auf den Kreis bezogen werden.

Verbindet man im Kreise vier Sehnen zu einem Vierecke (Fig. 123), so ist nach 571 der untere Winkel ACD = 2 B, der obere Winkel ACD = 2 E, daher beide zusammen 4 R = 2 B + 2 E, mithin B + E = 180. Eben so findet man A + D = 180 folglich:

578) Das Viereck im Kreise ist ein Antiparallelogramm und über vier Punkte kann ein Kreis gezogen werden, wenn sie zu einem Viereck verbunden, ein Antiparallelogramm bilden.

Bei Gleichheit aller Sehnen werden die ordentlichen Vielecke im Kreise gebildet, für welche die Gesetze des achtzehnten Kapitels gelten.

§. 88. Berechnung des Bogens.

Ist (Fig. 124) die Sehne eines Bogens ABD = φ, AD = 2 y, und die Entfernung des höchsten Punktes von derselben, BE = x gegeben, so kann man daraus den Bogen berechnen.

Nach 576 ist:

$$y^2 = 2\,r\,x - x^2 \quad \text{daher} \quad y = \sqrt{(2\,r\,x - x^2)} \quad \text{und}$$

579) $$r = \frac{y^2 + x^2}{2\,x}$$

Nun ist $sin.\ \frac{1}{2}\,\varphi = \frac{y}{r}$ daher:

580) $$\tfrac{1}{2}\,\varphi = \text{Arc.}\left(sin. = \frac{y}{r}\right) \text{ oder } \varphi = 2\,.\,\text{Arc.}\left(sin. = \frac{y}{r}\right)$$

Mit Hülfe dieser Werthe erhält man nun aus 559:

581) $B = r \cdot \varphi$

$$= 2 \cdot r \cdot \text{Arc} \cdot \left(sin. = \frac{y}{r}\right)$$

$$= 2\,r \cdot \text{Arc} \cdot \left(sin. = \frac{\sqrt{(2\,r\,x - x^2)}}{r}\right)$$

$$= 2 \cdot \left(\frac{y^2 + x^2}{2\,x}\right) \text{Arc} \left(sin. = \frac{2\,x\,y}{y^2 + x^2}\right)$$

Man kann den Bogen auch durch den Cosinus darstellen. Es ist:

$$cos.\ \tfrac{1}{2}\,\varphi = \frac{EC}{r} = \frac{r - x}{r} = 1 - \frac{x}{r} = 1 - \frac{2\,x^2}{x^2 + y^2}$$

$$= \frac{y^2 - x^2}{y^2 + x^2} = \frac{\sqrt{(r^2 - y^2)}}{r}$$

daher:

582) $\varphi = 2 \cdot \text{Arc} \cdot \left(cos. = \frac{\sqrt{(r^2 - y^2)}}{r}\right)$

$$= 2 \cdot \text{Arc} \cdot \left(cos. = \frac{r - x}{r}\right)$$

$$= 2 \cdot \text{Arc} \cdot \left(cos. = \frac{y^2 - x^2}{y^2 + x^2}\right)$$

Führt man diese Werthe in 559 ein, so entsteht:

583) $B = r \cdot \varphi$

$$= 2\,r \cdot \text{Arc} \cdot \left(cos. = \frac{\sqrt{(r^2 - y^2)}}{r}\right)$$

$$= 2\,r \cdot \text{Arc} \cdot \left(cos. = \frac{r - x}{r}\right)$$

$$= 2 \cdot \left(\frac{y^2 + x^2}{2\,x}\right) \cdot \text{Arc} \cdot \left(cos. = \frac{y^2 - x^2}{y^2 + x^2}\right)$$

Eben so können die übrigen Funktionen des Kreises zur Darstellung des Bogens benützt werden.

Oft kommt es vor, daß der Bogen durch *sin. ver.* ausgedrückt wird, für diesen Fall hat man:

$$sin.\ ver.\ \tfrac{1}{2}\,\varphi = \frac{x}{r}$$

mithin:

584) $\varphi = 2 \cdot \text{Arc} \cdot \left(sin.\ ver. = \frac{x}{r}\right)$

und

585) $$B = r \,.\, \varphi$$
$$= 2\, r \,.\, \mathrm{Arc} \,.\, \left(\mathit{sin.\ ver.} = \frac{x}{r}\right)$$
$$= 2\, r \,.\, \mathrm{Arc} \,.\, \left(\mathit{sin.\ ver.} = \frac{r - \sqrt{(r^2 - y^2)}}{r}\right)$$
$$= 2 \,.\, \left(\frac{y^2 + x^2}{2\, x}\right) \mathrm{Arc} \,.\, \left(\mathit{sin.\ ver.} = \frac{2\, x^2}{y^2 + x^2}\right)$$

Beispiel. Es sey $AD = 2\, y = 100'$, $BE = 10'$, so ist:

$$r = \frac{y^2 + x^2}{2\, x} = \frac{50^2 + 10^2}{2 \,.\, 10} = \frac{2500 + 100}{20} = \frac{2600}{20} = 130'$$

$$\mathit{sin.}\ \tfrac{1}{2}\, \varphi = \frac{y}{r} = \frac{50}{130} = \frac{5}{13} = 0{,}38461538$$

$$\varphi = 2 \,.\, \mathrm{Arc} \,.\, (\mathit{sin.} = 0{,}38461538)$$
$$= 2 \,.\, \mathrm{Arc} \,.\, (22^0\ 37'\ 11'',5)$$
$$= 2 \,.\, \mathrm{Arc} \,.\, (81431{,}5'')$$

Nun ist aber 563:

$$\mathrm{Arc} \,.\, (81431'',5) = \frac{81431'',5}{360 \,.\, 60 \,.\, 60} \,.\, 6{,}2831853\,.. = 0{,}3947910\,..$$

daher:

$$\varphi = 2 \,.\, 0{,}3947910 = 0{,}7895821$$

und

$$B = r \,.\, \varphi = 130 \,.\, 0{,}7895821 \ldots$$
$$= 102',64567 \ldots$$

Diese Rechnungen setzen voraus, daß man die Zahl $2\,\pi$ kenne, wie diese aber als Umfang eines Vieleckes berechnet werden kann, zeigen die vorhergehenden Untersuchungen.

Die Berechnung der Seite und des Umfanges der Vielecke von einer großen Anzahl Seiten ist jedoch immer, wegen der vielen Wurzelgrößen, mit bedeutenden Schwierigkeiten verbunden.

Die Gleichung 568 zeigt, wie mit Leichtigkeit der Sinus aus dem Bogen berechnet werden kann. Kehrt man die Reihe um, so erhält man den Bogen durch den Sinus. Die umgekehrte Reihe sey:

$$\varphi = A \,.\, \mathit{sin.}\, \varphi^1 + B \,.\, \mathit{sin.}\, \varphi^3 + C \,.\, \mathit{sin.}\, \varphi^5 + D \,.\, \mathit{sin.}\, \varphi^7 + \ldots$$

so ist:

$$\varphi^3 = A^3 . sin. \varphi^3 + 3 A^2 B . sin. \varphi^5 + (2 A . B^2 + 3 A^2 C) sin. \varphi^7 ..$$

$$\varphi^5 = A^5 . sin. \varphi^5 + 5 A^4 . B . sin. \varphi^7 + \ldots$$

$$\varphi^7 = A^7 . sin. \varphi^7 + \ldots$$

. . . .

Führt man nun diese Werthe in 568 ein, so muß man eine identische Gleichung erhalten, aus welcher die Vorzahlen **A, B, C, ..** bestimmt werden können.

Man erhält hierdurch:

$$\begin{aligned} sin. \varphi = & \frac{1}{1} (A . sin. \varphi^1 + B . sin. \varphi^3 + C . sin. \varphi^5 + D . sin. \varphi^7 + ..) \\ & - \frac{1}{1.2.3} (A^3 . sin. \varphi^3 + 3 A^2 B . sin. \varphi^5 \\ & \qquad + (2 AB^2 + 3 A^2 C) . sin. \varphi^7 + \ldots) \\ & + \frac{1}{1.2.3.4.5} (A^5 . sin. \varphi^5 + 5 A^4 B . sin. \varphi^7 + \ldots) \\ & - \frac{1}{1.2 \ldots 7} (A^7 . sin. \varphi^7 + \ldots) \\ & + \ldots \ldots \\ & = A . sin. \varphi^1 \\ & + \left(B - \frac{A^3}{1.2.3}\right) sin. \varphi^3 \\ & + \left(C - \frac{3 A^2 B}{1.2.3} + \frac{A^5}{1.2.3.4.5}\right) . sin. \varphi^5 \\ & + \left(D - \frac{2A . B^2 + 3 A^2 C}{1.2.3} + \frac{5 A^4 B}{1 \ldots 5} - \frac{A^7}{1 \ldots 7}\right) sin. \varphi^7 \\ & + \ldots \ldots \end{aligned}$$

Da nun auf der einen Seite nichts Anderes stehen kann, als auf der andern, so muß die Vorzahl von *sin.* φ^1 der Einheit gleich seyn, alle übrigen Vorzahlen aber müssen verschwinden; folglich:

$$1 = A$$

$$0 = B - \frac{A^3}{1.2.3}$$

$$0 = C - \frac{3\,A^2\,.\,B}{1\,.\,2\,.\,3} + \frac{A^5}{1.2.3.4.5}$$

$$0 = D - \frac{2A\,.\,B^2 + 2\,A^2\,.\,C}{1\,.\,2\,.\,3} + \frac{5\,A^4\,.\,B}{1.2.3.4.5} - \frac{A^7}{1.2.3.4.5.6.7}$$

. . . .

Die erste Gleichung gibt $A = 1 \qquad = \frac{1}{1}$

» zweite » » $B = \frac{1}{1\,.\,2\,.\,3} = \frac{1}{3}\,.\,\frac{1}{2}$

» dritte » » $C = \frac{9}{1.2.3.4.5} = \frac{1}{5}\,.\,\frac{1.3}{2.4}$

» vierte » » $D = \frac{225}{1.2.3\ldots7} = \frac{1}{7}\,.\,\frac{1\,.\,3\,.\,5}{2\,.\,4\,.\,6}$

u. s. w.

Führt man nun diese Werthe in die angenommene Gleichung ein, so erhält man:

$$586)\quad \varphi = \frac{1}{1}\,.\,sin.\,\varphi^1 + \frac{1}{3}\,.\,\frac{1}{2}\,.\,sin.\,\varphi^3 + \frac{1}{5}\,.\,\frac{1.3}{2.4}\,.\,sin.\,\varphi^5 + \frac{1}{7}\,.\,\frac{1\,.\,3\,.\,5}{2\,.\,4\,.\,6}\,.\,sin.\,\varphi^7 + \ldots$$

Wird die Gleichung 568 durch 569 gemessen, so entsteht:

$$587)\quad tang.\,\varphi = \frac{\varphi}{1} + \frac{\varphi^3}{1.3} + \frac{2\,.\,\varphi^5}{1.3.5} + \frac{17\,.\,\varphi^7}{1\,.\,3\,.\,5\,.\,7} + \frac{62\,.\,\varphi^9}{1\,.\,3\,.\,5\,.\,7\,.\,9} + \ldots$$

Verfährt man nun mit dieser Gleichung eben so wie mit 568, wird sie wie diese umgekehrt, so erhält man:

$$588)\quad \varphi = \frac{1}{1}\,tang.\,\varphi^1 - \frac{1}{3}\,.\,tang.\,\varphi^3 + \frac{1}{5}\,.\,tang.\,\varphi^5 - \frac{1}{7}\,.\,tang.\,\varphi^7 + \ldots$$

Die Gleichungen 586 und 588 zeigen nun, wie man den Bogen aus dem Sinus oder der Tangente berechnen kann. Ist z. B. $\varphi = Arc\,.\,30^0$, so ist $sin.\,\varphi = \frac{1}{2}$ allein $Arc\ 30^0 = Arc\,.\,\frac{360^0}{12} = \frac{2\,\pi}{12} = \frac{\pi}{6}$ daher:

$$\frac{\pi}{6} = \frac{1}{1} \cdot \frac{1}{2^1} + \frac{1 \cdot 1}{2 \cdot 3} \cdot \frac{1}{2^3} + \frac{1 \cdot 1 \cdot 3}{2 \cdot 4 \cdot 5} \cdot \frac{1}{2^5} + \frac{1 \cdot 1 \cdot 3 \cdot 5}{2 \cdot 4 \cdot 6 \cdot 7} \cdot \frac{1}{2^7} + \ldots$$

Es ist mithin:

589) $$\pi = 6 \left(\frac{1}{1 \cdot 2^1} + \frac{1 \cdot 1}{2 \cdot 3 \cdot 2^3} + \frac{1 \cdot 1 \cdot 3}{2 \cdot 4 \cdot 5 \cdot 2^5} + \frac{1 \cdot 1 \cdot 3 \cdot 5}{2 \cdot 4 \cdot 6 \cdot 7 \cdot 2^7} + \ldots \right)$$

$$= 6 \cdot (0{,}50 + 0{,}0208333 \ldots + 0{,}0023437 + \ldots\ldots\ldots)$$

$$= 6 \cdot 0{,}52359 \ldots$$

$$= 3{,}14159 \ldots$$

Die Reihen 586 und 588 sind zwar bei passender Anwendung schon konvergent, können es aber noch mehr gemacht werden.

§. 89. **Von den Sekanten.** Eine Sekante durchschneidet den Kreis in zwei Punkten und hat nur diese mit dem Kreise gemein.

Zieht man (Fig. 125) zwei Sekanten, deren Richtungen nicht dieselben sind, so werden sie sich in einem Punkte B durchschneiden. Verbindet man A und D, E und F, so ist AEFD ein Antiparallelogramm, also im Dreiecke ABD, EF antiparallel zu AD und daher nach 372:

590) $AB \cdot EB = BD \cdot BF$

d. i. die Produkte der Sekanten in ihren äußern abgeschnittenen Theilen sind gleich.

Drei und mehrere Sekanten bieten nichts Besonderes dar.

§. 90. **Von den Tangenten.** Wird die Sekante AB immer weiter vom Mittelpunkte entfernt, so rücken sich die Punkte A und E immer näher, bis sie zuletzt in einen Punkt zusammenfallen. Die Sekante wird in diesem Falle zur Tangente, welche mit dem Kreise nur einen Punkt, den Berührungspunkt, gemein hat. Der

Strahl, welcher nach dem Berührungspunkte geht, ist nach 570 zur Tangente senkrecht.

Die Tangente ist nach dieser Darstellung nur eine Sekante, deren beide Durchschnittspunkte in einen A (Fig. 126) zusammenfallen, hierbei wird der äußere abgeschnittene Theil immer größer, die Sekante immer kleiner, bis beide gleich der Tangente AB werden.

Die obige Wahrheit verliert hierbei nicht ihre Gültigkeit, nur wird sie, wegen AB = EB, in folgende Form übergehen.

591) $AB^2 = BD \,.\, BE$

Die zweite Potenz der Tangente gleicht dem Produkte der Sekante in ihren äußern abgeschnittenen Theil.

Auch hier ist AE antiparallel zu AD und alle für die Antiparallele im Dreiecke gefundenen Wahrheiten gelten auch hier und können auf die mit dem Kreise verbundene Linie angewendet werden.

Ist z. B. AD (Fig. 127) ein Durchmesser, AB eine Tangente, BD die Sekante, AE die Sehne, so ist nach 373:

$$AE \,.\, BD = AB \,.\, AD$$

oder wenn $AE = s_1$, $AB = S_1$, $AD = 2\,r$ gesetzt wird:

$$s_1 \,.\, BD = 2\,r \,.\, S_1$$

Da nun:

$$BD = \sqrt{(AD^2 + AB^2)} = \sqrt{(4\,r^2 + S_1^2)}$$

so ist:

$$s_1 \,.\, \sqrt{(4\,r^2 + S_1^2)} = 2\,r \,.\, S_1$$

mithin:

$$s_1 = \frac{2\,r \,.\, S_1}{\sqrt{(4\,r^2 + S_1^2)}}$$

und dieß ist die Gleichung 541, welche also zeigt wie Sehne und Tangente desselben Bogens AE von einander abhängen. Auf gleiche Art können alle Wahrheiten des achtzehnten Kapitels hier angewendet und auf den Kreis bezogen werden.

Zieht man (Fig. 128) zwei Tangenten von demselben Punkte aus an den Kreis, so ist nach dem Obigen:

$$AB^2 = BD \,.\, BE$$

aber auch:

$$BC^2 = BD \cdot BE$$

daher:

$$AB = BC,$$ so daß also:

592) Werden aus einem Punkte zwei Tangenten an den Kreis gezogen, so sind diese gleich.

Drei und mehrere Tangenten bilden Vielecke um den Kreis. Sind die Seiten derselben gleich, so können die früheren Untersuchungen über die ordentlichen Vielecke auch auf diese angewandt werden, und es ergeben sich noch viele Gesetze über den Zusammenhang der dem Kreise eingezeichneten und umschriebenen Vielecke von gleicher oder ungleicher Seitenzahl.

Sechster Abschnitt.

Von den Flächenräumen der ebenen geradlinigen Figuren und des Kreises.

Zwanzigstes Kapitel.

Vergleichung und Berechnung der Flächenräume der Vielecke.

§. 91. **Flächenräume ähnlicher Figuren mit einander verglichen.** Nach §. 55, Nro. 392 ist (Fig. 129):

$$ABC = n^2 \ . \ ADE$$

d. i., hat man eine Seite AB in n gleiche Theile getheilt und durch Parallellinien das Dreieck in kleinere Dreiecke wie ADE zerlegt, welche dem großen ähnlich sind, so ist deren Anzahl $= n^2$.

Ist $A_1B_1C_1$ (Fig. 130) ein dem ABC ähnliches Dreieck und enthält dessen Seite A_1B_1, m solche Theile, von welchen n die Seite AB ausmachen, so wird das zweite Dreieck in m^2 kleine Dreiecke zerlegt, welche ähnlich dem $A_1B_1C_1$ und identisch mit ADE sind, so daß:

$$A_1B_1C_1 = m^2 \ . \ ADE$$

Verbindet man beide Gleichungen durch Messen so wird:

$$\frac{ABC}{A_1B_1C_1} = \frac{n^2ADE}{m^2ADE} = \frac{n^2}{m^2}$$

Ist nun x der nte Theil von **AB**, also auch der mte von $_1B_1$ und vervielfacht man den Bruch zur Rechten im Zähler nd Nenner mit x^2, so wird:

$$\frac{ABC}{A_1B_1C_1} = \frac{n^2 \,.\, x^2}{m^2 \,.\, x^2} = \frac{(n \,.\, x)^2}{(m \,.\, x)^2}$$

Nun ist $n \,.\, x = AB$ und $m \,.\, x = A_1B_1$, daher:

593) $$\frac{ABC}{A_1B_1C_1} = \frac{AB^2}{A_1B_1{}^2} = \frac{AC^2}{A_1C_1{}^2} = \frac{BC^2}{B_1C_1{}^2}$$

i.:

Die Flächenraume ähnlicher Dreiecke messen sich so oft, als die zweiten Potenzen homologer Seiten.

Dieser Satz läßt sich auf alle Vielecke ausdehnen. Sind **ABCD** nd $A_1B_1C_1D_1$ (Fig. 131) ähnliche Vierecke, so sind auch die Dreiecke BC und $A_1B_1C_1$, so wie **ACD** und $A_1C_1D_1$, ähnlich, daher:

$$\frac{ABC}{A_1B_1C_1} = \frac{AC^2}{A_1C_1{}^2} \quad \text{und} \quad ABC = \frac{AC^2}{A_1C_1{}^2} \,.\, A_1B_1C_1$$

$$\frac{ACD}{A_1C_1D_1} = \frac{AC^2}{A_1C_1{}^2} \quad \text{und} \quad ACD = \frac{AC^2}{A_1C_1{}^2} \,.\, A_1C_1D_1$$

Hieraus erhält man durch Zuzählen:

$$ABCD = \frac{AC^2}{A_1C_1{}^2} \,.\, A_1B_1C_1D_1$$

nd

$$\frac{ABCD}{A_1B_1C_1D_1} = \frac{AC^2}{A_1C_1{}^2} = \frac{AB^2}{A_1B_1{}^2} = \frac{BC^2}{B_1C_1{}^2} = \ldots$$

Auf gleiche Weise kann die obige Wahrheit auf die Fünf- nd Vielecke angewandt werden, und man gelangt hierdurch zu em Satze:

594) Die Flächenräume ähnlicher Vielecke verhalten sich wie die zweiten Potenzen entsprechender Seiten oder Diagonalen.

Das ordentliche neck wird vom Mittelpunkte aus in n iden- sche Dreiecke zerlegt. Ist nun **P** das neck und **T** eines der reiecke, so ist:

$$P = n \,.\, T$$

Auf gleiche Weise ist für ein anderes neck:

$$p = n \,.\, t$$

Sind nun A und a (Fig. 132) die Seiten, U und u die Umfänge und R und r die Radien, so ist:

$$\frac{P}{p} = \frac{n \cdot T}{n \cdot t} = \frac{T}{t} = \frac{A^2}{a^2} = \frac{R^2}{r^2}$$

$$= \frac{n^2 \cdot A^2}{n^2 \cdot a^2} = \frac{(n \cdot A)^2}{(n \cdot a)^2} = \frac{U^2}{u^2}$$

mithin:

595) Die Flächenräume ordentlicher Vielecke von gleicher Seitenzahl verhalten sich wie die zweiten Potenzen der Seiten, oder der Radien, oder der Umfänge.

§. 92. **Von der Berechnung der Flächenräume ebener geradliniger Figuren.**

Man ist übereingekommen als Einheit des Maßes der Flächen das Quadrat anzunehmen, und alle Flächen durch Quadrate auszumessen.

Es sey die Seite des Quadrats, welches die Flächeneinheit ist $= 1'$, so werden nicht alle Flächen vollkommen durch dieses Maß ausgemessen werden können, und man muß dasselbe genauerer Bestimmungen wegen eben so in gleiche Theile theilen, wie dieß bei dem Fuße als Längeneinheit geschehen ist. Werden nun die Seiten des Quadrats in 10 oder 12 gleiche Theile getheilt, so kann dessen Fläche durch Parallellinien in $10 \cdot 10 = 10^2 = 100$, oder in $12 \cdot 12 = 12^2 = 144$ kleinere Quadrate, Quadratzolle genannt, zerlegt werden. Auf gleiche Weise wird der Quadratzoll in 10^2 oder 12^2 Quadratlinien getheilt u. s. w., und die Größe einer Fläche wird angegeben durch $\alpha \square'$, $\beta \square''$, $\gamma \square'''$ u. s. w.

Es ist natürlich, daß die dem Quadrate am nächsten verwandte Figur, das Rechteck, sich auch am leichtesten durch dasselbe ausmessen läßt.

Ist ABCD (Fig. 133) das Rechteck und ab die Seite des Quadrats in AB p und in AD q mal enthalten, so wird das Rechteck durch Parallellinien in $p \cdot q$ Quadrate abcd zerlegt. Ist nun ab die Längeneinheit, so drückt p die Linie AB und q die Linie AD aus, und man hat:

$$ABCD = AB \cdot AD \square \text{ Einheiten.}$$

Ist daher die Seite des Quadrats, welches als Flächeneinheit ngenommen worden, die Längeneinheit, so findet man:

596) Der Flächeninhalt eines Rechteckes wird gefunden, wenn man die Zahlen, welche zwei aufeinanderfolgende Seiten des Rechteckes vorstellen, mit einander vervielfacht. Die Längeneinheit ist hierbei die Seite des Quadrates, welches als Maß der Flächen dient.

Vom Rechtecke kann man leicht zum Parallelogramm übergehen. 's sey **AEFD** (Fig. **134**) ein Parallelogramm, welches mit dem 'echtecke **ABCD** zwischen denselben Parallellinien **AD** und **BF** egt, und welches dieselbe Basis **AD** hat. Eine einfache Be-achtung zeigt, daß die Dreiecke **ABE** und **DCF** kongruent sind, .eiche Flächenräume einschließen. Nimmt man von beiden Dreiecken ıs kleine Dreieck **CGE** hinweg, so bleiben die Flächen **ABCG** und)**GEF** über, welche also auch noch gleich seyn müssen. Fügt man ɔer den beiden letzten Flächen das Dreieck **AGD** an, so entsteht nmal das Rechteck **ABCD** und dann das Parallelogramm **AEFD**, :e Flächenräume dieser beiden Vierecke werden also gleich seyn.

$$\triangle \text{ABE} = \triangle \text{DCF}$$

$$\triangle \text{ABE} - \triangle \text{CGE} = \triangle \text{DCF} - \triangle \text{CGE}$$

oder:

$$\square \text{ABCG} = \square \text{DGEF}$$

$$\square \text{ABCG} + \square \text{AGD} = \square \text{DGEF} + \square \text{AGD}$$

aher:

Rechteck **ABCD** = Parallelogramm **AEFD**

Hierbei ist es gleichgültig, ob die beiden Vierecke über derselen Grundlinie stehen, oder ob die Grundlinien gleich sind; eben), ob sie zwischen Parallellinien liegen, oder ob sie gleiche)öhen haben.

Da ferner ein jedes Parallelogramm, welches die Bedingungen von **AEFD** erfüllt, dem Rechtecke **ABCD** gleich ist, so ndet man:

597) Parallelogramme, welche gleiche Grundlinien und gleiche Höhen haben, sind gleich, d. i. sie schließen gleiche Flächenräume ein.

16*

Für alle Parallelogramme, welche also in der angeführten Beziehung zu dem Rechtecke stehen, hat man für den Flächenraum das Produkt **AB . AD.**

Nun ist aber **AD** die Grundlinie und **AB** die Höhe sämmtlicher Parallelogramme, daher:

598) Der Flächeninhalt des Parallelogramms ist das Produkt aus der Grundlinie in die Höhe desselben.

Ein jedes Dreieck (Fig. **135**) kann angesehen werden als die Hälfte eines Parallelogramms von gleicher Höhe und Grundlinie, mithin:

599) Der Flächeninhalt des Dreiecks ist die Hälfte des Produkts aus der Grundlinie in die Höhe desselben. $ABC = \frac{1}{2} b \cdot h$ und Dreiecke von gleicher Höhe und gleichen Grundlinien sind gleich.

Diese Wahrheit führt wieder zu folgender:

600) Die Flächenräume von Dreiecken, die gleiche Höhen aber ungleiche Grundlinien haben, verhalten sich wie die Grundlinien. Sind die Grundlinien gleich, die Höhen aber ungleich, so verhalten sie sich wie die Höhen. Haben beide Dreiecke nichts Gleiches, so verhalten sich ihre Flächen wie die Produkte aus den Grundlinien in die Höhen.

Beachtet man, daß $h = c \cdot \sin. A$, so wird aus **599**:

601) $ABC = \frac{1}{2} b \cdot c \cdot \sin. A$ oder:

Die Fläche des Dreieckes wird gefunden, wenn man die Hälfte des Produktes zweier Seiten noch mit dem Sinus des eingeschlossenen Winkels vervielfacht.

Da jede Seite als Grundlinie angesehen werden kann, so ist:

$$ABC = \frac{1}{2} ab \cdot \sin. C = \frac{1}{2} ac \cdot \sin. B = \frac{1}{2} bc \cdot \sin. A$$

Um die Flächenräume der andern Vielecke aufzufinden, sey (Fig. **136**) $A_1 A_2 \ldots A_n$ ein neck, man zerlege dasselbe durch die Diagonale $A_2 A_n$ in das $(n-1)$ eck $A_2 A_3 \ldots A_n$ und in das Dreieck $A_1 A_2 A_n$. Die Fläche des n eckes bezeichne man mit F_n, so wird die des $(n-1)$ eckes F_{n-1} und des Dreieckes F_3 seyn, und

$$F_n = F_{n-1} + F_3$$

oder da:

$$F_3 = \frac{1}{2} a_1 \cdot a_n \cdot \sin. A_1$$

602) $F_n = F_{n-1} + \frac{1}{2} a_1 . a_n . sin. A_1$

Das Produkt $a_1 . sin. A_1$ kann nun durch andere Größen rsetzt werden.

Betrachtet man den nten Punkt als den ersten, den (n—1)ten ıls zweiten u. s. w., so ist nach 510 für das Viereck:

$$0 = a_3 . sin. A_4 - a_2 . sin. (A_4 + A_3)$$
$$+ a_1 . (A_4 + A_3 + A_2)$$

ıder da:

$$sin. (A_4 + A_3 + A_2) = - sin. A_1$$
$$0 = a_3 . sin. A_4 - a_2 . sin. (A_4 + A_3) - a_1 . sin. A_1$$

nithin:

$$a_1 . sin. A_1 = a_3 . sin. A_4 - a_2 . sin. (A_4 + A_3)$$

Aus derselben Gleichung erhält man für das 5eck:

$$0 = a_4 . sin. A_5 - a_3 . sin. (A_5 + A_4)$$
$$+ a_2 . sin. (A_5 + A_4 + A_3)$$
$$- a_1 . sin. (A_5 + A_4 + A_3 + A_2)$$

ıder da:

$$sin. (A_5 + A_4 + A_3 + A_2) = sin. (6R - A_1) = sin. A_1$$

o wird:

$$0 = a_4 . sin. A_5 - a_3 . sin. (A_5 + A_4)$$
$$+ a_2 . sin. (A_5 + A_4 + A_3) - a_1 . sin. A_1$$

ıaher:

$$a_1 . sin. A_1 = a_4 . sin. A_5 - a_3 . sin. (A_5 + A_4)$$
$$+ a_2 . sin. (A_5 + A_4 + A_3)$$

Geht man auf diese Art weiter, so erhält man:

603) $a_1 . sin. A_1 = a_{n-1} . sin. A_n$
$- a_{n-2} . sin. A_{n|n-1}$
$+ a_{n-3} . sin. A_{n|n-2}$
$- . . . .$
$(-)^{n-3} a_2 . sin. A_{n|3}$

Führt man diesen Werth in die Gleichung 602 ein, so geht ie über in:

604) $F_n = F_{n-1} + \frac{1}{2} a_{n-1} . a_n . sin. A_n$
$- \frac{1}{2} a_{n-2} . a_n . sin. A_{n|n-1}$

$$+ \tfrac{1}{2}\, a_{n-3} \,.\, a_n \,.\, sin.\, A_{n|n-2}$$

$$- \,.\; .\; .\; .\; .\; .\; .\; .\; .\; .$$

$$(-)^{n-3}\, \tfrac{1}{2} \,.\, a_2\, a_n \,.\, sin.\, A_{n|3}$$

Für das Viereck ist $n = 4$, daher (Fig. 137):

$$F_4 = F_3 + \tfrac{1}{2}\, a_3 \,.\, a_4 \,.\, sin.\, A_4$$
$$- \tfrac{1}{2}\, a_2 \,.\, a_4 \,.\, sin.\, (A_4 + A_3)$$

Da nun $F_3 = A_2 A_3 A_4 = \frac{1}{2}\, a_2 \,.\, a_3 \,.\, sin.\, A_3$, so ist:

605) $$F_4 = \tfrac{1}{2} \left| \begin{array}{l} a_2 \,.\, a_3 \,.\, sin.\, A_3 - a_2 \,.\, a_4 \,.\, sin.\, (A_3 + A_4) \\ a_3 \,.\, a_4 \,.\, sin.\, A_4 \end{array} \right.$$

Für das Fünfeck ist $n = 5$, daher (Fig. 138):

$$F_5 = F_4 + \tfrac{1}{2}\, a_4 \,.\, a_5 \,.\, sin.\, A_5$$
$$- \tfrac{1}{2}\, a_3 \,.\, a_5 \,.\, sin.\, (A_4 + A_5)$$
$$+ \tfrac{1}{2}\, a_2 \,.\, a_5 \,.\, sin.\, (A_3 + A_4 + A_5)$$

Wird nun der vorhergehende Werth von F_4 eingeführt, so entsteht:

606) $$F_5 = \tfrac{1}{2} \left| \begin{array}{l} a_2 \,.\, a_3 \,.\, sin.\, A_3 - a_2 \,.\, a_4 \,.\, sin.\, A_{3|4} \\ \qquad\qquad\qquad\quad + a_2 \,.\, a_5 \,.\, sin.\, A_{3|5} \\ a_3 \,.\, a_4 \,.\, sin.\, A_4 - a_3 \,.\, a_5 \,.\, sin.\, A_{4|5} \\ a_4 \,.\, a_5 \,.\, sin.\, A_5 \end{array} \right.$$

Nach demselben einfachen Gesetze können die Flächenräume der späteren Vielecke gebildet werden.

Diese Gleichungen zeigen, wie man den Flächeninhalt des $n$eckes aus $(n - 1)$ Seiten und den davon eingeschlossenen Winkeln berechnen kann. Sind diese Elemente aber nicht gegeben, so muß man sie zuerst nach den früher gegebenen Vorschriften berechnen.

Außer der Gleichung 605 kann man für das Viereck auch noch folgende gebrauchen (Fig. 74):

607) $$ABCD = \tfrac{1}{2}\,(ab \,.\, sin.\, B + cd \,.\, sin.\, D)$$
$$= \tfrac{1}{2}\,(ad \,.\, sin.\, A + bc \,.\, sin.\, C)$$

Ist das Viereck ein Trapez (Fig. 139), so ist $a \,.\, sin.\, A = c \,.\, sin.\, D$, daher:

608) $$ABCD = \tfrac{1}{2}\, a\,(b + d) \,.\, sin.\, A$$
$$= \tfrac{1}{2}\, h\,(b + d)$$

weil $a \,.\, sin.\, A = h$ die Höhe des Trapezes ist.

Ist das Viereck ein Antiparallelogramm, also *sin.* B = *sin.* D und *sin.* A = *sin.* C, so ist:

609) $ABCD = \frac{1}{2}(ab + cd) \cdot sin.\ B$
$= \frac{1}{2}(ad + bc) \cdot sin.\ A$

§. 93. **Von der Berechnung der Flächenräume der ordentlichen Vielecke und des Kreises.**

Das ordentliche n eck kann zerlegt werden in n Dreiecke t (Fig. 140), deren Scheitel im Mittelpunkte liegen. Diese Dreiecke sind identisch, ihre Grundlinie ist s die Seite des n eckes, ihre beiden andern Seiten sind gleich und = r dem Radius der Figur. Der Winkel im Scheitel des Dreieckes ist $= \frac{360^0}{n}$, daher der Flächeninhalt nach 601:

610) $t = \frac{1}{2} r^2 \cdot sin. \frac{360^0}{n}$

Es ist ferner nach 201:

$$sin. \frac{360^0}{n} = 2 \cdot sin. \frac{180^0}{n} \cdot cos. \frac{180^0}{n}$$

daher:

$$t = r^2 \cdot sin. \frac{180^0}{n} \cdot cos. \frac{180^0}{n}$$

$$= 4 \cdot r^2 \cdot \left(sin. \frac{180^0}{n}\right)^2 \cdot \frac{cos. \frac{180^0}{n}}{4 \cdot sin. \frac{180^0}{n}}$$

$$= \left(2 \cdot r \cdot sin. \frac{180^0}{n}\right)^2 \cdot \frac{1}{4} \cdot colang. \frac{180^0}{n}$$

mithin nach 525:

611) $t = \frac{1}{4} \cdot s^2 \cdot cotang. \frac{180^0}{n}$

Da das Vieleck aus n solcher Dreiecke besteht, so ist der Flächeninhalt desselben:

612) $F_n = n \cdot t = \frac{n}{2} \cdot r^2 \cdot sin. \frac{360^0}{n}$

und

$$613)\ F_n = n\ .\ t = \frac{n}{4}\ .\ s^2\ .\ cotang.\ \frac{180^0}{n}$$

Die erste Gleichung zeigt, wie man den Flächeninhalt mit Hülfe des Radius, die zweite wie derselbe durch die Seite des Vielecks gefunden werden kann.

Der Winkel kann aus den vier letzten Gleichungen entfernt werden. Aus 525 und 526 erhält man durch 201:

$$sin.\ \frac{360^0}{n} = \frac{s}{r}\ .\ \frac{\sqrt{(4\ r^2 - s^2)}}{2\ r}\ \text{also}$$

$$\tfrac{1}{2}\ r^2\ .\ sin.\ \frac{360}{n} = \tfrac{1}{4}\ s\ \sqrt{(4\ r^2\ -\ s^2)}$$

Wird dieser Werth eingeführt, so wird:

$$614)\ F_n = \frac{n}{4}\ .\ s\ \sqrt{(4\ r^2\ -\ s^2)}.$$

Hier ist die Fläche durch die Seite und den Radius der Figur dargestellt.

Nach 525 ist $sin.\ \frac{360^0}{n} = \frac{s_2}{2\ r}$, führt man diesen Werth in 612 ein, so erhält man:

$$615)\ F_n = \frac{n}{4}\ .\ r\ .\ s_2;$$

eine Gleichung, welche zeigt, wie aus dem Radius und der ersten Diagonale der Flächeninhalt berechnet werden kann.

Für das ordentliche Dreieck ist $n = 3,\ s = r\ \sqrt{3}$, $s_2 = r\ \sqrt{3},\ r = \frac{s}{\sqrt{3}}$; daher:

$$F_3 = \tfrac{3}{4}\ .\ r\ .\ r\ \sqrt{3} = \tfrac{3}{4}\ r^2\ .\ \sqrt{3}$$

oder:

$$F_3 = \tfrac{3}{4}\ .\ s\ \sqrt{(\tfrac{4}{3}\ s^2\ -\ s^2)} = \tfrac{3}{4}\ .\ s^2\ \sqrt{\tfrac{1}{3}}$$

folglich:

$$616)\ F_3 = \tfrac{3}{4}\ r^2\ .\ \sqrt{3} = \tfrac{1}{4}\ s^2\ .\ \sqrt{3}$$

Für das ordentliche Viereck ist $n = 4,\ s = r\ \sqrt{2},\ s_2 = 2\ r,\ \ r = \frac{s}{\sqrt{2}},\ 4\ r^2 = 2\ s^2$; daher:

$$F_4 = \tfrac{4}{4}\ .\ r\ .\ 2\ r = 2\ r^2$$

oder:

$$F_4 = \tfrac{4}{4} \cdot s \sqrt{(2\,s^2 - s^2)} = s \cdot \sqrt{s^2}$$

mithin:

617) $F_4 = 2\,r^2 = s^2$

Beim ordentlichen Fünfecke hat man $n = 5$, $s = \frac{1}{2}\,r \sqrt{(10 - 2\sqrt{5})}$, $s_2 = \frac{1}{2}\,r \sqrt{(10 + 2\sqrt{5})}$, $r = \frac{2\,s}{\sqrt{(10 - 2\sqrt{5})}}$, $r^2 = \frac{4\,s^2}{10 - 2\sqrt{5}} = \frac{s^2\,(10 + 2\sqrt{5})}{20}$

folglich:

$$F_5 = \tfrac{5}{8}\,r^2 \sqrt{(10 + 2\sqrt{5})}$$

und

$$F_5 = \tfrac{5}{4}\,s \cdot \sqrt{\left(s^2 \cdot \frac{10 + 2\sqrt{5}}{20} - s^2\right)}$$

$$= \tfrac{5}{4}\,s \cdot \sqrt{\frac{5 + 2\sqrt{5}}{5}\,s^2}$$

daher:

618) $F_5 = \frac{5}{8}\,r^2 \sqrt{(10 + 2\sqrt{5})}$

$$= \tfrac{5}{4}\,s^2 \sqrt{\frac{5 + 2\sqrt{5}}{5}}$$

Für das ordentliche Sechseck ist $n = 6$, $s = r$, $s_2 = r\sqrt{3}$

daher:

$$F_6 = \tfrac{6}{4}\,r \cdot r\sqrt{3} = \tfrac{3}{2}\,r^2 \sqrt{3}$$

und

$$F_6 = \tfrac{6}{4}\,s \cdot \sqrt{(4\,s^2 - s^2)}$$

$$= \tfrac{3}{2}\,s \cdot \sqrt{3\,s^2}$$

somit:

619) $F_6 = \frac{3}{2}\,r^2 \sqrt{3} = \frac{3}{2}\,s^2 \sqrt{3}$

Beim ordentlichen Achtecke ist $n = 8$, $s = r\sqrt{(2 - \sqrt{2})}$ $s_2 = r \cdot \sqrt{2}$, $r = \frac{s}{\sqrt{(2 - \sqrt{2})}}$, $4\,r^2 = \frac{4\,.\,s^2}{2 - \sqrt{2}} = 2\,s^2\,(2 + \sqrt{2})$

daher:

$$F_8 = \tfrac{8}{4}\,r \cdot r\sqrt{2} = 2\,r^2 \sqrt{2}$$

und

$$F_8 = \tfrac{8}{4}\,s \cdot \sqrt{((4 + 2\sqrt{2})\,s^2 - s^2)}$$

$$= 2\,s \cdot \sqrt{(3\,s^2 + 2\,s^2 \sqrt{2})}$$

mithin:

620) $F_8 = 2\, r^2 \sqrt{2}$
$= 2 \,.\, s^2 \sqrt{(3 + 2 \sqrt{2})}$

Beim ordentlichen Zehnecke ist $n = 10$, $s = \frac{1}{2} r (-1+\sqrt{5})$

$s_2 = \frac{1}{2}\, r \sqrt{(10 - 2 \sqrt{5})}$, $r = \frac{2\, s}{-1 + \sqrt{5}}$,

$4\, r^2 = \frac{16\, s^2 (6 + 2 \sqrt{5})}{16} = s^2 (6 + 2 \sqrt{5})$, daher:

$$F_{10} = \frac{10}{4} \,.\, r \,.\, \frac{1}{2}\, r \sqrt{(10 - 2 \sqrt{5})}$$
$$= \frac{5}{4}\, r^2 \sqrt{(10 - 2 \sqrt{5})}$$

und

$$F_{10} = \frac{10}{4} \,.\, s \,.\, \sqrt{(s^2 (6 + 2 \sqrt{5}) - s^2)}$$

mithin:

621) $F_{10} = \frac{5}{4}\, r^2 \sqrt{(10 - 2 \sqrt{5})}$
$= \frac{5}{2}\, s^2 \sqrt{(5 + 2 \sqrt{5})}$

u. s. w.

Bei dem Kreise, als letztem Gliede in der Reihe der ordentlichen Figuren, ist n unendlich groß, dagegen s unendlich klein, jedoch so, daß immer $n \,.\, s = U$ dem Umfange des Kreises ist.

Aus 614 erhält man für diese Figur, wenn man deren Flächeninhalt = F setzt und beachtet, daß bei den obigen Voraussetzungen $4\, r^2 - s^2 = 4\, r^2$ gesetzt werden kann.

$$F = \frac{n}{4} \,.\, s \,.\, \sqrt{4\, r^2} = \frac{1}{2} \,.\, n \,.\, s \,.\, r$$

oder:

622) $F = \frac{1}{2}\, r \,.\, U$

Setzt man für U den in 558 gefundenen Werth, so wird:

623) $F = \frac{1}{2}\, r \,.\, 2\, \pi \,.\, r = r^2 \,.\, \pi$

§. 94. Von der Berechnung des Flächenraumes des Kreisausschnittes, des Kreisabschnittes und anderer Kreissegmente.

Die Fläche eines Kreisausschnittes **ABCD** (Fig. 141) wird auf gleiche Weise wie der des Kreises gefunden. Ist **m** die Anzahl der

Dreiecke, welche der Ausschnitt enthält, so ist, wie aber §. 93 $t = \frac{1}{2} s . r$, $m . t = \frac{1}{2} m . s . r$.

Nun ist:

$$m . t = ABDC \text{ und } m . s = ABD$$

daher:

624) $ABDC = \frac{1}{2} r . ABD$

Ersetzt man den Bogen ABD nach 581, so wird:

625) $$ABDC = \frac{1}{2} r^2 . \varphi$$
$$= r^2 . Arc . \left(sin. = \frac{y}{r}\right)$$
$$= r^2 . Arc . \left(sin. = \frac{\sqrt{(2 r x - x^2)}}{r}\right)$$
$$= \left(\frac{y^2 + x^2}{2 x}\right)^2 . Arc . \left(sin. = \frac{2 xy}{y^2 + x^2}\right)$$

Aehnliche Ausdrücke würden die folgenden Werthe des Bogens ABD in §. 88 geben.

Der Kreisabschnitt ABDA besteht aus dem Ausschnitte ABDC, weniger dem Dreiecke ACD; oder:

$$ABDA = ABDC - ACD.$$

Nun ist nach 625:

$$ABDC = \frac{1}{2} r^2 \varphi \text{ und}$$
$$ACD = \frac{1}{2} AD . EC = AE . EC$$
$$= r . sin. \tfrac{1}{2} \varphi . r . cos. \tfrac{1}{2} \varphi$$
$$= r^2 . sin. \tfrac{1}{2} \varphi . cos. \tfrac{1}{2} \varphi = \tfrac{1}{2} r^2 . sin. \varphi$$

Führt man diese Werthe ein, so wird:

626) $ABDA = \frac{1}{2} r^2 (\varphi - sin. \varphi)$

Diese Formel kann durch Einführung der früheren für φ gefundenen Werthe umgeändert werden. Zu diesem Zwecke muß man aber auch für $sin. \varphi$ entsprechende Werthe aufsuchen.

Es ist nun:

$$sin. \tfrac{1}{2} \varphi = \frac{y}{r}$$

$$cos. \tfrac{1}{2} \varphi = \frac{r - x}{r}$$

daher:

$$2 \cdot sin. \tfrac{1}{2} \varphi \cdot cos. \tfrac{1}{2} \varphi = 2 \cdot \frac{y}{r} \cdot \frac{r - x}{r}$$

mithin:

627) $$sin. \varphi = \frac{2 y (r - x)}{r^2}$$

Beachtet man nun, daß nach 576:

$$y = \sqrt{(2 r x - x^2)}$$

also:

$$r^2 - y^2 = r^2 - 2 r x + x^2 = (r - x)^2$$

mithin:

$$r - x = \sqrt{(r^2 - y^2)},$$

oder auch, wenn man für r aus 579 seinen Werth einführt:

$$r - x = \frac{y^2 + x^2}{2 x} - x = \frac{y^2 - x^2}{2 x}$$

so wird:

628) $$sin. \varphi = \frac{2 y \cdot \sqrt{(r^2 - y^2)}}{r^2}$$

$$= \frac{2 (r - x) \sqrt{(2 r x - x^2)}}{r^2}$$

$$= \frac{y (y^2 - x^2)}{x \cdot r^2}$$

oder auch:

629) $$r^2 \cdot sin. \varphi = 2 y \cdot \sqrt{(r^2 - y^2)}$$

$$= 2 (r - x) \sqrt{(2 r x - x^2)}$$

$$= \frac{y \cdot (y^2 - x^2)}{x}$$

Diese Werthe, verbunden mit denen aus 581 geben:

630) $$ABDA = \tfrac{1}{2} r^2 (\varphi - sin. \varphi)$$

$$= r^2 \cdot Arc. \left(sin. = \frac{y}{r}\right) - y \sqrt{(r^2 - y^2)}$$

$$= r^2 \cdot Arc. \left(sin. = \frac{\sqrt{(2 r x - x^2)}}{r}\right) - (r - x) \sqrt{(2 r x - x^2)}$$

$$= \left(\frac{y^2 + x^2}{2 x}\right)^2 \cdot Arc \left(sin. = \frac{2 x y}{y^2 + x^2}\right) - \frac{y}{2 x} \cdot (y^2 - x^2)$$

Die übrigen Ausdrücke des Bogens in §. 88 geben ähnliche Gleichungen.

Mit Hülfe der vorhergehenden Formeln ist es nun leicht, das Segment **AFGD** (Fig. **142**) zu berechnen. Es ist nach **630**, wenn **ED** = **A** gesetzt wird:

$$ABDA = r^2 . Arc . \left(sin. = \frac{A}{r}\right) - A \surd (r^2 - A^2)$$

und nach derselben Gleichung für **HG** = **a**:

$$FBGF = r^2 . Arc . \left(sin. = \frac{a}{r}\right) - a \surd (r^2 - a^2)$$

daher:

$$AFGD = r^2 \left(Arc . \left(sin. = \frac{A}{r}\right) - Arc . \left(sin. = \frac{a}{r}\right)\right) -$$
$$- (A \surd (r^2 - A^2) - a \surd (r^2 - a^2))$$

Um diese Formel zu vereinfachen, setze man, es sey:

$Arc . \left(sin. = \frac{A}{r}\right) = \varphi$ und $Arc . \left(sin. = \frac{a}{r}\right) = \psi$, so ist:

$$sin. \varphi = \frac{A}{r} \text{ und } cos. \varphi = \frac{1}{r} \surd (r^2 - A^2)$$

ebenso:

$$sin. \psi = \frac{a}{r} \text{ und } cos. \psi = \frac{1}{r} \surd (r^2 - a^2)$$

da nun:

$$sin. \varphi . cos. \psi - cos. \varphi . sin. \psi = sin. (\varphi - \psi)$$
$$= \frac{A \surd (r^2 - a^2) - a \surd (r^2 - A^2)}{r^2}$$

mithin:

$$\varphi - \psi = Arc . \left(sin. = \frac{A \surd (r^2 - a^2) - a \surd (r^2 - A^2)}{r^2}\right)$$

so erhält man:

$$AFGD = r^2 . Arc . \left(sin. = \frac{A \surd (r^2 - a^2) - a \surd (r^2 - A^2)}{r^2}\right)$$
$$- (A \surd (r^2 - A^2) - a \surd (r^2 - a^2))$$

Auch dieser Ausdruck läßt sich wieder bedeutend verändern. Man setze **HE** = **Z**, so ist:

$$A^2 = r^2 - EC^2$$
$$a^2 = r^2 - (Z + EC)^2$$

Hieraus erhält man:

$$A^2 - a^2 = (Z+EC)^2 - EC^2 = (Z+EC+EC)(Z+EC-EC)$$
$$= (Z + 2\ EC) \,.\, Z = Z^2 + 2\ Z \,.\, EC$$

folglich:

$$EC = \frac{A^2 - a^2 - Z^2}{2\ Z}$$

Vermittelst dieses Werthes kann man die Wurzelgrößen durch andere Ausdrücke ersetzen. Es ist:

$$\sqrt{(r^2 - A^2)} = EC = \frac{A^2 - a^2 - Z^2}{2\ Z}$$

$$\sqrt{(r^2 - a^2)} = Z + EC = \frac{A^2 - a^2 + Z^2}{2\ Z}$$

mithin:

$$A \sqrt{(r^2 - A^2)} = \frac{A^3 - a^2 \,.\, A - Z^2\ A}{2\ Z}$$

$$A \sqrt{(r^2 - a^2)} = \frac{A^3 - a^2 \,.\, A + Z^2\ A}{2\ Z}$$

$$a \sqrt{(r^2 - a^2)} = \frac{a \,.\, A^2 - a^3 + a \,.\, Z^2}{2\ Z}$$

$$a \sqrt{(r^2 - A^2)} = \frac{a \,.\, A^2 - a^3 - a \,.\, Z^2}{2\ Z}$$

Durch Abzählen erhält man nun wieder hieraus:

$$A \sqrt{(r^2 - A^2)} - a \sqrt{(r^2 - a^2)}$$
$$= \frac{A^3 - a^2\ A - Z^2\ A - a\ A^2 + a^3 - a\ Z^2}{2\ Z}$$
$$= \frac{A^3 + a^3 - a\ A\ (a + A) - Z^2\ (a + A)}{2\ Z}$$
$$= \frac{(A + a)\ (A^2 - A\ a + a^2 - a\ A - Z^2)}{2\ Z}$$
$$= \frac{(A + a)\ ((A - a)^2 - Z^2)}{2\ Z}$$

und

$$A \sqrt{(r^2 - a^2)} - a \sqrt{(r^2 - A^2)}$$
$$= \frac{A^3 - a^2\ A + Z^2\ A - a\ A^2 + a^3 + a\ Z^2}{2\ Z}$$

$$= \frac{A^3 + a^3 - a\,A\,(A + a) + Z^2\,(A + a)}{2\,Z}$$

$$= \frac{(A + a)\,((A - a)^2 + Z^2)}{2\,Z}$$

Durch diese Veränderungen geht die obige Gleichung über in:

631) $$AFGD = -\frac{(A + a)\,((A - a)^2 - Z^2)}{2\,Z} + r^2\,.\,\text{Arc}.\left(\mathit{sin.} = \frac{(A+a)\,((A-a)^2 + Z^2)}{2\,Z\,.\,r^2}\right)$$

Soll die Fläche bloß durch diejenigen Größen, welche man an ihr messen kann, berechnet werden, so muß r noch weggeschafft werden.

Es ist nun:

$$r^2 = A^2 + EC^2 = A^2 + \left(\frac{A^2 - a^2 - Z^2}{2\,Z}\right)^2$$

$$= \frac{A^4 + a^4 + Z^4 - 2\,A^2.a^2 - 2\,Z^2\,A^2 + 2\,a^2\,Z^2 + 4\,A^2 Z^2}{4\,Z^2}$$

$$= \frac{(A^2 - a^2)^2 + Z^2\,(2\,A^2 + 2\,a^2) + Z^4}{4\,Z^2}$$

$$= \frac{(A + a)^2\,.\,(A - a)^2}{4\,Z^2}$$

$$+ \frac{Z^2\,.\,(A^2 + 2\,a\,A + a^2 + A^2 - 2\,a\,A + a^2) + Z^4}{4\,Z^2}$$

$$= \frac{(A+a)^2.\,(A-a)^2 + Z^2\,(A+a)^2 + Z^2\,(A-a)^2 + Z^4}{4\,Z^2}$$

$$= \frac{((A + a)^2 + Z^2)\,((A - a)^2 + Z^2)}{4\,Z^2}$$

Wird dieser Werth eingeführt, so entsteht:

632) $$AFGD = -\frac{(A + a)\,((A - a)^2 - Z^2)}{2\,Z} + \frac{((A+a)^2 + Z^2)((A-a)^2 + Z^2)}{4\,Z^2}.\,\text{Arc.}\left(\mathit{sin.} = \frac{2\,Z.\,(A + a)}{(A+a)^2 + Z^2}\right)$$

Läßt man A = r werden, und setzt a = y, Z = u, so geht die Gleichung 631 über in (Fig. 143):

633) $$AFGD = u\,\sqrt{(r^2 - u^2)} + r^2\,.\,\text{Arc}.\left(\mathit{sin.} = \frac{u}{r}\right)$$

$$= u \cdot y + (u^2 + y^2) \cdot Arc \cdot \left(sin. = \frac{u}{\sqrt{(u^2+y^2)}}\right)$$

Soll der Inhalt des Ringes **ABD** (Fig. 144), gebildet von zwei konzentrischen Kreisen, gefunden werden, so ist die Fläche des großen Kreises $= \pi \cdot r^2$ und die des kleinen $= \pi \cdot r_1{}^2$; daher:

$$ABD = \pi \cdot r^2 - \pi \cdot r_1{}^2 = \pi\,(r^2 - r_1{}^2)$$
$$= \pi \cdot (r + r_1)\,(r - r_1) = (r - r_1) \cdot 2\,\pi \cdot \frac{r + r_1}{2}$$

Nun ist $r - r_1$ die Breite des Ringes $= l$, $\frac{r + r_1}{2}$ der mittlere Radius, also $2\,\pi \cdot \frac{r + r_1}{2}$ der mittlere Kreisumfang, daher, wenn dieser $= W$ gesetzt wird:

634) $ABD = l \cdot W$

Man findet hiernach den Inhalt des Ringes, wenn man den Umfang des Kreises, welcher in der Mitte zwischen beiden Kreisen gezogen werden kann, mit der Breite des Ringes vervielfacht. Auf gleiche Weise findet man die Fläche des ringförmigen Kreisausschnittes (Fig. 145). Es ist der große Ausschnitt $= \frac{1}{2} r^2 \cdot \varphi$, der kleine $= \frac{1}{2} r_1{}^2 \cdot \varphi$, daher:

$$ABD = \tfrac{1}{2} r^2\,\varphi - \tfrac{1}{2} r_1{}^2\,\varphi = \varphi \cdot \frac{r^2 - r_1{}^2}{2}$$
$$= \varphi \cdot \frac{r + r_1}{2} \cdot (r - r_1) = \varphi \cdot \frac{r + r_1}{2} \cdot l$$

Kann man die mittlere Sehne **AD** und den mittlern Abstand **BE** messen, so läßt sich der mittlere Bogen nach den Formeln des §. 88 berechnen.

Das Vorhergehende wird hinreichen, zu zeigen, wie andere Kreissegmente berechnet werden können.

Die Fläche **ABDdba** (Fig. 146) wird gefunden, wenn man von dem Abschnitt **ABDA** den Abschnitt **abda** hinwegnimmt.

Das Möndchen **ABDEA** (Fig. 147) besteht aus dem Abschnitt **ABDA**, weniger dem Abschnitt **AEDA**.

Die Linse **ABDEA** (Fig. 148) besteht aus der Summe der Abschnitte **ABDA** und **AEDA**.

Andere Flächen werden auf ähnliche Weise zusammengesetzt oder zerlegt werden können.

Einundzwanzigstes Kapitel.

Von der Verwandlung der Flächenräume ebener Figuren.

§. 95. **Verwandlung der Dreiecke in andere Dreiecke.** Die Untersuchungen der §§. 91 und 92 bilden die Grundlage für die gegenwärtige, besonders sind es die Sätze 599 und 600, die hier am meisten Anwendung finden.

Sollen die Flächenräume zweier Dreiecke ABC und $A_1B_1C_1$ (Fig. 149) einander gleich seyn, so hat man die Bedingung:

635) $h \,.\, b = h_1 \,.\, b_1$

oder auch:

636) $b \,.\, c \,.\, \sin. A = b_1 \,.\, c_1 \,.\, \sin. A_1$

Da sich aus einer jeden von diesen Gleichungen nur eine Größe bestimmen läßt, so muß die Bedingung der Gleichheit beider Dreiecke noch mit anderen verbunden werden, durch welche über die übrigen Elemente so verfügt wird, daß sie hierdurch als bestimmt angesehen werden können und nur ein Element noch der Rechnung unterliegt.

Die Auflösung einer besonderen Aufgabe kann sowohl durch Rechnung als auch durch Zeichnung geschehen. Im letzten Falle muß die Vorschrift zur Konstruktion durch die Rechnung oder durch einen besonderen Beweis als wahr erwiesen werden.

Das Folgende soll von diesem Gegenstande, der von ausgedehnter Anwendung ist, nur ein kurzer Abriß seyn, eine Andeutung über die Behandlung desselben im Allgemeinen.

Knüpft man die Bedingung der Gleichheit beider Dreiecke noch an die weiteren, daß auch die Grundlinien beider gleich seyn sollen, $b_1 = b$, so zeigt 635, daß auch $h_1 = h$ seyn muß. Zieht man daher durch B (Fig. 150) mit AC parallel die Linie BD, so haben alle Dreiecke, wie ADC gleiche Grundlinie und gleiche Höhe mit ABC, folglich auch gleichen Flächeninhalt mit demselben. Hieraus ergibt sich nun der schon in 599 und 600 enthaltene Satz:

637) Dreiecke, welche gleiche Grundlinien haben und zwischen Parallellinien liegen, haben gleiche Flächenräume.

In dieser Form finden die erwähnten früheren Sätze bei allen folgenden Untersuchungen die häufigste Anwendung.

1) Verwandlung des Dreiecks in ein anderes, dessen Scheitel in einer Seite oder einer Verlängerung derselben liegt.

Soll das Dreieck **ABC** (Fig. 151) in ein anderes verwandelt werden, dessen Scheitel in **D** liegt, so daß beiden Dreiecken der Winkel **A** gemeinschaftlich bleibt, so ziehe man **BE** ♯ **DC**, alsdann wird **ADE** = **ABC** seyn.

Nach 637 ist **BDC** = **ECD** daher:

$$ADE = ADC + ECD = ADC + BDC = ABC.$$

Sind die Seiten $AB = c$, $AC = b$, $AD = c_1$, $AE = b_1$, so ist nach 636:

$$c \,.\, b \,.\, \sin.\, A = c_1 \,.\, b_1 \,.\, \sin.\, A$$

daher:

638) $$b_1 = \frac{c \,.\, b}{c_1} \text{ und } CE = \frac{b \,.\, (c - c_1)}{c_1}$$

Liegt der Punkt **D** in der Verlängerung der Seite (Fig. 152), so ist die Zeichnung wie die Rechnung dieselbe; für die letztere ist **BD** und somit auch **CE** negativ.

Ist in dem neuen Dreiecke die Seite **AE** berechnet, so kennt man von demselben zwei Seiten und den eingeschlossenen Winkel, aus diesen können alle übrigen Stücke des Dreiecks berechnet werden (§. 59).

Die Lage des Punktes **D** kann auch anstatt durch **AD**, durch die rechtwinkeligen Coordinaten **x** und **y** gegeben seyn. In diesem Falle hat man nur nöthig in den obigen Gleichungen **AD** durch $\sqrt{(x^2 + y^2)}$ zu ersetzen.

Es ist hierfür:

639) $$b_1 = \frac{b \,.\, c}{\sqrt{(x^2 + y^2)}}$$

In diesem Falle, wie in dem folgenden, kann die Grundlinie **AE** in der Richtung von **AC** willkürlich verschoben werden, le Dreiecke, welche hierdurch entstehen, haben gleiche Fläche mit DE, also auch mit ABC.

2) Verwandlung des Dreiecks in ein anderes, dessen Scheitel im Innern des ersten liegt.

Ist D (Fig. 153) der Scheitelpunkt des neuen Dreiecks, so ehe man BE ♯ AD und BF ♯ CD, so hat EDF gleiche läche mit ABC. Es ist (637):

$$EDF = EAD + ADC + CDF$$
$$= ADB + ADC + CDB = ABC.$$

Soll der Anfangspunkt der Grundlinie nicht in E, sondern einem gegebenen Punkte in der Richtung AC liegen, so darf an die Grundlinie nur in den gegebenen Punkt versetzen. Wie dem vorigen Falle, so ist auch hier, wenn die Buchstaben ihre ühere Bedeutung behalten:

$$b_1 \,.\, h_1 = b \,.\, c \,.\, \textit{sin.}\ A$$

iher:

640) $$b_1 = \frac{b \,.\, c \,.\, \textit{sin.}\ A}{h_1}$$

Für die Erweiterung der Grundlinie an beiden Seiten ist:

$$\frac{EB}{AD} = \frac{h}{h_1} \text{ und } \frac{BF}{DC} = \frac{h}{h_1}$$

iher:

$$EB = AD \,.\, \frac{h}{h_1} \text{ und } BF = DC \,.\, \frac{h}{h_1}$$

un ist:

$$AE = EH - AH = EB \,.\, \textit{cos.}\ E - c \,.\, \textit{cos.}\ A$$
$$= AD \,.\, \textit{cos.}\ E \,.\, \frac{h}{h_1} - c \,.\, \textit{cos.}\ A$$

ven so:

$$CF = DC \,.\, \textit{cos.}\ F \,.\, \frac{h}{h_1} - a \,.\, \textit{cos.}\ C$$

iithin:

641) $$AE = AG \,.\, \frac{h}{h_1} - c \,.\, \textit{cos.}\ A$$

$$CF = CG \,.\, \frac{h}{h_1} - a \,.\, \textit{cos.}\ C$$

3) Verwandlung des Dreiecks in ein anderes, dessen Scheitel in einem Punkte außerhalb desselben liegt.

Es sey **D** der Scheitelpunkt des neuen Dreiecks.

Man ziehe (Fig. 154) **DF** ♯ **AC** und verwandle **ABC** in **AFE**, bildet man nun über derselben Grundlinie **AE** das Dreieck **ADE**, so ist **ADE** = **AFE** = **ABC**.

Auch hier kann die Grundlinie an einen bestimmten Punkt in der Richtung von **AC** versetzt werden.

Zur Bestimmung der Grundlinie **AE** und der Abnahme **EC** derselben, dienen die Gleichungen:

642) $b_1 = \frac{b \cdot h}{h_1}$ und $EC = b \cdot \frac{h_1 - h}{h_1}$

4) Verwandlung des Dreiecks in ein gleichschenkeliges.

Ist die Entfernung bestimmt, in welcher der Scheitel des Dreiecks von der Grundlinie liegen soll, so errichte man im Mittelpunkt **H** der Grundlinie **AC** (Fig. 155) eine Senkrechte und mache **HD** gleich der gegebenen Entfernung. Man ziehe nun zuerst **BE** ♯ **AC** und verwandle **ABC** in das gleichschenkelige Dreieck **AEC**. Nunmehr ziehe man **FE** ♯ **AD** und **GE** ♯ **CD**, so ist **FDG** das verlangte gleichschenkelige Dreieck.

Aus **637** ergibt sich, daß **AEC** = **ABC**. Mit Hülfe desselben Satzes findet man, wie in (2), daß **FDG** = **AEC**, also auch = **ABC**. Die Höhe **HD** ist der gegebenen gleich, und mit Leichtigkeit erkennt man, daß **FDG** gleichschenkelig ist.

Ist nicht die Höhe, sondern die Grundlinie **FG** des neuen Dreiecks gegeben, so trage man diese vom Mittelpunkte **H** von **AC** so auf, daß **HF** = **HG** = $\frac{1}{2}$ **FG**, und ziehe **AD** ♯ **FE** oder **CD** ♯ **GE**, so wird hierdurch der Punkt **D**, also auch **FDG** bestimmt.

Die Rechnung bietet für beide Fälle nichts Neues dar.

5) Verwandlung des Dreiecks in ein gleichseitiges.

Man verwandle das gegebene Dreieck zuerst in ein gleichschenkeliges **ABC** (Fig. 156), über dessen Grundlinie bilde man das gleichseitige Dreieck **AHC**. Nunmehr beschreibe man über **BG** einen Halbkreis und errichte in **H** auf **BG** senkrecht die Linie **HK.** Zuletzt mache man **EG** = **GK** und ziehe **DE** ♯ **AH** und **FE** ♯ **CH,** so ist **DEF** das gleichseitige Dreieck, welches gleiche Fläche mit **ABC** hat.

Diese Zeichnung beruht auf folgender Rechnung:

Es seyen b und h Grundlinie und Höhe des zum Grunde liegenden Dreiecks b_1 und h_1 des gleichschenkeligen Dreiecks **ABC,** ferner sey **DF** = b_2 und **EG** = h_2, so muß zuerst seyn:

$$h \, . \, b = h_1 \, . \, b_1 = h_2 \, . \, b_2$$

Nach **387** ist nun $h_2 = \frac{1}{2} b_2 \sqrt{3}$ daher:

$$h_1 \, . \, b_1 = \frac{1}{2} b_2{}^2 \, . \sqrt{3} = \frac{2 \, h_2{}^2}{\sqrt{3}}$$

also:

643) $h_2{}^2 = \frac{1}{2} h_1 \, . \, b_1 \, . \sqrt{3}$

Die Konstruktion gibt für diese Höhe **EG** = **GK** oder nach §. **87,** Fig. **120** und nach **387:**

$$EG^2 = GK^2 = BG \, . \, HG = h_1 \, . \, \tfrac{1}{2} AC \, . \sqrt{3}$$
$$= \tfrac{1}{2} h_1 \, . \, b_1 \, . \sqrt{3}$$

also dieselbe Größe wie die Rechnung.

6) Verwandlung des Dreiecks in ein anderes, durch Veränderung der Richtung einer Seite.

Es sey **ABC** (Fig. **157**) das Dreieck, man soll die Lage der Seite **BC** so verändern, daß sie einer gegebenen Richtung **DC** parallel wird. Es sey **EF** die neue Seite.

Man setze **AE** = x, **AF** = y, **AB** = c, **AC** = b, so muß wegen der gleichen Flächenräume seyn:

$$x \, . \, y = b \, . \, c$$

Es ist aber auch wegen der Parallelität von **EF** und **CD:**

$$b : y = AD : x \quad \text{oder} \quad y \, . \, AD = b \, . \, x$$

Führt man den Werth von y, welcher hieraus hervorgeht, in die vorstehende Gleichung ein, so erhält man:

$$x^2 = c \, . \, AD$$

Die Richtung von **CD** gegen **AC** sey durch den Winkel α gegeben, so ist:

$$AD \, . \, \sin. D = b \, . \, \sin. \alpha \quad \text{oder} \quad AD \, . \, \sin. (A + \alpha) = b \, . \, \sin. \alpha$$

Man erhält daher:

644) $$x = \sqrt{\frac{b \cdot c \cdot \sin. \alpha}{\sin. (A + \alpha)}}$$

Die Gleichung $x^2 = c \cdot AD$ kann leicht konstruirt werden. Man beschreibe über **AD** einen Halbkreis, errichte in **B** die Senkrechte **BG** und bestimme **E** so, daß **AE** = **AG**, die Linie **EF** ⌗ **CD** ist alsdann die gesuchte.

Nach dem in (5) angeführten Satze erhält man durch die Konstruktion:

$$x^2 = AE^2 = AG^2 = AD \cdot AB = c \cdot AD$$

also genau dasselbe, wie durch die Rechnung.

§. 96. Verwandlung der Dreiecke in Vierecke.

Es sey **ABC** das Dreieck und $A_1A_2A_3A_4$ das Viereck, welches mit diesem gleiche Fläche haben soll, so ist nach **601** und **605** die Bedingungs-Gleichung:

$$c \cdot b \cdot \sin. A = a_1 \cdot a_2 \cdot \sin. A_2 - a_1 \cdot a_3 \cdot \sin. (A_2 + A_3) + a_2 \cdot a_3 \cdot \sin. A_3$$

für die Verwandlung des Dreiecks. Die Flächenbestimmung des Vierecks hängt von fünf Größen ab, vier Stücke müssen daher unmittelbar oder durch gewisse Bedingungen gegeben seyn und nur ein Stück kann durch Rechnung bestimmt werden. Die Untersuchung wird hierdurch sehr mannigfaltig und das Folgende soll nur eine allgemeine Idee geben, wie Rechnung und Zeichnung bei diesen Verwandlungen geführt werden müssen.

1) Verwandlung des Dreiecks in ein allgemeines Viereck.

Es sey A_1A_2C (Fig. 158) das Dreieck, es soll dasselbe in ein Viereck verwandelt werden, welches mit dem Dreiecke die Punkte A_1, A_2 gemein hat, außerdem durch einen bestimmten Punkt A_3 geht und dessen Grundlinie in der Richtung von **AC** liegt.

Von dem Vierecke sind in diesem Falle durch die gegebenen Bedingungen bestimmt a_1, a_2, A_1, A_2, also die vier nothwendigen Stücke, berechnen kann man a_4 oder a_3, oder auch die Richtung von a_3 durch einen der Winkel A_3 oder A_4, wodurch alsdann das Viereck bestimmt wird.

Die Form des Ausdruckes für den Flächeninhalt des Viereckes
ıß also so gewählt werden, daß nebst den gegebenen Größen
ch die Unbekannte, welche man finden will, darin enthalten
Will man a_4 finden, so ist, wenn $A_1C = b$, nach **601**
d **605**:

$$a_1 . b . sin. A_1 = a_4 . a_1 . sin. A_1 - a_4 . a_2 . sin. (A_1 + A_2) + a_1 . a_2 . sin. A_2$$

er:

$$a_1 (b . sin. A_1 - a_2 . sin. A_2) = a_4 (a_1 . sin. A_1 - a_2 . sin. (A_1 + A_2))$$

her:

$$45)\ a_4 = \frac{a_1 (b . sin. A_1 - a_2 . sin. A_2)}{a_1 . sin. A_1 - a_2 . sin. (A_1 + A_2)}$$

Die Form dieses Ausdruckes kann geändert werden; man
ıchte, daß $a_1 . b . sin. A_1 = 2 . A_1A_2C$ und $a_1 . a_2 . sin. A_2$
$2 . A_1A_2A_3$
wird:

$$46)\ a_4 = \frac{2 (A_1A_2C - A_1A_2A_3)}{a_1 . sin. A_1 - a_2 . sin. (A_1 + A_2)}$$

Hat man hieraus a_4 berechnet, so findet man die übrigen
:ücke des Vierecks nach den Vorschriften des sechszehnten Kapitels.

Andere Stücke des Vierecks können unmittelbar nicht so leicht
e a_4 gefunden werden, daher es besser ist, erst diese Größe und
nn mit Hülfe derselben die verlangten Stücke zu berechnen.

Durch Konstruktion erhält man das Viereck sehr leicht. Man
:he $A_2A_4 \# A_3C$, so ist $A_1A_2A_3A_4$ das gesuchte Viereck;
ist:

$$A_1A_2A_3A_4 = A_1A_2A_4 + A_2A_3A_4 = A_1A_2A_4 + A_2CA_4 = A_1A_2C$$

Ist statt A_3 der Punkt A_4 und die Richtung von a_3 oder
r Winkel A_4 gegeben, so ist:

$$a_1 . b . sin. A_1 = a_3 . a_4 . sin. A_4 - a_3 . a_1 . sin. (A_4 + A_1) + a_4 . a_1 . sin. A_1$$

er:

$$a_1 (b - a_4) . sin. A_1 = a_3 (a_4 . sin. A_4 - a_1 . sin. (A_4 + A_1))$$

daher:

$$647)\quad a_3 = \frac{a_1\,(b - a_4)\,.\,sin.\,A_1}{a_4\,.\,sin.\,A_4 - a_1\,.\,sin.\,(A_4 + A_1)}$$

Auch hier kann man $a_1\,.\,b\,.\,sin.\,A_1 = 2\,.\,A_1A_2C$ und $a_1\,.\,a_4\,.\,sin.\,A_1 = 2\,.\,A_1A_2A_4$ setzen. Hierdurch wird:

$$648)\quad a_3 = \frac{2\,.\,(A_1A_2C - A_1A_2A_4)}{a_4\,.\,sin.\,A_4 - a_1\,.\,sin.\,(A_4 + A_1)}$$

Die Vorschrift zur Zeichnung ist: Man ziehe $A_3C \# A_2A_4$, so wird hierdurch der Punkt A_3 und durch diesen das ganze Viereck bestimmt. Beweis wie oben.

Dasselbe Verfahren beobachtet man, wenn A_3 innerhalb A_1A_2C fällt.

Ist der gegebene Punkt A_2 des Vierecks von dem des Dreiecks verschieden, und verwandelt man das Dreieck in ein anderes, dessen Scheitel in A_2 liegt, so führt das angegebene Verfahren gleichfalls zum Ziele.

2) Verwandlung des Dreiecks in besondere Vierecke.

Soll das Dreieck in ein Trapez verwandelt werden, dessen eine Seite **AB** (Fig. **159**) mit der des Dreiecks zusammenfällt, und dessen Grundlinie in der Richtung von **AC** liegt, so muß der dritte gegebene Punkt in einer Linie **BF** liegen, die parallel zu **AC** ist.

Ist **F** der gegebene Punkt, so führt die unter (1) angegebene Konstruktion gleichfalls zum Ziele; in diesem besonderen Falle wird **BC** von **FD** halbirt. Man kann deßwegen die Verwandlung auch so vornehmen, daß man **BC** in **E** halbirt und durch diesen Punkt die Linie **FD** zieht.

Bei der Verwandlung des Dreiecks in ein Parallelogramm ist die Richtung von **DF** gegeben, sie ist parallel zu **AB**; man zieht daher durch den Mittelpunkt **E** von **BC** die Linie **FD** parallel zu **AB**, so ist das Parallelogramm **ABFD** = **ABC**.

Bei der Verwandlung des Dreieckes in ein Trapez ist nachfolgender Fall der wichtigste.

Man soll das Dreieck **ABC** (Fig. **160**) in ein Trapez **ADEC** verwandeln, so daß die Grundlinie AC beiden Figuren gemeinschaftlich ist, AD in die Richtung von AB fällt und EC gleichfalls eine gegebene Richtung hat.

Hier ist es also nöthig, den Punkt D zu bestimmen, von welchem aus die Gerade DE ♯ AC zu ziehen ist.

Man bilde das Dreieck AKC und ziehe BF ♯ KC. Es sey DE = x die unbekannte Linie und DH ♯ EC, AC = b, FC = d. Da an die Stelle des Dreiecks DBM ein anderes, ihm gleiches, MEC zu setzen ist, so müssen DKE und BKC einander gleich seyn, daher:

$$DK \cdot KE = BK \cdot KC \text{ oder } \frac{KE}{KC} = \frac{BK}{DK}$$

nun ist aber:

$$\frac{KE}{KC} = \frac{DE}{AC} = \frac{x}{b} \text{ und } \frac{BK}{DK} = \frac{FC}{CH} = \frac{d}{x}$$

daher:

$$\frac{x}{b} = \frac{d}{x} \text{ oder } x^2 = b \cdot d$$

Die Konstruktion dieser Gleichung ist leicht, man beschreibt über AC einen Halbkreis, errichtet in F die Senkrechte FG und macht CH = CG, zieht man jetzt HD ♯ EC, so ist der Punkt D gefunden. Hiernach ist:

$$CG^2 = CH^2 = DE^2 = x^2 = CF \cdot AC = b \cdot d$$

Es sey AB = c und die Richtung von EC gegeben durch FCE = AFB = α, so ist:

$$AF \cdot \sin. \alpha = c \cdot \sin. (A + \alpha)$$

oder:

$$(b - d) \sin. \alpha = c \cdot \sin. (A + \alpha)$$

daher:

$$d = b - c \cdot \frac{\sin. (A + \alpha)}{\sin. \alpha}$$

mithin:

$$649) \quad x = \sqrt{b \left(b - c \cdot \frac{\sin. (A + \alpha)}{\sin. \alpha}\right)}$$

Für die Verwandlung des Dreiecks in ein Quadrat ist, wenn **x** die Seite desselben vorstellt, die Gleichung:

650) $x^2 = \frac{1}{2} b \,.\, h$

Man setze daher (Fig. 161) **DB** so weit fort, bis **BE** $= \frac{1}{2}$ **b**, beschreibt man jetzt über **ED** einen Halbkreis und errichtet die Senkrechte **BF**, so ist diese = **x** der Seite des Quadrates; denn nach **575** ist $BF^2 = BD \,.\, EB$.

Auf ähnliche Weise, wie **575**, läßt sich **574** bei der Verwandlung der Rechtecke in andere Rechtecke oder der Parallelogramme in andere Parallelogramme anwenden.

§. 97. Verwandlung des Dreiecks in Fünf- und Vielecke.

Es sey $A_1 A_2 C$ (Fig. 162) das Dreieck, dieses soll in ein Fünfeck verwandelt werden, welches die Seite a_1 mit dem Dreiecke gemeinschaftlich hat, außerdem durch die Punkte A_2 und A_3 geht, und dessen Grundlinie in die Richtung der Grundlinie des Dreiecks fällt.

Von dem Fünfecke ist hier als gegeben anzusehen a_1, a_2, a_3 und A_1, A_2, A_3, damit dasselbe bestimmt sey, ist noch eine siebente Größe nöthig; am leichtesten findet man a_5. Mit Hülfe von **606** erhält man:

$$a_1 \,.\, b \,.\, \sin. A_1 =$$
$$= a_5 \,.\, a_1 \,.\, \sin. A_1 - a_5 \,.\, a_2 \,.\, \sin. A_1|_2 + a_5 \,.\, a_3 \,.\, \sin. A_1|_3$$
$$+ a_1 \,.\, a_2 \,.\, \sin. A_2 - a_1 \,.\, a_3 \,.\, \sin. A_2|_3$$
$$+ a_2 \,.\, a_3 \,.\, \sin. A_3$$

und hieraus:

651) $a_5 =$

$$= \frac{a_1\, b \sin. A_1 - a_1\, a_2 \sin. A_2 + a_1\, a_3 \sin. A_1|_2 - a_2\, a_3 \sin. A_3}{a_1 \,.\, \sin. A_1 - a_2 \,.\, \sin. A_1|_2 + a_3 \,.\, \sin. A_1|_3}$$

Dieser Ausdruck kann einfacher dargestellt werden, wenn man beachtet, daß das erste Glied des Zählers $= 2 \,.\, A_1 A_2 C$, die folgenden aber $= - 2 \,.\, A_1 A_2 A_3 A_4$ sind; hierdurch erhält man auch:

652) $a_5 = \frac{2 \,.\, (A_1 A_2 C - A_1 A_2 A_3 A_4)}{a_1 \,.\, \sin. A_1 - a_2 \,.\, \sin. A_1|_2 + a_3 \,.\, \sin. A_1|_3}$

Die bisher geführten allgemeinen Untersuchungen gestatten eine Anwendung auf die folgenden Vielecke. Soll das Dreieck in ein n eck verwandelt werden unter Bedingungen die den obigen analog sind, so ist die zur Bestimmung des n eckes nothwendige nte Seite:

$$653) \; a_n = \frac{2 \,.\, (A_1 A_2 C - A_1 A_2 \,.\,.\,.\, A_{n-1})}{a_1 \,.\, sin. A_1 - a_2 \,.\, sin. A_1|_2 + \ldots (-)^{n-1} a_{n-2} \,.\, sin. A_1|_{n-2}}$$

Die Zeichnung, deren Gründe wieder auf dem Satze **637** beruhen, ist folgende:

Man ziehe $A_2D \,\#\, A_3C$, hierdurch wird der Punkt **D** bestimmt. Mit A_4D ziehe man von Neuem parallel A_3A_5, so ist $A_1A_2A_3A_4A_5$ das verlangte Fünfeck.

Aendert man die zu Anfang des §. gemachten Annahmen dahin ab, daß nicht A_4, wohl aber der Punkt A_5 und somit auch a_5 gegeben ist und außerdem noch die Richtung von a_4 oder der Winkel A_5, so kennt man vom Fünfecke a_5, a_1, a_2, und A_5, A_1, A_2, hier wird am leichtesten a_4 berechnet und die Gleichung ist:

$$a_1 \,.\, b \,.\, sin.\, A_1 =$$
$$= a_4 \,.\, a_5 \,.\, sin.\, A_5 - a_4 \,.\, a_1 \,.\, sin.\, A_5|_1 + a_4 \,.\, a_2 \,.\, sin.\, A_5|_2$$
$$+ a_5 \,.\, a_1 \,.\, sin.\, A_1 - a_5 \,.\, a_2 \,.\, sin.\, A_1|_2$$
$$+ a_1 \,.\, a_2 \,.\, sin.\, A_2$$

daher:

$$654) \; a_4 = \frac{a_1\, b\, sin.\, A_1 - a_5\, a_1\, sin.\, A_1 + a_5\, a_2\, sin.\, A_1|_2 - a_1\, a_2\, sin.\, A_2}{a_5 \,.\, sin.\, A_5 - a_1 \,.\, sin.\, A_5|_1 + a_2 \,.\, sin.\, A_5|_2}$$

oder auch:

$$655) \; a_4 = \frac{2 \,.\, (A_1 A_2 C - A_5 A_1 A_2 A_3)}{a_5 \,.\, sin.\, A_5 - a_1 \,.\, sin.\, A_5|_1 + a_2 \,.\, sin.\, A_5|_2}$$

Allgemein ist hiernach für die Verwandlung des Dreieckes in ein neck unter den gegebenen Bedingungen:

$$656) \; a_{n-1} = \frac{2 \,.\, (A_1 A_2 C - A_n A_1 A_2 \ldots A_{n-2})}{a_n \,.\, sin. A_n - a_1 \,.\, sin. A_n|_1 + \ldots (-)^{n-1} a_2 \,.\, sin. A_n|_2}$$

Die Zeichnung gibt das Fünfeck auf folgende Weise. Man ziehe $A_2D \,\#\, A_3C$, so wird hierdurch der Punkt **D** bestimmt, ferner ziehe man $A_4D \# A_3A_5$, dieß gibt den Punkt A_4, wodurch das ganze Fünfeck bestimmt ist.

Die Rechnung gibt immer das fehlende Element des Vieleckes, mit dessen Hülfe alsdann alle übrigen nach den früheren Vorschriften gefunden werden können.

§. 98. Verwandlung der Vierecke.

1) Soll das Viereck $A_1A_2A_3A_4$ in ein Dreieck verwandelt werden, so ziehe man (Fig. 163) $A_3C \# A_2A_4$, so wird A_1A_2C das Dreieck seyn, welches gleiche Fläche mit dem Vierecke hat.

Ist wieder b die Grundlinie des Dreiecks, so ist:

$$a_1 \, . \, b \, . \, sin. \, A_1 = 2 \, . \, A_1A_2A_3A_4$$

daher:

$$657) \quad b = \frac{2 \, . \, A_1A_2A_3A_4}{a_1 \, . \, sin. \, A_1}$$

Hat man hieraus b gefunden, so kennt man von dem Dreiecke zwei Seiten a_1, b und den eingeschlossenen Winkel A_1 und aus diesen Stücken können jetzt die andern berechnet werden.

Durch die Verwandlung des Vierecks in ein Dreieck ist auch dessen Verwandlung in jede beliebige Figur gegeben, da in den vorhergehenden Paragraphen gezeigt worden ist, wie das Dreieck in andern Figuren verwandelt werden kann.

2) Soll ein allgemeines Viereck in ein Trapez verwandelt werden, so hat man nur nöthig das Dreieck EBC (Fig. 164) in das Trapez EMNC zu verwandeln, dieß geschieht nach der Vorschrift, welche in §. 96, 2 gegeben worden ist.

3) Ist umgekehrt das Trapez AMND in ein Viereck ABCD zu verwandeln, so daß die neue Seite BC einer bestimmten Richtung NP parallel ist, so kann das im §. 95, 6 angegebene Verfahren angewandt werden, wenn man die Seiten AM und DN bis zu ihrem Durchschnittspunkte K fortsetzt.

Der erste von diesen beiden Fällen gibt für die Rechnung nach §. 96, 2:

$$MN^2 = EC \, . \, BL$$

Ist nun BC = b, so ist:

$$EC = b \cdot \frac{sin. B}{sin. A} \text{ und } BL = b \cdot \frac{sin. C}{sin. D}$$

daher:

$$658) \quad MN = b \cdot \sqrt{\frac{sin. B \cdot sin. C}{sin. A \cdot sin. D}}$$

Zu praktischen Zwecken ist die Kenntniß von AM und DN vortheilhafter, man findet aber diese Seiten leicht nach §. 78 aus den Seiten AD und MN und den Winkeln des Trapezes.

4) Nunmehr ist es auch leicht, ein Trapez ABCD (Fig. 165) in ein anderes AMND zu verwandeln, dessen eine Seite DN in einer gegebenen Richtung DF liegt.

Man verwandelt zuerst ABCD in das Dreieck AED und dieses wieder nach §. 96, 2 in das Trapez AMND.

In diesem Falle berechnet man wieder am leichtesten zuerst MN und dann mit Hülfe dieses Werthes AM und DN. Es ist, wenn AB = a, BC = b und AD = d, ADN = α:

$$MN^2 = d \cdot EF = d \cdot (d + EG)$$

ferner ist:

$$EG \cdot sin. \alpha = AE \cdot sin. (A - 180 + \alpha) = - AE \cdot sin. (A + \alpha)$$

und

$$AE \cdot d = (b + d) a$$

daher:

$$EG = - AE \cdot \frac{sin. (A + \alpha)}{sin. \alpha} = - \frac{a \cdot (b + d)}{d} \cdot \frac{sin. (A + \alpha)}{sin. \alpha}$$

Wird dieser Werth eingeführt, so wird:

$$659) \quad MN = \sqrt{\left(d^2 - a \cdot (b + d) \cdot \frac{sin. (A + \alpha)}{sin. \alpha}\right)}$$

Hieraus findet man nun MN aus gegebenen Größen des Vierecks ABCD und dem Winkel, welchen DF mit AD bildet.

§. 99. Verwandlung der Fünf- und Vielecke.

Auch hier ist es nur nöthig, zu zeigen wie die Fünf- und Vielecke in Dreiecke verwandelt werden können, da hierdurch deren Umwandlung in jede ebene, von geraden Linien umschlossene, Figur gegeben ist.

Es sey $A_1A_2A_3A_4A_5$ (Fig. 166) das Fünfeck, man ziehe A_4 B ⌗ A_3A_5 dann wieder A_3C ⌗ A_2B, so ist A_1A_2C das gesuchte Dreieck. Wie bei dem Vierecke ist auch hier:

660) $$b = \frac{2 \,.\, A_1A_2A_3A_4A_5}{a_1 \,.\, \sin.\, A_1}$$

Allgemein ist für die Verwandlung des neckes in ein Dreieck:

661) $$b = \frac{2 \,.\, A_1A_2 \ldots A_n}{a_1 \,.\, \sin.\, A_1}$$

Zweiundzwanzigstes Kapitel.

Von der Theilung der Flächenräume ebener Figuren.

§. 100. Von der Theilung der Dreiecke.

1) Soll ein Dreieck von einem der Eckpunkte aus in zwei Theile getheilt werden, so daß sich die Flächen der Theile wie m : n verhalten, so darf man nur die dem Eckpunkte gegenüberliegende Seite in diesem Verhältnisse theilen; nach 600 verhalten sich alsdann die Flächenräume der beiden Dreiecke, welche gleiche Höhen haben, wie ihre Grundlinien, also wie m : n.

2) Ist das Dreieck ABC (Fig. 167) von B aus in drei gleiche Theile zu theilen, so theile man die Grundlinie AC in drei gleiche Theile, sind diese AD, DE, EC, so ist: ABD = DBE = EBC = $\frac{1}{3}$ ABC. Was für drei Theile gilt, findet auch für jede Anzahl von Theilen statt.

Sollen die Theile nicht gleich seyn, sondern in den Verhältnissen m : n : p ... stehen, so theilt man auch AC nach diesen Verhältnissen. Die Beweise für diese Theilungen liegen wieder in dem Satze 600.

3) Soll das Dreieck ABC (Fig. 168) durch Linien die von dem Punkte D, der in einer Seite liegt, ausgehen, in mehrere, z. B. fünf gleiche Theile getheilt werden, so denke man sich das Dreieck ABC in ein anderes ADE, dessen Scheitel in D liegt, verwandelt. Die neue Grundlinie theile man jetzt in fünf gleiche

Theile, so werden nach dem Vorhergehenden ADF = FDG = ... = $\frac{1}{5}$ ADE = $\frac{1}{5}$ ABC seyn.

Das Dreieck HDK enthält eine Fläche CNK, welche nicht mehr dem Dreiecke ABC angehört, dasselbe gilt für alle Dreiecke, deren Grundlinien ganz oder theilweise über C hinausfallen. In diesem Falle ist die Gerade DK keine Theilungslinie des Dreiecks mehr, sie muß durch eine andere DM so ersetzt werden, daß DMN = CNK. Die Richtung von DM findet man aber leicht dadurch, daß man KM ♯ CD zieht, hierdurch wird nach 637: DMC = DCK, und somit: DHCM = DHC + DMC = DHC + DCK = DHK = $\frac{1}{5}$ ABC.

Dieses Verfahren soll in der Folge Uebertragung des Punktes K auf BC genannt und unter Beziehung auf das eben Gesagte nicht weiter gerechtfertiget werden.

Soll die Linie DM von dem Dreiecke ABC ein Stück abschneiden, so daß die Flächen der Theile ADMC und BDM sich verhalten wie m : n, so verhalten sich auch ABC und BDM wie m + n : n. Es ist nun:

$$ABC = \tfrac{1}{2} AB . BC . sin. B \text{ und } DBM = \tfrac{1}{2} BD . BM . sin. B$$

daher, wenn AB = c, BC = a, BD = d und BM = x gesetzt wird:

$$ABC : DBM = ac . sin. B : d . x . sin. B = m + n : n$$

da *sin.* B herausfällt, so erhält man hieraus:

$$662) \quad x = \frac{ac}{d} . \frac{n}{m + n}$$

Wird x größer als a gefunden, so trifft DM nicht mehr die Seite BC; in diesem Falle sey DG die Theilungslinie und AG = y, so ist, wenn AC = b:

$$ABC : ADG = \tfrac{1}{2} bc . sin. A : \tfrac{1}{2} (c - d) . y . sin. A = m + n : m$$

daher:

$$663) \quad y = \frac{b . c}{c - d} . \frac{m}{m + n}$$

4) Ist das Dreieck ABC (Fig. 169) durch Linien, welche von einem Punkte D im Innern desselben ausgehen, in fünf gleiche Theile zu theilen, so denke man sich zuerst ABC in ein anderes

Dreieck EDF verwandelt, dessen Scheitel in D ist. Die neue Grundlinie EF theile man jetzt in fünf gleiche Theile, so sind alle Dreiecke wie EDG, GDH u. s. w. einander gleich, also = $\frac{1}{5}$ EDF = $\frac{1}{5}$ ABC. Von den vier Linien, die hier nach den Theilungspunkten der Grundlinie gezogen werden können, sind nur DH und DK Theilungslinien des Dreiecks, die übrigen DM, DB und DN erhält man, wenn die Punkte E und G auf AB, so wie L und F auf BC übertragen werden.

Ist die Richtung der einen Theilungslinie DG (Fig. 170) gegeben, so verfahre man wie vorhin, nur verrücke man die Theile so, daß wenn 1, 2, 3, 4 die Theilungspunkte sind, 3 nach G, daher 4 nach K, 2 nach H, 1 nach L und F nach I zu liegen kommt; durch G und H und Uebertragung von K auf BC, L und I auf AC sind alsdann alle Theilungslinien bestimmt.

5) Ein Punkt D außerhalb des Dreiecks ABC (Fig. 171) liegend, ist gegeben, man soll durch denselben eine Gerade ziehen, die von dem Dreiecke ein Stück abschneidet, welches ein bestimmter Theil, z. B. $\frac{1}{3}$ des Ganzen ist.

Man ziehe DE parallel zu BC, auf DE bestimme man einen Punkt G, so daß GE = BC, macht man noch FE = $\frac{1}{3}$ AC, so ist Dreieck GEF = $\frac{1}{3}$ ABC. Man verwandle ferner GEF in das gleich große Dreieck DEH, wodurch der Punkt H also auch die Linie HE bestimmt wird.

Von C aus bestimme man die Punkte K und L, so daß CK = CL = $\frac{1}{2}$ HE, beschreibe über KR, so daß ER = $\frac{1}{4}$ EH, einen Halbkreis, und errichte in L die Senkrechte LM. Bestimmt man zuletzt einen Punkt N, so daß KN = KM, so ist DN die Linie, welche von ABC ein Stück NPC = $\frac{1}{3}$ ABC, wie verlangt, abschneidet.

Diese Konstruktion geht aus nachstehender Rechnung hervor:

Es sey CN = x, HE = g, so muß wegen der Gleichheit der Flächenräume von NCP und HED seyn.

$$x \cdot PC = DE \cdot g$$

Wegen der Aehnlichkeit von NED und NCP ist aber auch:

$$PC : x = DE : NE \text{ oder } PC \cdot NE = x \cdot DE$$

Führt man den Werth von PC, den man hieraus erhält, in die vorstehende Gleichung ein, so wird:

$x^2 = g \cdot NE$

Diese Relation gibt die Rechnung. Nach der Vorschrift der Zeichnung ist:

$x^2 = (NK + KC)^2 = (KM + \frac{1}{2} g)^2$

$= KM^2 + g \cdot KM + \frac{1}{4} g^2.$

Nach §. 87, Seite 231, ist aber $KM^2 = KL \cdot KR = g \cdot KR$; daher:

$x^2 = g \cdot KR + g \cdot KM + \frac{1}{4} g^2 = g (KR + KM + \frac{1}{4} g)$

$= g \cdot (KR + KN + RE) = g \cdot NE$

was ganz mit dem Obigen übereinstimmt.

Beachtet man, daß $NE = x + CE$ und setzt man der Kürze wegen $CE = d$, so ist:

$x^2 = g (x + d) = gx + g d$

also:

$x^2 - gx = gd$

hieraus erhält man:

664) $x = \frac{1}{2} g \pm \sqrt{(gd + \frac{1}{4} g^2)}$

$= \frac{1}{2} (g \pm \sqrt{g (4 d + g)})$

Ist die Lage des Punktes D durch die rechtwinkeligen Coordinaten x_1 und y_1 gegeben und ist $AC = b$, $BC = a$; so ist:

$$g = \frac{1}{3} \cdot \frac{ab}{y_1} \cdot \textit{sin.}\ C$$

und

$$d = x_1 - b + y_1 \cdot \textit{cotang.}\ C$$

daher:

665) $$x = \frac{1}{2} \cdot \left(\frac{1}{3} \cdot \frac{ab}{y_1} \cdot \textit{sin.}\ C \pm \sqrt{\frac{1}{3} \cdot \frac{ab}{y_1} \cdot \textit{sin.}\ C \times (4 (x_1 - b + y_1 \cdot \textit{cotang.}\ C) + \frac{1}{3} \cdot \frac{ab}{y_1} \cdot \textit{sin.}\ C)}\right)$$

Ist x berechnet, so erhält man PC sehr leicht aus der Gleichung:

$$PC = \frac{ab}{3 \cdot x}$$

Dem aufmerksamen Leser wird es nicht schwer werden, von diesem Falle zu dem überzugehen, wo **D** innerhalb des Dreiecks liegt, eben so, sich die Fälle zu unterscheiden, in welchen das obere oder das untere Zeichen der vorstehenden Gleichungen Anwendung findet.

6) Soll das Dreieck **ABC** (Fig. **172**) in drei gleiche Theile getheilt werden, durch Linien, welche zur Grundlinie **AC** parallel sind, so beschreibe man über **BC** einen Halbkreis und theile diese Gerade in drei gleiche Theile. In den Theilungspunkten **D** und **E** errichte man die Senkrechten **DF** und **EK**; macht man nun $BG = BF$ und $BL = BK$ und zieht **HG** und $ML \# AC$, so ist $HBG = \frac{1}{3} ABC$, $MBL = \frac{2}{3} ABC$, also $HBG = MHGL = AMLC = \frac{1}{3} ABC$.

Die Dreiecke **ABC** und **HBG** sind ähnlich, daher nach **593**:

$$ABC : HBG = BC^2 : BG^2$$

Nun ist aber:

$$BG^2 = BF^2 = BD \,.\, BC = \tfrac{1}{3} BC \,.\, BC = \tfrac{1}{3} BC^2$$

daher:

$$ABC : HBG = BC^2 : \tfrac{1}{3} BC^2 = 3 : 1.$$

Für **ABC** und **MBL** findet man eben so das Verhältniß **3 : 2**, woraus dann die angegebene Gleichheit der drei Theile folgt. Auf gleiche Weise verfährt man, wenn das Dreieck in mehrere gleiche Theile oder nach bestimmten Verhältnissen getheilt werden soll.

Soll das Dreieck durch die Linie **HG** im Verhältnisse von $m : n$ getheilt werden, so sey $BC = a$, $BG = x$, so ist:

$$ABC : HBG = m + n : n$$

aber nach **593**:

$$ABC : HBG = a^2 : x^2$$

daher:

$$m + n : n = a^2 : x^2$$

oder:

$$x^2 (m + n) = a^2 \,.\, n$$

folglich:

$$666)\quad x = a \,.\, \sqrt{\frac{n}{m + n}}$$

Sind die Theilungslinien nicht parallel zur Grundlinie, sondern zu irgend einer bestimmten Richtung AD (Fig. 173) und soll das Dreieck z. B. in fünf gleiche Theile getheilt werden, so theile man BC in fünf gleiche Theile, beschreibe über BD einen Halbkreis, eben so über DC, und verfahre nun für jedes der beiden Dreiecke ABD und ADC, wie es oben angegeben wurde.

Ist z. B. EF die Parallele, welche von ABC zwei Fünftheile abschneiden soll, so ist:

$$EBF : ABD = BF^2 : BD^2$$

Nach der Konstruktion ist aber BF = BH; daher:

$$EBF : ABD = BH^2 : BD^2 = BG \,.\, BD : BD^2$$
$$= BG : BD$$

da nun:

$$ABD : ABC = BD : BC$$

so ist:

$$EBF : ABC = BG : BC = \tfrac{2}{5}\, BC : BC = \tfrac{2}{5} : 1$$

daher:

$$EBF = \tfrac{2}{5}\, ABC.$$

Soll eine Linie EF, die zu AD parallel ist, das Dreieck ABC im Verhältnisse von m : n theilen, so ist, wenn BC = a, BD = d und BF = x

$$\frac{x^2}{d^2} = \frac{EBF}{ABD} \text{ und } \frac{ABD}{ABC} = \frac{d}{a}$$

daher:

$$\frac{x^2}{a\,.\,d} = \frac{EBF}{ABC} = \frac{n}{m+n}$$

somit:

$$667)\quad x = \sqrt{ad \,.\, \frac{n}{m+n}}$$

7) Das Dreieck ABC (Fig. 174) soll von einem Punkte D in seinem Innern aus, durch Linien die den Seiten AB und BC parallel sind, in drei gleiche Theile getheilt werden.

Man ziehe BK, so daß AC in zwei gleiche Theile getheilt wird, AK oder CK theile man ferner in 3 gleiche Theile und beschreibe darüber einen Halbkreis. Errichtet man nun in G, so daß GK = $\frac{1}{3}$ AK, die Senkrechte GH und macht EK = KH, so gibt die Linie ED ⌗ AB den Punkt D, von welchem aus die den Seiten parallelen Theilungslinien gezogen werden müssen. Der Beweis beruht auf den vorhergehenden Konstruktionen.

§. 101. **Theilung des Vierecks.**

1) Das Viereck ABCD (Fig. 175) soll vom Punkte B aus in irgend eine Anzahl, z. B. fünf, gleiche Theile getheilt werden.

Man verwandle ABCD in das Dreieck ABE, theile AE in fünf gleiche Theile, so ist ABF = FBG = ... = $\frac{1}{5}$ ABE = $\frac{1}{5}$ ABC. Diejenigen Theilungspunkte, welche wie K über AD hinausliegen, müssen auf CD übertragen werden.

Das analoge Verfahren beobachtet man, wenn die Theilung nicht in gleiche Theile, sondern nach bestimmten Verhältnissen geschehen soll.

2) Ist das Viereck ABCD (Fig. 176) vom Punkte E aus in fünf gleiche Theile zu theilen, so verwandle man das Viereck zuerst in das Dreieck FEG und theile dessen Grundlinie FG in fünf gleiche Theile. Die Dreiecke HEK, KEL, LEM sind unter sich gleich und = $\frac{1}{5}$ FEG = $\frac{1}{5}$ ABC, ferner ist MECD = MEG = $\frac{1}{5}$ FEG = $\frac{1}{5}$ ABCD, eben so ist ABEH = HEF = $\frac{1}{5}$ FEG = $\frac{1}{5}$ ABCD.

Fallen von den Theilungspunkten der Grundlinie FG einige über die Grenze der Grundlinie des Vierecks AD hinaus, so müssen sie auf die entsprechenden Seiten des Vierecks übertragen werden.

3) Soll das Viereck ABCD (Fig. 177) in fünf gleiche Theile getheilt werden, durch Linien, die von einem Punkte E im Innern desselben ausgehen, und ist hierbei eine Theilungslinie EF vorgeschrieben, so verwandelt man das Viereck zuerst in das Dreieck KFL und dieses wieder in das Dreieck GEH; nunmehr theilt man die Grundlinie GH des letztern in fünf gleiche Theile und überträgt M nach R, P nach Q, hierdurch werden die vier übrigen Theilungslinien bestimmt.

Beim Uebertragen der Punkte, die zwischen A und G liegen auf AB, oder der, welche zwischen D und H liegen, auf CD, kann es sich ereignen, daß der übertragene Punkt über B hinaus auf die Verlängerung von AB oder auf die von DC fällt, in diesem Falle muß derselbe von Neuem, auf gleiche Weise, auf BC übertragen werden. Die Gründe hierfür, so wie für die letzte Theilung, sind leicht aufzufinden.

4) Soll das Trapez ABCD (Fig. 178) durch Linien parallel zur Grundlinie in drei gleiche Theile getheilt werden, so ziehe man AE ♯ DC, sodann beschreibe man über BC einen Halbkreis, mache FC = CE und ziehe FG senkrecht zu BC. Die Linie BG theile man jetzt in drei gleiche Theile, in K und H, und errichte in diesen Punkten die Senkrechten HI und KL. Zuletzt bestimme man die Punkte 1 und 2 auf BC, so daß C1 = CI und C2 = CL, durch die Linie 1M und 2P ♯ DC werden die Punkte M und P bestimmt, aus welchen man mit AD parallel die Theilungslinien MN und PQ zieht.

Soll die Theilung des Trapezes so geschehen, daß:

AMND : MBCN = n : m, so ist auch

ABCD : AMND = m + n : n.

Nun denke man sich die Seiten BA und CD des Trapezes bis zu ihrem Durchschnittspunkte R verlängert, und setze BC = b, AD = d, MN = x, so ist nach 593:

$$\frac{BRC}{ARD} = \frac{b^2}{d^2} \quad \text{oder} \quad \frac{BRC - ARD}{ARD} = \frac{b^2 - d^2}{d^2}$$

daher:

$$\frac{ABCD}{ARD} = \frac{b^2 - d^2}{d^2}. \quad \text{Eben so ist} \quad \frac{AMND}{ARD} = \frac{x^2 - d^2}{d^2}$$

und wenn beide Gleichungen vereinigt werden:

$$\frac{ABCD}{AMND} = \frac{b^2 - d^2}{x^2 - d^2} = \frac{m + n}{n}$$

hieraus erhält man:

$$x^2 = \frac{n \,.\, b^2 + m \,.\, d^2}{m + n} = b^2 - \frac{m}{m + n} \,.\, (b^2 - d^2)$$

folglich:

$$668)\quad x = \sqrt{\left(b^2 - \frac{m}{m+n} \cdot (b+d)\,(b-d)\right)}$$

Ist z. B. $m = 2$ und $n = 1$ oder $AMND = \frac{1}{3}\,ABCD$, so ist:

$$MN = \sqrt{(b^2 - \tfrac{2}{3}\,(b+d)\,(b-d))}$$

Wenn aber $m = 1$ und $n = 2$ also $APQD = \frac{2}{3}\,ABCD$, so ist:

$$PQ = \sqrt{(b^2 - \tfrac{1}{3}\,(b+d)\,(b-d))}$$

Die Konstruktion gibt für die Unbekannten:

$$MN^2 = 1C^2 = IC^2 = CB\,.\,CH = b\,.\,(CG + HG)$$
$$= b\,(CG + \tfrac{1}{3}\,BG) = b\,(CG + \tfrac{1}{3}\,(BC - GC))$$
$$= b\,(\tfrac{2}{3}\,CG + \tfrac{1}{3}\,b)$$

nun ist:

$$d^2 = b\,.\,CG \quad \text{also } CG = \frac{d^2}{b}$$

daher:

$$MN^2 = b\left(\tfrac{1}{3}\,b + \tfrac{2}{3}\,\frac{d^2}{b}\right) = \tfrac{1}{3}\,b^2 + \tfrac{2}{3}\,d^2$$
$$= b^2 - \tfrac{2}{3}\,(b^2 - d^2) = b^2 - \tfrac{2}{3}\,(b+d)\,(b-d)$$

Eben so findet man für **PQ** den oben angegebenen Werth.

5) Soll das allgemeine Viereck **ABCD** (Fig. **179**) durch Linien, die einer Seite, z. B **AD**, parallel sind, getheilt werden, so verwandle man dasselbe zuerst, nach §. 98, 2; Fig. 164, in das Trapez **AEFD** und theile dieses nach der Vorschrift der vorhergehenden Nummer in die verlangten Theile; fallen von den Theilungslinien welche über **CG** hinaus, wie z. B. **MN**, so verwandle man, nach §. 98, 4; Fig. 165, das Trapez **GMNC** in das Trapez **GPQC**, wodurch man die Theilungslinie **PQ** erhält. Dasselbe gilt für alle Theilungslinien des Trapezes **GEFC**.

6) Es sey das Viereck **ABCD** (Fig. **180**) gegeben; es wird verlangt, dasselbe durch eine Linie, deren Richtung gegeben ist, in Verhältnisse von m : n zu theilen.

Die Theilungslinie sey EF, ihre Richtung sey durch den Winkel φ gegeben, AF sey $= x$, AB $= a$ und BE $= y$. Für praktische Zwecke ist die Kenntniß von x und y am vortheilhaftesten, um sie zu finden, beachte man, daß nach §. 81:

669) $0 = x . \sin. \varphi - a . \sin. (\varphi + A) + y . \sin. (\varphi + A + B)$

ferner ist:

$$ABCD : FABE = m + n : m$$

daher:

$$FABE = \frac{m}{m + n} . ABCD$$

Es ist aber auch nach 605:

$$FABE = \tfrac{1}{2} x . a . \sin. A - \tfrac{1}{2} x . y . \sin. (A + B) + \tfrac{1}{2} a . y . \sin. B$$

daher:

670) $$\frac{2 m}{m + n} ABCD = x . a . \sin. A - x . y . \sin. (A + B) + a . y . \sin. B$$

Hier hat man also zwei Gleichungen mit zwei unbekannten Größen x und y, welche auf die gewöhnliche Weise aufgelöst, zur Kenntniß ihrer Werthe führen.

Die beiden Gleichungen gestatten auch noch Anwendung auf andere Fälle, in welchen die Linie EF an andere Bedingungen geknüpft ist.

Wie die Aufgabe aber auch beschaffen seyn mag, so muß man stets mit Umsicht die Rechnung anwenden und auf die möglichen Fälle achten; so kann z. B. in dem vorgegebenen Falle die Linie EF vom Vierecke auch bloß ein Dreieck (Fig. 181) abschneiden u. s. w.

Die hier mitgetheilte kurze Anleitung zur Verwandlung und Theilung der ebenen geradlinigen Figuren wird hinreichend seyn, eine Idee von der Methode der Untersuchung zu geben.

Ausführlichere Schriften über diesen Gegenstand sind:

Grüson, Geodäsie, oder Anleitung zur Feldertheilung. Berlin 1811. 1 Bd. 8.

Hertel, Sammlung geometrischer Aufgaben. Leipzig, 1838. 1 Bd. 8.

M. Hirsch, Sammlung geometrischer Aufgaben. Berlin, 1805. 2 Bde. 8. u. a. m.

Für die Konstruktionen insbesondere:

J. Steiner, die geometrischen Konstruktionen. Berlin, 1833. 1 Bd. 8.

Richter, geometrische Aufgaben. Halberstadt, 1829.

Sammlung

von

Aufgaben und Beispielen.

Zum ersten Kapitel.

I.) Vom Ziehen und Auftragen gerader Linien. Das Ziehen einer geraden Linie geschieht mit Hülfe eines bekannten Werkzeuges, des Lineals. Wie genau dasselbe aber auch gearbeitet seyn mag, so wird es doch nie vollkommen eine Gerade darstellen, das Ziehen derselben also auch nur annähernd geschehen können.

Soll auf einer gegebenen Geraden von einem bestimmten Punkte aus, nach einer bestimmten Seite hin, eine Gerade von gegebener Länge aufgetragen werden, so geschieht dieß mit Hülfe des Zirkels, dessen Enden man so weit von einander entfernt, bis sie die gegebene Länge fassen, welche man jetzt auf die vorgeschriebene Weise auf die Gerade aufträgt.

II.) Vom Ziehen der Senkrechten und der Bildung des rechten Winkels. Soll man auf einer Geraden eine Senkrechte errichten, so fällt dieß mit der Aufgabe zusammen, auf einer Geraden einen rechten Winkel zu bilden. Auch hierfür hat man ein bekanntes Werkzeug, den sogenannten Winkel, an welchem zwei Gerade sich befinden, die zu einander senkrecht sind, die also einen rechten Winkel bilden.

Man kann sich einen rechten Winkel sehr leicht selbst herrichten. An einen Streifen steifes Papier schneide man eine gerade Linie und falte alsdann dasselbe so zusammen, daß die Theile der Geraden genau übereinander zu liegen kommen, der Falz des Papieres wird alsdann die Senkrechte darstellen.

An der Stelle, wo die Gerade des Papieres gebrochen wird, werden nach 6 zwei rechte Winkel gebildet, diese werden durch das Zusammenlegen in zwei Theile getheilt, welche, da sie genau übereinander liegen, gleich sind, also ist jeder Theil ein rechter Winkel.

Für die Bildung des rechten Winkels werden später noch andere Vorschriften gegeben werden.

III.) Vom Ziehen der Parallel-Linien. Soll zu einer Geraden eine Parallele gezogen werden, so kann dieß mit Hülfe des Lineales und des Winkels leicht geschehen.

Es sey **AB** (Fig. 182) die Gerade und **C** der Punkt, durch welchen eine andere Gerade zu ihr parallel gezogen werden soll. Man bringe das Lineal **MN** mit dem daran gesetzten Winkel **W** in eine solche Lage, daß die Seite **cd** des Winkels mit der gegebenen Richtung der Geraden **AB** zusammenfällt, alsdann schiebe man, bei unverrückter Lage des Lineales, den Winkel so weit fort, bis seine Seite **cd** den Punkt **C** erreicht; zieht man jetzt $c_1 d_1$, so wird diese Gerade parallel zu **AB** seyn.

Mit der Seite **ab** des Lineales bildet die Seite **cd** von **W**, also auch die Gerade **AB** einen bestimmten Winkel, welcher durch das Fortrücken von **W**, da **ab** sich nicht ändert, immer derselbe bleibt; die Geraden $c_1 d_1$ und **cd** oder **AB** bilden also mit derselben Linie **ab** den gleichen Winkel, haben daher auch unter sich dieselbe Richtung oder sind parallel. (12).

Unter gewissen Umständen kann auch nachfolgende Zeichnung mit Nutzen angewandt werden.

Es sey **AB** (Fig. 183) die Gerade und zu ihr soll durch **C** eine Parallele gezogen werden. Man ziehe durch **C** nach Willkür eine Gerade **CD** und nach der vorhergehenden Vorschrift zu dieser **EF** parallel, nunmehr nehme man mit dem Zirkel die Weite **CD** und trage sie von **E** nach **F**, zieht man jetzt durch **C** und **F** die Linie **CF**, so ist diese parallel zu **AB**. (13).

IV.) Benutzung des Kreises bei Konstruktionen. Auf der in der Einleitung erwähnten Eigenschaft des Kreises, beruht dessen Zeichnung vermittelst des Zirkels, sie ist so einfach wie die der

Geraden. Bei sehr vielen Konstruktionen wird das Ziehen eines Kreises nothwendig, sehr oft wird verlangt, eine Reihe von Punkten anzugeben, die alle gleiche Entfernung von einem bestimmten Punkte haben. Soll von **A** aus ein Punkt bestimmt werden, der um eine gegebene Größe **AM** von demselben entfernt ist, so wird jeder Punkt des Kreises **MN** (Fig. 184) diese Eigenschaft haben. Ist eben so ein Punkt zu bestimmen, der um eine andere Größe **BP** von **B** entfernt ist, so beschreibt man mit dieser Größe einen Kreis **PQ**, und der gesuchte Punkt wird auf diesem liegen. Vereint man beide Bedingungen, verlangt man einen Punkt zu kennen, der um die erste Größe von **A** und um die andere von **B** entfernt ist, so muß dieser Punkt sowohl in **MN** als in **PQ**, daher in dem gemeinschaftlichen, dem Durchschnittspunkte beider Kreise **C** liegen. Außer **C** gibt es noch einen Durchschnittspunkt der beiden Kreise, welcher also dieselbe Eigenschaft, wie dieser hat, man unterscheidet sie durch ihre Lage, der erste liegt über, der andere unter **AB**, so daß es also für eine bestimmte Lage nur einen Punkt gibt, welcher von **A** und von **B** um gegebene Größen entfernt ist. Die Entfernung vom Mittelpunkte bis zum Kreise nennt man den Radius des Kreises.

V.) Von dem Transporteure und dem Auftragen der Winkel. Spätere Sätze werden zeigen, daß, wenn der über **AB** (Fig. 185) beschriebene Halbkreis in zwei gleiche Theile getheilt wird und man den Theilungspunkt mit dem Mittelpunkte **C** verbindet, der Winkel von 180° am Punkte **C**, über **AB** gebildet, ebenfalls halbirt wird. Theilt man den Halbkreis in mehrere gleiche Theile, so wird auch der Winkel bei **C**, auf dieselbe Weise, in eben so viele gleiche Theile getheilt. Auf diese Art ist es gelungen, den rechten Winkel in gleiche Theile zu theilen. Diese Theilung geschieht entweder aus freier Hand mit dem Zirkel, den man so lange weiter oder enger stellt, bis man den Theil getroffen hat, oder, bei weitem genauer, mit Hülfe einer Maschine, der Theilmaschine.

Durch diese letzte Art der Theilung hat man es zu einem erstaunenswerthen Grade von Genauigkeit gebracht. Soll über einer Geraden an einem gegebenen Punkte ein bestimmter Winkel, z. B. von 30° gebildet werden, so bringt man **AB** in die Richtung der Geraden und den Punkt **C** an den gegebenen Punkt, wird nun der Theilstrich bei **30** auf dem Papiere bemerkt, so geht durch diesen Punkt und durch **C** die Linie, welche einen Winkel von 30° mit der gegebenen Linie bildet.

Diese Methode, die Winkel aufzutragen, ist jedoch nicht die einzige, in dem Folgenden wird eine andere angegeben werden, die, unabhängig von dem Kreise, nur allein von dem Auftragen gerader Linien abhängt.

Zum zweiten Kapitel.

VI.) Eine Gerade in mehrere gleiche Theile zu theilen. Will man die Gerade **AB** (Fig. 185) in fünf gleiche Theile theilen, so ziehe man nach einer willkürlichen Richtung die Linie **AC** und trage auf sie von **A** nach **C** fünf beliebig große gleiche Theile, verbindet man nun **5** mit **B** und zieht mit **5 B** die Linie **4 IV**, **3 III** u. s. w. parallel, so werden die Punkte **A** und i, i und **II**, u. s. w., gleichweit von einander entfernt, also **AB** in fünf gleiche Theile getheilt seyn.

Die Richtigkeit dieser Theilung geht aus den Sätzen das §. 7 hervor. Wegen der gleichen Richtung der Parallellinie ist nach 17, **A**ii das Doppelte von **A**i, weil auch **A**2 das Doppelte von **A**1; daher **A**i = i**II**. Eben so ist **A**iii das Dreifache von A_1, weil **A**3 das Dreifache von **A**1, mithin **A**i = i**II** = ii**III** = u. s. w. Es ist aber auch **2 II** das Doppelte von **1 I** und **3 III** das Dreifache von **1 I** u. s. w. Ist daher **B 5** = **AB**, so ist **1 I** = $\frac{1}{5}$, **2 II** = $\frac{2}{5}$ u. s. w. von **AB**.

VII.) Von den Maßen und der Anfertigung des verjüngten Maßstabes. Diese Theilung benützt man zur Anfertigung der Maßstäbe. Die Einheit des Maßes ist in den meisten Ländern der Fuß, der jedoch von sehr verschiedener Länge angenommen wird. In Frankreich hat man als Einheit das Meter, dieses ist der ehnmillionste Theil des Erdquadranten. Vergleicht man die Fußmaße der verschiedenen Länder mit dem Meter, so ergibt sich:

1 Badischer	Fuß	=	0,300000	Meter
1 Großh. Hessischer	»	=	0,250000	»
1 Württembergischer	»	=	0,286490	»
1 Baierischer	»	=	0,291859	»
1 Preußischer	»	=	0,313853	»
1 Wiener	»	=	0,316102	»
1 Schwedischer	»	=	0,296901	»
1 Dänischer	»	=	0,313760	»
1 Pariser	»	=	0,324839	»
1 Englischer	»	=	0,304794	»
1 Russischer	»	=	0,304794	»

Nach dem Obigen kann man nun den Fuß in kleinere Theile, in Zolle, Linien u. s. w. eintheilen, und sich dadurch genaue Maße zum Ausmessen der Linien schaffen. Sehr feine Theilungen, die einen hohen Grad von Genauigkeit haben sollen, werden gleichfalls mit einer Theilmaschine gemacht.

Für die Nachbildung ebener Figuren auf dem Papiere bedient man sich eines verjüngten Maßstabes. Man nimmt nämlich einen bestimmten Theil des Fußes, z. B. ab, als verkleinertes Fußmaß an (Fig. 187), und theilt diesen auf die angegebene Weise in 10 Theile oder Zolle ein. Die weitere Eintheilung des Zolles in Linien würde hier der Kleinheit der Theile wegen nicht möglich seyn; zieht man aber Linien, wie z. B. cd, vom untern Ende des 6ten Theilstriches zum obern des 5ten und so für die übrigen, so tritt der Fall ein, den (Fig. 186) angibt, es wird vom ersten Querstriche $\frac{1}{10}$ Zoll, also eine Linie, vom 2ten $\frac{2}{10}$ Zoll oder zwei Linien abgeschnitten u. s. w.

Zum dritten Kapitel.

VIII. Auftragung der Winkel mit Hülfe der goniometrischen Funktionen. Der Transporteur ist zur Zeichnung bestimmter Winkel nicht durchaus nöthig, sondern es kann das Auftragen der Winkel auch mit Hülfe der goniometrischen Funktionen geschehen. Soll z. B. ein Winkel von 36° gezeichnet werden, so findet man in den Tafeln der goniometrischen Funktionen.

$$\sin.\ 36^0 = 0{,}59,\quad \cos.\ 36^0 = 0{,}81,$$
$$\tang.\ 36^0 = 0{,}73,\quad \cotang.\ 36^0 = 1{,}38.$$

Durch eine jede dieser Funktionen kann nun der Winkel gezeichnet werden.

Wählt man zuerst die Tangente, so ist:

$$tang.\ 36^0 = 0{,}73 = \frac{73}{100}$$

Nach 31 ist aber:

$$tang. = \frac{\text{Senkrechte}}{\text{Basis}}$$

MN (Fig. 188) sey die Gerade und A der Punkt, wo der Winkel angelegt werden soll; man trage von A nach B eine Linie von 100′ Länge auf, errichte in B eine Senkrechte und mache BC = 73′, so wird:

$$tang.\ CAB = \frac{\text{Senkrechte BC}}{\text{Basis AB}} = \frac{73}{100} = 0{,}73 = tang.\ 36^0$$

also CAB = 36° seyn. Hierbei ist auf die Lage des Winkels keine Rücksicht genommen, sie wird als gegeben angesehen.

Soll die Konstruktion durch den Sinus geschehen, so ist nach 26:

$$sin. = \frac{\text{Senkrechte}}{\text{Hypotenuse}}$$

Man errichte in einem beliebigen Punkte B (Fig. 189) der Geraden eine Senkrechte, mache dieselbe = 59′; aus dem Endpunkte derselben durchschneide man mit dem Zirkel, in dessen Oeffnung man vorher 100′ genommen hat, die Gerade AB in E, ziehe ED und mit dieser parallel durch A die Gerade AC, so ist der Winkel CAB = 36°.

$$sin.\ CAB = sin.\ DEB = \frac{\text{Senkrechte DB}}{\text{Hypotenuse ED}} = \frac{59}{100} = 0{,}59 = sin.\ 36^0$$

daher:

$$CAB = 36^0.$$

Die Konstruktion durch den Cosinus ist: Man mache (Fig. 190) AB = 81′, errichte in B eine Senkrechte, von A aus, so daß AC = 100′, durchschneide man dieselbe in C und ziehe AC, so ist CAB = 36°. Nach 28 ist:

$$cos. CAB = \frac{\text{Basis AB}}{\text{Hypotenuse AC}} = \frac{81}{100} = 0{,}81 = cos.\ 36^0$$

somit CAB = 36°.

Mit Hülfe der Cotangente ist die Zeichnung: Man mache AB (Fig. 191) = 138′, errichte in B die Senkrechte BC = 100′, zieht man jetzt AC, so ist CAB = 36°.

Nach 33 ist:

$$colang. CAB = \frac{\text{Basis AB}}{\text{Senkrechte BC}} = \frac{138}{100} = 1{,}38 = colang.\ 36^0$$

daher CAB = 36°.

Auf gleiche Weise können auch Sekante und Cosekante benützt werden. In allen angegebenen Fällen ist es nicht nöthig, daß man die Brüche der Tafeln nimmt, man kann statt der Zähler und Nenner dieser Brüche auch gleich Vielfache derselben nehmen. Diese Methode, Winkel aufzutragen, gewährt dann besonders große Vortheile, wenn man auf dem Felde ohne Hülfe von Instrumenten mit dem Maßstabe allein Winkel aufzutragen hat, oder da, wo wegen örtlichen Verhältnissen Winkel-Instrumente nicht anwendbar sind.

IX.) Beispiele und Aufgaben über die Relationen zwischen s, y, x und A.

1. Aufgabe. Man ist in der Richtung AB von A nach C fortgegangen (Fig. 16), so daß die Entfernung AC = 100′ ist, hierbei hat man sich von AX in senkrechter Richtung um CD = 87′ entfernt; wie groß ist die Neigung von AB zu AX, oder wie groß ist der Winkel A?

Nach 26 ist:

$$sin.\ A = \frac{y}{s} = \frac{87}{100} = 0{,}87.$$

Sucht man diese Zahl in den Tafeln auf, so findet man sie

nicht vollkommen genau daselbst; die ihr nächste ist 0,870069, und diese gehört dem Winkel von 60^0 28′ an, so daß also nahezu A = 60^0 28′ ist.

Es sey y = 206′, s = 354′, wie groß ist A?
» » y = 3407′, s = 5796′, » » » » ?
» » y = 1316′, s = 7835′, » » » » ?

Bei diesen Rechnungen kann man mit Vortheil sich der Logarithmen bedienen. Zu diesem Zwecke hat man Tafeln eingerichtet, welche, statt der goniometrischen Funktionen, deren Logarithmen enthalten, so daß man aus dem Logarithmus der Funktion sogleich den Winkel finden kann. Es sey y = 4846′, s = 7356′, so ist:

$$sin.\ A = \frac{4846}{7356}$$

Nun ist nach den Vorschriften der Rechnungen mit Logarithmen:

$$log.\ (sin.\ A) = log.\ 4846 - log.\ 7356$$

und

$$log.\ 4846 = 3{,}685383$$
$$log.\ 7356 = 3{,}866642$$

$$log.\ (sin.\ A) = 9{,}818741 - 10 = log.\ (sin.\ 41^0\ 12'\ 30'')$$

Dieser Logarithmus findet sich gleichfalls nicht genau in den Tafeln, nimmt man aber den der ihm am nächsten kommt, so erhält man den angegebenen Winkel.

Es ist somit:

$$log.\ (sin.\ A) = log.\ (sin.\ 41^0\ 12'\ 30'')$$
$$sin.\ A = sin.\ 41^0\ 12'\ 30''$$
$$A = 41^0\ 12'\ 30''$$

Man berechne die vorhergehenden Aufgaben mit Hülfe der Logarithmen.

2. Aufgabe. In einer Richtung AB, welche mit AX den Winkel A = 36^0 48′ bildet, ist man von A nach C um 486′ vorwärts gegangen, um wie viele Fuße hat man sich hierbei in senkrechter Richtung von AX entfernt?

Die Gleichung 26 gibt:

$$sin.\ 36^0\ 48' = \frac{y}{486}$$

Wird auf beiden Seiten mit 486 vervielfacht, so ist:

$$y = 486\ .\ sin.\ 36^0\ 48'$$
$$= 486\ .\ 0{,}5990236 = 291{,}1254$$

daher die senkrechte Entfernung:

$$y = 291'\ 1''\ 2{,}'''54$$

Auch hier vereinfacht der Gebrauch der Logarithmen die Rechnung. Es ist:

$$log.\ y = log.\ 486 + log.\ sin.\ 36^0\ 48'$$

und

$$log.\ 486 = 2{,}686636$$
$$log.\ sin.\ 36^0\ 48' = 9{,}777444 - 10$$
$$log.\ y = 2{,}464080 = log.\ 291{,}125$$

also auch hierdurch $y = 291'\ 1''\ 2{,}'''5$.

Es sey $s = 2316'$, $A = 44^0\ 28'$, wie groß ist y?
» » » $= 438{,}'5$, $A = 68^0\ 27'$, » » » »?
» » » $= 10817$, $A = 81^0\ 43'$, » » » »?

3. Aufgabe. Die Richtung einer Geraden AB gegen AX ist durch den Winkel $A = 44^0\ 34'$ gegeben; wie weit wird man sich von A gegen B hin fortbewegen müssen, um sich in senkrechter Richtung von AX um 356' zu entfernen.

Nach 26 ist wieder:

$$sin.\ 44^0\ 34' = \frac{356}{s}$$

daher auch, wenn mit s vervielfacht wird:

$$s\ .\ sin.\ 44^0\ 34' = 356$$

durch das Messen mit $sin.\ 44^0\ 34'$, entsteht hieraus:

$$s = \frac{356}{sin.\ 44^0\ 34'} = \frac{356}{0{,}7017389}$$
$$= 507{,}3113\ \ldots$$

Die Entfernung AC wird also betragen müssen 507, 3'' 1,'''13.

Die Gleichung durch Logarithmen aufgelöst, gibt:

$log.\ s = log.\ 356 - log.\ sin.\ 44^0\ 34'$

$log.\ 356 = 2{,}551450$

$log.\ sin.\ 44^0\ 34' = 9{,}846175 - 10$

$log.\ s = 2{,}705275 = log.\ 507{,}311$

also wie vorhin, s = 507′ 3″ 1,‴1.

Es sey y = 854′, A = 54° 18′, wie groß ist s?

» » » = 618′, A = 73° 12′, » » » »?

» » » = 3418′,5 A = 24° 46′, » » » »?

4. Aufgabe. Man ist von A nach B fortgeschritten um AC = 509′ und hat sich hierbei in der Richtung AX um AD = 480′ von A entfernt. Wie ist die Richtung von AB gegen AX beschaffen, oder wie groß ist der Winkel A?

Nach 28 ist:

$$cos.\ A = \frac{AD}{AC} = \frac{x}{s} = \frac{480}{509} = 0{,}9430255$$

In den Tafeln findet man in der Kolumne des Cosinus die nächste Zahl 0,9430293 und dieser gehört der Winkel 19° 26′ an, so daß also nahezu A = 19° 26′ ist.

Es sey x = 344′, s = 753′, wie groß ist A?

» » » = 534′, s = 1037′ » » » »?

» » » = 638,′ s = 856′, » » » »?

Leichter ist die Rechnung mit Logarithmen. Für die obige Aufgabe ist:

$log.\ cos.\ A = log.\ 480 - log.\ 509$

$log.\ 480 = 2{,}681241$

$log.\ 509 = 2{,}706718$

$log.\ cos.\ A = 9{,}974523 - 10 = log.\ cos.\ 19^0\ 26'$

folglich, wie vorhin, A = 19° 26′

Man suche für die oben gegebenen Werthe von s und x den Winkel A mit Hülfe der Logarithmen.

5. Aufgabe. Es ist die Richtung AB bestimmt durch den Winkel A = 64° 12′; von A ist man nach B um AC = 456′

vorwärts gegangen, wie weit hat man sich hierbei in der Richtung **AX** von **A** entfernt.

Nach 28 ist:

$$cos.\ 64^0\ 12' = \frac{x}{456}$$

daher, wenn man mit 456 vervielfacht:

$$x = 456\ .\ cos.\ 64^0\ 12' = 456\ .\ 0{,}4352311$$
$$= 198{,}465\ \ldots$$

die gesuchte Entfernung beträgt somit **AD** = 198' 4'' 6,'''5.

Die Rechnung mit Logarithmen ist:

$$log.\ x = log.\ 456 + log.\ cos.\ 64^0\ 12'$$
$$log.\ 456 = 2{,}658965$$
$$log.\ cos.\ 64^0\ 12' = 9{,}638720 - 10$$
$$log.\ x = 2{,}297685 = log.\ 198{,}465$$

Man hat also x = 198,465, wie durch die vorhergehende Rechnung. Man berechne aus den in der zweiten Aufgabe gegebenen Werthen von s und **A** die zugehörigen Werthe von x.

6. Aufgabe. Eine Gerade **AB** bildet mit einer anderen **AX** den Winkel **A** = 25° 42'. Man ist in der Richtung **AX** vorwärts gegangen um **AD** = 733'; wie groß ist die entsprechende Entfernung in der Richtung **AB**?

Es ist wieder nach 28:

$$cos.\ 25^0\ 42' = \frac{733}{s}$$

daher durch Vervielfachen:

$$s\ .\ cos.\ 25^0\ 42' = 733$$

und durch Messen:

$$s = \frac{733}{cos.\ 25^0\ 42'} = \frac{733}{0{,}9010770}$$
$$= 813{,}471$$

Die der **AD** entsprechende Entfernung **AC** ist daher = 813' 4'' 7,'''1.

Die Logarithmen-Rechnung gibt:

$$log.\ s = log.\ 733 - log.\ cos.\ 25^0\ 42'$$

$log.\ 733 = 2,865104$
$log.\ cos.\ 25^0\ 42' = 9,954762 - 10$

$log.\ s = 2,910342 = log.\ 813,471$

folglich: $s = 813,471 \ldots$

Es sey: $x = 407'$, $A = 29^0\ 44'$, man suche s.
» » » $= 5763'$, $A = 52^0\ 38'$, » » »
» » » $= 23,'75$, $A = 84^0\ 36'$, » » »

7. Aufgabe. Man ist in der Richtung AX um AD = 354′ fortgegangen und hat sich hierbei in senkrechter Richtung um DC = 738′ von AX entfernt; wie ist die Lage von AB gegen AX beschaffen?

Die Aufgabe läßt zwei verschiedene Auflösungen zu. Zuerst ist nach 31:

$$tang.\ A = \frac{y}{x} = \frac{738}{354} = 2,0847457$$
$$= tang.\ 64^0\ 22'$$

und dann nach 33:

$$cotang.\ A = \frac{x}{y} = \frac{354}{738} = 0,4796747$$
$$= cotang.\ 64^0\ 22'$$

Mit Hülfe der Logarithmen:

$log.\ tang.\ A = log.\ 738 - log.\ 354$
$log.\ 738 = 2,868056$
$log.\ 354 = 2,549003$

$log.\ tang.\ A = 10,319053 - 10 = log.\ tang.\ 64^0\ 22'$

und

$log.\ cotang.\ A = log.\ 354 - log.\ 738$
$log.\ 354 = 2,549003$
$log.\ 738 = 2,868056$

$log.\ cotang.\ A = 9,680949 - 10 = log.\ cotang.\ 64^0\ 22'$

Die Lage von AB gegen AX ist also so beschaffen, daß beide Linien mit einander den Winkel A = 64° 22′ bilden.

Es sey y = 38′, x = 47′ wie groß ist A?
» » y = 644′, x = 524′, » » » »?
» » y = 7816′, x = 8993′, » » » »?

8. Aufgabe. Zwei Gerade AB und AX bilden einen Winkel, A = 35° 41′, mit einander; wie weit muß man in AX fortgehen, wenn man sich in senkrechter Richtung um DC = 584′ von AB entfernen will.

Nach 31 ist:

$$tang\ 35^0\ 41' = \frac{584'}{x}$$

daher durch Vervielfachen:

$$x\ .\ tang.\ 35^0\ 41' = 584$$

und durch Messen:

$$x = \frac{584}{tang.\ 35^0\ 41'} = \frac{584}{0{,}7181319}$$
$$= 813{,}2211$$

oder auch nach 33:

$$cotang.\ 35^0\ 41' = \frac{x}{584}$$

daher:

$$x = 584\ .\ cotang.\ 35^0\ 41' = 584\ .\ 1{,}3925019$$
$$= 813{,}2211$$

Eben so durch Logarithmen:

$$log.\ x = log.\ 584 - log.\ tang.\ 35^0\ 41'$$
$$log.\ 584 = 2{,}766413$$
$$log.\ tang.\ 35^0\ 41' = 9{,}856204 - 10$$
$$log.\ x = 2{,}910209 = log.\ 813{,}2211$$

und

$$log.\ x = log.\ 584 + log.\ cotang.\ 35^0\ 41'$$
$$log.\ 584 = 2{,}766413$$
$$log.\ cotang.\ 35^0\ 41' = 10{,}143796 - 10$$
$$log.\ x = 2{,}910209 = log.\ 813{,}2211$$

Man findet also für die gesuchte Entfernung AD = 813′ 2″ 2,‴1.

Es sey $y = 885''$ $A = 27^0\ 45'$, wie groß ist x?
» » $y = 1024'$, $A = 39^0\ 18'$, » » » x?
» » $y = 19436'$, $A = 54^0\ 29'$, » » » x?

9. Aufgabe. Der Winkel, gebildet von AB und AX, ist $A = 61^0\ 48'$. Man ist in der Richtung AX um $AD = 793'$ vorwärts gegangen, wie groß ist die senkrechte Entfernung DE von AX?

Nach 31 ist:

$$tang.\ 61^0\ 48' = \frac{y}{793}$$

daher:

$$y = 793\ .\ tang.\ 61^0\ 48'$$

Eben so ist nach 33:

$$cotang.\ 61^0\ 48' = \frac{793}{y}$$

mithin:

$$y\ .\ cotang.\ 61^0\ 48' = 793$$

und

$$y = \frac{793}{cotang.\ 61^0\ 48'}$$

Man berechne diese Ausdrücke, wie auch folgende Beispiele:

$x = 1096'$, $A = 69^0\ 54'$, wie groß ist y?
$x = 905'$, $A = 51^0\ 21'$, » » » y?
$x = 6984'$, $A = 31^0\ 33'$, » » » y?

Die Gleichungen 36 und 38 können gleichfalls in ähnlichen Aufgaben benützt werden, meistentheils zieht man es aber vor, die Funktionen *sec.* und *cosec.* nach 59 und 55 durch *cos.* und *sin.* zu ersetzen.

Zum vierten Kapitel.

X.) **Uebungen in der Bestimmung der Funktionen für gegebene Winkel.**

1. Nach der Gleichung 103 ist $sin.\ (2\ R - a) = sin.\ a$,

daher, wenn der gegebene Winkel A größer als 90°, oder A = 2 R — a, so ist a = 2 R — A und *sin.* A = *sin.* (2 R — A).

Wie groß ist *sin.* 163°?

sin. 163° = *sin.* (180° — 163°) = *sin.* 17° = 0,2923717

sin. 114° 38′ = ?

sin. 114° 38′ = *sin.* (180° — 114° 38′) =
sin. (179° 60′ — 114° 38′) = *sin.* 65° 22′ = 0,9089938

sin. 94° 33′ 48″ = ?

sin. 94° 33′ 48″ = *sin.* (180° — 94° 33′ 48″) =
sin. (179° 59′ 60″ — 94° 33′ 48″)
= *sin.* 85° 26′ 12″ = 0,9968254
\+ 46
= 0,9968300

sin. 154° 44′ 50″ = ?

sin. 154° 44′ 50″ = *sin.* (180° — 154° 44′ 50″) =
sin. (179° 59′ 60″ — 154° 44′ 50″)
= *sin.* 25° 15′ 10″ = 0,4265687
\+ 263
= 0,4265950

2. Nach der Gleichung 105 ist: *sin.* (2 R + a) = — *sin.* a, ist nun der gegebene Winkel A > 180°, so setze man A = 2 R + a, mithin a = A — 2 R, es wird hierdurch *sin.* A = — *sin.* (A — 2 R).

sin. 216° = ?

sin. 216° = — *sin.* (216° — 180°) = — *sin.* 36° = ?

sin. 225° 12′ = ?

sin. 225° 12′ = — *sin.* (225° 12′ — 180°) = — *sin.* 45° 12′ = ?

sin. 248° 12′ 54″ = ?

sin. 248° 12′ 54″ = — *sin.* (248° 12′ 54″ — 180°) =
— *sin.* 68° 12′ 54″ = ?

sin. 264° 36′ 18″ = ?

sin. 264° 36′ 18″ = — *sin.* (264° 36′ 18″ — 180°) =
— *sin.* 68° 36′ 18″ = ?

3. Die Gleichung 107 gibt an, daß *sin.* $(4\,R - a) = -$ *sin.* a, setzt man daher für einen Winkel A, der größer als 270^0 $A = 4\,R - a$, so wird $a = 4\,R - A$ und somit. *sin.* A $= -$ *sin.* $(4\,R - A)$.

sin. $284^0 = ?$

sin. $284^0 = -$ *sin.* $(360^0 - 284^0) = -$ *sin.* $76^0 = ?$

sin. $298^0\ 12' = ?$

sin. $298^0\ 12' = -$ *sin.* $(360^0 - 298^0\ 12')$

$= -$ *sin.* $(359^0\ 60' - 298^0\ 12')$

$= -$ *sin.* $61^0\ 48' = ?$

sin. $309^0\ 48'\ 44'' = ?$

sin. $309^0\ 48'\ 44'' = -$ *sin.* $(360^0 - 309^0\ 48'\ 44'')$

$= -$ *sin.* $(359^0\ 59'\ 60'' - 309^0\ 48'\ 44'')$

$= -$ *sin.* $50^0\ 11'\ 16''$

sin. $324^0\ 50'\ 21'' = ?$

sin. $324^0\ 50'\ 21'' = -$ *sin.* $(360^0 - 324^0\ 50'\ 21'')$

$= -$ *sin.* $(359^0\ 59'\ 60'' - 324^0\ 50'\ 21'')$

$= -$ *sin.* $35^0\ 9'\ 39'' = ?$

4. Umfaßt der Winkel eine große Anzahl Grade, so entwirft man sich folgende kleine Tabelle:

$1\,R = 90^0$,	$5\,R = 450^0$,	$9\,R = 810^0$,	$13\,R = 1170^0$
$2\,R = 180^0$,	$6\,R = 540^0$,	$10\,R = 900^0$,	$14\,R = 1260^0$
$3\,R = 270^0$,	$7\,R = 630^0$,	$11\,R = 990^0$,	$15\,R = 1350^0$
$4\,R = 360^0$,	$8\,R = 720^0$,	$12\,R = 1080^0$,	$16\,R = 1440^0$

u. s. w.

und zieht die allgemeinen Vorschriften 114 zu Rathe.

sin. $586^0 = ?$

Aus der entworfenen Tafel ersieht man, daß der gegebene Winkel über 6 R, aber unter 7 R ist, der Ueberschuß über 6 R beträgt $586^0 - 540^0 = 46^0$; daher:

sin. $586^0 =$ *sin.* $(6\,R + 46^0) = -$ *sin.* 46^0

denn nach 114 ist: *sin.* $((4\,n + 2)\,R + a) = -$ *sin.* a, was für $n = 1$ und $a = 46^0$ in das Vorstehende übergeht.

Ist aber *sin.* 658^0 zu suchen, so ist dieser Winkel zwar auch über 6 R, zugleich aber auch über 7 R. Es fehlt ihm noch an 8 R, $720^0 - 658^0 = 62^0$; mithin:

$$sin.\ 658^0 = sin.\ (8\ R - 62^0) = -\ sin.\ 62^0$$

Nach 114 ist nämlich $sin.\ (4\ n\ R - a) = -\ sin.\ a$, woraus der erhaltene Werth hervorgeht, wenn $n = 2$ und $a = 62^0$ gesetzt wird.

$$sin.\ 1168^0\ 20'\ 12'' = ?$$

Dieser Winkel ist über 12 R und unter 13 R. Er ist größer als 12 R um $1168^0\ 20'12'' - 1080^0 = 88^0\ 20'\ 12''$; daher:

$$sin.\ 1168^0\ 20'\ 12'' = sin.\ (12\ R + 88^0\ 20'\ 12'')$$
$$= +\ sin.\ 88^0\ 20'\ 12''$$

$$sin.\ 883^0\ 24'\ 36'' = ?$$

Dieser Winkel liegt nach der Tabelle zwischen 9 und 10 R, es fehlt ihm an 10 R, $900^0 - 883^0\ 24'\ 36'' = 899^0\ 59'\ 60'' - 883^0\ 24'\ 36'' = 16^0\ 35'\ 24''$; daher;

$$sin.\ 883^0\ 24'\ 36'' = sin.\ (10\ R - 16^0\ 35'\ 24'')$$
$$= +\ sin.\ 16^0\ 35'\ 24''$$

u. s. w.

5) Zur Bestimmung der Cosinuse für Winkel, die zwischen 90^0 und 180^0 liegen, hat man die Gleichung 118: $cos.\ (2\,R - a) = -\ cos.\ a$. Ist nun A der gegebene Winkel $= 2\ R - a$, so ist $a = 2\ R - A$ und $cos.\ A = -\ cos.\ (2\ R - A)$.

$$cos.\ 120^0 = ?$$

$$cos. 120^0 = -\ cos. (180^0 - 120^0) = -\ cos. 60^0 = -\ 0{,}5000000$$

$$cos.\ 116^0\ 20' = ?$$

$$cos.\ 116^0\ 20' = -\ cos.\ (180^0 - 116^0\ 20')$$
$$= -\ cos.\ (179^0\ 60' - 116^0\ 20'$$
$$= -\ cos.\ 63^0\ 40' = -\ 0{,}4435927$$

$$cos.\ 134^0\ 18'\ 40'' = ?$$

$$cos.\ 134^0\ 18'40'' = -\ cos.\ (180^0 - 134^0\ 18'\ 40'')$$
$$= -\ cos.\ (179^0\ 59'\ 60'' - 134^0\ 18'40'')$$
$$= -\ cos.\ 45^0\ 41'\ 20''$$

Nun ist: $cos.\ 45^0\ 41'\ 20'' = 0{,}6986234$

$$-\ 416$$

$$= 0{,}6985818$$

daher:

$cos.\ 134^0\ 18'\ 40'' = -\ 0{,}6985818$

$cos.\ 169^0\ 24'\ 36'' = ?$

$cos.\ 169^0\ 24'\ 36'' = -\ cos.\ (180^0 - 169^0\ 24'\ 36'')$

$= -\ cos.\ (179^0\ 59'\ 60'' - 169^0\ 24'\ 36'')$

$= -\ cos.\ 10^0\ 35'\ 24''$

Da nun: $cos.\ 10^0\ 35'\ 24'' = 0{,}9829888$

$-\ 214$

$= 0{,}9829674$

so ist:

$cos.\ 169^0\ 24'\ 36'' = -\ 0{,}9829674$

6. Ist der Winkel zwischen 180° und 270°, so benützt man die Gleichung 121: $cos.\ (2\ R + a) = -\ cos.\ a$. Der gegebene Winkel A sey $= 2\ R + a$, so ist $a = A - 2\ R$ und $cos.\ A = -\ cos.\ (A - 2\ R)$.

$cos.\ 265^0 = ?$

$cos.\ 265^0 = -\ cos.\ (265^0 - 180^0) = -\ cos.\ 85^0 = ?$

$cos.\ 204^0\ 18' = ?$

$cos.\ 204^0\ 18' = -\ cos.\ (204^0\ 18' - 180^0) = -\ cos.\ 24^0\ 18' = ?$

$cos.\ 232^0\ 24'\ 16'' = ?$

$cos.\ 232^0\ 24'\ 16'' = -\ cos.\ (232^0\ 24'\ 16'' - 180^0)$

$= -\ cos.\ 52^0\ 24'\ 16'' = ?$

7. Für Winkel zwischen 270° und 360° dient die Gleichung 123, $cos.\ (4\ R - a) = cos.\ a$. Ist daher wieder $A = 4\ R - a$ also $a = 4\ R - A$, so hat man $cos.\ A = cos.\ (4\ R - A)$.

$cos.\ 295^0 = ?$

$cos.\ 295^0 = cos.\ (360^0 - 295^0) = cos.\ 65^0 = ?$

$cos.\ 304^0\ 25' = ?$

$cos.\ 304^0\ 25' = cos.\ (360^0 - 304^0\ 25')$

$= cos.\ (359^0\ 60' - 304^0\ 25')$

$= cos.\ 55^0\ 35' = ?$

$cos.\ 316^0\ 28'\ 12'' = ?$

$$\cos. 316^0\ 28'\ 12'' = \cos. (360^0 - 316^0\ 28'\ 12'')$$
$$= \cos. (359^0\ 59'\ 60'' - 316^0\ 28'\ 12'')$$
$$= \cos. 43^0\ 31'\ 48''$$

8. Für größere Winkel bedient man sich der Gleichungen 130:

$\cos. 738 = ?$

Da dieser Winkel größer als 8 R und kleiner als 9 R, und $738^0 - 720^0 = 18^0$, der Ueberschuß über 8 R ist, so ist:

$$\cos. 738^0 = \cos. (8 R + 18^0) = + \cos. 18^0$$

$\cos. 1332^0\ 12' = ?$

Der Winkel ist > 14 R und < 15 R den ersten Werth übersteigt er um $1332^0\ 12' - 1260^0 = 72^0\ 12'$, daher:

$$\cos. 1332^0\ 12' = \cos. (14 R + 72^0\ 12') = - \cos. 72^0\ 12'$$

u. s. w.

9. Wie bestimmt man nachstehende Funktionen? Welche Gleichungen müssen zu Hülfe genommen werden?

$tang. 24^0\ 26'\ 18'' = ?$	$cotang. 34^0\ 9'\ 15'' = ?$
$tang. 104^0\ 12'\ 13'' = ?$	$cotang. 94^0\ 20'\ 18'' = ?$
$tang. 168^0\ 44'\ 24'' = ?$	$cotang. 172^0\ 37'\ 41'' = ?$
$tang. 210^0\ 13'\ 34'' = ?$	$cotang. 198^0\ 4'\ 11'' = ?$
$tang. 264^0\ 5'\ 48'' = ?$	$cotang. 257^0\ 30'\ 14'' = ?$
$tang. 304^0\ 0'\ 12'' = ?$	$cotang. 291^0\ 46'\ 17'' = ?$
$tang. 336^0\ 48'\ 54'' = ?$	$cotang. 354^0\ 12'\ 4'' = ?$
$tang. 744^0\ 18'\ 30'' = ?$	$cotang. 760^0\ 39'\ 33'' = ?$
$tang. 372^0\ 20'\ 4'' = ?$	$cotang. 412^0\ 51'\ 24'' = ?$
$tang. 516^0\ 18'\ 54'' = ?$	$cotang. 834^0\ 16'\ 29'' = ?$
$tang. 1067^0\ 47'\ 25'' = ?$	$cotang. 1277^0\ 0'\ 8'' = ?$

XI.) Bestimmung der Winkel aus gegebenen Funktionen.

1. Es sey 0,4306784 der Sinus eines Winkels, wie groß ist derselbe?

Nach den Tafeln ist $0,4305111 = \sin. 25^0\ 30'$. Der Unterschied zwischen dieser und der gegebenen Zahl ist 1673, er gehört zu 38,2 Sek. Da nun der größeren Zahl der größere Winkel angehört, so ist:

$$0,4306784 = \sin. 25^0\ 30'\ 38''$$

Nach §. 16, Seite 40, gehört aber dieser Sinus einer ganzen Reihe von Winkeln an, nämlich:

$$
\begin{aligned}
0{,}4306784 &= \textit{sin.}\ 25^0\ \ 30'\ 38'' \\
&= \textit{sin.}\ 154^0\ 29'\ 22'' \\
&= \textit{sin.}\ 385^0\ 30'\ 38'' \\
&= \textit{sin.}\ 514^0\ 29'\ 22''\ \ \text{u. s. w.}
\end{aligned}
$$

Weiß man, daß der Winkel, welchen man sucht, eine gewisse Größe nicht übersteigen darf, so ist dadurch auch die Anzahl der Winkel, welche dem Sinusse angehören können, beschränkt. Darf z. B. der gesuchte Winkel 180⁰ oder 360⁰ nicht erreichen, so können nur die beiden ersten Winkel genommen werden u. s. w.

Wie läßt sich durch die Konstruktion nachweisen, daß einem bestimmten Sinusse eine ganze Reihe von Winkeln angehören kann?

Welche Winkel gehören dem Sinusse 0,6439028 an?

Welche Winkel werden dem Sinusse 0,7834628 angehören, wenn keiner 180⁰ übersteigen darf?

2. Ist — 0,7048346 der Sinus, so muß derselbe größer als 180⁰ seyn. Für die positive Zahl findet man aus den Tafeln 0,7046342 = *sin.* 44⁰ 48′; dem Unterschiede beider Zahlen 2004 entsprechen 58 Sek. daher:

$$0{,}7048346 = \textit{sin.}\ 44^0\ 48'\ 58''$$

Der erste Winkel, dessen Sinus negativ ist, ist $2\ R + a$, wobei sich von selbst versteht, daß a ein Winkel der Tafeln immer kleiner als 90⁰ gedacht wird; daher:

$$-\ 0{,}7048346 = \textit{sin.}\ 224^0\ 48'\ 58''$$

Nimmt man auch die, §. 16, Seite 46, angegebenen Winkel hinzu, so erhält man:

$$
\begin{aligned}
-\ 0{,}7048346 &= \textit{sin.}\ 224^0\ 48'\ 58'' \\
&= \textit{sin.}\ 315^0\ 11'\ \ 2'' \\
&= \textit{sin.}\ 584^0\ 48'\ 58''\ \ \text{u. s. w.}
\end{aligned}
$$

Man suche die Winkel, welche zum Sinusse — 0,2489064 gehören.

Man gebe die Winkel an, welche dem Sinusse — 0,3490784 angehören, wenn einmal, keiner der Winkel 180⁰ erreichen darf und dann, keiner 360⁰ erreichen kann.

Man weise durch die Konstruktion nach, daß für einen nega-
[illegible]en Sinus mehrere Winkel statt finden können.

3. Es sey 0,5480046 der Cosinus eines Winkels, wie groß [illegible] derselbe? In den Tafeln findet man die nächst kleinere Zahl 5478066 diese entspricht dem Winkel 56° 47′ oder 56° 46′ [illegible]″. Da nun der kleineren Zahl der größere Winkel angehört, [illegible]d dem Unterschiede beider Zahlen 1980, 48 Sek. entsprechen, [illegible] muß der Winkel um so viel kleiner seyn, oder es ist:

$$0{,}5480046 = \cos.\ 56^0\ 46'\ 12''$$

Nach §. 17, Seite 41, gehört aber einem bestimmten Cosinusse [illegible]e ganze Reihe von Winkeln an. Die ersten Winkel sind:

$$0{,}5480046 = \cos.\ 56^0\ 46'\ 12''$$
$$= \cos.\ 303^0\ 13'\ 48''$$
$$= \cos.\ 416^0\ 46'\ 12''\ \text{u. s. w.}$$

Welche Winkel gehören dem Cosinusse 0,8483790 an?

Welches sind die Winkel des Cosinus 0,6478039, wenn sie [illegible]0° oder 360° nicht erreichen dürfen?

Wie konstruirt man aus dem gegebenen Cosinus die gefun-
nen Winkel?

4. Ist — 0,4998763 der gegebene Cosinus, so findet man [illegible]r die positive Zahl die nächst kleinere der Tafeln, 0,4997481, [illegible]elcher der Winkel 60° 1′ oder 60° 0′ 60″ angehört, dem Un-[illegible]rschiede beider Zahlen 1282 entsprechen 30 Sek., welche, da die [illegible]einere Zahl dem größeren Winkel angehört, abgezählt werden [illegible]üssen, daher der Winkel ist 60° 0′ 30″

Dieß würde der gesuchte Winkel seyn, wenn die Zahl positiv [illegible]äre, da sie aber negativ ist, so muß er größer als 90° seyn.

Nach 119 ist nun:

$$\cos.\ (180^0 - 64^0\ 0'\ 30'') = -\cos.\ 60^0\ 0^0\ 30^0$$

[illegible]her:

$$-0{,}4998763 = \cos.\ (179^0\ 59'\ 60'' - 60^0\ 0'\ 30'')$$
$$= \cos.\ 116^0\ 59'\ 30''$$

Nach §. 17, Seite 41, entsprechen aber demselben Cosinusse [illegible]ch viele andere Winkel, die ersten sind:

$$-0{,}4998763 = cos.\ 119^0\ 59'\ 30''$$
$$= cos.\ 240^0\ \ 0'\ 30''$$
$$= cos.\ 479^0\ 59'\ 30''\ \text{u. s. w.}$$

Welche Winkel können dem Cosinusse — 0,6994073 angehören, wenn keiner derselben 180° oder 360° übersteigen darf?

Wie lassen sich diese Winkel in der Zeichnung nachweisen?

5. Die Zahl 0,4700963 ist der Sinus eines Winkels, wie ist derselbe beschaffen, wenn damit die Bedingung verbunden wird, daß auch dessen Cosinus eine positive Zahl sey?

Wie groß wird der Winkel aber seyn, wenn man damit die Bedingung verknüpft, daß der Cosinus negativ sey?

— 0,7874623 sey der Sinus eines Winkels, wie groß ist derselbe, wenn der Cosinus positiv seyn soll?

Wie groß wird er aber seyn, wenn der Cosinus zugleich mit dem Sinus negativ ist?

Wie groß sind in allen diesen Fällen die Winkel, wenn noch die weitere Bedingung hinzugefügt wird, daß keiner derselben einmal 180° und dann 360° übersteigen darf?

Es sey 0,2034078 ein Cosinus, man suche dessen Winkel, für welche zugleich der Sinus positiv ist.

Man löse dieselbe Aufgabe mit der veränderten Bedingung, daß der Sinus negativ ist.

Für — 0,9908346 als Cosinus sollen die Winkel angegeben werden, für welche zugleich der Sinus positiv ist.

Für dieselbe Zahl, als Cosinus, gebe man die Winkel an, für welche auch der Sinus negativ ist.

6. Es seyen:

0,7834065	und	— 0,3654786
1,0783643	»	— 0,5400734
2,5369875	»	— 1,9736459

Tangenten, man gebe nach §. 18 die Winkel an, welche ihnen zugehören können.

Eben so seyen:

0,2436987	und	— 0,4730489

0,9040678 und — 1,6935493
1,7439965 „ — 3,0478058
otangenten, welche Winkel gehören nach §. 19 denselben an?

Wie kann man durch die Konstruktion die verschiedenen Winkel ichweisen?

7. Die Tangente 0,8067048 ist gegeben, welche Winkel ge- ren ihr an, wenn bekannt ist, daß für dieselben Sinus und Co- nus gleichzeitig positiv seyn müssen?

Welche Winkel werden aber der Tangente angehören, wenn ren Sinusse und Cosinusse gleichzeitig negativ sind?

Es sey — 1,4038746 eine Tangente, man suche die Winkel, r welche zugleich der Sinus positiv und der Cosinus negativ und ich umgekehrt, für welche der Sinus negativ und der Cosinus sitiv ist?

Dieselben Aufgaben löse man für 2,6834789 und — 0,9007364 s Cotangenten.

Zum neunten Kapitel.

XII.) Aufgaben über das rechtwinkelige Dreieck, in welchen r Seiten und Winkel als Bestimmungsstücke vorkommen.

1. Aufgabe. (Fig. 54) a und b seyen gegeben, man sucht und A.

Es ist nach 357:

$$c^2 = a^2 + b^2 \text{ und } tang.\ A = \frac{a}{b},\ cotang.\ A = \frac{b}{a}$$

Beispiel. Es sey a = 730′, b = 654′, so ist:

$$c^2 = 730^2 + 654^2 = 532900 + 427716$$
$$= 960616$$

iher:

$$c = \sqrt{960616} = 980',11 \ldots$$

id

$$tang.\ A = \frac{730}{654} = 1,1162079 = tang.\ 48^0\ 8'\ 35,''3$$

oder:

$$log.\ tang.\ A = log.\ 730 - log.\ 654$$

$$log.\ 730 = 2{,}863323$$

$$log.\ 654 = 2{,}815578$$

$$log.\ tang.\ A = 10{,}047745 - 10 = log.\ tang.\ 48^0\ 8'\ 35''$$

Die gesuchten Größen sind daher:

$c = 980',11 \ldots \quad A = 48^0\ 8'\ 35''$

2. Aufgabe. a und c sind gegeben, man sucht b und A.

$$b^2 = c^2 - a^2 = (c + a)(c - a)$$

und

$$sin.\ A = \frac{a}{c} \text{ oder } cosec.\ A = \frac{c}{a}$$

Beispiel. Es sey $c = 5894'$, $a = 4765'$, so ist:

$$b^2 = (5894 + 4765)(5894 - 4765) = 10659 \,.\, 1129$$
$$= 12034011$$

daher:

$$b = \sqrt{12034011} = 3469{,}007 \ldots$$

oder:

$$log.\ b = \tfrac{1}{2}\ log.\ 12034011$$

$$log.\ 12034011 = 7{,}080410$$

$$\tfrac{1}{2}\ log.\ 12034011 = 2{,}540205 = log.\ 3469{,}007$$

und

$$sin.\ A = \frac{4765}{5894} = 0{,}8984493 = sin.\ 53^0\ 56'\ 41''$$

oder:

$$log.\ sin.\ A = log.\ 4765 - log.\ 5894$$

$$log.\ 4765 = 3{,}678063$$

$$log.\ 5894 = 3{,}770410$$

$$log.\ sin.\ A = 9{,}907653 - 10 = log.\ sin.\ 53^0\ 56'\ 41''$$

Man findet folglich: $b = 3469'$ und $A = 53^0\ 56'\ 41''$.

3. Aufgabe. Die gegebenen Größen seyen a und A, man sucht b und c.

Es ist:

$$\frac{b}{a} = cotang.\ A \text{ und } \frac{c}{a} = cosec.\ A$$

daher:

$$b = a \cdot cotang.\ A \text{ und } c = a \cdot cosec.\ A = \frac{a}{sin.\ A}$$

Beispiel. Es sey $a = 1076'$ und $A = 41^0\ 24'\ 12''$, so ist:

$$b = 1076 \cdot cotang.\ 41^0\ 24'\ 12''$$

$$log.\ b = log.\ 1076 + log.\ cotang.\ 41^0\ 24'\ 12''$$

$$log.\ 1076 = 3{,}031812$$

$$log.\ cotang.\ 41^0\ 24'\ 12'' = 10{,}054668 - 10$$

$$log.\ b = 3{,}086480 = log.\ 1220{,}34$$

und

$$c = \frac{1076}{sin.\ 41^0\ 24'\ 12''}$$

$$log.\ c = log.\ 1076 - log.\ sin.\ 41^0\ 24'\ 12''$$

$$log.\ 1076 = 3{,}031812$$

$$log.\ sin.\ 41^0\ 24'\ 12'' = 9{,}820435 - 10$$

$$log.\ c = 3{,}211377 = log.\ 1626{,}96$$

Man findet somit $b = 1220{,}34$ und $c = 1626{,}96$

4. Aufgabe. b und c sind gegeben, man sucht a und A.

Es ist:

$$a^2 = c^2 - b^2 = (c + b)(c - b)$$

und

$$cos.\ A = \frac{b}{c} \text{ oder } sec.\ A = \frac{c}{b}$$

Beispiel. Es sey $b = 3694{,}5$, $c = 5786{,}7$, so ist:

$$a^2 = (5786{,}7 + 3694{,}5)(5786{,}7 - 3694{,}5)$$

$$= 9481{,}2 \cdot 2092{,}2$$

$$a = \sqrt{9481{,}2 \cdot 2092{,}2}$$

$$log.\ a = \tfrac{1}{2}(log.\ 9481{,}2 + log.\ 2092{,}2)$$

$$log.\ 9481{,}2 = 3{,}976863$$

$$log.\ 2092{,}2 = 3{,}320603$$

$$log.\ a^2 = 7{,}297466$$

$$log.\ a = 3{,}648733 = log.\ 4453{,}83$$

und

$$\cos. A = \frac{3694,5}{5786,7}$$

$$\log. \cos. A = \log. 3694,5 - \log. 5786,7$$

$$\log. 3694,5 = 3,567556$$

$$\log. 5786,7 = 3,762431$$

$$\log. \cos. A = 9,805125 = \log. \cos. 50^0\ 19'\ 26''$$

Es ist somit $a = 4453',83$ und $A = 50^0\ 19'\ 26''$

5. Aufgabe. Man kennt b und A und sucht a und C.

Es ist:

$$tang. A = \frac{a}{b} \text{ und } sec. A = \frac{c}{b}$$

daher:

$$a = b \,.\, tang. A \text{ und } c = b \,.\, sec. A = \frac{b}{\cos. A}$$

Beispiel. Es sey $b = 10874'$, $A = 63^0\ 20'\ 30''$ so ist:

$$a = 10874 \,.\, tang. 63^0\ 20'\ 30''$$

$$\log. a = 10874 + \log. tang. 63^0\ 20'\ 30''$$

$$\log. 10874 = 4,036389$$

$$\log. tang. 63^0\ 20'\ 30'' = 10,299264 - 10$$

$$\log. a = 4,335653 = \log. 21659,9$$

und

$$c = \frac{10874}{\cos. 63^0\ 20'\ 30''}$$

$$\log. c = \log. 10874 - \log. \cos. 63^0\ 20'\ 30''$$

$$\log. 10874 = 4,036389$$

$$\log. \cos. 63^0\ 20'30'' = 9,651926 - 10$$

$$\log. c = 4,354463 = \log. 22618,4$$

Es ist somit:

$$a = 21659',9 \text{ und } c = 22618',4$$

6. Aufgabe. c und A sind gegeben, man sucht a und b.

Es ist:

$$\sin. A = \frac{a}{c} \text{ und } \cos. A = \frac{b}{c}$$

daher:

$a = c \,.\, \sin. A$ und $b = c \,.\, \cos. A$

Beispiel. Es sey $c = 543$ und $A = 54^0\ 26'\ 7''$, so ist:

$a = 543 \,.\, \sin. 53^0\ 26'\ 7'' = 543 \,.\, 0{,}8134590$
$= 441{,}708 \ldots$

und

$b = 543 \,.\, \cos. 54^0\ 26'\ 7'' = 543 \,.\, 0{,}5816222$
$= 315{,}821 \ldots$

oder:

$\log. a = \log. 543 + \log. \sin. 54^0\ 26'\ 7''$

$\log. 543 = 2{,}734800$

$\log. \sin. 54^0\ 26'\ 7'' = 9{,}910336 - 10$

$\log. a = 2{,}645136 = \log. 441{,}70 \ldots$

und

$\log. b = \log. 543 + \log. \cos. 54^0\ 26'\ 7''$

$\log. 543 = 2{,}734800$

$\log. \cos. 54^0\ 26'\ 7'' = 9{,}764641 - 10$

$\log. b = 2{,}499441 = \log. 315{,}82 \ldots$

Die gesuchten Größen sind mithin: $a = 441{,}'70$ und $b = 315{,}'82$.

7. Aufgaben zur Uebung:

Gegeben.		Gesucht.
a = 543′	b = 684′	
= 1044′	= 2618′	c = ? A = ?
= 793′	= 103′	
a = 461′	c = 548′	
= 230′	= 784′	b = ? A = ?
= 613′	= 1063′	
a = 214′	A = 44° 12′ 18″	
= 605′	= 54° 0′ 24″	b = ? c = ?
= 1213′	= 61° 21′ 18″	
b = 686′	c = 1009′	
= 433′	= 635′	a = ? A = ?
= 1924′	= 2416′	

Gegeben.		Gesucht.
b = 57′	A = 25° 14′ 32″	
= 146′	= 40° 12′ 44″	a =? c =?
= 518′,5	= 59° 20′ 15″	
c = 354′	A = 74° 30′ 24″	
= 545′	= 60° 15′ 30″	a =? b =?
= 734′	= 38° 7′ 18″	

In allen Fällen, das rechtwinkelige Dreieck betreffend, kann für jede Funktion nur der Winkel statt finden, welcher < 90° ist, also kann nur der Winkel der Tafeln genommen werden.

Zum zwölften Kapitel.

XIII.) **Beispiele über die Fälle des zwölften Kapitels.**

1) Berechnung der Winkel des Dreiecks aus den Seiten desselben.

1. Beispiel. Es sey a = 1125′, b = 1716′, c = 1594′, so ist:

$$a + b + c = 1125 + 1716 + 1594 = 4435$$

daher:

$$S = 2217,5$$
$$S - a = 2217,5 - 1125 = 1092,5$$
$$S - b = 2217,5 - 1716 = 501,5$$
$$S - c = 2217,5 - 1594 = 623,5$$

Rechnung nach 398:

$$sin.\ \tfrac{1}{2} A = \sqrt{\frac{(S - b)\ (S - c)}{b\ .\ c}} = \sqrt{\frac{501,5\ .\ 623,5}{1716\ .\ 1594}}$$

$$log.sin.\ \tfrac{1}{2} A = \tfrac{1}{2} (log.\ 501,5 + log.\ 623,5 - log.\ 1716 - log.\ 1594)$$

$$log.\ 501,5 = 2,700271$$
$$log.\ 623,5 = 2,794836$$
$$= 5,495107$$
$$log.\ 1716 = 3,234517$$
$$log.\ 1594 = 3\ 202488$$
$$= 6,437005$$
$$log.\ sin.\ \tfrac{1}{2} A^2 = 19,058102 - 20$$
$$log.\ sin.\ \tfrac{1}{2} A = 9,529051 - 10 = log.\ sin. 19° 45′ 41″$$

also:

$\frac{1}{2}$ A = 19° 45′42″ und A = 39° 31′ 22″

Für den Winkel B ist:

$$sin.\ \tfrac{1}{2}\ B = \sqrt{\frac{(S - a)\ (S - c)}{a\ .\ c}} = \sqrt{\frac{1092{,}5\ .\ 623{,}5}{1125\ .\ 1594}}$$

$log. sin. \frac{1}{2} B = \frac{1}{2} (log. 1092{,}5 + log. 623{,}5 - log. 1125 - log. 1594)$

$log.$ 1092 5 = 3,038421

$log.$ 623,5 = 2,794836

= 5,833257

$log.$ 1125 = 3,051152

$log.$ 1594 = 3,202488

= 6,253640

$log.\ sin.\ \frac{1}{2}\ B^2$ = 19,579617 — 20

$log.\ sin.\ \frac{1}{2}$ B = 9,789808 — 10 = $log.\ sin.$ 38° 2′ 53″

mithin:

$\frac{1}{2}$ B = 37° 2′ 53″ und B = 76° 5′ 46″

Für den Winkel C ist:

$$sin.\ \tfrac{1}{2}\ C = \sqrt{\frac{(S - a)\ (S - b)}{a\ .\ b}} = \sqrt{\frac{1092{,}5\ .\ 501{,}5}{1125\ .\ 1716}}$$

$log. sin. \frac{1}{2} C = \frac{1}{2} (log. 1092{,}5 + log. 501{,}5 - log. 1125 - log. 1716)$

$log.$ 1092,5 = 3,038421

$log.$ 501,5 = 2,700271

= 5,738692

$log.$ 1125 = 3,051152

$log.$ 1716 = 3,234517

= 6,285669

$log.\ sin.\ \frac{1}{2}\ C^2$ = 19,453023 — 20

$log.\ sin.\ \frac{1}{2}$ C = 9,726512 — 10 = $log.\ sin.$ 32° 11′ 26″

folglich:

$\frac{1}{2}$ C = 32° 11′ 26″ und C = 64° 22′ 52″

Die drei Winkel des Dreiecks sind also:

A = 39° 31′ 22″, B = 76° 5′46″, C = 64° 22′ 52″

und die Summe aller dieser Winkel ist, wie es seyn muß = 180°.

Rechnung nach der Formel 400:

$$\cos.\ \tfrac{1}{2}\ A = \sqrt{\frac{S\ .\ (S - a)}{b\ .\ c}} = \sqrt{\frac{2217{,}5\ .\ 1092{,}5}{1716\ .\ 1594}}$$

$$\log.\cos.\tfrac{1}{2}A = \tfrac{1}{2}(\log.2217{,}5 + \log.1092{,}5 - \log.1716 - \log.1594)$$

$\log.\ 2217{,}5 = 3{,}345864$
$\log.\ 1092{,}5 = 3{,}038421$

$= 6{,}384285$

$\log.\ 1716 = 3{,}234517$
$\log.\ 1594 = 3{,}202488$

$= 6{,}437005$

$\log.\ \cos.\ \tfrac{1}{2}\ A^2 = 19{,}947280 - 20$
$\log.\ \cos.\ \tfrac{1}{2}\ A = 9{,}973640 - 10 = \log.\cos.19^0 45' 41''$

daher:

$\tfrac{1}{2}\ A = 19^0\ 45'\ 41''$ und $A = 39^0\ 31'\ 22''$, wie oben.

Rechnung nach der Formel 402:

$$\text{tang.}\ \tfrac{1}{2}\ B = \sqrt{\frac{(S - a)\ (S - c)}{S\ .\ (S - b)}} = \sqrt{\frac{1092{,}5\ .\ 623{,}5}{2217{,}5\ .\ 501{,}5}}$$

$$\log.\ \text{tang.}\ \tfrac{1}{2}\ B = \tfrac{1}{2}\ (\log.\ 1092{,}6 + \log.\ 623{,}5 - \log.\ 2217{,}5 - \log.\ 501{,}5)$$

$\log. 1092{,}5 = 3{,}038421$
$\log.\ 623{,}5 = 2{,}794836$

$= 5{,}833257$

$\log. 2217{,}5 = 3{,}345864$
$\log.\ 501{,}5 = 2{,}700271$

$= 6{,}046135$

$\log.\ \text{tang.}\ \tfrac{1}{2}\ B^2 = 19{,}787122 - 20$
$\log.\ \text{tang.}\ \tfrac{1}{2}\ B = 9{,}893561 - 10 = \log.\text{tang.}\ 38^0\ 2'\ 53''$

somit:

$\tfrac{1}{2}\ B = 38^0\ 2'\ 53''$ und $B = 76^0\ 5'\ 46''$, wie oben.

Rechnung nach der Formel 404:

$$\sin.\ C = \frac{2}{1125\ .\ 1716}\ .\ \sqrt{2217{,}5\ .\ 1092{,}5\ .\ 501{,}5\ .\ 623{,}5}$$

$$\log.\ \sin.\ C = \log.\ 2 - \log.\ 1125 - \log.\ 1716$$

$+ \frac{1}{2}$ (*log.* 2217,5 + *log.* 1092,5 + *log.* 501,5 + *log.* 623,5)

log. 2217,5 = 3,345864
log. 1092,5 = 3,038421
log. 501,5 = 2,700271
log. 623,5 = 2,794836

log. S..(S—c) = 11,879392
log. $\sqrt{}$(S..(S—c)) = 5,939696
log. 2 = 0,301030

log. 2 . $\sqrt{}$ (S...(S—c)) = 6,240726
log. 1125 = 3,051152
log. 1716 = 3,234517

= 6,285669

log. sin. C = 9,955057—10 = *log.sin.* 64° 22′ 52″

also:

C = 64° 22′ 52″, wie oben.

Dem Sinusse, welchen man aus 398 findet, können viele Winkel angehören, sie sind aber alle der Bedingung unterworfen, 180° nicht übersteigen zu dürfen. Nun kann seyn:

$\frac{1}{2}$ A = 19° 45′ 41″ oder A = 39° 31′ 22″
= 160° 14′ 19″ „ = 320° 28′ 38″
u. s. w.

Hier ist also nur der erste Winkel möglich, indem alle anderen größer als 180° sind.

Eben so können die Brüche in 398, wie mit den positiven, so mit den negativen Zeichen genommen werden.

Im letzten Falle erhält man:

$\frac{1}{2}$ A = 199° 45′ 41″ und A = 399° 31′ 22″

aber dieser, so wie alle folgenden Winkel, sind nicht zulässig, da sie alle 180° übersteigen.

Wird in 400 der Cosinus positiv genommen, so sind nur die angegebenen Winkel möglich, weil schon die nächsten größer als 180° sind; nimmt man den Cosinus aber negativ, so müßte z. B. $\frac{1}{2}$ A > 90°, also A > 180° seyn, was nicht statt finden kann.

Die Tangenten in 402, positiv genommen, geben für die Winkel Werthe, die entweder unter 90° oder über 180° sind, nur die ersten sind beim Dreiecke zulässig. Die negativen Werthe der Tangenten gehören Winkeln an, die über 90° sind. Die gesuchten Winkel des Dreiecks würden hierdurch über 180°, so daß also auch hier nur die in der Rechnung angegebenen Größen möglich sind.

Anders verhält es sich mit den Gleichungen 404. Beseitiget man zuerst das negative Zeichen durch die Betrachtung, daß dieses Winkel erforderte, die > 180° sind, so bleibt bloß noch der positive Werth übrig, zu diesem gibt es aber zwei Winkel, die unter 180° sind, z. B. für A einmal 39° 31′ 22″ und dann 140° 28′ 38″.

Hier entscheiden nur die Werthe der übrigen Winkel, alle drei zusammen müssen so beschaffen seyn, daß sie genau 180° ausmachen.

Ist daher ein einzelner Winkel zu berechnen, so wird man die Gleichungen 404 nicht zur Berechnung wählen, weil man unter den zwei Winkeln, die hier möglich sind, mit Sicherheit zu entscheiden nicht im Stande ist.

Wenn man aber gleich aus 404 allein den Winkel nicht bestimmen kann, so besteht über denselben doch keine Ungewißheit. Die übrigen Gleichungen geben einmal bestimmt nur einen Werth, und wollte man diese auch nicht gebrauchen, so würde die Quelle aller benützten Gleichung, nämlich 343, hier bestimmt entscheiden.

Beim Dreiecke kann kein Sinus negativ werden, der Cosinus wird, wenn der Winkel unter 90° ist, positiv, wenn er über 90° ist, negativ seyn. Man hat daher nur zuzusehen, welches Zeichen der Cosinus erhalten wird, ist er positiv, so muß der erste, ist er negativ, der zweite Winkel genommen werden.

Für den Winkel A ist nach 343:

$$\cos. A = \frac{b^2 + c^2 - a^2}{2\, bc} = \frac{1716^2 + 1594^2 - 1125^2}{2\, bc}$$

entschieden eine positive Größe, so daß also von den zwei oben für A, nach 404, angegebenen Werthen nur der erste statt finden kann.

2. Beispiel. Es sey $a = 430'$, $b = 744'$, $c = 360'$, so ist:

$2S = 1534$, $S = 767$, $S - a = 337$, $S - b = 23$, $S - c = 407$ daher:

$$2.\sqrt{S.(S-a).(S-b).(S-c)} = 2.\sqrt{767.337.23.407} = p$$

$$\begin{aligned} \log.\ 767 &= 2{,}884795 \\ \log.\ 337 &= 2{,}527630 \\ \log.\ 23 &= 1{,}361728 \\ \log.\ 407 &= 2{,}609594 \end{aligned}$$

$$\begin{aligned} \log.\ S\ldots(S-c) &= 9{,}383747 \\ \log.\sqrt{(S\ldots(S-c))} &= 4{,}691873 \\ \log.\ 2 &= 0{,}301030 \end{aligned}$$

$$= 4{,}992903 = \log.\ p$$

$$\sin.\ A = \frac{p}{b\ .\ c},\ \sin.\ B = \frac{p}{a\ .\ c},\ \sin.\ C = \frac{p}{a\ .\ b}$$

$$\log.\ p = 4{,}992903$$

$$\begin{aligned} \log.\ 744 &= 2{,}871573 \\ \log.\ 360 &= 2{,}556303 \end{aligned}$$

$$\log.\ b\ .\ c = 5{,}427876$$

$$\log.\ \sin.\ A = 9{,}565027 - 10 = \log.\sin. 21^0\ 32'\ 58''$$

daher $A = 21^0\ 32'\ 58''$ oder $A = 158^0\ 27'\ 2''$. Da nun nach 343: $b^2 + c^2 - a^2 = 744^2 + 360^2 - 430^2$, gewiß eine positive Größe ist, so ist Sinus und Cosinus des Winkels A positiv, was nur bei dem ersten Werthe stattfindet, daher bestimmt $A = 21^0\ 32'\ 58''$.

Für B ist:

$$\log.\ p = 4{,}992903$$

$$\begin{aligned} \log.\ 430 &= 2{,}633468 \\ \log.\ 360 &= 2{,}556303 \end{aligned}$$

$$\log.\ a\ .\ c = 5{,}189771$$

$$\log.\ \sin.\ B = 9{,}803132 - 10 = \log.\ 39^0\ 27'\ 32''$$

Es ist daher entweder $B = 39^0\ 27'\ 32''$ oder $B = 140^0$

32′ 28″. Um hier zu entscheiden, beachte man, daß $a^2 + c^2 - b^2 = 430^2 + 360^2 - 744^2 = 360^2 - 1174 . 314$ gewiß negativ ist. Der Winkel **B** muß daher so beschaffen seyn, daß sein Sinus + und sein Cosinus — ist, was nur bei dem zweiten Werthe statt findet, daher **B** = 140° 32′ 28″ ist. Für **C** ist:

$$log.\ p = 9{,}992903$$
$$log.\ 430 = 2{,}633468$$
$$log.\ 744 = 2{,}971573$$
$$log.\ a\ .\ b = 5{,}505041$$
$$log.\ sin.\ C = 9{,}487862 - 10 = log.\ sin.\ 17^0\ 54'\ 34''$$

Die Betrachtung des Zählers $a^2 + b^2 - c^2$ zeigt, daß der Cosinus positiv seyn muß, daß also nur der angegebene Werth des Winkels statt finden kann und die drei Winkel des Dreiecks sind:

$$A = 21^0\ 32'\ 58'',\quad B = 140^0\ 32'\ 28'',\quad C = 17^0\ 54'\ 34''$$

und außer diesen sind keine anderen Werthe möglich.

2) Berechnung des Dreiecks aus zwei Seiten und dem eingeschlossenen Winkel.

Beispiel. Es sey b = 4620′, c = 3975′, A = 62° 24′ 18″, so ist ½ A = 31° 12′ 9″, und nach 405 die dritte Seite:

$$a^2 = (b - c)^2 + 4\ bc\ .\ sin.\ \tfrac{1}{2}\ A^2$$
$$= (4620 - 3975)^2 + 4\ .\ 4630\ .\ 3975\ .\ (sin.\ 31^0\ 12'\ 9'')^2$$

$(4620 - 3975)^2 = 645^2 = 416025$ und

$$log.\ sin.\ 31^0\ 12'\ 9'' = 9{,}714383$$
$$2\ .\ log.\ sin.\ 31^0\ 12'\ 9'' = 9{,}428766 - 10$$
$$log.\ 4620 = 3{,}664642$$
$$log.\ 3975 = 3{,}599337$$
$$log.\ 4 = 0{,}602060$$
$$log.\ 4bc\ .\ sin.\ \tfrac{1}{2}\ A^2 = 7{,}294805 = log.\ 19715400$$

daher:

$$a^2 = 416025 + 19715400 = 20131425$$
$$log.\ 20131425 = 7{,}303874$$
$$\tfrac{1}{2}\ log.\ 20131425 = 3{,}651937 = log.\ 4486{,}8$$

Es ist daher a = 4486′,8

Die Rechnung nach 406 ist:

$a^2 = (b + c)^2 - 4\, bc\,.\, cos.\, \frac{1}{2}\, A^2$

$= (4620 + 3975)^2 - 4\,.\,4620\,.\,3975\,.\,(cos.\, 31^0\, 12'\, 9'')^2$

$(4620 + 3975)^2 = 8595^2 = 73874025$

$log.\ cos.\ 31^0\ 12'\ 9'' = 9{,}932139$

$2\,.\,log.\ cos.\ 31^0\ 12'\ 9' = 9{,}864278 - 10$

$log.\ 4\,.\,4630\,.\,3975 = 7{,}866039$

$log.\ 4\,.\,b.c\,.\,cos.\frac{1}{2}A^2 = 7{,}730317 = log.\ 53742600$

$a^2 = 73874025 - 53742600 = 20131425$

$a = 4486',8$, wie oben.

Berechnung von B und C nach 407. Es ist:

$$tang.\ B = \frac{b\,.\,sin.\ A}{c - b\,.\,cos.\ A} = \frac{4620\,.\,sin.\ 62^0\ 24'\ 18''}{3975 - 4620\,.\,cos.\ 62^0\ 24'\ 18''}$$

$log.\ sin.\ 62^0\ 24'\ 18'' = 9{,}947554 - 10$

$log.\ 4620 = 3{,}664642$

$log.\ b\,.\,sin.\ A = 3{,}612196 = log.\ 4094{,}45$

$log.\ cos.\ 62^0\ 24'\ 18'' = 9{,}665786 - 10$

$log.\ 4620 = 3{,}664642$

$log.\ b\,.\,cos.\ A = 3{,}330428 = log.\ 2140{,}07$

daher:

$$tang.\ B = \frac{4094{,}45}{3975 - 2140{,}07} = \frac{4094{,}45}{1834{,}93}$$

$log.\ 4094{,}45 = 3{,}612196$

$log.\ 1834{,}93 = 3{,}263619$

$10{,}348577 - 10 = tang.\ 65^0\ 51'\ 38''$

und somit $B = 65^0\ 51'\ 38''$. Eben so ist:

$$tang.\ C = \frac{c\,.\,sin.\ A}{c - b\,.\,cos.\ A} = \frac{3975\,.\,sin.\ 62^0\ 24'\ 18''}{4620 - 3975\,.\,cos.\ 62^0\ 24'\ 18''}$$

$log.\ sin.\ 62^0\ 24'\ 18'' = 9{,}947554 - 10$

$log.\ 3975 = 3{,}599337$

$3{,}546891 = log.\ 3522{,}82$

$log.\ cos.\ 62^0\ 24'\ 18'' = 9{,}665786 - 10$

$log.\ 3875 = 3{,}599337$

$3{,}265123 = log.\ 1841.30$

$$tang.\ C = \frac{3522{,}82}{4620 - 1841{,}30} = \frac{3522{,}82}{3778{,}70}$$

$log.\ 3522{,}82 = 3{,}546890$

$log.\ 2778{,}70 = 3{,}443842$

$log.\ tang.\ C = 10{,}103048 - 10 = tang.\ 51^0\ 44'\ 4''$

also $C = 51^0\ 44'\ 4''$. Die berechneten Winkel machen mit dem gegebenen 180^0 aus. Außer den angegebenen Winkeln können keine anderen genommen werden, indem alle folgenden größer als 180^0 sind.

Rechnung nach 408. Es ist $b - c = 645$ und $b + c = 8595$

$B + C = 180^0 - A = 180^0 - 62^0\ 24'\ 18'' = 117^0\ 35'\ 42''$

$\frac{1}{2}(B + C) = 58^0\ 47'\ 51''$; daher:

$$tang.\ \tfrac{1}{2}(B - C) = \frac{645}{8595} \cdot tang.\ 58^0\ 47'\ 51''$$

$log.\ tang.\ \frac{1}{2}(B - C) = log.\ 645 - log.\ 8595 + log.\ tang.\ 58^0\ 47'\ 51''$

$log.\ tang.\ 58^0\ 47'\ 51'' = 10{,}217755 - 10$

$log.\ 645 = 2{,}809560$

$13{,}027315 - 10$

$log.\ 8595 = 3{,}934246$

$log.\ tang.\ \frac{1}{2}(B - C) = 9{,}093069 - 10 = log.\ tang.\ 7^0 3' 47''$

daher:

$\frac{1}{2}(B - C) = 7^0\ 3'\ 47''$ und $B - C = 14^0\ 7'\ 34''$

Verbindet man nun die Gleichungen

$B + C = 117^0\ 35'\ 42''$

$B - C = 14^0\ 7'\ 34''$

durch Zu- und Abzählen, so erhält man:

$2B = 131^0\ 43'\ 16''$ also $B = 65^0\ 51'\ 38''$

und

$2C = 103^0\ 28'\ 8''$ „ $C = 51^0\ 44'\ 4''$

somit dieselben Werthe wie früher.

3) Berechnung des Dreiecks aus zwei Seiten und den nicht eingeschlossenen Winkeln.

1. Beispiel. Es sey $a = 1964'$, $c = 2736'$, $A = 41^0 30' 12''$.

Nach 409 ist:

$$b = c\ .\ cos.\ A \pm \sqrt{(a + c\ .\ sin.\ A)\ (a - c\ .\ sin.\ A)}$$

$$= 2736\ .\ cos. 41^0 30' 12'' \pm \sqrt{(1964 + 2736\ .\ sin. 41^0 30' 12'').}$$

$$(1964 - 2736\ .\ sin.\ 41^0\ 30'\ 12'')$$

$log.\ sin.\ 41^0\ 30'\ 12'' = 9{,}821293 - 10$

$log.\ 2736 = 3{,}437116$

$3{,}258409 = log.\ 1813{,}05$

$log.\ cos.\ 41^0\ 30'\ 12'' = 9{,}874434 - 10$

$log.\ 2736 = 3{,}437116$

$3{,}311550 = log.\ 2049{,}04$

daher:

$$b = 2049{,}04 \pm \sqrt{(1964 + 1813{,}05)\ (1964 - 1813{,}05)}$$

$$= 2049{,}04 \pm \sqrt{3777{,}05\ .\ 150{,}95}$$

$log.\ 3777{,}05 = 3{,}577152$

$log.\ 150{,}95 = 2{,}178839$

$log.\ 3777{,}05\ .\ 150{,}95 = 5{,}755991$

$log. \sqrt{3777{,}05\ .\ 150{,}95} = 2{,}877995 = log.\ 755{,}08$

mithin:

$$b = 2049{,}04 \pm 755{,}08$$

also:

$b = 2804{,}12$ oder $b = 1293{,}96$

Für den Winkel ist:

$$sin.\ C = \frac{c}{a}\ .\ sin.\ A = \frac{2736}{1964}\ .\ sin.\ 41^0\ 30'\ 12''$$

$$log.\ sin.\ C = log. 2736 + log. sin. 41^0\ 30'\ 12'' - log. 1964$$

$log.\ sin.\ 41^0\ 30'\ 12'' = 9{,}821293 - 10$

$log.\ 2736 = 3{,}437116$

$13{,}258409 - 10$

$log.\ 1964 = 3{,}293141$

$log.\ sin.\ C = 9{,}965168 - 10 = log.\ sin.\ 67^0 23' 22''$

Es ist folglich entweder $C = 67^0\ 23' 22''$ oder $C = 112^0 36' 38''$; zwei Dreiecke können stattfinden, für das eine ist:

$a = 1964'$; $b = 2804{,}12$; $c = 2736$; $A = 41^\circ\ 30'\ 12''$;
$B = 71^\circ\ 6'\ 26''$; $C = 67^\circ\ 23'\ 22''$;

und für das andere:

$a = 1964'$; $b = 1293{,}96$; $c = 2736$; $A = 41^\circ\ 30'\ 12''$;
$B = 25^\circ\ 53'\ 10''$; $C = 112^\circ\ 36'\ 38''$.

2. Beispiel. Es sey $a = 4586'$, $c = 3975'$, $A = 62^\circ 24' 18''$, so ist:

$$b = 3975 \,.\, cos.\, 62^\circ\ 24'\ 18'$$
$$\pm \sqrt{(4586 + 3975 \,.\, sin. 62^\circ 24' 18'')(4586 - 3975 \,.\, sin. 62^\circ 24' 18'')}$$

$log.\ sin.\ 62^\circ\ 24'\ 18'' = 9{,}947553 - 10$
$log.\ 3975 = 3{,}599337$

$3{,}546890 = log.\ 3522{,}82$

$log.\ cos.\ 62^\circ\ 24'\ 18'' = 9{,}665786 - 10$
$log.\ 3975 = 3{,}599337$

$3{,}265123 = log.\ 1841{,}29$

$$b = 1841{,}29 \pm \sqrt{(4586 + 3522{,}82)(4586 - 3522{,}82)}$$
$$= 1841{,}92 \pm \sqrt{8108{,}82 \,.\, 1063{,}18}$$

$log.\ 8108{,}82 = 3{,}908958$
$log.\ 1063{,}18 = 3{,}026607$

$log.\ 8108{,}82 \,.\, 1063{,}18 = 6{,}935565$
$log.\ \sqrt{8108{,}82 \,.\, 1063{,}18} = 3{,}467782 = log.\ 2936{,}18$

folglich:

$$b = 1841{,}29 \pm 2936{,}18$$

oder:

$$b = 4777{,}48$$

Da hier der zweite Theil von b größer als der erste ist, so kann nur das obere Zeichen genommen werden, durch das untere würde man für b einen negativen Werth erhalten, der da unzulässig ist, wo das Dreieck nur in ein und derselben Lage betrachtet wird.

Für den Winkel C ist:

$$sin.\ C = \frac{c}{a} \,.\, sin.\ A = \frac{3975}{4586} \,.\, sin.\ 62\quad 24'\ 18''$$

$$log.\ sin.\ C = log.\ 3975 + log.\ sin.\ 62^\circ\ 24'\ 18'' - log.\ 4586$$

$$\begin{aligned}
log.\ 3975 &= 3{,}599337 \\
log.\ sin.\ 62^0\ 24'\ 18'' &= 9{,}947553 - 10 \\
&\quad 13{,}546890 - 10 \\
log.\ 4586 &= 3{,}661434 \\
&\quad 9{,}885456 - 10 = log.\ sin.\ 50^0 11' 23''
\end{aligned}$$

Es ist somit entweder $C = 50^0\ 11'\ 23''$ oder $C = 129^0\ 48'\ 37''$ und hierdurch $B = 67^0\ 24'\ 19''$ oder $B = -12^0\ 12'\ 55''$, da nun im Dreiecke ein negativer Winkel keinen Sinn hat, so ist nur der erste Werth von C zulässig, und aus den gegebenen Größen kann nur ein Dreieck gebildet werden, dessen Elemente sind:

$a = 4586'$; $b = 4777',48$; $c = 3975'$

$A = 62^0 24' 18''$; $B = 67^0 24' 19''$; $C = 50^0\ 11'\ 23''$

3. Beispiel. Es sey $a = 594'$, $c = 378'$, $A = 107^0\ 48'\ 9''$; so ist: $sin.\ 107^0\ 48'\ 9'' = sin.\ 72^0\ 11'\ 51''$ und $cos.\ 107^0\ 48'\ 9'' = -\ cos.\ 72^0\ 11'\ 51''$; daher:

$$b = c\ .\ cos.\ A \pm \sqrt{(a + c\ .\ sin.\ A)\ (a - c\ .\ sin.\ A)}$$
$$= -378\ .\ cos.\ 72^0\ 11' 51'' \pm \sqrt{(594 + 378 . sin.\ 72^0 11' 51'')\ (594 - 378\ .\ sin.\ 72^0\ 11'\ 51'')}$$

$$\begin{aligned}
log.\ sin.\ 72^0\ 11'\ 51'' &= 9{,}978690 - 10 \\
log.\ 378 &= 2{,}577492 \\
&\quad 2{,}556182 = log.\ 359{,}90 \\
log.\ cos.\ 72^0\ 11'\ 51'' &= 9{,}485347 - 10 \\
log.\ 378 &= 2{,}577492 \\
&\quad 2{,}062839 = log.\ 115{,}57
\end{aligned}$$

daher:

$$b = -\ 115{,}57 \pm \sqrt{(594 + 359{,}90)\ (594 - 359{,}90)}$$
$$= -\ 115{,}57 \pm \sqrt{953{,}90\ .\ 234{,}10}$$

$$\begin{aligned}
log.\ 953{,}90 &= 2{,}979503 \\
log.\ 234{,}10 &= 2{,}369401 \\
log.\ 953{,}90\ .\ 234{,}10 &= 5{,}348904 \\
\tfrac{1}{2}\ log.\ 953{,}90\ .\ 234{,}10 &= 2{,}674452 = log.\ 472{,}55
\end{aligned}$$

$$b = -\ 115{,}57 \pm 472{,}55$$
$$= \quad 472{,}55 - 115{,}57 = 356{,}98$$

Ein anderer Werth kann hier nicht statt finden.

Für C ist:

$$sin.\ C = \frac{c}{a}\ .\ sin.\ A = \frac{378}{594}\ .\ sin.\ 72^0\ 11'\ 51''$$

$log.\ 378 = 2,577492$

$log.\ sin.\ 72^0\ 11'\ 51'' = 9,978690$

$12,556182 - 10$

$log.\ 594 = 2,773786$

$log.\ sin.\ C = 9,782395 - 10 = log.\ sin. 37^0\ 17'\ 35''$

Es ist daher:

$C = 37^0\ 17'\ 35''$ und $B = 34^0\ 54'\ 16''$

und ein anderer Werth für C kann nicht genommen werden, denn da A schon ein stumpfer Winkel ist, so kann kein zweiter stattfinden.

3) Berechnung des Dreiecks aus einer Seite und den anliegenden Winkeln.

Beispiel. Es sey $b = 5684'$, $A = 54^0\ 20'\ 24''$ und $C = 65^0\ 12'\ 18''$, so ist $A + C = 119^0\ 32'\ 42''$ und nach 411:

$$a = b\ .\ \frac{sin.\ A}{sin.\ (A + C)} = 5684\ .\ \frac{sin.\ 54^0\ 20'\ 24''}{sin.\ 119^0\ 32'\ 24''}$$

$$c = b\ .\ \frac{sin.\ C}{sin.\ (A + C)} = 5684\ .\ \frac{sin.\ 65^0\ 12'\ 18''}{sin.\ 119^0\ 32'\ 42''}$$

Nun ist $sin.\ 119^0\ 32'\ 42'' = sin.\ 60^0\ 27'\ 18''$; daher:

$$a = 5684\ .\ \frac{sin.\ 54^0\ 20'\ 24''}{sin.\ 60^0\ 27'\ 18''}$$

$log.\ sin.\ 54^0\ 20'\ 24'' = 9,909818 - 10$

$log.\ 5684 = 3,754654$

$13,664472 - 10$

$log.\ sin.\ 60^0\ 27'\ 18'' = 9,939504 - 10$

$3,724968 = log.\ 5308,4$

und

$$c = 5684\ .\ \frac{sin.\ 65^0\ 12'\ 18''}{sin.\ 60^0\ 27'\ 18''}$$

$log.\ sin.\ 65^0\ 12'\ 18'' = 9,957997 - 10$

$log.\ 5684 = 3,754654$

$13,712651 - 10$

$$log.\ sin.\ 60^0\ 27'\ 18'' = 9{,}939504 - 10$$

$$\overline{}\ 3{,}773147 = log.\ 5931{,}2$$

somit a = 5308,4 und c = 5931,'2

5. Aufgaben zur Uebung:

Es seyen gegeben.			Man sucht.
a = 438′;	b = 549′;	c = 490′	A, B, C.
a = 1346′;	b = 473′;	c = 1118′	
a = 75′;	b = 93′;	c = 55′	
a = 1446′;	b = 1739′;	C = 44⁰ 27′ 18″	c, A, B.
a = 653′;	c = 856′;	B = 72⁰ 11′ 14″	b, A, C.
b = 507′;	c = 718′;	A = 54⁰ 48′ 12″	a, B, C.
a = 54′;	b = 86′;	A = 36⁰ 48′ 16″	c, B, C.
a = 104′;	c = 159′;	A = 41⁰ 20′ 54″	b, B, C.
b = 1920′;	c = 1738′;	C = 65⁰ 30′ 20″	a, A, B.
a = 2486′;	B = 65⁰ 29′ 16″;	C = 56⁰ 48′ 12″	b, c.
b = 3924′;	A = 61⁰ 24′ 36″;	C = 44⁰ 56′ 7″	a, c.
c = 1283′;	A = 36⁰ 36′ 20″;	B = 94⁰ 12′ 44″	a, b.

XIV.) Aufgaben über das rechtwinkelige Dreieck, wenn Verbindungen der Seiten als Bestimmungsstücke vorkommen.

1. Aufgabe. Aus der Summe der Hypotenuse und eines Katheten und aus dem andern Katheten alle Theile des rechtwinkeligen Dreiecks zu finden.

Auflösung durch Rechnung. Es sey c + a = S die gegebene Summe und b = Q der andere Kathet. Es ist (Fig. 54):

$$\frac{c}{b} = sec.\ A,\ \frac{a}{b} = tang.\ A$$

daher:

$$c = b\ .\ sec.\ A,\quad a = b\ .\ tang.\ A$$

beide Gleichungen vereint geben:

$$c + a = b\,.\,sec.\ A + b\,.\,tang.\ A = b(sec.\ A + tang.\ A)$$

Nun ist c + a = S, b = Q und nach 249, Seite 57:

$$sec.\ A + tang.\ A = tang.\,(45^0 + \tfrac{1}{2}A) = cotang.\,(45^0 - \tfrac{1}{2}A)$$

daher:

$$S = Q \, tang. \, (45 + \tfrac{1}{2} A)$$

hieraus erhält man nun:

$$tang. \, (45 + \tfrac{1}{2} A) = \frac{S}{Q} = cotang. \, (45 - \tfrac{1}{2} A)$$

Durch den Winkel **A**, welchen man aus dieser Gleichung erhält, ist auch **B** gegeben, so daß nur noch die Seiten **c** und **a** einzeln zu bestimmen sind. Da die Summe von **c** und **a** gegeben ist, so braucht man nur den Unterschied derselben zu suchen, um mit Leichtigkeit die Seiten einzeln zu erhalten. Es sey daher $c - a = U$. Man beachte, daß nach 357:

$(c + a)(c - a) = b^2$, so ist:

$$S \, . \, U = Q^2 \quad \text{also:} \quad U = \frac{Q^2}{S}$$

Da nun:

$$c + a = S \text{ und } c - a = \frac{Q^2}{S}$$

so erhält man durch Zuzählen:

$$2c = S + \frac{Q^2}{S} = \frac{S^2 + Q^2}{S}$$

und

$$c = \frac{S^2 + Q^2}{2 S}$$

Eben so findet man durch Abzählen:

$$a = \frac{S^2 - Q^2}{2 S} = \frac{(S + Q)(S - Q)}{2 S}$$

Diesen letzten Ausdruck kann man auch benutzen, um eine andere Gleichung für den Winkel zu finden.

Es ist: $tang. \, A = \frac{a}{b}$, daher durch Einführung der Werthe für **a** und **b**:

$$tang. \, A = \frac{(S + Q)(S - Q)}{2 SQ}$$

Beispiel. Es sey $S = 980'$, $Q = 495'$, so ist:

$$tang. \, (45 + \tfrac{1}{2} A) = \frac{S}{Q} = \frac{980}{495} = 1{,}9797979$$

$$= tang.\ 63^0\ 12'\ 5'',6$$

$$45 + \tfrac{1}{2}\ A = 63^0\ 12'\ 5'',6$$

$$\tfrac{1}{2}\ A = 18^0\ 12'\ 5'',6$$

$$A = 36^0\ 24'\ 11'',2$$

die folgenden Winkel, welche der Tangente angehören können, geben Werthe für A die $> 90^0$ sind.

Man suche auch A nach der zweiten Formel.

Von den Seiten berechnet man a am leichtesten. Es ist:

$$a = \frac{(980+495)\ (980-495)}{2\ .\ 980} = \frac{1475\ .\ 485}{1960} = \frac{715375}{1960}$$

$$= 364,9872\ \ldots$$

$$c = 980 - 364,9872 = 615,0127$$

Der Gebrauch der Logarithmen erleichtert die Rechnung:

$$tang.\ (45 + \tfrac{1}{2}\ A) = \frac{980}{495}$$

$$log.\ tang.\ (45 + \tfrac{1}{2}\ A) = log.\ 980 - log.\ 495$$

$$log.\ 980 \quad = 2,991226$$

$$log.\ 495 \quad = 2,694605$$

$$log.\ tang.\ (45 + \tfrac{1}{2}\ A) = 10,296621 - 10 = log.\ tang.\ 63^0\ 12'\ 5'',6$$

$$45 + \tfrac{1}{2}\ A = 63^0\ 12'\ 5'',6$$

daher wie oben:

$$A = 36^0\ 24'\ 11'',2$$

$$a = \frac{1475\ .\ 485}{1960}$$

$$log.\ a = log.\ 1475 + log.\ 485 - log.\ 1960$$

$$log.\ 1475 = 3,168792$$

$$log.\ \ 485 = 2,685742$$

$$5,854534$$

$$log.\ 1960 = 3,292256$$

$$log.\ a \quad = 2,562278 = log.\ 364,987$$

$$a \quad = 364,987$$

Auflösung durch Zeichnung. (Fig. 192.)

Man bilde aus AC = b = Q, aus AD = S das rechtwinkelige Dreieck ACD. An AD in A lege man den Winkel p = q und ziehe AB, so ist ABC das verlangte Dreieck.

Beweis. Das Dreieck ABC ist rechtwinkelig. Da $p = q$, so ist $AB = BD$, daher: $AB + BC = DB + BC = DC = S$. Ferner ist $b = AC = Q$; das Dreieck hat also die verlangten Eigenschaften.

Die Konstruktion gibt Veranlassung zu einer sehr einfachen Herleitung der ersten Gleichung des Winkels. Es ist:

$$cotang.\ q = \frac{CD}{AC} = \frac{S}{Q}$$

Nun ist aber $p = q$, $B = 2q = 90 - A$; daher: $q = (45 - \frac{1}{2} A)$ und

$$cotang.\ (45 - \tfrac{1}{2} A) = \frac{S}{Q} = tang.\ (45 + \tfrac{1}{2} A)$$

Aehnliche Betrachtungen lassen sich für die meisten der folgenden Aufgaben anstellen.

2. Aufgabe. Die Summe der Hypotenuse und eines Katheten und der andere Kathet ist gegeben, man suche alle Theile des rechtwinkeligen Dreiecks.

Es seyen $c + b = S$, $a = Q$ die gegebenen Größen. Auflösung durch Rechnung? ($cosec.\ a + cotang.\ a = cotang. \frac{1}{2} a$ ist erst wie 249 herzuleiten.) Auflösung durch Zeichnung?

3. Aufgabe. Der Unterschied der Hypotenuse und eines Katheten und der andere Kathet sind gegeben, man suche alle Theile des rechtwinkeligen Dreiecks.

Es seyen $c - b = U$, $a = Q$ die gegebenen Größen.

4. Aufgabe. Der Unterschied der Hypotenuse und eines Katheten und der andere Kathet sind gegeben, man suche alle Theile des rechtwinkeligen Dreiecks.

Es seyen $c - b = U$, und $a = Q$ die gegebenen Größen. Hierbei ist zuerst $cosec.\ a - cotang.\ a = tang. \frac{1}{2} a$ wie 250 herzuleiten.

5. Aufgabe. Aus der Summe der beiden Katheten und aus der Hypotenuse alle Theile des rechtwinkeligen Dreiecks zu finden.

Auflösung durch Rechnung. Es seyen $a + b = S$, $c = Q$ die gegebenen Größen.

Hier sind also die Winkel und die Seiten a und b einzeln anzugeben. Für den Winkel A ist:

$$\frac{a}{c} = sin.\ A \text{ und } \frac{b}{c} = cos.\ A$$

daher:

$$a = c\ .\ sin.\ A \text{ und } b = c\ .\ cos.\ A$$

Beide Gleichungen vereint geben:

$$a + b = c\ .\ sin.\ A + c\ .\ cos.\ A = c\,(sin.\ A + cos.\ A)$$

Setzt man für a + b und c die gegebenen Werthe und beachtet, daß nach 227:

$$sin.\ A + cos.\ A = cos.\ (A - 45^0)\ .\ \sqrt{2}$$

so wird:

$$S = Q\ .\ cos.\ (A - 45^0)\ .\ \sqrt{2}$$

mithin:

$$cos.\ (A - 45^0) = \frac{S}{Q\ .\ \sqrt{2}}$$

Der Winkel kann auch noch auf eine andere Weise gefunden werden. Man erhebe die Gleichung:

$$S = Q\ (sin.\ A + cos.\ A)$$

zur zweiten Potenz, so wird:

$$S^2 = Q^2\ (sin.\ A^2 + cos.\ A^2 + 2\ .\ sin.\ A\ .\ cos.\ A)$$

Nimmt man nun 68 und 201 zu Hülfe, so geht dieser Ausdruck über in:

$$S^2 = Q^2\ (1 + sin.\ 2\ A)$$

woraus man erhält:

$$sin.\ 2\ A = \frac{S^2 - Q^2}{Q^2} = \frac{(S + Q)\ (S - Q)}{Q^2}$$

Um die beiden Seiten a und b aus den gegebenen Größen einzeln zu finden, sucht man am besten zuerst deren Unterschied, mit dessen Hülfe man, da die Summe derselben gegeben ist, durch eine leichte Rechnung eine jede findet.

Ist a + b = S und setzt man a — b = U, so findet man durch Zu- und Abzählen:

$$a = \tfrac{1}{2}\ (S + U) \text{ und } b = \tfrac{1}{2}\ (S - U)$$

Setzt man nun diese Werthe in die Gleichung 357, so wird:

$$Q^2 = \frac{1}{4}(S + U)^2 + \frac{1}{4}(S - U)^2$$

oder:

$$4\,Q^2 = S^2 + 2\,SU + U^2 + S^2 - 2\,SU + U^2$$

somit:

$$U^2 = 2\,Q^2 - S^2 \text{ oder } U = \pm\sqrt{(2\,Q^2 - S^2)}$$

Setzt man diesen Werth in die obigen Ausdrücke für a und b, so findet man die Seiten aus den gegebenen Größen.

Nimmt man zuerst das obere Zeichen, so wird:

$$a = \tfrac{1}{2}(S + \sqrt{(2\,Q^2 - S^2)}), \quad b = \tfrac{1}{2}(S - \sqrt{(2\,Q^2 - S^2)})$$

das untere gibt:

$$a = \tfrac{1}{2}(S - \sqrt{(2\,Q^2 - S^2)}), \quad b = \tfrac{1}{2}(S + \sqrt{(2\,Q^2 - S^2)})$$

Die verschiedenen Zeichen geben daher keine doppelten Werthe für die Seiten, nur tritt im zweiten Falle, gegen den ersten, b an die Stelle von a und a an die Stelle von b.

Beispiel. Es sey $S = 436'$, $Q = 324'$, so ist:

$$U = \pm\sqrt{(2\,.\,324^2 - 436^2)} = \pm\sqrt{(2\,.\,104976 - 190096)}$$
$$= \pm\sqrt{19856} = \pm\,140{,}8$$

daher:

$$a = \tfrac{1}{2}(436 + 140{,}8) = \tfrac{1}{2}\,.\,576{,}8 = 288',4$$
$$b = \tfrac{1}{2}(436 - 140{,}8) = \tfrac{1}{2}\,.\,295{,}2 = 147',6$$

oder auch:

$a = 147',6$ und $b = 298',4$.

Ferner ist:

$$\sin.\ 2\,A = \frac{(436 + 324)\,(436 - 324)}{324^2} = \frac{760\,.\,112}{324^2}$$

$$\log.\ \sin.\ 2\,A = \log.\ 760 + \log.\ 112 - 2\,.\,\log.\ 324$$

$$\log.\ 760 = 2{,}880814$$
$$\log.\ 112 = 2{,}049218$$
$$\overline{4{,}930032}$$
$$\log.\ 324 = 2\ 510545$$
$$2\ \log.\ 324 = 5{,}021090$$

$$\log.\ \sin.\ 2\,A = 9{,}908942 - 10 = \log.\ \sin.\ 54^0\ 10'\ 45''$$
$$= \log.\ \sin.\ 125^0\ 49'\ 15''$$

Es ist daher:

$$2\,A = 54^0\ 10'\ 45'' \text{ also } A = 27^0\ 5'\ 22'' \text{ und } B = 62^0\ 54'\ 38''$$

oder:

$2A = 125^0\,49'\,15''$ also $A = 62^0\,54'\,38''$ und $B = 27^0\,5'\,22''$

Die Gleichung gibt daher für den Winkel A ebenfalls doppelte Werthe, die aber so beschaffen sind, daß einer dem Winkel B angehört.

Gebraucht man die andere Gleichung des Winkels, so ist:

$$log.\ cos.\ (A - 45) = log.\ 436 - log.\ 324 - \tfrac{1}{2}\ log.\ 2$$

$$
\begin{aligned}
log.\ 436 &= 2{,}639486 \\
log.\ 324 &= 2{,}510545 \\
& \overline{0{,}128941} \\
log.\ 2 &= 0{,}301030 \\
\tfrac{1}{2}\ log.\ 2 &= 0{,}150515
\end{aligned}
$$

$log.cos.(A - 45) = 9{,}978426 - 10 = log.\ cos.\ 17^0\ 54'\ 38''$

daher:

$A - 45^0 = 17^0\ 54'\ 38''$ also $A = 62^0\ 54'\ 38''$

Beachtet man, daß derselbe Cosinus sowohl dem positiven als dem negativen Winkel angehören kann, so hat man auch:

$A - 45^0 = - 17^0\ 54'38''$ daher $A = 27^0\ 5'\ 22''$

also dieselben Werthe, wie vorhin.

Auflösung durch Zeichnung. Man bilde (Fig. 193) aus $BD = S$, $q = 45^0$ und aus $AB = Q$ das Dreieck ABD. Von A auf BD fälle man die Senkrechte AC, so ist ABC das gesuchte rechtwinkelige Dreieck.

Beweis. Weil AC senkrecht, so ist, da $q = 45^0$ auch $p = 45^0$, daher $p = q$ und $AC = CD$, mithin $AC + BC = CD + BC = BD = S$. Ferner ist $AB = Q$, und somit hat das Dreieck ABC die verlangten Eigenschaften.

Die Konstruktion gibt zugleich auch das Dreieck A_1BC_1. Im ersten ABC ist $a = 288'4''$, $b = 147'6''$, $A = 62^0\ 54'\ 38''$, $B = 27^0\ 5'\ 22''$, im andern A_1BC_1 ist $a = 147{,}6$, $b = 288{,}4$, $A = 27^0\ 5'\ 22''$, $B = 62^0\ 54'\ 38''$. Die Rechnung wie die Zeichnung geben also zwei Dreiecke, die aber ganz dieselben und nur in ihrer Lage verschieden sind.

Die Aufgabe kann unmöglich werden, wenn $S^2 > 2\ Q^2$

wird, in diesem Falle ist AB so klein, daß AD gar nicht mehr davon getroffen werden kann.

6. Aufgabe. Aus dem Unterschiede der beiden Katheten und aus der Hypotenuse alle Theile des rechtwinkeligen Dreiecks zu finden. Es seyen $a - b = U$, $c = Q$ die gegebenen Größen.

7. Aufgabe. Es ist die Summe der Hypotenuse und eines Katheten und ein Winkel gegeben; man soll alle Theile des rechtwinkeligen Dreiecks finden.

Auflösung durch Rechnung. Die gegebenen Größen seyen $c + a = S$ und $A = \alpha$.

Nach XIV, Aufgabe 1, ist: $tang.\ (45 + \frac{1}{2}\alpha) = \frac{S}{b}$ daher:

$$b = \frac{S}{tang.\ (45 + \frac{1}{2}\alpha)}$$

Ferner ist nach derselben Aufgabe $c = \frac{S^2 + b^2}{2\,S}$ und wenn der vorstehende Werth eingeführt wird:

$$c = \frac{S^2 + \frac{S^2}{tang.\ (45 + \frac{1}{2}\alpha)^2}}{2\,S} = \frac{S^2 + S^2 \,.\, tang.\ (45 + \frac{1}{2}\alpha)^2}{2\,.\,S\,.\,tang.\ (45 + \frac{1}{2}\alpha)^2}$$

$$= \frac{S\ (1 + tang.\ (45 + \frac{1}{2}\alpha)^2)}{2\ tang.\ (45 + \frac{1}{2}\alpha)^2}$$

Nach 70 ist aber $1 + tang.^2 = sec.^2$; daher:

$$c = \frac{S\ .\ sec.\ (45 + \frac{1}{2}\alpha)^2}{2\ .\ tang.\ (45 + \frac{1}{2}\alpha)^2}$$

Nach 64 und 55 ist ferner $\frac{sec.}{tang.} = cosec. = \frac{1}{sin.}$ folglich:

$$c = \frac{S}{2\ .\ sin.\ (45 + \frac{1}{2}\alpha)^2} = \frac{S}{2\ .\ cos.\ (45 - \frac{1}{2}\alpha)^2}$$

Durch c und S ist auch a gegeben.

Beispiel. Es sey $S = 286'$, $\alpha = 54^0\ 26'\ 18''$, so ist $\alpha = 27^0\ 13'\ 9''$; $45 + \frac{1}{2}\alpha = 72^0\ 13'\ 9''$ daher:

$$b = \frac{286}{tang.\ 72^0\ 13'\ 9''} \text{ und } c = \frac{286}{2\ .\ (sin.\ 72^0\ 13'\ 9'')^2}$$

$$log.\ b = log.\ 286 - log.\ tang.\ 72^0\ 13'\ 9''$$

$$\begin{aligned} log.\ 286 &= 2{,}456366 \\ log.tang.\ 72^0\ 13'\ 9'' &= 10{,}493907 - 10 \\ \hline log.\ b &= 1{,}962459 = log.\ 91{,}7189 \end{aligned}$$

also:

$$b = 91',7189$$

$$log.\ c = log.\ 286 - log.\ 2 - 2\ .\ log.\ sin.\ 72^0\ 13'\ 9''$$

$$\begin{aligned} log.\ 286 &= 2{,}456366 \\ log.sin.\ 72^0\ 13'9'' &= 9{,}978743 - 10 \\ 2\,log.sin.\ 72^0\ 13'9'' &= 9{,}957486 - 10 \\ log.\ 2 &= 0\ 301030 \\ \hline log.\ 2\ .(sin.\ 72^0\ 13'9'')^2 &= 0{,}258516 \\ \hline log.\ c &= 2{,}197850 = log.\ 157{,}706 \end{aligned}$$

Man findet daher:

$$c = 157',706 \text{ also } a = 128',294.$$

Auflösung durch Zeichnung. Aus CD = S (Fig 192) und dem Winkel $q = 45 - \frac{1}{2}\,\alpha$, bilde man das rechtwinkelige Dreieck ACD, an AD in A lege man den Winkel $p = q$ und ziehe AB, so ist ABC das gesuchte Dreieck.

Beweis. Da $q = p$, so ist $AB = BD$ und $AB + BC = BD + BC = CD = S$. Ferner ist $A = 90 - B = 90 - 2q = 90 - 2\ (45 - \frac{1}{2}\,\alpha) = 90 - 90 + \alpha = \alpha$. Da nun auch das Dreieck rechtwinkelig ist, so hat es die verlangten Eigenschaften.

8. Aufgabe. Man kennt die Summe der Hypotenuse und eines Katheten und einen Winkel, und soll hieraus alle Theile des rechtwinkeligen Dreiecks suchen.

Es seyen $c + b = S$ und $A = \alpha$ die gegebenen Größen.

9. Aufgabe. Der Unterschied der Hypotenuse und eines Katheten und ein Winkel sind gegeben, man suche alle Theile des Dreiecks.

Die gegebenen Größen seyen $c - a = U$, $A = \alpha$.

10. Aufgabe. Der Unterschied der Hypotenuse und eines Katheten und ein Winkel sind gegeben, wie groß sind alle Theile des rechtwinkeligen Dreieckes.

Es sey c — b = U und A = α gegeben.

11. Aufgabe. Die Summe der beiden Katheten ist gegeben und ein Winkel, man soll alle Stücke des Dreiecks finden.

Auflösung durch Rechnung. Es sey a + b = S, A = α.

Aus der 5ten Aufgabe ist:

$$c = \frac{S}{\cos.(A - 45) \cdot \sqrt{2}}$$

Benutzt man diesen Werth so wird:

$$2c^2 - S^2 = \frac{S^2}{\cos.(A-45)^2} - S^2 = \frac{S^2 - S^2 \cdot \cos.(A-45)^2}{\cos.(A - 45)^2}$$

$$= \frac{S^2 (1 - \cos.(A-45)^2)}{\cos.(A - 45)^2} = \frac{S^2 \cdot \sin.(A-45)^2}{\cos.(A - 45)^2}$$

$$= S^2 \cdot \tang.(A - 45)^2$$

was sich mit Hülfe der Gesetze 68 und 57 ergibt:

Da nun hieraus folgt:

$$\sqrt{(2c^2 - S^2)} = S \cdot \tang.(\alpha - 45)$$

so erhält man aus derselben Aufgabe:

$$a = \frac{S}{2}(1 + \tang.(\alpha - 45))$$

$$b = \frac{S}{2}(1 - \tang.(\alpha - 45))$$

Beispiel. Es sey S = 744', $\alpha = 48^0\ 12'\ 26''$, so ist, $\alpha - 45^0 = 3^0\ 12'\ 26''$ und

$$c = \frac{744}{\cos.\ 3^0\ 12'\ 26'' \cdot \sqrt{2}}$$

$$\log.\ c = \log.\ 744 - \log.\ \cos.\ 3^0\ 12'\ 26'' - \tfrac{1}{2}\log.\ 2$$

$\log.\ 744 = 2{,}871573$

$\frac{1}{2}\log.\ 2 = 0{,}150515$

$\log.\cos.\ 3^0\ 12'26'' = 9{,}999319 - 10$

$\log.\cos.\ 3^0\ 12'\ 26'' \cdot \sqrt{2} = 0{,}149834$

$\log.\ c = 2{,}721739 = \log.\ 527{,}914$

Ferner ist:

$$a = \frac{744}{2}(1 + \tang.\ 3^0\ 12'\ 26'') = 372 \cdot (1 + 0{,}0560351)$$

$$= 372 \cdot 1{,}0560351 = 392{,}8450 \ldots$$

und

$$b = \frac{744}{2}(1 - tang.\ 3^0\ 12'\ 26'') = 372\ .\ (1 - 0{,}0560351)$$

$$= 372\ .\ 0{,}9439648 = 351{,}1549\ \ldots$$

Die drei Seiten des Dreiecks sind mithin:

$a = 392',8450,\quad b = 351{,}1549,\quad c = 527{,}914$

Auflösung durch Konstruktion. Man bilde (Fig. 193) aus BD = S und aus den Winkeln $B = 90 - \alpha$, $D = 45^0$ das Dreieck ABD. Aus A ziehe man AC auf BD senkrecht, so ist ABC das gesuchte Dreieck.

Beweis. Da $q = 45^0$ und $C = 90^0$, ist auch $p = 45^0$, folglich $p = q$ und $AC = CD$, daher $AC + BC = CD + BC = BD = S$. Ferner ist $A = 90 - B = 90 - (90 - \alpha) = \alpha$.

12. Aufgabe. Man kennt den Unterschied der beiden Katheten und einen Winkel des rechtwinkeligen Dreiecks und soll daraus alle Theile desselben finden.

Es sey $a - b = U$ und $A = \alpha$ gegeben.

13. Aufgabe. Die Summe aller Seiten des rechtwinkeligen Dreiecks ist gegeben und die Winkel desselben, wie groß sind die einzelnen Seiten?

Auflösung durch Rechnung. Es sey $a + b + c = S$, $A = \alpha$.

Es ist:

$c = c\quad a = c.sin.A,\ b = c.cos.A,$ daher durch Zuzählen:

$$a + b + c = c + c.sin.\ A + c.cos.\ A = c(1 + sin.\ A + cos.A)$$

folglich:

$$c = \frac{S}{1 + sin.\ \alpha + cos.\ \alpha}$$

ferner ist:

$b = b,\quad a = b\ .\ tang.\ \alpha,\quad c = b\ .\ sec.\ \alpha;$ daher:

$$b = \frac{S}{1 + tang.\ \alpha + sec.\ \alpha}$$

eben so:

$$a = \frac{S}{1 + cotang.\ \alpha + cosec.\ \alpha}$$

Diese Gleichungen gestatten noch manche Veränderung, die eine Erleichterung für die Anwendung der Logarithmen bezwecken.

Zuerst ist nach 227, $sin.\ \alpha + cos.\ \alpha = cos.\ (\alpha - 45^0) . \sqrt{2}$, und nach 249, $sec.\ \alpha + tang.\ \alpha = tang.\ (45 + \frac{1}{2}\ \alpha)$ und wie in der zweiten Aufgabe erwähnt wurde, $cosec.\ \alpha + cotang.\ \alpha = cotang.\ \frac{1}{2}\ \alpha$; daher:

$$a = \frac{S}{1 + cotang.\ \frac{1}{2}\ \alpha}$$

$$b = \frac{S}{1 + tang.\ (45 + \frac{1}{2}\ \alpha)}$$

$$c = \frac{S}{1 + cos.\ (\alpha - 45) . \sqrt{2}}$$

Eine andere Veränderung gewährt noch größeren Vortheil. Sind A, B, C, drei Winkel, die zusammen 180^0 ausmachen, so ist, $sin.\ C = sin.\ (A + B)$; daher:

$$sin.\ A + sin.\ B + sin.\ C = sin.\ A + sin.\ B + sin.\ (A + B)$$
$$= 2 . sin.\ \tfrac{1}{2}\ (A + B) . cos.\ \tfrac{1}{2}\ (A - B)$$
$$+ 2 . sin.\ \tfrac{1}{2}\ (A + B) . cos.\ \tfrac{1}{2}\ (A + B).$$ (Nach 219 und 201):
$$= 2 . sin.\ \tfrac{1}{2}\ (A + B)\ (cos.\ \tfrac{1}{2}\ (A - B) + cos.\ \tfrac{1}{2}\ (A + B))$$
$$= 2 . sin.\ \tfrac{1}{2}\ (A + B) . 2 . cos.\ \tfrac{1}{2}\ A . cos.\ \tfrac{1}{2}\ B).$$ (Nach 217).

Nun ist:

$$sin.\ \tfrac{1}{2}\ (A + B) = sin.\ \tfrac{1}{2}\ (180 - C) = sin.\ (90 - \tfrac{1}{2}\ C) = cos.\ \tfrac{1}{2}\ C$$

daher:

$$sin.\ A + sin.\ B + sin.\ C = 4 . cos.\ \tfrac{1}{2}\ A . cos.\ \tfrac{1}{2}\ B . cos.\ \tfrac{1}{2}\ C$$

Für die Anwendung auf das rechtwinkelige Dreieck ist $C = 90^0$ $sin.\ C = 1$; $\frac{1}{2}\ C = 45^0$, $cos.\ \frac{1}{2}\ C = \frac{1}{2}\sqrt{2}$; $sin.\ B = sin.\ (90 - A)$
$= cos.\ A\ cos.\ \frac{1}{2}\ B = cos.\ \frac{1}{2}\ (90 - A) = cos.\ (45 - \frac{1}{2}\ A)$
$= sin.\ (45 + \frac{1}{2}\ A)$

daher:

$$1 + sin.\ \alpha + cos.\ \alpha = 2 . cos.\ \tfrac{1}{2}\ \alpha . cos.\ (45 - \tfrac{1}{2}\ \alpha) . \sqrt{2}$$

Mit Hülfe dieses Werthes erhält man nun:

$$c = \frac{S}{2 . cos.\ \frac{1}{2}\ \alpha . cos.\ (45 - \frac{1}{2}\ \alpha) . \sqrt{2}}$$

die Seite a ist:

$$a = c . sin.\ \alpha = \frac{S\ sin.\ \alpha}{2 . cos.\ \frac{1}{2}\ \alpha . cos.\ (45 - \frac{1}{2}\ \alpha) . \sqrt{2}}$$

oder da nach 201: $sin.\ \alpha = 2\ .\ sin.\tfrac{1}{2}\ \alpha\ .\ cos\ \tfrac{1}{2}\ \alpha$

$$a = \frac{2\ .\ S\ .\ sin.\ \frac{1}{2}\ \alpha\ .\ cos.\ \frac{1}{2}\ \alpha}{2\ .\ cos.\frac{1}{2}\ \alpha\ .\ cos.\ (45 - \frac{1}{2}\ \alpha)\ .\sqrt{2}}$$

$$= \frac{S\ .\ sin.\ \frac{1}{2}\ \alpha}{cos.(45 - \frac{1}{2}\alpha).\sqrt{2}} = \frac{S\ .\ sin.\ \frac{1}{2}\ \alpha}{sin.\ (45 + \frac{1}{2}\ \alpha)\ .\sqrt{2}}$$

Durch a und c ist auch b bestimmt.

Beispiel. Es sey $S = 1024'$, $\alpha = 54^0\ 16'\ 24''$, so ist $\frac{1}{2}\ \alpha = 27^0\ 8'\ 12''$, $45 - \frac{1}{2}\ \alpha = 17^0\ 51'\ 48''$; daher:

$$c = \frac{1024}{2\ .\ cos.\ 27^0\ 8'\ 12''\ .\ cos.\ 17^0\ 51'\ 48''\ .\sqrt{2}}$$

$$\begin{aligned} log.\, c &= log.\ 1024 - log. 2 - \tfrac{1}{2}\, log.\ 2 - log. cos.\ 27^0\ 8'\, 12'' \\ &\quad - log.\ cos.\ 27^0\ 51'\ 48'' \\ &= log.\ 1024 - \tfrac{3}{2}. log. 2 - log.\ cos.\ 27^0\ 8'\ 12'' \\ &\quad - log.\ cos.\ 17^0\ 51'\ 48'' \end{aligned}$$

$$\begin{aligned} log.\ 1024 &= 3{,}010300 \\ log.\ 2 &= 0{,}301030 \\ \tfrac{3}{2}\ log.\ 2 &= 0{,}451545 \\ log. cos. 27^0\ 8'\, 12'' &= 9{,}949352 - 10 \\ log. cos. 17^0\, 51'\, 48'' &= 9{,}978542 - 10 \\ &= 0{,}379439 \\ &= 2{,}630861 = log.\ 427{,}425 \end{aligned}$$

mithin $c = 427',425$. Rechnet man nach der ersten Gleichung, so ist:

$$1 + sin. 54^0 16' 24'' + cos. 54^0 16' 24'' = 1 + 0{,}8118118 + 0{,}5839151$$
$$= 2{,}3957269$$

daher:

$$c = \frac{1024}{2{,}3957269}$$

und

$$\begin{aligned} log.\ c &= log.\ 1024 - log.\ 2{,}3957269 \\ log.\ 1024 &= 3{,}010300 \\ log.\ 2{,}3957269 &= 0{,}379438 \\ &\ 2{,}630862 = log.\ 427{,}425 \end{aligned}$$

mithin $c = 427',425$, wie vorhin.

Für a ist:

$$a = \frac{1024 \;.\; sin.\; 27^0\; 8'\; 12''}{cos.\; 17^0\; 51'\; 48''\; .\sqrt{2}}$$

$$log.a = log.1024 + log.\,sin.27^0 8' 12'' - log.\,cos.17^0 51' 48'' - \tfrac{1}{2} log.2$$

$$\begin{array}{lll} log.\; 1024 & = 3{,}010300 & \\ log.\,sin.\,27^0\; 8'\,12'' & = 9{,}659074 & - 10 \\ & & = 2{,}669374 \\ log.\,cos.\,17^0\,51'\,48'' & = 9{,}978542 & \\ \tfrac{1}{2}\; log.\; 2 & = 0{,}150515 & \\ & & = 0{,}129057 \\ & & 2{,}540317 = log.\, 346',992 \end{array}$$

folglich a = 346',99. Wird nach der zweiten Formel gerechnet, so ist:

$$a = \frac{1024}{1 + cotang.\, 27^0\, 8'\, 12''} = \frac{1024}{1 + 1{,}9510915} = \frac{1024}{2{,}9510915}$$

$$log.\; a = log.\; 1024 - log.\; 2{,}9510915$$

$$\begin{array}{ll} log.\; 1024 & = 3{,}010300 \\ log.\; 2{,}9510915 & = 0{,}469983 \\ & 2{,}540317 = log.\; 346{,}992 \end{array}$$

somit a = 346,992, wie oben.

Die dritte Seite b ist durch a und c gegeben, berechnet man sie aber, so ist:

$$b = \frac{S}{1 + tang.\; (45 + \tfrac{1}{2}\,\alpha)} = \frac{1024}{4{,}1028477}$$

$$\begin{array}{ll} log.\; 1024 & = 3{,}010300 \\ log.\; 4{,}1028477 & = 0{,}613086 \\ & 2{,}397214 = log.\; 249',582 \end{array}$$

Man erhält somit für die drei Seiten:

a = 346',992, b = 249',582, c = 427',425

die Summe aller ist 1023,999 = 1024'

Auflösung durch Zeichnung. Man bilde aus **DE** = **S**, (Fig. 194), aus $p = 45^0 - \frac{1}{2}\,\alpha$ und $n = 45^0$ das Dreieck **ADE**. An **AD** in **A** lege man den Winkel q = p und ziehe

AB, von A auf DE fälle man die Senkrechte AC, so ist ABC das verlangte Dreieck.

Beweis. Es ist $C = 90^0$ und $n = 45^0$, daher auch $m = 45^0$, also $m = n$ und $AC = CE$. Eben so ist wegen der Gleichheit von p und q, $AB = BD$, folglich $AB + BC + AC$, $= BD + BC + CE = DE = S$. Ferner ist $A = 90 - B = 90 - 2p = 90 - 2(45 - \frac{1}{2}\alpha) = 90 - 90 + \alpha = \alpha$.

XV.) **Aufgaben über das allgemeine Dreieck, wenn Verbindungen der Seiten und Winkel als Bestimmungsstücke vorkommen.**

1. Aufgabe. Aus der Grundlinie, der Summe der beiden andern Seiten und einem Winkel an der Grundlinie alle Theile des Dreiecks zu finden (Fig. 49).

Es sey $a + c = S$, $b = Q$ und $A = \alpha$ gegeben.

Auflösung durch Rechnung. Sobald man durch die Rechnung Theile des Dreiecks aufgefunden hat, die mit den gegebenen zusammen eine Berechnung der fehlenden Elemente nach dem zwölften Kapitel gestatten, ist die Aufgabe als gelöst zu betrachten. Bei der gegenwärtigen Aufgabe stehen nun folgende Wege offen:

a) Den Unterschied der Seiten a und c,

b) einen der beiden übrigen Winkel zu berechnen.

Berechnung des Unterschiedes $a - c = U$. Aus den Gleichungen $a + c = S$ und $a - c = U$ erhält man $a = \frac{1}{2}(S + U)$ und $c = \frac{1}{2}(S - U)$, diese Werthe führt man in die Gleichung 341:

$$a^2 = b^2 - 2bc \cdot \cos. A + c^2$$

ein, so geht sie über in:

$$\frac{1}{4} \cdot (S+U)^2 = Q^2 - 2Q \cdot \frac{1}{2} \cdot (S-U) \cdot \cos.\alpha + \frac{1}{4} \cdot (S-U)^2$$

oder in:

$$S^2 + 2SU + U^2 = 4Q^2 - 4Q \cdot (S-U) \cdot \cos.\alpha + S^2 - 2SU + U^2$$

Hieraus wird:

$$S \cdot U = Q^2 - Q \cdot S \cdot \cos.\alpha + Q \cdot U \cdot \cos.\alpha$$

und

$$S \cdot U - Q \cdot U \cdot \cos.\alpha = Q^2 - Q \cdot S \cdot \cos.\alpha$$

durch Trennung der Faktoren:

$$U \,.\, (S - Q \,.\, cos.\ \alpha) = Q\,(Q - S \,.\, cos.\ \alpha)$$

mithin:

$$U = \frac{Q\,(Q - S \,.\, cos.\ \alpha)}{S - Q \,.\, cos.\ \alpha}$$

Berechnung des Winkels B. Es ist:

$$b \,.\, sin.\ C = c \,.\, sin.\ B \text{ und } b \,.\, sin.\ A = a \,.\, sin.\ B$$

daher:

$$a = \frac{b \,.\, sin.\ A}{sin.\ B} \text{ und } c = \frac{b \,.\, sin.\ C}{sin.\ B}$$

und

$$a + c = \frac{b \,.\, sin.\ A}{sin.\ B} + \frac{b \,.\, sin.\ C}{sin.\ B} = \frac{b \,.\, (sin.\ A + sin.\ C)}{sin.\ B}$$

Nach 219 ist:

$$sin.\ A + sin.\ C = 2 \,.\, sin.\ \tfrac{1}{2}\,(A + C) \,.\, cos.\ \tfrac{1}{2}\,(A - C)$$

und nach 201:

$$sin.\ B = sin.\,(A + C) = 2 \,.\, sin.\ \tfrac{1}{2}\,(A + C) \,.\, cos.\ \tfrac{1}{2}\,(A + C)$$

daher:

$$a + c = \frac{b \,.\, 2 \,.\, sin.\ \tfrac{1}{2}\,(A + C) \,.\, cos.\ \tfrac{1}{2}\,(A - C)}{2 \,.\, sin.\ \tfrac{1}{2}\,(A + C) \,.\, cos.\ \tfrac{1}{2}\,(A + C)} = \frac{b \,.\, cos.\ \tfrac{1}{2}(A - C)}{cos.\ \tfrac{1}{2}\,(A + C)}$$

Ferner ist $A + C = 180 - B$, $\tfrac{1}{2}\,(A + C) = 90 - \tfrac{1}{2}\,B$; $A - C = A - (180 - (A + B)) = -180 + 2A + B$, $\tfrac{1}{2}\,(A - C) = -90 + A + \tfrac{1}{2}\,B = -(90 - (A + \tfrac{1}{2}B))$ und somit, wenn auch die obigen Werthe eingeführt werden:

$$S = \frac{Q \,.\, cos. - (90 - (\alpha + \tfrac{1}{2}B))}{cos.\ (90 - \tfrac{1}{2}\,B)} = \frac{Q \,.\, cos.\,(90 - (\alpha + \tfrac{1}{2}B))}{cos.\ (90 - \tfrac{1}{2}\,B)}$$

$$= \frac{Q \,.\, sin.\ (\alpha + \tfrac{1}{2}\,B)}{sin.\ \tfrac{1}{2}\,B} = \frac{Q \,.\, (sin.\ \alpha \,.\, cos.\ \tfrac{1}{2}\,B + cos.\ \alpha \,.\, sin.\ \tfrac{1}{2}B)}{sin.\ \tfrac{1}{2}\,B}$$

$$= Q\,(sin.\ \alpha\ cotang.\ \tfrac{1}{2}\,B + cos.\ \alpha)$$

und hieraus:

$$cotang.\ \tfrac{1}{2}\,B = \frac{S - Q \,.\, cos.\ \alpha}{Q \,.\, sin.\ \alpha} \text{ oder } tang.\ \tfrac{1}{2}\,B = \frac{Q \,.\, sin.\ \alpha}{S - Q \,.\, cos.\ \alpha}$$

Berechnung des Winkels C. Es ist:

$$\frac{a}{c} = \frac{sin.\ A}{sin.\ C}$$

oder:

$$\frac{a + c}{c} = \frac{sin.\ A + sin.\ C}{sin.\ C}$$

oder auch:

$$\frac{a + c}{b} = \frac{sin.\ A + sin.\ C}{sin.\ B} = \frac{sin.\ A + sin.\ C}{sin.\ (A + C)}$$

Hieraus wird mit Hülfe von 201 und 219:

$$\frac{S}{Q} = \frac{2 . sin. \frac{1}{2}(A + C) . cos. \frac{1}{2}(A - C)}{2 . sin. \frac{1}{2}(A + C) . cos. \frac{1}{2}(A + C)} = \frac{cos.\ \frac{1}{2}(A - C)}{cos.\ \frac{1}{2}(A + C)}$$

Aus dieser Gleichung bildet man nach bekannten Veränderungen die folgende:

$$\frac{S - Q}{S + Q} = \frac{cos.\ \frac{1}{2}(A - C) - cos.\ \frac{1}{2}(A + C)}{cos.\ \frac{1}{2}(A - C) + cos.\ \frac{1}{2}(A + C)}$$

Durch 217 und 218 wird hieraus:

$$\frac{S - Q}{S + Q} = \frac{2 . sin. \frac{1}{2} A . sin. \frac{1}{2} C}{2 . cos. \frac{1}{2} A . cos. \frac{1}{2} C} = tang.\ \frac{1}{2} A . tang.\ \frac{1}{2} C$$

$$= \frac{tang.\ \frac{1}{2} C}{cotang.\ \frac{1}{2} A}$$

somit:

$$tang.\ \frac{1}{2} C = \frac{S - Q}{S + Q} . cotang.\ \frac{1}{2} \alpha$$

Beispiel. Es sey $S = 744'$, $Q = 436'$, $\alpha = 54^0\ 26'\ 18''$ so ist:

$$U = \frac{436\ (436 - 744 . cos.\ 54^0\ 26'\ 18'')}{744 - 436 . cos\ 54^0\ 26'\ 18''}$$

$log.\ cos.\ 54^0\ 26'\ 18'' = 9,764609 - 10$
$log.\ 744 = 2,871573$

$2,636182 = log.\ 432,692$

$log.\ cos.\ 54^0\ 26'\ 18'' = 9,764609 - 10$
$log.\ 436 = 2,639486$

$2,404095 = log.\ 253,568$

daher:

$$U = \frac{436\ (436 - 432{,}692)}{744 - 253{,}568} = \frac{436\ .\ 3{,}308}{490{,}432}$$

$$\begin{aligned} log.\ 436 &= 2{,}639486 \\ log.\ 3{,}308 &= 0{,}519566 \\ &\overline{3{,}159052} \\ log.\ 490{,}432 &= 2{,}690579 \\ &\overline{0{,}458473} = log.\ 2{,}874 \end{aligned}$$

Es ist folglich:

$$a + c = 744 \quad \text{und} \quad a - c = 2{,}874$$

also:

$$2\,a = 746{,}874 \quad „ \quad a = 373{,}437$$

und

$$2\,c = 741{,}126 \quad „ \quad c = 370{,}563$$

Für den Winkel B ist:

$$tang.\ \tfrac{1}{2}\ B = \frac{436\ .\ sin.\ 54^0\ 26'\ 18''}{744 - 436\ .\ cos.\ 54^0\ 26'\ 18''}$$

$$\begin{aligned} log.\ sin.\ 54^0\ 26'\ 18'' &= 9{,}910352 - 10 \\ log.\ 436 &= 2{,}639486 \\ &\overline{2{,}549838} = log.\ 354{,}682 \end{aligned}$$

daher:

$$tang.\ \tfrac{1}{2}\ B = \frac{354{,}682}{490{,}432}$$

$$\begin{aligned} log.\ 354{,}682 &= 2{,}549838 \\ log.\ 490{,}432 &= 2{,}690579 \\ &\overline{9{,}859259} - 10 = log.\ tang.\ 35^0\ 52'\ 28'' \end{aligned}$$

mithin:

$$\tfrac{1}{2}\ B = 35^0\ 52'\ 28'' \text{ und } B = 71^0\ 44'\ 56''$$

Für den Winkel C ist:

$$tang.\ \tfrac{1}{2}\ C = \frac{744 - 436}{744 + 436}\ cotang.\ 27^0\ 13'\ 9''$$

$$= \frac{308}{1180}\ cotang.\ 27^0\ 13'\ 9''$$

$$
\begin{array}{lrl}
log. colang. 27^0\,13'\,9'' & = & 10,288738-10 \\
log.\ 308 & = & \underline{\ \ 2,488551} \\
 & & 12,777289-10 \\
log.\ 1180 & = & \underline{\ \ 3,071882} \\
 & & \ \ 9,705407-10 = log.\ tang.\ 26^0 54'\,23''
\end{array}
$$

daher:

$\frac{1}{2}$ C $= 26^0\ 54'\ 23''$ und C $= 53^0\ 48'\ 46''$

Es ist nicht schwer einzusehen, daß andere Werthe als die angegebenen nicht möglich sind.

Auflösung durch Zeichnung. Man bilde (Fig. 195) aus AC = Q, AD = S und A = α das Dreieck ADC. An DC in C lege man den Winkel q = p und ziehe BC, so ist ABC das verlangte Dreieck.

Beweis. Es ist A = α, AC = Q und da p = q, so ist BC = BD, folglich AB + BC = AB + BD = AD = S. Das Dreieck ABC hat also die bestimmten Eigenschaften.

Die angegebene Konstruktion erlaubt eine sehr einfache Herleitung der Gleichung für *tang.* $\frac{1}{2}$ B aus der Figur 195.

Man ziehe CE senkrecht auf AD, so ist, weil B = p + q = 2q, q = $\frac{1}{2}$ B und

$$tang.\ q = tang.\ \frac{1}{2} B = \frac{CE}{DE} = \frac{CE}{AD - AE}$$

nun ist aber:

EC = AC . *sin.* A = Q . *sin.* α und DE = AD — AC . *cos.* A = S — Q . *cos.* α.

daher:

$$tang.\ \frac{1}{2} B = \frac{Q\ .\ sin.\ \alpha}{S - Q\ .\ cos.\ \alpha}$$

wie oben.

2. Aufgabe. Aus der Grundlinie, dem Unterschiede der beiden andern Seiten und einem Winkel an der Grundlinie alle Theile des Dreiecks zu finden.

Es seyen a — c = U, b = Q und A = α die gegebenen Größen.

Wie wird sich die Rechnung, wie die Zeichnung gestalten, wenn in den beiden vorhergehenden Aufgaben anstatt A C = γ gegeben ist?

3. Aufgabe. Die Grundlinie, die Summe der beiden andern Seiten und der Scheitelwinkel ist gegeben, wie sind die übrigen Theile des Dreiecks beschaffen?

Es seyen $a + c = S$, $b = Q$ und $B = \beta$ die gegebenen Größen.

4. Aufgabe. Die Grundlinie, der Unterschied der beiden anderen Seiten und der Scheitelwinkel ist gegeben, man suche alle Theile des Dreiecks (Fig. 49).

Es seyen $a - c = U$, $b = Q$ und $B = \beta$ die gegebenen Größen.

Auflösung durch Rechnung. Man setze $a + c = S$ und verbindet damit $a - c = U$, so wird $a = \frac{1}{2}(S + U)$ und $c = \frac{1}{2}(S - U)$, führt man nun diese Werthe in die Gleichung:

$$b^2 = a^2 + c^2 - 2\,ac\,.\,cos.\,B$$

ein, so geht sie über in:

$$Q^2 = \tfrac{1}{4}(S + U)^2 + \tfrac{1}{4}(S - U)^2 - \tfrac{1}{2}\,.\,(S+U)\,(S-U)\,.\,cos.\,\beta$$

und diese Gleichung enthält nur die eine Unbekannte S.

Man erhält hieraus:

$$4\,Q^2 = S^2 + 2\,S\,U + U^2 + S^2 - 2\,S\,U + U^2 - 2\,S^2\,.\,cos.\,\beta + 2\,U^2\,.\,cos.\,\beta$$

oder:

$$2\,Q^2 = S^2 - S^2\,.\,cos.\,\beta + U^2 + U^2\,.\,cos.\,\beta$$
$$= S^2\,(1 - cos.\,\beta) + U^2\,(1 + cos.\,\beta)$$

Nun ist nach 209 und 211:

$$1 - cos.\,\beta = 2\,.\,sin.\,\tfrac{1}{2}\beta^2 \text{ und } 1 + cos.\,\beta = 2\,.\,cos.\,\tfrac{1}{2}\beta^2$$

daher:

$$Q^2 = S^2\,.\,sin.\,\tfrac{1}{2}\,\beta^2 + U^2\,.\,cos.\,\tfrac{1}{2}\,\beta^2$$

so daß:

$$S^2 = \frac{Q^2 - U^2\,.\,cos.\,\frac{1}{2}\,\beta^2}{sin.\,\frac{1}{2}\,\beta^2}$$

oder:

$$S = \pm \frac{\sqrt{(Q + U\,.\,cos.\,\frac{1}{2}\beta)\,(Q - U\,.\,cos.\,\frac{1}{2}\beta)}}{sin.\,\frac{1}{2}\,\beta}$$

Noch leichter findet man diese Gleichung aus 406:

$$Q^2 = S^2 - (S + U)(S - U) \,.\, cos. \tfrac{1}{2}\beta^2$$
$$= S^2 - S^2 \,.\, cos. \tfrac{1}{2}\beta^2 + U^2 \,.\, cos. \tfrac{1}{2}\beta^2$$
$$= S^2 \,.\, sin. \tfrac{1}{2}\beta^2 + U^2 \,.\, cos. \tfrac{1}{2}\beta^2$$

'oraus dann wieder die vorstehende Gleichung folgt.

Durch eine ähnliche Rechnung, wie in der ersten Aufgabe, ndet man die Winkel. Aus der Gleichung:

$$\frac{a}{c} = \frac{sin. A}{sin. C}$$

ildet man:

$$\frac{a - c}{c} = \frac{sin. A - sin. C}{sin. C}$$

der:

$$\frac{a - c}{b} = \frac{sin. A - sin. C}{sin. B} = \frac{sin. A - sin. C}{sin. (A + C)}$$

Diese geht durch 201 und 220 über in:

$$\frac{U}{Q} = \frac{2 \,.\, cos. \tfrac{1}{2}(A + C) \,.\, sin. \tfrac{1}{2}(A - C)}{2 \,.\, sin. \tfrac{1}{2}(A + C) \,.\, cos. \tfrac{1}{2}(A + C)} = \frac{sin. \tfrac{1}{2}(A - C)}{sin. \tfrac{1}{2}(A + C)}$$

Da nun $\tfrac{1}{2}(A + C) = \tfrac{1}{2}(180 - B) = 90 - \tfrac{1}{2}B$ $= 90 - \tfrac{1}{2}\beta$ und $sin. (90 - \tfrac{1}{2}\beta) = cos. \tfrac{1}{2}\beta$, so wird:

$$\frac{U}{Q} = \frac{sin. \tfrac{1}{2}(A - C)}{cos. \tfrac{1}{2}\beta}$$

a,her:

$$sin. \tfrac{1}{2}(A - C) = \frac{U}{Q} \,.\, cos. \tfrac{1}{2}\beta$$

Hieraus findet man sehr leicht den Unterschied der Winkel, eren Summe durch β gegeben ist.

Beispiel. Es sey $U = 476',45$; $Q = 680'$ und $\beta = 74^0$ $8'\ 24''$, so ist $\tfrac{1}{2}\beta = 37^0\ 9'\ 12''$ und

$$sin. \tfrac{1}{2}(A - C) = \frac{476,45}{680} \,.\, cos. 37^0\ 9'\ 12''$$

$$\begin{array}{rcl}
log. 476',45 & = & 3,678017 \\
og. cos. 37^0\ 9'\ 12'' & = & 9,901470 \\
\hline
 & & 12,579487 - 10 \\
log. 680' & = & 2,832509 \\
\hline
 & & 9,746978 - 10 = log. sin. 33^0\ 56'\ 53''
\end{array}$$

daher:

$\frac{1}{2}(A - C) = 33^0\ 56'\ 53''$ und $A - C = 67^0\ 53'\ 46''$

Verbindet man nun hiermit $A + C = 180 - \beta = 180^0 - 74^0\ 18'\ 24'' = 105^0\ 41'\ 36''$, so erhält man:

$2A = 173^0\ 35'\ 22''$ also $A = 86^0\ 47'\ 41''$

und

$2C = 37^0\ 47'\ 50''$ „ $C = 18^0\ 53'\ 55''$

Für die Summe der Seiten ist:

$log.\ U\ .\ cos.\ \frac{1}{2}\beta = 2{,}579487 = log.\ 379{,}74$

daher:

$$S = \frac{\sqrt{(680 + 379{,}74)(680 - 379{,}74)}}{sin.\ 37^0\ 9'\ 12''} = \frac{\sqrt{1059{,}74\ .\ 300{,}26}}{sin.\ 37^0\ 9'\ 12''}$$

$$\begin{array}{ll} log.\ 1059{,}74 & = 3{,}025199 \\ log.\ 300{,}26 & = 2{,}477497 \\ \hline log.\ 1059{,}74\ .\ 300{,}26 & = 5{,}502696 \\ log.\ \sqrt{1059{,}74\ .\ 300{,}26} & = 2{,}751348 \\ log.\ sin.\ 37^0\ 9'\ 12'' & = 9{,}781001 \\ \hline log.\ S & = 2{,}970347 = log.\ 934' \end{array}$$

Die Gleichungen

$S = a + c = 934$ und $U = a - c = 476{,}45$

geben für a und c die Werthe.

$a = 705{,}225$ und $c = 228{,}775$

Auflösung durch Konstruktion. Man bilde (Fig. 196) aus $AC = b = Q$, $DC = U$ und aus einem Winkel $q = 90 + \frac{1}{2}\beta$ das Dreieck ADC. An AD in A lege man einen Winkel $m = n$ und ziehe AB, so ist ABC das gesuchte Dreieck.

Beweis. Da $m = n$, so ist $AB = BD$, folglich $BC - AB = BC - BD = DC = U$. Es ist ferner $AC = Q$ und da $q = 90 + \frac{1}{2}\beta$, so ist $n = 180 - (90 + \frac{1}{2}\beta) = 90 - \frac{1}{2}\beta$, $B = 180 - 2.n = 180 - 2(90 - \frac{1}{2}\beta) = 180 - 180 + \beta = \beta$.

5. Aufgabe. Aus der Summe zweier Seiten und den Winkeln des Dreiecks soll man alle Theile desselben auffinden.

Es seyen $a + c = S$, $A = \alpha$, $B = \beta$, $C = \gamma$ die gegebenen Größen.

Auflösung durch Rechnung. Aus der Gleichung 408:

$$\frac{a - c}{a + c} = \frac{tang. \frac{1}{2} (A - C)}{tang. \frac{1}{2} (A + C)}$$

erhält man, indem man $a - c = U$ setzt:

$$U = \frac{S \,.\, tang. \frac{1}{2} (\alpha - \gamma)}{tang. \frac{1}{2} (\alpha + \gamma)}$$

oder auch, weil $tang. \frac{1}{2} (\alpha + \gamma) = cotang. \frac{1}{2} \beta = \frac{1}{tang. \frac{1}{2} \beta}$

$$U = S \,.\, tang. \tfrac{1}{2} \beta \,.\, tang. \tfrac{1}{2} (\alpha - \gamma).$$

Diese Gleichung führt zur Kenntniß der beiden Seiten a und c, gibt man derselben die Form:

$$U \,.\, cos. \tfrac{1}{2} \beta = S \,.\, sin. \tfrac{1}{2} \beta \,.\, tang. \tfrac{1}{2} (\alpha - \gamma)$$

so kann man den Ausdruck zur Linken nach der vorigen Aufgabe durch $Q \,.\, sin. {}_2 \ (A - C) = b \,.\, sin. \frac{1}{2} (\alpha - \gamma)$ ersetzen, so daß:

$$b \,.\, sin. \tfrac{1}{2} (\alpha - \gamma) = S \,.\, sin. \tfrac{1}{2} \beta \,.\, tang. \tfrac{1}{2} (\alpha - \gamma)$$

also:

$$b = \frac{S \,.\, sin. \frac{1}{2} \beta}{cos. \frac{1}{2} (\alpha - \gamma)} = \frac{S \,.\, cos. \frac{1}{2} (\alpha + \gamma)}{cos. \frac{1}{2} (\alpha - \gamma)}$$

Hierdurch wird auch die dritte Seite gefunden.

Die Berechnung bestimmter Fälle bietet nichts Bemerkenswerthes dar.

Auflösung durch Zeichnung (Fig. 195). Man bilde aus $AD = S$ und den Winkeln $A = \alpha$, $p = \frac{1}{2} \beta$ das Dreieck ADC. An CD in C lege man den Winkel $q = p$ und ziehe CB, so ist ABC das Dreieck.

Beweis. Da $q = p$, so ist $BC = BD$, folglich $AB + BC = AB + BD = AD = S$. Ferner ist $A = \alpha$ und $B = p + q = 2\,p = 2 \,.\, \frac{1}{2} \beta = \beta$, somit auch $C = \gamma$.

6. Aufgabe. Aus dem Unterschiede zweier Seiten und den Winkeln das Dreieck zu finden.

Es seyen $a - c = U$, $A = \alpha$, $B = \beta$, $C = \gamma$ die gegebenen Größen.

7. Aufgabe. Aus der Summe aller Seiten und aus den Winkeln des Dreiecks die einzelnen Seiten zu finden.

Es seyen $a + b + c = S$, $A = \alpha$, $B = \beta$, $C = \gamma$ die gegebenen Größen.

Auflösung durch Rechnung. Es ist:

$$\frac{a}{sin.\, A} = \frac{b}{sin.\, B} = \frac{c}{sin.\, C}$$

Hieraus bildet man die Gleichung:

$$\frac{a + b + c}{a} = \frac{sin.\, A + sin.\, B + sin.\, C}{sin.\, A}$$

eben so:

$$\frac{a + b + c}{b} = \frac{sin.\, A + sin.\, B + sin.\, C}{sin.\, B}$$

und

$$\frac{a + b + c}{c} = \frac{sin.\, A + sin.\, B + sin.\, C}{sin.\, C}$$

Dieß führt zu:

$$a = \frac{S\, .\, sin.\, A}{sin.\, A + sin.\, B + sin.\, C}$$

$$b = \frac{S\, .\, sin.\, B}{sin.\, A + sin.\, B + sin.\, C}$$

$$c = \frac{S\, .\, sin.\, C}{sin.\, A + sin.\, B + sin.\, C}$$

Nach XIV, Aufgabe 13, ist aber:

$$sin.\, A + sin.\, B + sin.\, C = 4\, .\, cos.\, \tfrac{1}{2} A\, .\, cos.\, \tfrac{1}{2} B\, .\, cos.\, \tfrac{1}{2} C$$

daher, wenn auch noch nach 201 der Zähler zerlegt wird:

$$a = \frac{S\, .\, sin.\, \frac{1}{2}\alpha}{2\, .\, cos.\, \frac{1}{2}\alpha\, .\, cos.\, \frac{1}{2}\gamma}$$

$$b = \frac{S\, .\, sin.\, \frac{1}{2}\beta}{2\, .\, cos.\, \frac{1}{2}\alpha\, .\, cos.\, \frac{1}{2}\gamma}$$

$$c = \frac{S\, .\, sin.\, \frac{1}{2}\gamma}{2\, .\, cos.\, \frac{1}{2}\alpha\, .\, cos\, \frac{1}{2}\beta}$$

Auflösung durch Zeichnung (Fig. 197). Man bilde aus $DE = S$ und den Winkeln $m = \frac{1}{2}\alpha$, $q = \frac{1}{2}\gamma$ das Dreieck DBE. An DB in B lege man den Winkel $n = m$ und an EB in B den Winkel $p = q$ und ziehe BA und BC, so ist ABC das verlangte Dreieck.

Beweis. Da $n = m$, so ist $AB = AD$, eben so ist wegen $p = q$, $BC = CE$, daher $AB + BC + AC = AD + CE + AC = DE = S$. Ferner ist $A = m + n = 2m = 2 \cdot \frac{1}{2} \alpha = \alpha$ und $C = p + q = 2q = 2 \cdot \frac{1}{2} \gamma = \gamma$, daher auch $B = \beta$.

8. **Aufgabe.** Aus zwei Seiten und dem Unterschiede der Winkel an der Grundlinie das Dreieck zu finden.

Es seyen $a = P$, $c = Q$ und $A - C = \psi$ die gegebenen Größen.

Auflösung durch Rechnung. Die Gleichungen 408 geben hier unmittelbar:

$$tang.\ \tfrac{1}{2}(A + C) = \frac{P + Q}{P - Q} \cdot tang.\ \tfrac{1}{2}\psi$$

Soll durch die gegebenen Größen die Grundlinie dargestellt werden, so beachte man, daß nach der fünften Aufgabe:

$$b = \frac{(P + Q) \cdot cos.\ \frac{1}{2}(A + C)}{cos.\ \frac{1}{2}\psi}$$

Hier ist also aus der obigen Gleichung der Werth von $cos.\ \frac{1}{2}(A + C)$ herzuleiten und in die zweite Gleichung einzuführen. Nun ist nach 82:

$$cos.\ \tfrac{1}{2}(A + C) = \frac{1}{\sqrt{(1 + tang.\ \frac{1}{2}(A + C)^2)}}$$

$$= \frac{1}{\sqrt{(1 + \frac{S^2}{U^2}\, tang.\ \frac{1}{2}\psi^2)}} = \frac{U}{\sqrt{(U^2 + S^2 \cdot tang.\ \frac{1}{2}\psi^2)}}$$

Wo der Kürze wegen $P + Q = S$, $P - Q = U$ gesetzt ist. Es ist daher:

$$b = \frac{S \cdot U}{cos.\ \frac{1}{2}\psi \sqrt{(U^2 + S^2\, tang.\ \frac{1}{2}\psi^2)}} = \frac{S \cdot U}{\sqrt{(U^2 cos.\ \frac{1}{2}\psi^2 + S^2\, sin.\ \frac{1}{2}\psi^2)}}$$

oder:

$$b = \frac{(P + Q)(P - Q)}{\sqrt{((P + Q)^2 \cdot sin.\ \frac{1}{2}\psi^2 + (P - Q)^2 \cdot cos.\ \frac{1}{2}\psi^2)}}$$

Zur Konstruktion dieser, so wie vieler andern Aufgaben, wird die Auflösung nachstehender, auf den Sätzen 571 und 572 beruhenden Aufgabe nothwendig, welche als Einleitung zur folgenden Konstruktion hier ihre Stelle finden mag.

Aufgabe. Man soll über einer Geraden AB (Fig. 198) einen Kreis beschreiben, welcher einen gegebenen Winkel am Umfange faßt.

Es sey AB = Q die Gerade, der gegebene Winkel = δ.

Auflösung. An AB = Q lege man die Winkel m = n = 90 — δ und ziehe AC und BC, so wird der aus dem Durchschnittspunkte C beider Geraden mit dem Radius AC = BC beschriebene Kreis den gegebenen Winkel δ am Umfange fassen.

Beweis. Es ist $C = 180 - (m + n) = 180 - 2m = 180 - 2(90 - \delta) = 180 - 180 + 2\delta = 2\delta$, daher nach 571 $D = \delta$, und dieß findet nach 572 für alle Winkel am Umfange statt.

Auflösung durch Zeichnung. Man beschreibe (Fig. 199) über $CD = P - Q$ einen Kreis, welcher am Umfange den Winkel $p = \frac{1}{2}\psi$ faßt. Aus B, so daß BC = P, durchschneide man den Kreis mit AB = Q und ziehe AC, so ist ABC das gesuchte Dreieck.

Beweis. Es ist AB = Q und BC = P. Ferner ist wegen AB = BD, n = m, daher $A = p + m = p + n = p + p + q = 2p + q$ und da $C = q$, so ist $A - C = 2p = 2 \cdot \frac{1}{2}\psi = \psi$.

9. Aufgabe. Das Dreieck zu finden aus der Grundlinie, der Summe der beiden andern Seiten und dem Unterschiede der Winkel an der Grundlinie.

Es seyen $b = Q$, $a + c = S$, $A - C = \psi$ die gegebenen Größen.

Auflösung durch Rechnung. In der ersten Aufgabe ist gefunden, daß:

$$\frac{S}{Q} = \frac{\cos. \frac{1}{2}\psi}{\cos. \frac{1}{2}(A+C)} \text{ oder } S \cdot \cos. \tfrac{1}{2}(A + C) = Q \cdot \cos. \tfrac{1}{2}\psi$$

Hieraus erhält man:

$$\cos. \tfrac{1}{2}(A + C) = \frac{Q}{S} \cdot \cos. \tfrac{1}{2}\psi$$

Aus der zweiten Aufgabe ist:

$$Q^2 = S^2 \,.\, cos. \tfrac{1}{2} (A + C)^2 + U^2 \,.\, sin. \tfrac{1}{2} (A + C)^2$$

daher:

$$Q^2 = Q^2 \,.\, cos. \tfrac{1}{2} \psi^2 + U^2 \,.\, sin. \tfrac{1}{2} (A + C)^2$$

oder:

$$Q^2 \,.\, sin. \tfrac{1}{2} \psi^2 = U^2 (1 - cos. \tfrac{1}{2} (A + C)^2)$$

$$= U^2 (1 - \frac{Q^2}{S^2} \,.\, cos. \tfrac{1}{2} \psi^2)$$

und

$$S^2 \,.\, Q^2 \,.\, sin. \tfrac{1}{2} \psi^2 = U^2 (S^2 - Q^2 \,.\, cos. \tfrac{1}{2} \psi^2)$$

mithin:

$$U = \frac{S \,.\, Q \,.\, sin. \tfrac{1}{2} \psi}{\sqrt{(S + Q \,.\, cos. \tfrac{1}{2} \psi)(S - Q \,.\, cos. \tfrac{1}{2} \psi)}}$$

Auflösung durch Konstruktion. Man bilde (Fig. 195) aus $AC = Q$, $AD = S$ aus dem Winkel $ACD = 90 - \frac{1}{2} \psi$ das Dreieck ADC. An DC in C lege man den Winkel $q = p$ und ziehe CB, so ist ABC das Dreieck.

Beweis. Es ist $AC = Q$ und weil $q = p$ auch $BD = BC$, daher $AB + BC = AB + BD = AD = S$. Ferner ist: $A = 180 - p - (90 - \frac{1}{2} \psi) = 90 - p + \frac{1}{2} \psi$ und $C = ACD - q = 90 - \frac{1}{2} \psi - p$, und somit $A - C = 90 - p + \frac{1}{2}\psi - (90 - \frac{1}{2}\psi - p) = 90 - p + \frac{1}{2} \psi - 90 + \frac{1}{2} \psi + p = \frac{1}{2} \psi + \frac{1}{2} \psi = \psi$.

Das Dreieck ADC wird hier aus zwei Seiten und dem nicht eingeschlossenen Winkel gebildet, es sind aber dennoch keine zwei Dreiecke möglich, weil AD immer $>$ AC seyn muß.

10. Aufgabe. Aus der Grundlinie, dem Unterschiede der beiden andern Seiten und dem Unterschiede der Winkel an der Grundlinie alle Theile des Dreiecks zu finden.

Es seyen $b = Q$, $a - c = U$ und $A - C = \psi$ die gegebenen Größen.

XVI.) Aufgaben über das allgemeine Dreieck, wenn außer den früheren Bestimmungsstücken auch noch die Höhe, die Segmente einer Seite u. s. w. vorkommen.

1. Aufgabe. Die Abschnitte der Grundlinie und der Scheitelwinkel sind gegeben, man sucht das Dreieck (Fig. 49).

Es seyen DC = M und AD = N die Abschnitte, $B = \beta$ der Scheitelwinkel.

Auflösung durch Rechnung. Aus der Gleichung:

$$\frac{M}{N} = \frac{tang.\ A}{tang.\ C}$$

bilde man die folgende:

$$\frac{M - N}{M + N} = \frac{tang.\ A - tang.\ C}{tang.\ A + tang.\ C}$$

und ersetze den Ausdruck zur Rechten nach 247, so wird:

$$\frac{sin.\ (A - C)}{sin.\ (A + C)} = \frac{M - N}{M + N}$$

Beachtet man nun, daß $sin.\ (A + C) = sin.\ B = sin.\ \beta$, so ist:

$$sin.\ (A - C) = \frac{M - N}{M + N} \cdot sin.\ \beta$$

Durch diese Gleichung gelangt man zur Kenntniß der unbekannten Winkel des Dreiecks, welche, vereint mit den gegebenen Größen, die Berechnung der Seiten a und c gestatten.

Auflösung durch Zeichnung. Man beschreibe über einer Geraden AC = M + N (Fig. 200) einen Kreis, welcher den gegebenen Winkel β am Umfange faßt. Im Punkte D, so daß AD = N oder CD = M, errichte man die Senkrechte BD; zieht man nun AB und CB, so ist ABC das Dreieck.

Beweis. Es ist AD = N, CD = M und nach XV, Aufgabe 8, $B = \beta$.

2. Aufgabe. Die Abschnitte der Grundlinie und der Unterschied der Winkel an der Grundlinie sind gegeben, man sucht alle Theile des Dreieckes.

Es seyen CD = M, AD = N und $A - C = \psi$ die gegebenen Größen.

3. Aufgabe. Der Unterschied der Abschnitte der Grundlinie und die Winkel sind gegeben, wie sind die übrigen Theile des Dreiecks beschaffen?

Es sey $CD - AD = M - N = D$, $A = \alpha$, $B = \beta$, $C = \gamma$.

4. Aufgabe. Der Unterschied der Abschnitte der Grundlinie, die Summe der beiden anderen Seiten und ein Winkel an der Grundlinie sind gegeben, man suche das Dreieck.

Es seyen $CD - AD = M - N = D$, $a + c = S$, $C = \gamma$ die gegebenen Größen.

Auflösung durch Rechnung. Nach 382 ist, wenn $a - c = U$

$$(M + N)(M - N) = S \,.\, U$$

oder da $M + N = AC = b$,

$$b \,.\, D = S \,.\, U$$

Hieraus erhält man

$$b = \frac{S \,.\, U}{D}$$

Ferner ist:

$$c^2 = a^2 + b^2 - 2ab \,.\, cos.\, C$$

Nun ist aber $a = \frac{1}{2}(S + U)$, $c = \frac{1}{2}(S - U)$, daher, wenn in diese Gleichung, für a, b, c die angegebenen Werthe eingeführt werden:

$$\tfrac{1}{4}(S - U)^2 = \tfrac{1}{4}(S + U)^2 + \frac{S^2 \,.\, U^2}{D^2} - 2\frac{S \,.\, U}{D} \,.\, \tfrac{1}{2}(S + U) \,.\, cos.\, \gamma$$

oder:

$$S^2 - 2S \,.\, U + U^2 = S^2 + 2S \,.\, U + U^2 + 4 \,.\, \frac{S^2 \,.\, U^2}{D^2}$$

$$- 4 \,.\, \frac{S \,.\, U}{D} \,.\, (S + U)\; cos.\, \gamma$$

und

$$- 4S \,.\, U = 4 \,.\, \frac{S^2 \,.\, U^2}{D^2} - 4 \,.\, \frac{S \,.\, U}{D}\,(S + U) \,.\, cos.\, \gamma$$

Diese Gleichung läßt sich durch $4S \,.\, U$ theilen, daher:

$$- 1 = \frac{S \,.\, U}{D^2} - \frac{S}{D} \,.\, cos.\, \gamma - \frac{U}{D} \,.\, cos.\, \gamma$$

oder:

$$\frac{U}{D} \,.\, cos.\, \gamma - \frac{S \,.\, U}{D^2} = 1 - \frac{S}{D} \,.\, cos.\, \gamma$$

Mit D^2 vervielfacht, wird:

$$U (D . cos. \gamma - S) = D (D - S . cos. \gamma)$$

daher:

$$U = \frac{D (D - S . cos. \gamma)}{D . cos. \gamma - S}$$

Durch diesen Werth erhält man für die einzelnen Seiten:

$$a = \frac{1}{2} . \frac{(S + D) (S - D)}{S - D . cos. \gamma}$$

und

$$c = \frac{1}{2} . \frac{S^2 - 2S . D . cos. \gamma + D^2}{S - D . cos. \gamma}$$

Auflösung durch Zeichnung. Aus FC = D (Fig. 201), EC = S und dem eingeschlossenen Winkel C = γ bilde man das Dreieck FCE. An EF in F lege man den Winkel n = m und ziehe FB. Aus B, so daß AB = FB, durchschneide man die Gerade AC, so ist ABC das verlangte Dreieck.

Beweis. Das Dreieck ABF ist gleichschenkelig. Daher wenn BD senkrecht zu AC, AD = DF, somit CD — AD = CD — DF = CF = D. Ferner ist, wegen n = m, BF = EB, daher auch AB = EB und BC + AB = BC + EB = EC = S. Zuletzt ist C = γ.

5. Aufgabe. Aus dem Unterschied der Abschnitte der Grundlinie, dem Unterschiede der beiden anderen Seiten und einem Winkel an der Grundlinie alle Theile des Dreiecks zu finden.

Es seyen M — N = D, a — c = U und C = γ die gegebenen Größen.

6. Aufgabe. Der Unterschied der Abschnitte der Grundlinie, die Summe der beiden andern Seiten und der Scheitelwinkel sind gegeben, man sucht das Dreieck.

Es seyen M — N = D, a + c = S und B = β die gegebenen Größen.

7. Aufgabe. Der Unterschied der Abschnitte der Grundlinie, der Unterschied der beiden andern Seiten und der Scheitelwinkel sind gegeben, man soll das Dreieck finden.

Es seyen $M - N = D$, $a - c = U$ und $B = \beta$ die gegebenen Größen.

Auflösung durch Rechnung. Dem in der vierten Aufgabe erwähnten Satze 38 kann man die Form geben:

$$\frac{D}{U} = \frac{S}{b}$$

Nun ist aber nach XV, 1. Aufgabe:

$$\frac{S}{b} = \frac{cos.\ \frac{1}{2}\ (A - C)}{cos.\ \frac{1}{2}\ (A + C)} \text{ daher auch } \frac{D}{U} = \frac{cos.\ \frac{1}{2}\ (A - C)}{cos.\ \frac{1}{2}\ (A + C)}$$

da nun $cos.\ \frac{1}{2}\ (A + C) = cos.\ \frac{1}{2}\ (180 - B) = cos.\ (90 - \frac{1}{2}\ B) = sin.\ \frac{1}{2}\ B = sin.\ \frac{1}{2}\ \beta$, so erhält man hieraus:

$$cos.\ \frac{1}{2}\ (A - C) = \frac{D}{U}\ .\ sin.\ \frac{1}{2}\beta$$

Durch eine andere Auflösung, analog der in der 4. Aufgabe, erhält man für die Summen der beiden Seiten:

$$S = \frac{D\ .\ U\ .\ cos.\ \frac{1}{2}\beta}{\sqrt{(U^2 - D^2\ .\ sin.\ \frac{1}{2}\ \beta^2)}}$$

$$= \frac{D\ .\ U\ .\ cos.\ \frac{1}{2}\beta}{\sqrt{(U + D\ .\ sin.\ \frac{1}{2}\beta)\ (U - D\ .\ sin.\ \frac{1}{2}\beta)}}$$

Auflösung durch Konstruktion. Man bilde (Fig. 202) aus $FC = D$, $EC = U$ und $p = \frac{1}{2}\beta$ das Dreieck FEC. An EF in F lege man den Winkel $n = m$, so wird dadurch das Dreieck CBF gebildet. Zuletzt durchschneide man aus B mit $AB = BF$ die Gerade AC in A, so ist ABC das Dreieck.

Beweis. Da $m = n$, so ist $BF = BE$, es ist aber auch $AB = BF$, daher $AB = BE$ und $BC - AB = BC - BE = EC = U$. Das Dreieck ABF ist gleichschenkelig, daher, wenn BD senkrecht zu AC, $AD = DF$ und $DC - AD = DC - DF = FC = D$. Ferner ist $B = 180 - A - C$ aber auch $A + n + p = 180$; daher $B = A + n + p - A - C = m + p - C = p - C + p + C = 2p = 2\ .\ \frac{1}{2}\beta = \beta$.

Die Konstruktion verlangt die Bildung des Dreiecks FEC aus zwei Seiten und dem nicht eingeschlossenen Winkel, hierbei können jedoch zwei Dreiecke stattfinden. Beachtet man aber, daß m nur ein spitzer Winkel seyn kann, so erkennt man leicht, daß die

Konstruktion nur ein Dreieck ABC zuläßt, was auch die Rechnung schon anzeigt.

8. Aufgabe. Der Unterschied der Abschnitte der Grundlinie, die Summe der beiden anderen Seiten und der Unterschied der Winkel und der Grundlinie sind gegeben, man soll das Dreieck finden.

Es seyen $M - N = D$, $a + c = S$ und $A - C = \psi$ die gegebenen Größen.

Auflösung durch Rechnung. So wie in XV, 1. Aufgabe $\frac{S}{Q}$ gefunden wurde, so findet man durch XV, 2. Aufgabe, daß:

$$\frac{U}{Q} = \frac{sin.\ \frac{1}{2}\ (A - C)}{sin.\ \frac{1}{2}\ (A + C)}$$

wo $a - c = U$ und $Q = b$ ist. Nun ist aber nach 382

$$\frac{U}{Q} = \frac{D}{S}$$

daher:

$$\frac{D}{S} = \frac{sin.\ \frac{1}{2}(A - C)}{sin.\ \frac{1}{2}(A + C)}$$

somit:

$$sin.\ \frac{1}{2}\ (A + C) = \frac{S}{D}\ .\ sin.\ \frac{1}{2}\psi$$

Sind hieraus die Winkel A und C berechnet, so zeigt die 5. Aufgabe in XV, wie die übrigen Stücke gefunden werden können.

Auflösung durch Konstruktion. Man bilde (Fig. 201) aus $EC = S$, $FC = D$ und dem Winkel $m = \frac{1}{2}\psi$ das Dreieck CFE. An EF in F lege man den Winkel $n = m$ und ziehe FB. Aus B mit $AB = BF$ durchschneide man AC, so ist ABC das Dreieck.

Beweis. ABF ist gleichschenkelig, daher, wenn BD senkrecht zu AC, ist $AD = DF$ und $CD - AD = CD - DF = FC = D$. Wegen $m = n$ ist $EB = BF = AB$, daher: $AB + BC = EB + BC = EC = S$. Zuletzt ist $A - C = 180 - 2C - B = 180 - 2C - ABF - FBC = 180$

$- 2C - (180 - 2A) - 2m = 2(A - C) - 2m$. Daher $A - C = 2m = 2 \cdot \frac{1}{2}\psi = \psi$.

9. Aufgabe. Der Unterschied der Abschnitte der Grundlinie, der Unterschied der beiden anderen Seiten und der Unterschied der Winkel an der Grundlinie sind gegeben, man soll das Dreieck finden.

Es seyen $M - N = D$, $a - c = U$ und $A - C = \psi$ die gegebenen Größen.

10. Aufgabe. Die Grundlinie, die Höhe und der Scheitelwinkel sind gegeben, man soll alle Theile des Dreiecks finden.

Die Grundlinie sey Q, die Höhe H und der Scheitelwinkel β.

Auflösung durch Rechnung. Es ist (Fig. 49)

$$N = h \cdot cotang. A \text{ und } M = h \cdot cotang. C$$

daher:

$$M + N = h \cdot (cotang. A + cotang. C)$$

Setzt man nun für $M + N = b$ und für h ihre gegebenen Werthe und beachtet, daß nach 245

$$cotang. A + cotang. C = \frac{sin. (A + C)}{sin. A \cdot sin. C}$$

so wird:

$$Q = H \cdot \frac{sin. (A + C)}{sin. A \cdot sin. C} = 2 \cdot H \frac{sin. B}{2 \cdot sin. A \cdot sin. C}$$

Nach 218 ist ferner:

$$2\, sin. A \cdot sin. C = cos. (A - C) - cos. (A + C)$$

daher:

$$Q = 2H \cdot \frac{sin. \beta}{cos. (A - C) - cos. (A + C)} = 2H \cdot \frac{sin. \beta}{cos. (A - C) + cos. \beta}$$

Hieraus findet man nun:

$$cos. (A - C) = 2 \cdot \frac{H}{Q} \cdot sin. \beta - cos. \beta$$

Beispiel. Es sey $Q = 1365'$, $H = 789'$, $\beta = 78^0\ 18'\ 32''$, so ist:

$$cos. (A - C) = 2 \cdot \frac{789}{1365} \cdot sin. 78^0\ 18'\ 32'' - cos. 78^0\ 18'\ 32''$$

23 *

$$
\begin{aligned}
\log.\sin.\ 78^0\ 18'\ 32'' &= 9{,}990896 - 10\\
\log.\ 789 &= 2{,}897077\\
\log.\ 2 &= 0{,}301030\\
\hline
& \ 3{,}189003\\
\log.\ 1365 &= 3{,}135133\\
\hline
& \ 0{,}053870 = \log.\ 1{,}1320620
\end{aligned}
$$

daher:

$$
\begin{aligned}
\cos.(A - C) &= 1{,}1320620 - \cos.\ 78^0\ 18'\ 32''\\
&= 1{,}1320620 - 0{,}2026354 = 0{,}9294266\\
&= \cos.\ 21^0\ 39'\ 16''
\end{aligned}
$$

Durch β ist die Summe $A + C$ gegeben, hier ist $A - C$ gefunden, beide Gleichungen

$$A + C = 101^0\ 41'\ 28'',\ A - C = 21^0\ 39'\ 16''$$

vereint geben:

$$2A = 123^0\ 20'\ 44'',\ \text{also}\ A = 61^0\ 40'\ 22''$$

und

$$2C = 80^0\ 2'\ 12'',\ \ „\ \ C = 40^0\ 1'\ 6''$$

Nunmehr ist es leicht aus der Grundlinie und den Winkeln die beiden anderen Seiten zu berechnen.

Der Winkel, welcher für $A - C$ gefunden wurde, kann auch negativ genommen werden, da die Cosinusse beider gleich sind; dieser Werth würde geben:

$$A + C = 101^0\ 41'\ 28'',\ A - C = -21^0\ 39'\ 16''$$

$$2A = 80^0\ 2'\ 12'',\ \text{also}\ A = 40^0\ 1'\ 6''$$

und

$$2C = 123^0\ 20'\ 44'',\ \ „\ \ C = 61^0\ 40'\ 22''$$

Diese Werthe beziehen sich auf eine andere Lage des Dreiecks, in welcher die Bedeutungen von **A** und **C** wechseln.

Auflösung durch Zeichnung. Ueber $AC = Q$ (Fig. 203) beschreibe man einen Kreis, welcher am Umfange den gegebenen Winkel β faßt. Mit **AC** parallel ziehe man BB_1, so daß die senkrechte Entfernung der beiden Parallelen $= H$ ist. Verbindet man jetzt den Durchschnittspunkt **B** mit **A** und **C**, so ist **ABC** das Dreieck.

Beweis. Es ist $B = \beta$, $AC = Q$ und die Höhe des Dreiecks = der Entfernung der beiden Parallen = H.

Die Parallele BB_1 hat noch einen zweiten Durchschnittspunkt B_1, mit dem Kreise, dieser gibt ein zweites Dreieck AB_1C, welches aber bloß in der Lage von dem ersten verschieden ist.

11. Aufgabe. Aus der Grundlinie, der Höhe und dem Unterschiede der Winkel an der Grundlinie alle Theile des Dreiecks zu berechnen.

Die Grundlinie sey Q, die Höhe H, der Unterschied der Winkel = ψ.

Nach den vorhergehenden Aufgaben ist:

$$cos.\ B - 2 \,.\, \frac{H}{Q} \,.\, sin.\ B = -\ cos.\ \psi.$$

Um diese Gleichung aufzulösen, setze man $2 \,.\, \frac{H}{Q} = tang.\ \varphi$, so wird:

$$cos.\ B - tang.\ \varphi \,.\, sin.\ B = -\ cos.\ \psi$$

oder:

$$cos.\ B - \frac{sin.\ \varphi}{cos.\ \varphi} \,.\, sin.\ B = -\ cos.\ \psi$$

$$cos.\ B \,.\, cos.\ \varphi - sin.\ B \,.\, sin.\ \varphi = -\ cos.\ \psi \,.\, cos.\ \varphi$$

$$cos.\ (B + \varphi) = -\ cos.\ \psi \,.\, cos\ \varphi$$

Es sey $Q = 586'$, $H = 203'$, $\psi = 19^0\ 17'\ 18''$, daher:

$$tang.\ \varphi = 2 \,.\, \frac{203}{586} = \frac{406}{586}$$

$$log.\ 406 = 2{,}608526$$
$$log.\ 586 = 2{,}767898$$
$$9{,}840628 - 10 = log.\ tang.\ 34^0\ 42'\ 55'',5$$

mithin:

$$cos.(B + 34^0\ 42'\ 55'',5) = -\ cos.\ 19^0\ 17'\ 18''\,.\ cos.\ 34^0\ 42'\ 55'',5$$

$$log.\ cos.\ 19^0\ 17'\ 18'' = 9{,}974916 - 10$$
$$log.\ cos.\ 34^0\ 42'\ 55'',5 = 9{,}914867 - 10$$
$$9{,}889783 - 10 = log.\ cos.\ 39^0\ 7'\ 1''$$

Es ist daher:

$B + 34^0\ 42'\ 55'',5 = 140^0\ 52'\ 59'' = 219^0\ 7'\ 1''$ u. s. w.

$B = 140^0\ 52'\ 59'' - 34^0\ 42'\ 55'',5 = 106^0\ 10'\ 3'',5$

Durch den nächsten Winkel würde $B > 180^0$ werden.

Hierdurch erhält man $A + C = 73^0\ 49'\ 56'',5$, verbindet man diese Gleichung, mit $A - C = 19^0\ 17'\ 18''$, so wird:

$2A = 93^0\ \ 7'\ 14'',5$, also $A = 46^0\ 33'\ 37''$, und

$2C = 54^0\ 32'\ 38'',5$, also $C = 27^0\ 16'\ 19''$

Für φ ist aber bloß der erste Winkel angeführt worden, es kann jedoch $\varphi = 34^0\ 42'\ 55'',5 = 214^0\ 42'\ 55''5 = 394^0\ 42'\ 55'',5$ $=$ u. s. w. seyn. Der zweite Werth z. B. gibt:

$cos. (B + 214^0\ 42'\ 55'',5) = - cos. 19^0\ 17'\ 18''. cos. 214^0\ 42'\ 55'',5$
$= + cos.\ 19^0\ 17'\ 18''. cos. 34^0\ 42'\ 55'',5 = cos.\ 39^0\ 7'\ 1''$
$= cos.\ 320^0\ 52'\ 59'' = cos.\ 399^0\ 7'\ 1''$ u. s. w.

Der erste Werth $39^0\ 7'\ 1''$ kann hier nicht genommen werden, weil sonst B negativ werden würde. Der zweite gibt:

$B = 320^0\ 52'\ 59'' - 214^0\ 42'\ 55'',5 = 106^0\ 10'\ 3'',5$

wie oben. Durch den folgenden Werth wird B schon größer als 180^0. Welchen Werth von φ man also auch nehmen mag, so erhält man doch immer den gleichen Winkel B.

12. Aufgabe. Der Unterschied der beiden Seiten, die Höhe und der Scheitelwinkel sind gegeben, man soll das Dreieck berechnen.

Es sey $a - c = U$, $BD = H$, $B = \beta$ gegeben.

Nach der vorigen Aufgabe ist:

$$cos.\ \beta - 2 . \frac{H}{b} . sin.\ \beta = - cos.\ (A - C)$$

Nach XV, 4te Aufgabe hat man:

$$sin.\ \tfrac{1}{2} (A - C) = \frac{U}{b} . cos.\ \tfrac{1}{2}\beta.$$

daher:

$$b = U . \frac{cos.\ \frac{1}{2}\beta}{sin.\ \frac{1}{2}(A - C)}$$

Führt man diesen Werth in die erste Gleichung ein, so wird:

$$cos.\ \beta - 2 . \frac{H}{U} . \frac{sin.\beta . sin. \frac{1}{2}(A - C)}{cos.\ \frac{1}{2}\beta} = - cos. (A - C)$$

Da nun nach 201 und 205:

$sin.\beta = 2 . sin. \tfrac{1}{2}\beta . cos. \tfrac{1}{2}\beta$ u. $cos. (A - C) = 1 - 2 . sin. \tfrac{1}{2}(A - C)^2$

so ist auch:

$$cos.\beta - 4.\frac{H}{U}.sin.\tfrac{1}{2}\beta\, sin.\tfrac{1}{2}(A-C) = -1+2.sin.\tfrac{1}{2}(A-C)^2$$

oder, mit Zuziehung von 211:

$$2.sin.\tfrac{1}{2}(A-C)^2 + 4.\frac{H}{U}.sin.\tfrac{1}{2}\beta.sin.\tfrac{1}{2}(A-C)$$

$$= 1 + cos.\beta = 2.cos.\tfrac{1}{2}\beta^2$$

und

$$sin.\tfrac{1}{2}(A-C)^2 + 2.\frac{H}{U}.sin.\tfrac{1}{2}\beta.sin.\tfrac{1}{2}(A-C) = cos.\tfrac{1}{2}\beta^2$$

Diese Gleichung enthält nur die eine Unbekannte $sin.\tfrac{1}{2}(A-C)$ und ist in Bezug auf diese vom zweiten Grade, die Auflösung derselben ist:

$$sin.\tfrac{1}{2}(A-C)^2 + 2.\frac{H}{U}sin.\tfrac{1}{2}\beta\, sin.\tfrac{1}{2}(A-C) + \frac{H^2}{U^2}.sin.\tfrac{1}{2}\beta^2 =$$

$$= cos.\tfrac{1}{2}\beta^2 + \frac{H^2}{U^2}.sin.\tfrac{1}{2}\beta^2$$

$$(sin.\tfrac{1}{2}(A-C) + \frac{H}{U}.sin.\tfrac{1}{2}\beta)^2 = \frac{U^2.cos.\tfrac{1}{2}\beta^2 + H^2.sin.\tfrac{1}{2}\beta^2}{U^2}$$

mithin:

$$sin.\tfrac{1}{2}(A-C) = -\frac{H}{U}.sin.\tfrac{1}{2}\beta \pm \frac{\sqrt{(U^2.cos.\tfrac{1}{2}\beta^2 + H^2.sin.\beta^2)}}{U}$$

Die der Rechnung zum Grunde liegenden Gleichungen können aber auch so verbunden werden, daß A — C herausfällt und man alsdann b erhält. Die Rechnung ist:

$$cos.\beta - 2.\frac{H}{b}sin.\beta = -cos.(A-C) = -1 + 2.sin.\tfrac{1}{2}(A-C)^2$$

$$cos.\tfrac{1}{2}\beta^2 - \frac{H}{b}.sin.\beta = \frac{U^2}{b^2}.cos.\tfrac{1}{2}\beta^2$$

$$b^2.cos.\tfrac{1}{2}\beta^2 - b.H.sin.\beta = U^2.cos.\tfrac{1}{2}\beta^2$$

$$b^2 - b.\frac{H.sin.\beta}{cos.\tfrac{1}{2}\beta^2} = U^2$$

$$b^2 - 2.b.H.tang.\tfrac{1}{2}\beta = U^2$$

$$(b - H.tang.\tfrac{1}{2}\beta)^2 = U^2 + H^2.tang.\tfrac{1}{2}\beta^2$$

$$b = H.tang.\beta \pm \sqrt{(U^2 + H^2.tang.\tfrac{1}{2}\beta^2)}$$

Das doppelte Zeichen weist auf zwei Fälle hin, können diese stattfinden?

13. Aufgabe. Die Summe der beiden Seiten, die Höhe und der Unterschied der Winkel an der Grundlinie sind gegeben, man soll das Dreieck finden.

Es seyen $a + c = S$, die Höhe $= H$ und $A - C = \psi$ gegeben.

14. Aufgabe. Die Summe aller Seiten, die Höhe und ein Winkel an der Grundlinie sind gegeben, man sucht alle Theile des Dreiecks.

Es sey $a + b + c = S$, die Höhe $= H$, der Winkel $A = \alpha$.

Nach XV, siebente Aufgabe ist:

$$a = \frac{S \,.\, sin.\, \frac{1}{2}A}{2 \,.\, cos.\, \frac{1}{2}B \,.\, cos.\, \frac{1}{2}C}$$

Da nun $a\ sin.\ C = H$, und $sin.\ C = 2 \,.\, sin.\, \frac{1}{2}C \,.\, cos.\, \frac{1}{2}C$, so wird:

$$H = \frac{S \,.\, sin.\, \frac{1}{2}A \,.\, sin.\, \frac{1}{2}C}{cos.\, \frac{1}{2}B} = \frac{S \,.\, sin.\, \frac{1}{2}A \,.\, sin.\, \frac{1}{2}C}{sin.\, \frac{1}{2}(A + C)}$$

oder:

$$H.sin.\tfrac{1}{2}A \,.\, cos.\, \tfrac{1}{2}C + H \,.\, cos.\, \tfrac{1}{2}A \,.\, sin.\, \tfrac{1}{2}C = S.\ sin.\, \tfrac{1}{2}A \,.\, sin.\, \tfrac{1}{2}C$$

Wird dieser Ausdruck durch $cos.\ \frac{1}{2}A \,.\, sin.\ \frac{1}{2}C$ gemessen, so entsteht:

$$H \,.\, tang.\, \tfrac{1}{2}\alpha \,.\, cotang.\, \tfrac{1}{2}C + H = S \,.\, tang.\, \tfrac{1}{2}\alpha$$

und hieraus:

$$cotang.\, \tfrac{1}{2}C = \frac{S \,.\, tang.\, \frac{1}{2}\alpha - H}{H \,.\, tang.\, \frac{1}{2}\alpha}$$

oder auch:

$$tang.\, \tfrac{1}{2}C = \frac{H \,.\, tang.\, \frac{1}{2}\alpha}{S \,.\, tang.\, \frac{1}{2}\alpha - H}$$

Auf diese Weise findet man die Winkel, mit deren Hülfe man, nach XV, siebente Aufgabe, alsdann die einzelnen Seiten berechnet.

15. Aufgabe. Die Summe aller Seiten, die Höhe und der Scheitelwinkel sind gegeben, man soll das Dreieck finden.

Es sey $a + b + c = S$, die Höhe $= H$, der Scheitelwinkel $B = \beta$.

Zum sechszehnten Kapitel.

XVII.) Beispiele über die wichtigsten Fälle des sechszehnten Kapitels.

Beispiel zu 494 und 495. Es sey $a = 30'$, $b = 25'$, $c = 21'$, $d = 36'$, $C = 104^0\ 29'\ 48''$. Nach 494 ist, für die gegebenen Größen:

$$tang.\,\varphi = \frac{b - c\,.\,cos.\,C}{c\,.\,sin.\,C} = \frac{25 - 21\,.\,cos.\,104^0\ 29'\ 48''}{21\,.\,sin.\,104^0\ 29'\ 48''}$$

$$= \frac{25 + 21\,.\,cos.\,75^0\ 30'\ 12''}{21\,.\,sin.\,75^0\ 30'\ 12''}$$

$$log.\,cos.\,75^0\ 30'\ 12'' = 9{,}398501 - 10$$
$$log.\,21 = 1{,}322219$$
$$0{,}720720 = log.\,5{,}2568$$

daher:

$$tang.\,\varphi = \frac{25 + 5,\ \ 68}{21\,.\,sin.\,75^0\,30'\,12''} = \frac{30{,}2568}{21\,.\,sin.\,75^0\ 30'\ 12''}$$

$$log.\,30{,}2568 = 1{,}480823$$
$$log.\,sin.\,75^0\,30'\,12'' = 9{,}985948 - 10$$
$$log.\,21 = 1{,}322219$$
$$= 1{,}308167$$
$$log.\,tang.\,\varphi = 10{,}172656 - 10 = log.\,tang.\,56^0\,6'\,2''$$

also $\varphi = 56^0\ 6'\ 2''$. Ferner ist:

$$\psi = \frac{b^2 + a^2 - d^2 + c^2 - 2\,bc\,.\,cos.\,C}{2\,ac\,.\,sin.\,C}$$

$$= \frac{625 + 900 - 1296 + 441 - 2\,.\,25\,.\,21\,.\,cos.\,104^0\ 29'\ 48''}{2\,.\,30\,.\,21\,.\,sin.\,104^0\ 29'\ 48''}$$

$$= \frac{670 + 50\,.\,21\,.\,cos.\,75^0\,30'\,12}{60\,.\,21\,.\,sin.\,75^0\ 30'\ 12''} = \frac{670 + 50\,.\,5{,}2568}{60\,.\,21\,.\,sin.\,75^0\ 30'\ 12''}$$

$$= \frac{932{,}840}{60\,.\,21\,.\,sin.\,75^0\ 30'\ 12''}$$

$$log.\,932{,}840 = 2{,}969806$$
$$log.\,21\,.\,sin.\,75^0\,30'\,12'' = 1{,}308167$$
$$log.\,60 = 1{,}778151$$
$$= 3{,}086318$$
$$0{,}883488 - 1 = log.\,\psi$$

Nun ist:

$$sin. (B + \varphi) = \psi . cos. \varphi$$

$$sin. (B + 56^0\ 6'\ 2'') = \psi . cos. 56^0\ 6'\ 2''$$

$$log. \psi = 0,883488 - 1$$

$$log. cos. 56^0\ 6'\ 2'' = 9,746430 - 10$$

$$9,629918 - 10 = log. sin. 25^0\ 14'\ 44''$$

Es ist mithin:

$$B = 25^0\ 14'\ 44'' - 56^0\ 6'\ 2'' = -\ 31^0\ 51'\ 18''$$ oder

$$B = 154^0\ 45'\ 16'' - 56^0\ 6'\ 2'' = +\ 98^0\ 39'\ 14''$$ oder

$$B = 385^0\ 14'\ 44'' - 56^0\ 6'\ 2'' = +\ 329^0\ 8'\ 42''$$

u. s. w.

Der erste Winkel ist negativ, kann also nicht stattfinden, der dritte und die folgenden sind so beschaffen, daß sie mit C zusammen schon $> 360^0$ sind, so daß nur der zweite Werth übrig bleibt.

Berechnet man nach der Gleichung 495:

$$sin. (D + \varphi_1) = \psi_1 . cos. \varphi_1$$

in welcher:

$$tang. \varphi_1 = \frac{c - b . cos. C}{b . sin. C}$$

und

$$\psi_1 = \frac{b^2 - a^2 + c^2 + d^2 - 2\ bc . cos. C}{2\ bd . sin. C}$$

den Werth von D, so findet man $\varphi_1 = 48^0\ 23'\ 47''$

Hieraus ergibt sich nun:

$$D + 48^0\ 23'\ 47'' = 41^0\ 5'\ 4''$$

daher:

$$D = 41^0\ 5'\ 4'' - 48^0\ 23'\ 47'' = -\ 7^0\ 18'\ 43''$$ oder

$$D = 138^0\ 54'\ 56'' - 48^0\ 23'\ 47'' = +\ 90^0\ 31'\ 9''$$ oder

$$D = 401^0\ 5'\ 4'' - 48^0\ 23'\ 47'' = +\ 352^0\ 41'\ 17''$$

u. s. w.

Von diesen Winkeln gilt dasselbe, was für die Werthe von B gesagt worden ist, nur $D = 90^0\ 31'\ 9''$ ist zulässig.

Berechnet man nach einem der Gesetze 490 — 493 den Winkel A, so erhält man:

$A = 66^0\ 19'\ 49''$ oder $A = 293^0\ 40'\ 11''$

Stellt man die zulässigen Werthe zusammen, so findet man: $A = 66^0\ 19'\ 49''$, $B = 98^0\ 39'\ 14''$, $C = 104^0\ 29'\ 48''$, $D = 90^0\ 31'\ 9''$, und alle diese Winkel zusammen machen, wie es seyn muß, 360^0 aus.

Die Gleichung 501 wird auf dieselbe Weise berechnet, die übrigen Formeln des sechszehnten Kapitels bieten keine Schwierigkeiten dar, die nicht schon früher ihre Erläuterung gefunden haben.

XVIII.) **Einige praktische Aufgaben über das Viereck.** (Fig. 92).

1. Aufgabe. Die Lage dreier unzugänglichen Punkte B, C, D, oder das Dreieck BCD ist gegeben, man soll die Lage eines vierten Punktes A gegen diese drei bestimmen.

Kann man auf A die Winkel α_1 und α messen, so ist die Aufgabe, aus b, c und den Winkeln C, α_1 und α das Viereck zu berechnen. Es ist:

$$AC \,.\, sin.\, \alpha_1 = b \,.\, sin.\, B \text{ und } AC \,.\, sin.\, \alpha = c \,.\, sin.\, D$$

daher:

$$\frac{sin.\, \alpha_1}{sin.\, \alpha} = \frac{b \,.\, sin.\, B}{c \,.\, sin.\, D} \text{ oder } \frac{sin.\, B}{sin.\, D} = \frac{c \,.\, sin.\, \alpha_1}{b \,.\, sin.\, \alpha}$$

Aus dieser Gleichung bildet man die folgende:

$$\frac{sin.\, B - sin.\, D}{sin.\, B + sin.\, D} = \frac{c \,.\, sin.\, \alpha_1 - b \,.\, sin.\, \alpha}{c \,.\, sin.\, \alpha_1 + b \,.\, sin.\, \alpha}$$

oder nach 223:

$$\frac{tang.\, \frac{1}{2}\,(B - D)}{tang.\, \frac{1}{2}\,(B + D)} = \frac{c \,.\, sin.\, \alpha_1 - b \,.\, sin.\, \alpha}{c \,.\, sin.\, \alpha_1 + b \,.\, sin.\, \alpha}$$

Da nun $tang.\, \frac{1}{2}\,(B + D) = tang.\, \frac{1}{2}\,(360 - (A+C))$ $= tang.\, (180 - \frac{1}{2}\,(A + C)) = -\, tang.\, \frac{1}{2}\,(A + C)$ eine gegebene Größe ist, so erhält man:

$$tang.\, \frac{1}{2}\,(B - D) = \frac{b \,.\, sin.\, \alpha - c \,.\, sin.\, \alpha_1}{b \,.\, sin.\, \alpha + c \,.\, sin.\, \alpha_1} \,.\, tang.\, \frac{1}{2}\,(A + C)$$

B + D ist durch A + C gegeben, daher diese Gleichung die beiden Winkel B und D gibt, mit Hülfe derselben erhält man nach §. 77 sehr leicht die Seiten a und d.

2. Aufgabe. Die Entfernung zweier Punkte A und D oder d ist gegeben, man soll die Lage zweier unzugänglichen

Punkte **B** und **C** gegen die ersten, besonders aber deren Entfernung **b** bestimmen.

Können auf **A** und **D** die Winkel α, α_1 und δ, δ_1 gemessen werden, so kennt man vom Vierecke **ABCD** die fünf erforderlichen Stücke, aus welchen sich alle übrigen berechnen lassen. Es ist:

$$AC . sin. (D + \alpha) = d . sin. D \text{ und } a . sin. (A + \delta_1) = d . sin. \delta_1$$

daher:

$$AC = \frac{d \,.\, sin.\, D}{sin.\, (D + \alpha)} \text{ und } a = \frac{d \,.\, sin.\, \delta_1}{sin.\, (A + \delta_1)}$$

Ferner ist:

$$b^2 = a^2 + AC^2 - 2a \,.\, AC \,.\, cos.\, \alpha_1$$

daher durch Einführung der vorstehenden Werthe:

$$b^2 = \frac{d^2 \,.\, sin.\, \delta_1{}^2}{sin.\, (A + \delta_1)^2} + \frac{d^2 \,.\, sin.\, D^2}{sin.\, (D + \alpha)^2}$$
$$- 2 \,.\, \frac{d \,.\, sin.\, \delta_1}{sin.\, (A + \delta_1)} \,.\, \frac{d \,.\, sin.\, D}{sin.\, (D + \alpha)} \,.\, cos.\, \alpha_1$$

oder:

$$b^2 = d^2 \left(\left(\frac{sin.\, \delta_1}{sin.\, (A + \delta_1)}\right)^2 + \left(\frac{sin.\, D}{sin.\, (D + \alpha)}\right)^2 \right.$$
$$\left. - 2 \,.\, \frac{sin.\, \delta_1}{sin.\, (A + \delta_1)} \,.\, \frac{sin.\, D}{sin.\, (D + \alpha)} \,.\, cos.\, \alpha_1 \right)$$

Die Werthe für **c** und **BD** sind:

$$c = \frac{d \,.\, sin.\, \alpha}{sin.\, (D + \alpha)} \text{ und } BD = \frac{d \,.\, sin.\, A}{sin.\, (A + \delta_1)}$$

Die übrigen Stücke **B** und **C** des Vierecks können nunmehr leicht berechnet werden.

3. Aufgabe. Die Entfernung zweier Punkte **B** und **C** oder **b** ist gegeben, man soll die Lage zweier andern Punkte, **A** und **D**, besonders aber ihre Entfernung bestimmen.

Auf **A** messe man die Winkel α_1 und α, auf **D** die δ_1 und δ.

4. Aufgabe. Die Entfernung zweier Punkte **B** und **C** = **b**, eben so die der Punkte **A** und **D** = **d** ist gegeben, man soll die gegenseitige Lage der vier Punkte oder das Viereck **ABCD** bestimmen.

Hindernisse, welche die Beschaffenheit der Gegend, in welcher die vier Punkte liegen, darbietet, können nöthigen sehr verschiedene Wege zur Auflösung dieser Aufgabe einzuschlagen.

Erster Fall. Man kann auf A die Winkel α und α_1, sodann den Winkel D messen. Es ist:

$$b . sin B = AC . sin. \alpha_1 \text{ und } d . sin. D = AC . sin. \gamma_1$$

daher:

$$b . sin. B . AC . sin. \gamma_1 = d . sin. D . AC . sin. \alpha_1$$

und weil $sin. \gamma_1 = sin. (D + \alpha)$

$$sin. B = \frac{d . sin. D . sin. \alpha_1}{b . sin (D + \alpha)}$$

Hierdurch ist die Aufgabe auf die in §. 78 gelöste zurückgeführt. Man kann übrigens auch sehr leicht aus den gegebenen Größen die Seiten a und c berechnen.

Es ist:

$$c = \frac{d . sin. \alpha}{sin. (D + \alpha)}, \quad AC = \frac{d . sin. D}{sin. (D + \alpha)}$$

und nach §. 60:

$$a = AC . cos. \alpha_1 \pm \sqrt{(b^2 - AC^2 . sin. \alpha_1{}^2)}$$

Die Rechnung führt auf zwei verschiedene Vierecke.

Zweiter Fall. Man hat α, α_1 und B gemessen, wie kann man das Viereck berechnen?

Dritter Fall. Man kann α, α_1 und δ_1 messen, wie muß die Rechnung geführt werden?

Vierter Fall. Nebst α und α_1 kann der Winkel γ gemessen werden, wie berechnet man das Viereck?

Fünfter Fall. Die Winkel α, δ_1 und γ können allein gemessen werden, man suche das Viereck. Es ist:

$$a . sin. \alpha_1 = b . sin. \gamma \text{ und } a . sin. \beta = d . sin. \delta_1$$

daher:

$$\frac{sin. \alpha_1}{sin. \beta} = \frac{b . sin. \gamma}{d . sin. \delta_1}$$

Hieraus bilde man die Gleichung:

$$\frac{sin. \alpha_1 - sin. \beta}{sin. \alpha_1 + sin. \beta} = \frac{b . sin. \gamma - d . sin. \delta_1}{b . sin. \gamma + d . sin. \delta_1}$$

sie geht durch 223 über in:

$$\frac{tang.\ \frac{1}{2}\ (\alpha_1\ -\ \beta)}{tang.\ \frac{1}{2}\ (\alpha_1\ +\ \beta)} = \frac{b\ .\ sin.\ \gamma\ -\ d\ .\ sin.\ \delta_1}{b\ .\ sin.\ \gamma\ +\ d\ .\ sin.\ \delta_1}$$

Nun ist aber $\alpha_1 + \beta = 180 - (\alpha + \delta_1)$, $\frac{1}{2}\ (\alpha_1 + \beta) = 90 - \frac{1}{2}\ (\alpha + \delta_1)$, $tang.\ \frac{1}{2}\ (\alpha_1 + \beta) = tang.\ (90 - \frac{1}{2}\ (\alpha + \delta_1)) = cotang.\ \frac{1}{2}\ (\alpha + \delta_1)$

Daher:

$$tang.\ \frac{1}{2}(\alpha_1 - \beta) = \frac{b\ .\ sin.\ \gamma - d\ .\ sin.\ \delta_1}{b\ .\ sin.\ \gamma + d\ .\ sin.\ \delta_1}\ .\ cotang.\ \frac{1}{2}(\alpha + \delta_1)$$

Ganz auf dieselbe Weise erhält man:

$$tang.\ \frac{1}{2}\ (\gamma_1 - \delta) = \frac{d\ .\ sin.\ \alpha - b\ .\ sin.\ \beta_1}{d\ .\ sin.\ \alpha + b\ .\ sin.\ \beta_1}\ .\ cotang.\ \frac{1}{2}(\alpha + \delta_1)$$

oder, da $\beta_1 = \alpha + \delta_1 - \gamma$

$$tang.\ \frac{1}{2}(\gamma_1 - \delta) = \frac{d\ .\ sin.\ \alpha - b\ .\ sin.\ (\alpha + \delta_1 - \gamma)}{d\ .\ sin.\ \alpha + b\ .\ sin.\ (\alpha + \delta_1 - \gamma)}\ .\ cotang.\ \frac{1}{2}(\alpha + \delta_1)$$

Diese Gleichungen führen zur Kenntniß aller Theilwinkel des Vierecks, mit ihrer Hülfe erhält man sehr leicht:

$$a = \frac{b\ .\ sin.\ \gamma}{sin.\ \alpha} = \frac{d\ .\ sin.\ \delta_1}{sin.\ \beta}$$

und

$$c = \frac{b\ .\ sin.\ (\alpha\ +\ \delta_1\ -\ \gamma)}{sin.\ \delta} = \frac{d\ .\ sin.\ \alpha}{sin.\ \gamma_1}$$

Nach diesen Rechnungen wird es nicht schwer fallen, andere Fälle zu beurtheilen.

5. **Aufgabe.** Alle Winkel und die Diagonalen sind gegeben, man sucht die Seiten.

Das leichteste Verfahren bietet die Berechnung der Theilwinkel. Es sey (Fig. 92) AC = m, BD = n, γ und δ_1 sollen gesucht werden. Man hat:

$a\ .\ sin.\ B = m\ .\ sin.\ \gamma$ und $a\ .\ sin\ A = n\ sin.\ \delta_1$

daher:

$$\frac{sin.\ A}{sin.\ B} = \frac{n\ .\ sin.\ \delta_1}{m\ .\ sin.\ \gamma} \quad \text{oder} \quad \frac{m\ .\ sin.\ A}{n\ .\ sin.\ B} = \frac{sin.\ \delta_1}{sin.\ \gamma}$$

Auf gleiche Weise ist:

$c\ .\ sin.\ D = m\ .\ sin.\ \alpha$ und $c\ .\ sin.\ C = n\ .\ sin.\ \beta_1$

daher:

$$\frac{sin.\ C}{sin.\ D} = \frac{n\ .\ sin.\ \beta_1}{m\ .\ sin.\ \alpha} \text{ oder } \frac{m\ .\ sin.\ C}{n\ .\ sin.\ D} = \frac{sin.\ \beta_1}{sin.\ \alpha}$$

Ferner ist nun:

$$\beta_1 = 180 - C - \delta = 180 - C - (D - \delta_1) = 180 - (C + D - \delta_1)$$
$$\alpha = 180 - D - \gamma_1 = 180 - D - (C - \gamma) = 180 - (C + D - \gamma)$$

daher:

$$sin.\ \beta_1 = sin.\ (C + D - \delta_1) \text{ und } sin.\ \alpha = sin.\ (C + D - \gamma)$$

Führt man diese Werthe ein, so wird:

$$\frac{m\ .\ sin.\ C}{n\ .\ sin.\ D} = \frac{sin.\ (C + D - \delta_1)}{sin.\ (C + D - \gamma)}$$

Auf diese Weise hat man zwei Gleichungen mit zwei unbekannten Größen δ_1 und γ, welche daraus entwickelt werden müssen.

Verändert man die erste Gleichung nach 223 in:

$$\frac{m\ .\ sin.\ A + n\ .\ sin.\ B}{m\ .\ sin.\ A - n\ .\ sin.\ B} = \frac{sin.\ \delta_1 + sin.\ \gamma}{sin.\ \delta_1 - sin.\ \gamma}$$
$$= tang.\ \tfrac{1}{2}\ (\delta_1 + \gamma)\ .\ cotang.\ \tfrac{1}{2}\ (\delta_1 - \gamma)$$

und die zweite auf gleiche Art in:

$$\frac{m\ .\ sin.\ C + n\ sin.\ D}{m\ .\ sin.\ C - n\ sin.\ D} = \frac{sin.\ (C + D - \delta_1) + sin.\ (C + D - \gamma)}{sin.\ (C + D - \delta_1) - sin.\ (C + D - \gamma)}$$
$$= tang.\ \tfrac{1}{2}\ (2\ (C + D) - (\delta_1 + \gamma))\ .\ cotang.\ \tfrac{1}{2}\ (-\delta_1 + \gamma)$$
$$= - tang.\ \tfrac{1}{2}\ (2\ (C + D) - (\delta_1 + \gamma))\ .\ cotang.\ \tfrac{1}{2}\ (\delta_1 - \gamma)$$

so ergibt sich aus ihrer Verbindung:

$$\frac{m\ .\ sin.\ A + n\ .\ sin.\ B}{m\ .\ sin.\ A - n\ .\ sin.\ B} \cdot \frac{m\ .\ sin.\ C - n\ .\ sin.\ D}{m\ .\ sin.\ C + n\ .\ sin.\ D}$$
$$= - \frac{tang.\ \tfrac{1}{2}\ (\delta_1 + \gamma)}{tang.\ \tfrac{1}{2}\ (2\ (C + D) - (\delta_1 + \gamma))}$$

Setzt man der Kürze wegen den Ausdruck zur Linken $= P\ .\ Q$, $\delta_1 + \gamma = x$ und $C + D = p$, so ist:

$$- P\ .\ Q = \frac{tang.\ \tfrac{1}{2}\ x}{tang.\ (p - \tfrac{1}{2}\ x)}$$

Aus dieser Gleichung bilde man die folgende:

$$\frac{1 - P\ .\ Q}{1 + P\ .\ Q} = \frac{tang.\ (p - \tfrac{1}{2} x) + tang.\ \tfrac{1}{2} x}{tang.\ (p - \tfrac{1}{2} x) - tang.\ \tfrac{1}{2} x} = \frac{sin.\ (p - \tfrac{1}{2} x + \tfrac{1}{2} x)}{sin.\ (p - \tfrac{1}{2} x - \tfrac{1}{2} x)}$$
$$= \frac{sin.\ p}{sin.\ (p - x)}$$

Hieraus erhält man:

$$sin.\ (p - x) = \frac{1 + P\ .\ Q}{1 - P\ .\ Q}\ .\ sin.\ p$$

oder:

$$sin.\ (p - x) = \frac{m^2\ .\ sin.A\ .\ sin.C - n\frac{2}{2}\ .\ sin.B\ .\ sin.D}{m\ .\ n\ (sin.A\ .\ sin.\ D - sin.\ B\ .\ sin.C)}\ .\ sin.(C + D)$$

Diese Gleichung gibt $\delta_1 + \gamma$, ist dieser Winkel gefunden, so ist:

$$tang.\ \tfrac{1}{2}\,(\delta_1 - \gamma) = \frac{m\ .\ sin.\ A - n\ .\ sin.\ B}{m\ .\ sin.\ A + n\ .\ sin.\ B}\ tang.\ \tfrac{1}{2}\,(\delta_1 + \gamma)$$

Sind δ_1 und γ berechnet, so kennt man durch sie alle Theilwinkel des Vierecks und die Seiten desselben sind:

$$a = \frac{n\ .\ sin.\ \delta_1}{sin.\ A}$$

$$b = \frac{n\ .\ sin.\ (D - \delta_1)}{sin.\ C}$$

$$c = \frac{n\ .\ sin.\ (C + D - \delta_1)}{sin.\ C}$$

$$d = -\frac{n\ .\ sin.\ (B + C + D - \delta_1)}{sin.\ A}$$

Beispiel. Es sey $m = 355'$, $n = 404'$, $A = 71^0\ 10'$ $B = 90^0\ 44'$, $C = 134^0\ 15'$, $D = 63^0\ 51'$, so ist $p = C + D = 198^0\ 6'$; $sin.\ B = sin.\ 90^0\ 44' = sin.\ 89^0\ 16'$; $sin.\ C = sin.\ 134^0\ 15' = sin.\ 45^0\ 45'$; $sin.\ p = sin.\ 198^0\ 6' = -\ sin.\ 18^0\ 6'$

log. sin. A = *log. sin.* 71° 10′	= 9,976103 — 10
log. m = *log.* 355	= 2,550228
log. m *sin.* A	= 2,526331 = *log.* 335,994
log. sin. C = *log. sin.* 45° 45′	= 9,855096 — 10
log. m = *log.* 355	= 2,550228
log. m . *sin.* C	= 2,405324
log. sin. B = *log. sin.* 89° 16′	= 9,999964 — 10
log. n = *log.* 404	= 2,606381
log. n . *sin.* B	= 2,606345 = *log.* 403,967

$$
\begin{array}{ll}
log.\,sin.\,D = log.\,sin.\,63^0\ 51' & = 9{,}953104 - 10 \\
log.\ n = log.\ 404 & = 2{,}606381 \\
\quad log.\ n\ .\ sin.\ D & = 2{,}559485 \\
log.\ m\ .\ sin.\ A & = 2{,}526331 \\
log.\ m\ .\ sin.\ C & = 2{,}405324 \\
log.\ m^2\ .\ sin.\ A\ .\ sin.\ C & = 4{,}931655 = log.\ 85439 \\
\quad log.\ n\ .\ sin.\ B & = 2{,}606345 \\
\quad log.\ n\ .\ sin.\ D & = 2{,}559485 \\
log.\ n^2\ .\ sin.\ B\ .\ sin.\ D & = 5{,}165831 = log.\ 146498 \\
\quad log.\ m\ .\ sin.\ A & = 2{,}526331 \\
\quad log.\ n\ .\ sin.\ D & = 2{,}559485 \\
log.\ m\ .\ n\ .\ sin.\ A\ .\ sin.\ D & = 5{,}085816 = log.\ 121847 \\
\quad log.\ m\ .\ sin.\ C & = 2{,}405324 \\
\quad log.\ n\ .\ sin.\ B & = 2{,}606345 \\
log.\ m\ .\ n\ .\ sin.\ B\ .\ sin.\ C & = 5{,}011669 = log.\ 102723
\end{array}
$$

daher:

$$sin.\,(198^0\ 6' - x) = \frac{85439 - 146498}{121847 - 102723}\ . = sin.\ 18^0\ 6'$$

$$= \frac{61059}{19124}\ .\ sin.\ 18^0\ 6'$$

$$
\begin{array}{ll}
log.\ 61059 & = 4{,}785750 \\
log.\ sin.\ 18^0\ 6' & = 9{,}429308 - 10 \\
 & = 14{,}278058 - 10 \\
log.\ 19124 & = 4{,}281579 - 10 \\
log.\ sin.\ (p - x) & = 9{,}996479 - 10 = log.\,sin.\ 82^0\ 42'\ 50''
\end{array}
$$

Es ist daher:

$$198^0\ 6' - x = 82^0\ 42'\ 50''$$

also:

$$x = 198^0\ 6' - 82^0\ 42'\ 50'' = 115^0\ 23'\ 10''$$

und

$$\tfrac{1}{2}\ x = 57^0\ 41'\ 35''$$

somit:

$$tang.\,\tfrac{1}{2}(\delta_1 - \gamma) = \frac{335{,}994 - 403{,}967}{335{,}994 + 403{,}967}\ .\ tang.\ 57^0\ 41'\ 35''$$

$$= \frac{-67{,}973}{739{,}961}\ .\ tang.\ 57^0\ 41'\ 35''$$

$$\begin{array}{ll} log.\ 67{,}973 & = 1{,}832336 \\ log.\ tang.\ 57^0\ 41'\ 35'' & = \underline{10{,}199047} \\ & 2{,}031383 \\ log.\ 739{,}961 & = \underline{2{,}869209} \\ & 9{,}162174 - 10 = log.\ tang.\ 8^0\ 15'\ 56'' \end{array}$$

Es ist folglich:

$\frac{1}{2}(\delta_1 - \gamma) = -8^0\ 15'\ 56''$, $\delta_1 - \gamma = -16^0\ 31'\ 52''$

Verbindet man jetzt die Gleichungen:

$\delta_1 + \gamma = 115^0\ 23'\ 10''$ und $\delta_1 - \gamma = -16^0\ 31'52''$

so findet man:

$2\delta_1 = 98^0\ 51'\ 18''$ also $\delta_1 = 49^0\ 25'\ 39''$

und

$2\gamma = 131^0\ 55'\ 2'$ also $\gamma = 65^0\ 57'\ 31''$

Da nun:

$D - \delta_1 = 14^0\ 15'\ 21''$, $C + D - \delta_1 = 148^0\ 40'\ 21''$,
$B + C + D - \delta_1 = 239^0\ 24'\ 21''$

daher:

$sin.(D - \delta_1) = sin.14^0 25' 21''$, $sin.(C + D - \delta_1) = sin.31^0 19' 39''$
$sin.\ (B + C + D - \delta_1) = -\ sin.\ 59^0\ 24'\ 21''$

und

$$a = \frac{404\ .\ sin.\ 49^0\ 25'\ 39''}{sin.\ 71^0\ 10'},\quad b = \frac{404\ .\ sin.\ 14^0\ 25'\ 21''}{sin.\ 45^0\ 45'}$$

$$c = \frac{404\ .\ sin.\ 31^0\ 19'\ 39''}{sin.\ 45^0\ 45'},\quad d = \frac{404\ .\ sin\ 59^0\ 24'\ 21''}{sin.\ 71^0\ 10''}$$

$$\begin{array}{ll} log.\ sin.\ 49^0\ 25'\ 39'' & = 9{,}880575 - 10 \\ log.\ 404 & = \underline{2{,}606381} \\ & 2{,}486956 \\ log.\ sin.\ 71^0\ 10' & = \underline{9{,}976103 - 10} \\ & 2{,}510853 = log.\ 324{,}23 \\ log.\ sin.\ 14^0\ 25'\ 21'' & = 9{,}396522 - 10 \\ log.\ 404 & = \underline{2{,}606381} \\ & 2{,}002903 \\ log.\ sin.\ 45^0\ 45' & = \underline{9{,}855096 - 10} \\ & 2{,}147807 = log.\ 140{,}51 \end{array}$$

$$\begin{array}{lll} log.\ sin.\ 31^0\ 19'\ 39'' & = 9{,}715944 - 10 & \\ \quad log.\ 404 & = \underline{2{,}606381} & \\ & \ 2{,}322325 & \\ log.\ sin.\ 45^0\ 45' & = \underline{9{,}855096} - 10 & \\ & \ 2{,}467229 = log.\ 293{,}24 & \\ log.\ sin.\ 59^0\ 24'\ 21'' & = 9{,}934899 - 10 & \\ \quad log.\ 404 & = \underline{2{,}606381} & \\ & \ 2{,}541280 & \\ log.\ sin.\ 71^0\ 10' & = \underline{9{,}976103} - 10 & \\ & \ 2{,}565177 = log.\ 367{,}43 & \end{array}$$

so ist;

$a = 324',23$; $b = 140',54$; $c = 293',24$; $d = 367',43$.

Ist diese Aufgabe vollkommen bestimmt oder können zwei Vierecke stattfinden?

Zum siebenzehnten Kapitel.

XIX. Praktische Aufgabe über das Fünfeck.

Die Diagonalen und die Theilwinkel des Fünfeckes können, wie die Seiten und Winkel desselben, als Bestimmungsstücke angesehen werden, und führen, mit diesen verbunden, zu einer großen Menge Aufgaben, von welchen die folgende zu praktischen Zwecken die wichtigste seyn dürfte.

Die Lage von vier Punkten (Fig. 204) ist gegeben, man soll die eines fünften Punktes gegen diese bestimmen. Die gegebenen Punkte seyen A_1, A_2, A_3, A_4, sie bilden ein Viereck, dessen Seiten und Winkel man also als gegeben anzusehen hat. Um den fünften Punkt A_5 oder das Fünfeck zu bestimmen, kann man die Winkel m und n messen. Nun ist, da $A_1 + A_2 + \alpha = 4R - m$
$0 = - d\ .\ sin.\ m + a_1\ .\ sin.\ A_1 - a_2\ .\ sin.\ (A_1 + A_2)$
und

$$0 = - d\ .\ sin.\ n + a_3\ .\ sin.\ A_4$$

daher:

$$\frac{a_3\ sin.\ A_4}{sin.\ n} = \frac{a_1\ .\ sin.\ A_1 - a_2\ .\ sin.\ (A_1 + A_2)}{sin.\ m}$$

oder:

$$a_3 . \sin. m . \sin. A_4 = a_1 . \sin. n . \sin. A_1 — a_2 . \sin. n . \sin. (A_1 + A_2)$$

Diese Gleichung enthält zwei Unbekannte, A_1 und A_4, von welchen aber die eine leicht weggeschafft werden kann.

Es ist $A_4 = 6R — (A_1 + A_2 + A_3 + A_5)$

$$\sin. A_4 = \sin. (A_1 + A_2 + A_3 + A_5)$$

daher:

$$a_3 . \sin. m . \sin. (A_1 + A_2 + A_3 + A_5) = a_1 . \sin. n . \sin. A_1 — a_2 . \sin. n . \sin. (A_1 + A_2)$$

Wird jetzt A_1 getrennt, so wird:

$$a_3 . \sin. m . \sin. A_1 . \cos. (A_2 + A_3 + A_5) + a_3 . \sin. m . \cos. A_1 . \sin. (A_2 + A_3 + A_5) = a_1 . \sin. n . \sin. A_1 — a_2 . \sin. n . \sin. A_1 . \cos. A_2 — a_2 . \sin. n . \cos. A_1 . \sin. A_2$$

oder

$$(a_3 . \sin. m . \cos. (A_2 + A_3 + A_5) — a_1 . \sin. n + a_2 . \sin. n . \cos. A_2) . \sin. A_1 = — (a_2 . \sin. n . \sin. A_2 + a_3 \sin. m . \sin. (A_2 + A_3 + A_5))$$

Hieraus erhält man endlich:

$$\tan g. A_1 = \frac{a_2 . \sin. n . \sin. A_2 + a_3 . \sin. m . \sin. (A_2 + A_3 + A_5}{\sin. n (a_1 — a_2 \cos. A_2) — a_3 \sin. m \cos. (A_2 + A_3 + A_5)}$$

Mit A_1 ist auch A_4 gefunden, durch alle Winkel und die vier Seiten sind die übrigen Seiten und die Diagonalen leicht zu berechnen.

So wie bei dem Vierecke, so können auch hier noch mehrere Aufgaben, für den praktischen Theil der Geometrie wichtig, gegeben werden. Man kann z. B. die Lage dreier Punkte als gegeben ansehen und die Lage zweier anderer Punkte gegen diese bestimmen u. s. w. Das bei solchen Rechnungen zu beobachtende Verfahren wird jedoch durch die vorgelegten Fälle so weit klar geworden seyn, daß es überflüssig seyn dürfte, noch mehrere Aufgaben dieser Art hier auseinander zu setzen.

Taf. I

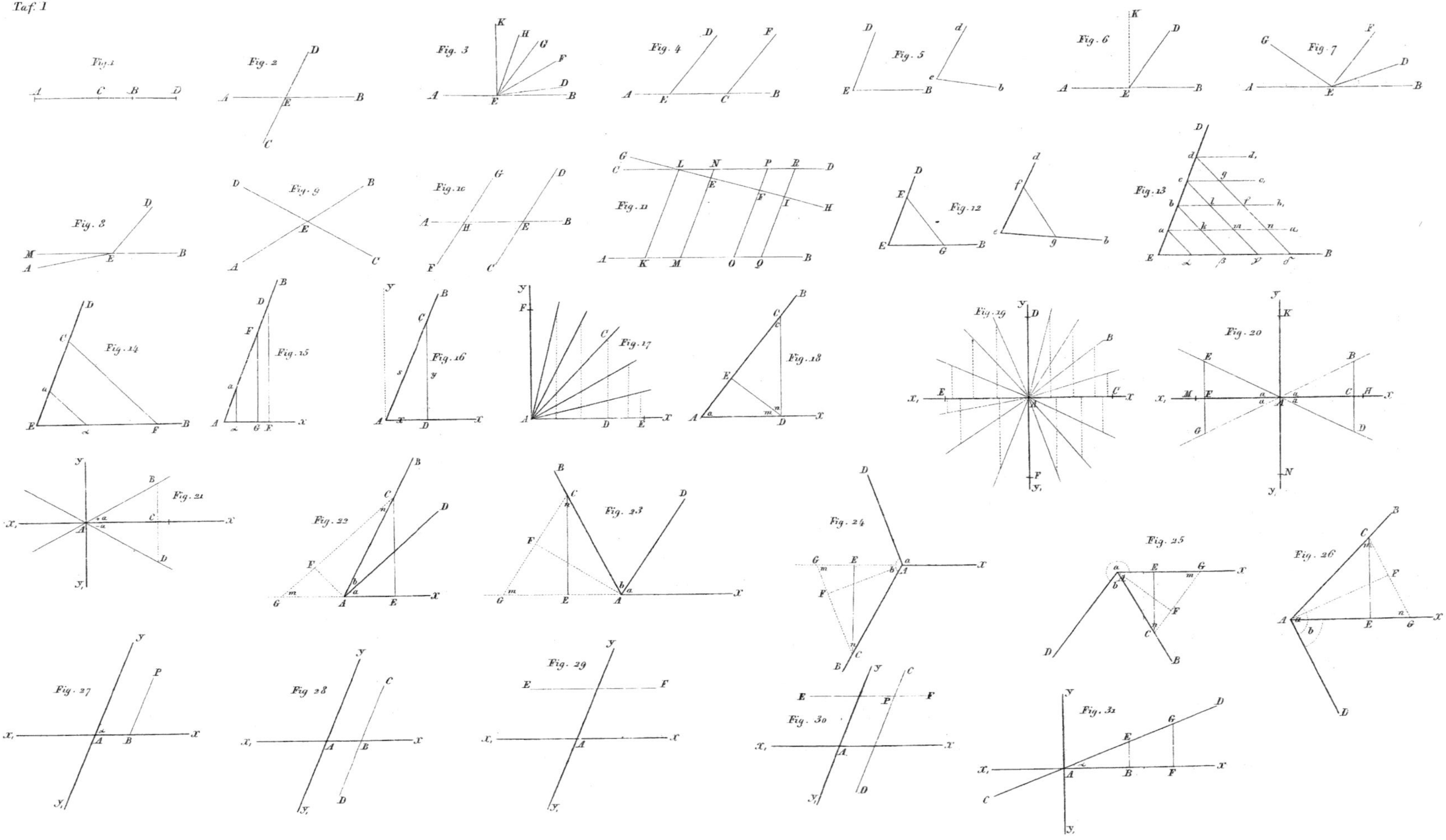

Fig. 1

Fig. 2

Fig. 3

Fig. 4

Fig. 5

Fig. 6

Fig. 7

Fig. 8

Fig. 9

Fig. 10

Fig. 11

Fig. 12

Fig. 13

Fig. 14

Fig. 15

Fig. 16

Fig. 17

Fig. 18

Fig. 19

Fig. 20

Fig. 21

Fig. 22

Fig. 23

Fig. 24

Fig. 25

Fig. 26

Fig. 27

Fig. 28

Fig. 29

Fig. 30

Fig. 31

Taf. II

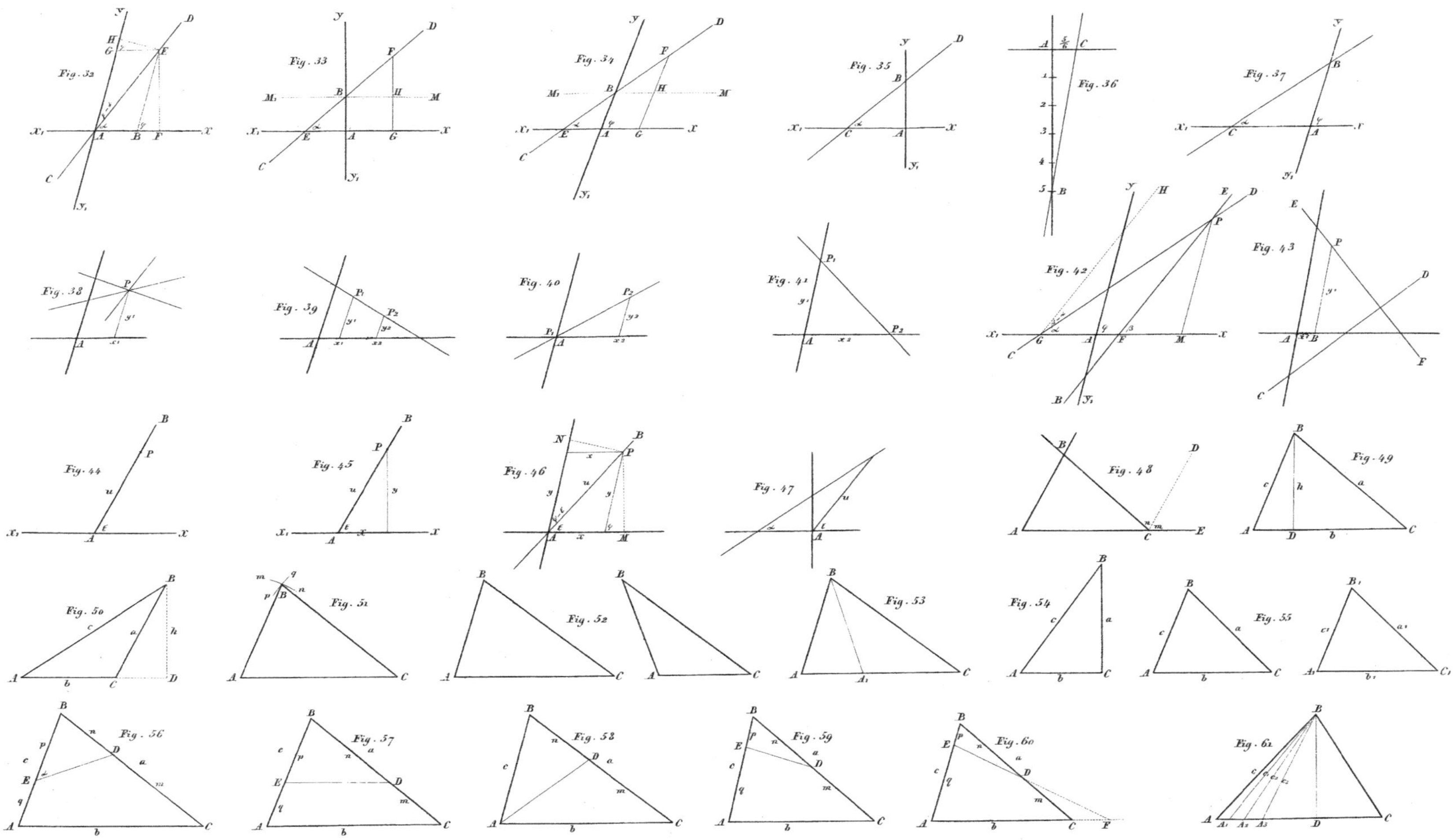

Fig. 32

Fig. 33

Fig. 34

Fig. 35

Fig. 36

Fig. 37

Fig. 38

Fig. 39

Fig. 40

Fig. 41

Fig. 42

Fig. 43

Fig. 44

Fig. 45

Fig. 46

Fig. 47

Fig. 48

Fig. 49

Fig. 50

Fig. 51

Fig. 52

Fig. 53

Fig. 54

Fig. 55

Fig. 56

Fig. 57

Fig. 58

Fig. 59

Fig. 60

Fig. 61

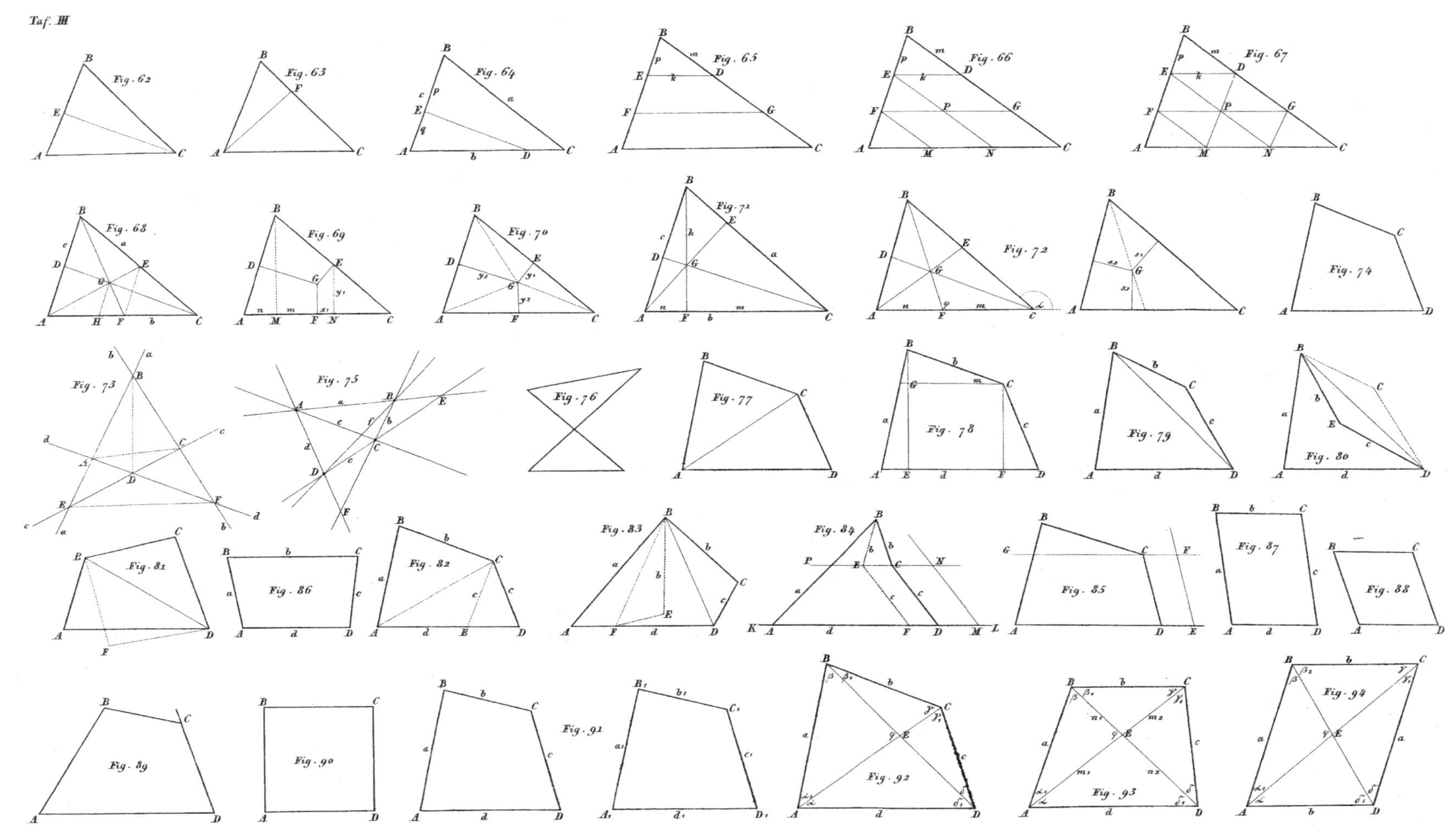
Fig. 62
Fig. 63
Fig. 64
Fig. 65
Fig. 66
Fig. 67
Fig. 68
Fig. 69
Fig. 70
Fig. 71
Fig. 72
Fig. 73
Fig. 74
Fig. 75
Fig. 76
Fig. 77
Fig. 78
Fig. 79
Fig. 80
Fig. 81
Fig. 82
Fig. 83
Fig. 84
Fig. 85
Fig. 86
Fig. 87
Fig. 88
Fig. 89
Fig. 90
Fig. 91
Fig. 92
Fig. 93
Fig. 94

Taf. IV

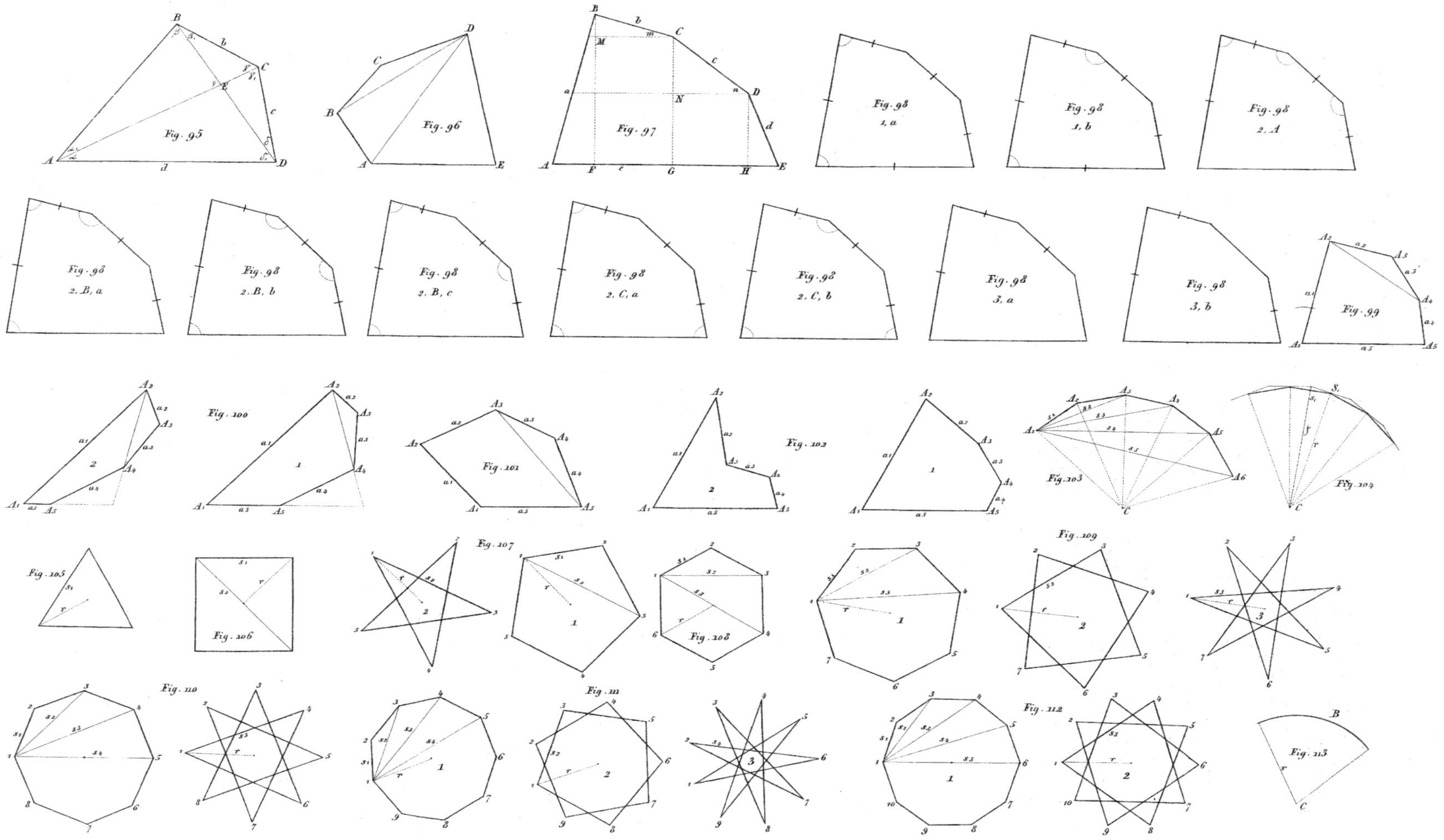

Fig. 95

Fig. 96

Fig. 97

Fig. 98 1, a

Fig. 98 1, b

Fig. 98 2, A

Fig. 98 2, B, a

Fig. 98 2, B, b

Fig. 98 2, B, c

Fig. 98 2, C, a

Fig. 98 2, C, b

Fig. 98 3, a

Fig. 98 3, b

Fig. 99

Fig. 100

Fig. 101

Fig. 102

Fig. 103

Fig. 104

Fig. 105

Fig. 106

Fig. 107

Fig. 108

Fig. 109

Fig. 110

Fig. 111

Fig. 112

Fig. 113

Taf. V

Fig. 114
Fig. 115
Fig. 116
Fig. 117
Fig. 118
Fig. 119
Fig. 120
Fig. 121
Fig. 122
Fig. 123
Fig. 124
Fig. 125
Fig. 126
Fig. 127
Fig. 128
Fig. 129
Fig. 130
Fig. 131
Fig. 132
Fig. 133
Fig. 134
Fig. 135
Fig. 136
Fig. 137
Fig. 138
Fig. 139
Fig. 140
Fig. 141
Fig. 142
Fig. 143
Fig. 144
Fig. 145
Fig. 146
Fig. 147
Fig. 148
Fig. 149
Fig. 150
Fig. 151
Fig. 152
Fig. 153

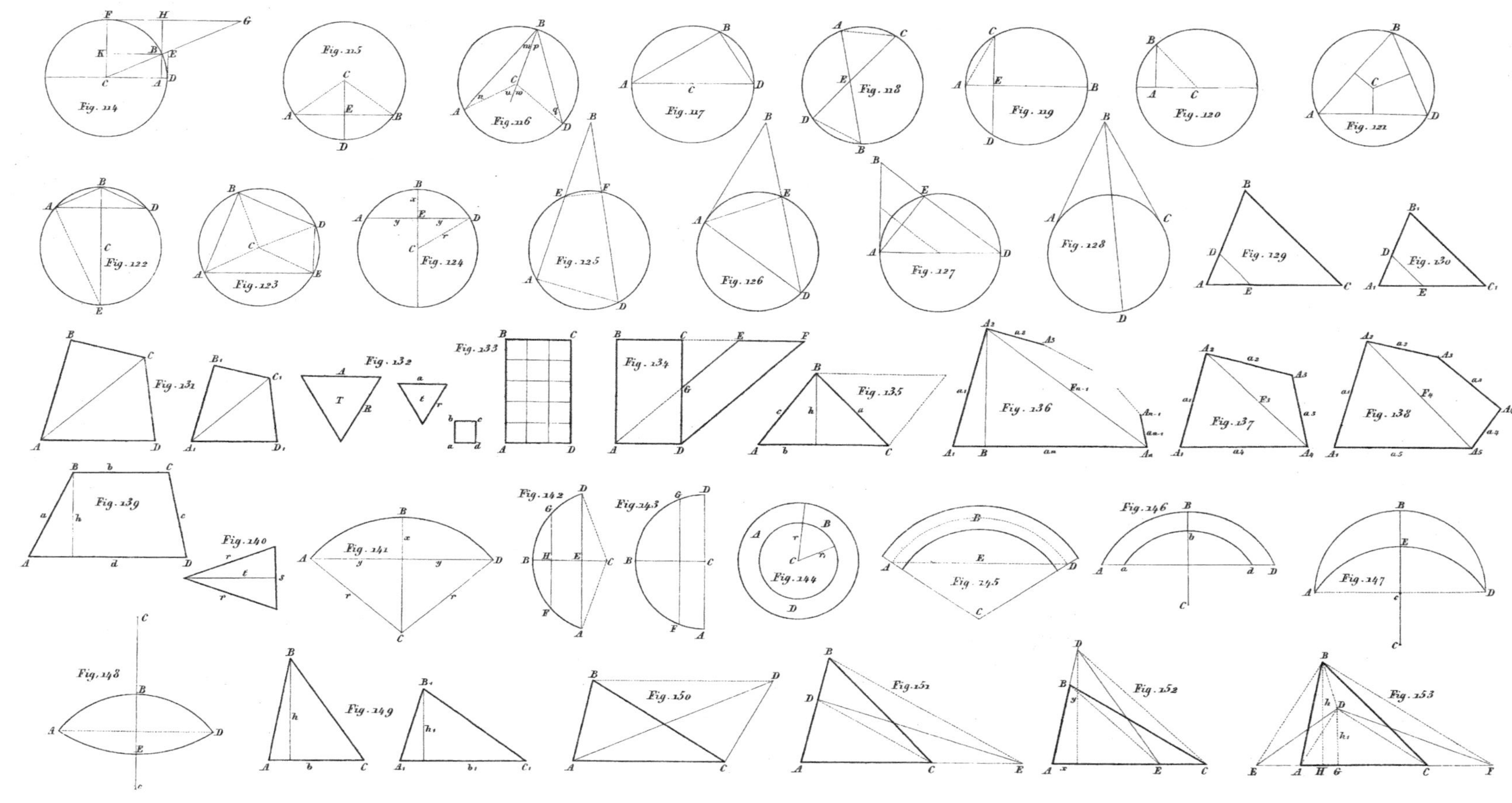

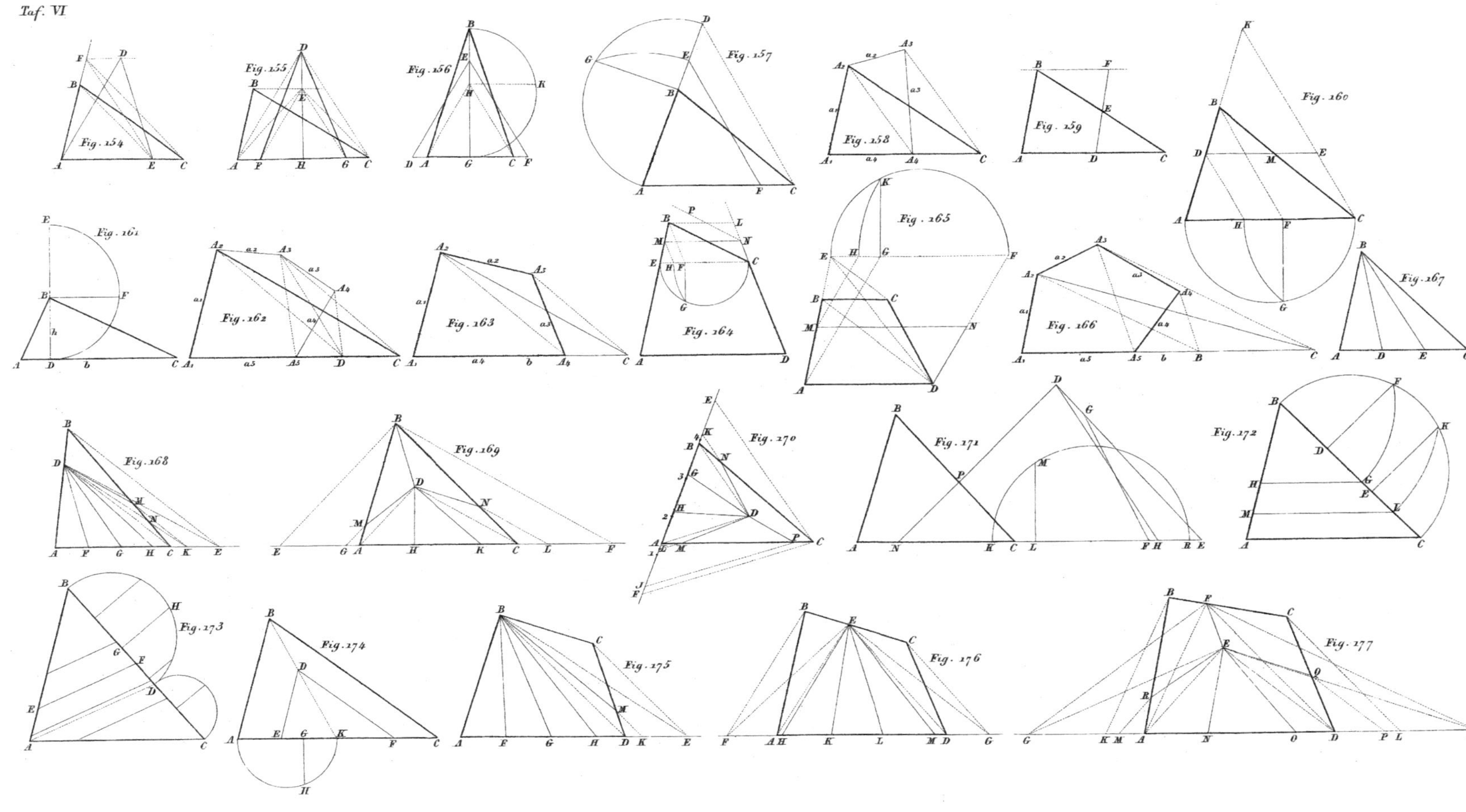
Taf. VI
Fig. 154
Fig. 155
Fig. 156
Fig. 157
Fig. 158
Fig. 159
Fig. 160
Fig. 161
Fig. 162
Fig. 163
Fig. 164
Fig. 165
Fig. 166
Fig. 167
Fig. 168
Fig. 169
Fig. 170
Fig. 171
Fig. 172
Fig. 173
Fig. 174
Fig. 175
Fig. 176
Fig. 177

Taf. VII

Fig. 178
Fig. 179
Fig. 180
Fig. 181
Fig. 182
Fig. 183
Fig. 184
Fig. 185
Fig. 186
Fig. 187
Fig. 188
Fig. 189
Fig. 190
Fig. 191
Fig. 192
Fig. 193
Fig. 194
Fig. 195
Fig. 196
Fig. 197
Fig. 198
Fig. 199
Fig. 200
Fig. 201
Fig. 202
Fig. 203
Fig. 204

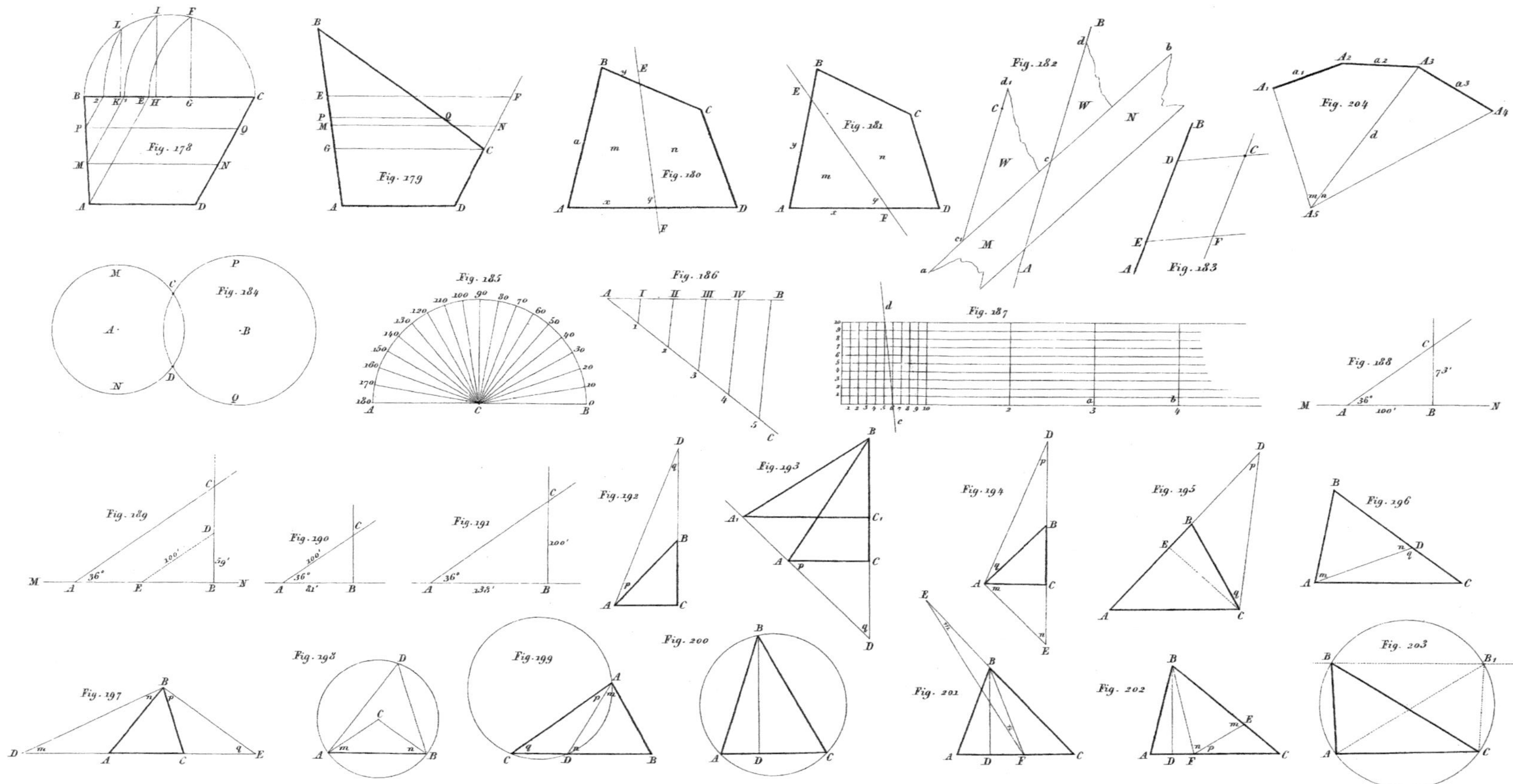

www.ingramcontent.com/pod-product-compliance
Lightning Source LLC
LaVergne TN
LVHW010831120826
845149LV00016B/350